U0137815

天人感应、近代科学
与晚清宇宙观念的嬗变

张洪彬 著

祛魅

图书在版编目（CIP）数据

祛魅：天人感应、近代科学与晚清宇宙观念的嬗变／
张洪彬著. —上海：上海古籍出版社，2023.9（2024.4 重印）
ISBN 978-7-5732-0774-6

Ⅰ. ① 祛… Ⅱ. ① 张… Ⅲ. ① 世界观—研究—中国—
近代 Ⅳ. ① B25

中国国家版本馆 CIP 数据核字（2023）第 154042 号

祛　魅

天人感应、近代科学与晚清宇宙观念的嬗变

张洪彬　著

上海古籍出版社出版发行

（上海市闵行区号景路 159 弄 1－5 号 A 座 5F　邮政编码 201101）

（1）网址：www.guji.com.cn

（2）E-mail：guji1@guji.com.cn

（3）易文网网址：www.ewen.co

商务印书馆上海印刷有限公司印刷

开本 890×1240　1/32　印张 17　插页 5　字数 379,000

2023 年 9 月第 1 版　2024 年 4 月第 2 次印刷

印数：2,101—3,200

ISBN 978-7-5732-0774-6

K·3411　定价：98.00 元

如有质量问题，请与承印公司联系

序

李天纲

《天变道亦变：晚清的宇宙论转变》是张洪彬于2014年在华东师范大学思勉人文高等研究院完成的博士学位论文，曾被评为市级优秀论文。经过反复打磨，几番修改，现在终于以《祛魅：天人感应、近代科学与晚清宇宙观念的嬗变》的名义出版了，这里先要表示祝贺。毕业以后，洪彬先是在《学术月刊》担任编辑，同年就来复旦大学哲学学院宗教学系做了三年博士后。七年期间，他以博论为基础，在同一个领域内频出成果，被引进到上海师范大学历史系任教，实现了他从事学术研究和教学的夙愿。如今洪彬正如众多"青椒"（青年教师）一样紧张繁忙，但思想活跃，充满学术热情，正是当初自愿选择、现在胜任愉快的情状。

洪彬这部专著相较学位论文有了较大的修订和补充，但研究方向和基本框架都没有变。原标题"天变，道亦变"反映了董仲舒《举贤良策》中"道之大，原出于天；天不变，道亦不变"的论断。众所周知，这是一个沿用了两千年的终极断语，通常的争论，到此都戛然而止。然而，近代学者敢于冒古圣之大不韪，提出"天变"的说法，这其实是有"现代性"作支撑的，天确实变了！一百多年前，中国人面临着"三千年未有之大变局"，于是"变法""维新"

"改良""革命"这些词语层出不穷，终极的言辞大概就是"变天"了。古圣贤留下来的思想世界，至今已经是"天崩地解"了。洪彬接过这样一个终极话题，虽然做的是学术清理的工作，需要精微地辨析和耐心地编织，同时也需要相当大的理论勇气。

中国的读书人，一般都是在"鸦片战争"以后意识到前所未有的新变化，即夏、商、周三代以来的"道统"忽然中断。其实，预兆早有呈现，明末清初的黄宗羲就已被"天崩地解"的冲击波击中。黄宗羲认为儒家讲论"天道"的学问，在他的时代已经不能维持，其原因盖出于乾坤翻转，阴阳易处，"天崩地解"。他批评宋明士人讲论的"道学"，说："奈何今之言心学者，则无事乎读书穷理；言理学者，其所读之书，不过经生之章句，其所穷之理，不过字义之从违。薄文苑为词章，惜儒林于皓首，封己守残，摘索不出一卷之内……天崩地解，落然无与吾事，犹且说同道异，自附于所谓道学者，岂非逃之者之愈巧乎？"（黄宗羲：《留别海昌同学序》，《南雷文定》前集，卷一）这里的"天崩地解"，当然可以理解为"明社将屋"，并伴随着改朝换代。但是，黄宗羲的感受已经超出了"礼崩乐坏"的正统论，具有"乾坤再造"的本体论意义。他研习天文学，了解了泰西"地圆说"，知道了耶稣会神学中的"宗动天"，还研读过亚里士多德的"三魂论"，已经意识到传统的"天圆地方""魂魄二分"的理论面临着巨大挑战。黄宗羲环顾周围士风颓丧，常怀天下之忧。

本书用"中国宗教"导出在世界各民族的意识形态中，对于"天道"——超越人类自身的外部力量的认识，无一例外都是以信仰的方式来谈论的。今人遇见古人，要他们回避"天道"中包含的宗教性，简直是不可能的。亚伯拉罕宗教经典中的"创世纪"，秦汉阴阳家主张的"五德终始""天人感应"，乃至于无字无书的部落民族神话传说，都具有浓重的神性。在现代天文学成熟以前，不论是埃及、希腊、阿拉伯的经师，还是古代中国的儒者，在涉及宇宙观的时候，都会以想象来延伸自己的观察，以神话来补充虚缺的时空。今人研究"天道"，以为古人的"天人合一"讲的是以人为本，因而已经摒弃了神性，其实是一个勉强的解释。洪彬这本书提出要以"中国宗教"为宗旨，"追问一个问题：在传统中国的公共生活和私人生活中曾经长期扮演重要角色的神圣存在，在晚清时代遭遇了怎样的挑战，发生了怎样的变化？"这里所讲的"神圣存在"，便是在"天道"研究中应该恢复讨论的神性。进而言之，对于"天道"中包含的神性之讨论并不只是停留在概念层面的推断，而是回到"公共生活和私人生活"中去证明，这是一条可行的治学路径。最近几十年来，文、史、哲学术界开始重视中国人的信仰生活，研究中国人的宗教意识，大学里的宗教学专业也有了长足的进步，这是非常好的现象。中国人渴求的"现代性"是不错，然而他们的生活仍然没有摆脱各种各样的信仰，学者们当然就应该正视并重视客观存在的宗教性。

在中国思想的研究中，正视和重视中国文化的宗教性，就会改变人文学术界一度流行的"中国无宗教"，或者中国"本土无宗教"的种种说法，因而得出"中国有宗教"的结论。这个工作自"文革"后各大学宗教学专业的创立，已历时数十年。自2010年起，复旦大学宗教学系参与了北京大学、台湾政治大学、香港中文大学相关系科的四校论坛，共同会商，联合推进"中国宗教"（华人宗教）

研究。"中国宗教"研究，并不以基督宗教在华传播初期形成的"判教"学说为标准，而改以马克斯·缪勒、弗雷泽、涂尔干、马克斯·韦伯以来形成的宗教学理论为参照，根据中国人宗教生活的实际状况，分析出具有"宗教性"的基本因素，从中发现人类信仰的基本形式。本书不同于以往，采用了"中国宗教"的理论框架分析近代中国人遭遇的天道观念（宇宙观）的变化，这是具有突破性的。

中国的思想、文化、哲学和欧洲的一样，都带有神圣性。不见得研究欧洲和西方思想需要考虑"基督论"（Christology）、"宇宙观"（Cosmology），而研究中国思想就可以舍去信仰因素，只谈"理""气"观念的世俗性。长期以来，中外学者研究中国文化一直都更加重视人文性，而常常忽视它的宗教性。中国学者努力彰显本族文化的人文性，是为了在"西学""西教"的压力下开掘正气，保存国粹；西方学者竭力表扬中国文化的世俗性，则是为了在中西文化的对比和衬托中，批判过去的信仰，启蒙自身的愚昧。不管怎样，中西双方出于不同意图，怀有相反意趣的共同判断，都是想抬升中国文化的人文性，并掩饰其宗教性。过去学者们谈中国文化只关注儒家的理性、世俗性、工具性，把其他方面，如佛教、道教、民间宗教的信仰、教义、礼仪都作为"非理性"处理。最近几十年的"中国宗教"研究表明，仅仅断定其为"迷信"，加以批判和扬弃，确实是简单化的割裂，影响了我们对中国思想复杂性的认识。我们只提一个疑问：既然中国文化很早就脱离了蒙昧、混沌，或曰周秦，或曰宋明，就已经进入"近世"，并且如此"现代"（人文、世俗、理性），那为什么在"鸦片战争"以后的"现代转型"，还会如此剧烈和艰难？

本书第一章以"中国宗教和有机宇宙观"为题，解释了本书的

"思想背景"具有宗教学关注之后，下面三章的篇幅，便连续讨论"天之祛魅""地之祛魅""人之祛魅"，形成了本书的骨干。这个方法我也很赞成，不但体例上比较通畅，而且理路上也比较严谨。天、地、人"三才"的说法殊为重要，它是中国古代思想中最具宗教性意味的观念之一，而传统的思想文化研究并没有太重视。《周易·系辞下》说伏羲定天下，"仰则观象于天，俯则观法于地；……于是始作八卦，以通神明之德，以类万物之情"。人居天、地之间，仰天俯地，以人性通德、通神，这是中国宗教的基本思想，在《易》《书》《诗》《礼》《春秋》的"五经"中频繁出现，从孔子到司马迁不断诠释。《易经·说卦》的解释，稍有增文，其宗教性更加明显："仰以观于天文，俯以察于地理，是故知幽明之故；原始反终，故知死生之说；精气为物，游魂为变，是故知鬼神之情状。"显然，天象、地法，关系"幽明""生死""游魂""鬼神"，如果只按现代科学的天文学、地理学来理解，则大大地缩小了讨论空间，也失去了古人的原意。

用宗教性学说来认识中国古代思想，并观察它如何转型为"现代性"，最为现成且不能回避的理论便是马克斯·韦伯的"祛魅"（disenchantment）学说。社会学家韦伯的很多理论，诸如"新教伦理""工具理性"等概念，都曾被中国学者尝试应用。但是"祛魅"这个概念涉及中国宗教，需要考虑中国思想如何从宗教形态转为世俗形态，则学者们因"中国无宗教"的前提设置而生出困惑。目前为止，中国学术界缺乏仔细观察中国人如何祛除神圣感、神秘性和非理性的信仰转型研究著作。因此本书以中国人在"天、地、人"观念上的巨大变化，来讨论中国宗教从古代转向近代，这个方法有开创性意义，值得肯定。关于"天象"，中国古代的占星、问卜、告天、祝祷、日祭、月祭、风伯、雨师、雷公、电母，各种各样的祭祀形式，都应该从宗教的角度去研究。或许是限于资料收集，本书初步讨论的是基督教徒和中国宗教信徒对"彗星"现象的不同理解。这个对比其实非常有意思，正好可以看出经过"祛魅"以后的 19、20 世纪基督教思想与保持神秘性的中国宗教在不同文化环境下的新旧观念冲突。当中国人在自己的信仰中仍然把彗星看作是预告厄运的"妖星""扫帚星"时，英美新教传教士丁韪良、林乐知等已经采用现代天文学知识，以此来劝解中国信徒。作者根据《大同报》报道 1910 年哈雷彗星回归事件，介绍了传教士的天文学普及工作，经过分析，这种科普"启蒙"，对自然界"祛魅"，使传统的宗教意识开始瓦解。

"彗星"案例之后，本书又选取了"求雨"的案例来讨论，"彗星"关系国运，"求雨"则关系民生。大多数中国人在自己的信仰意识中仍然把"天"看作一股浑然之"气"的时候，近代自然科学已经按大气层的高度，把"天"的知识加以区分，在"天象"（天文学）与"地法"（地理学）之间，另外发展出一门"气象学"。17 世纪的徐光启、熊三拔翻译《泰西水法》时，已经把"风、雷、雨、电"从天象里划出来，列为大气层学说；19 世纪的李善兰、伟烈亚力等人更是把近代科学中的气象学说介绍到中国来。1870 年代耶稣会士在上海徐家汇举办观象台（Observatory），就分了天文、气象、地磁三个部门，并且在 1874 年开始发布"天气预报"，在上海和沿海地区发挥了极大的"科普"及"启蒙"作用。不过，这些话题作为"科学史"有所谈论，而宗教学却很少涉及。本书采用"祛魅"理论，比较系统地处理了这个信仰问题，给出了自己的答案。

本书便是一本以"天崩地解"为主题，在本体论意义上讨论近代中国人的世界观、宇宙观变化的研究著作。本书的写作体例相当严谨，有一条清晰的逻辑线索，如剥笋般地层层递进，逐步展开。作者写作的起点是看中国人的"天道"观念的变化，然后扩展到"三才"，包含了天、地、人观念的大宇宙观。全书用"彗星""求雨"案例观察了"天之祛魅"之后，又选取"地震"（以1879年武都大地震为例）、"风水"（以1875年同治墓选址为例），来研究"地之祛魅"；再选取"疾疫"（用中国宗教和基督新教对比）、"灵魂"（用中国宗教和基督新教对比），来研究"人之祛魅"。写作是思考的外溢，体例上的严谨，表现了思考的严密。有学术造诣的作者，不但应该在字句、段落内的写作表现出前后对应的逻辑关系，更应该在全书的章节关系中把更加深入的整体思考呈现出来，而不是前后矛盾，或者互不关联。

本书的最后两章是关键，洪彬用此篇幅讨论19、20世纪以科学名义进入中国的"机械宇宙论"和"天演论"，对中国宗教经受的两波冲击做了总结性讨论。按洪彬的研究，中国宗教对"天道"的认识是一种传统的"有机宇宙观"，而19世纪欧美基督教新教传教士传播的西方科学，则是以牛顿经典物理学为基础的"机械宇宙论"；到了20世纪初年，由于严复翻译的《天演论》发生效应，达尔文进化论作为另一种复合的宇宙观，又开始在中国发生了影响。按洪彬的观察，"天演论"宇宙观比较接近中国传统的"有机宇宙观"，严复在翻译中将之与老子、庄子思想结合，形成了现代中国知识分子比较愿意接受的新式宇宙观。全书以此两章收尾，点到了中国宗教"天道"观念转型的关键，这正是我们应该花大力气来讨论的。本书是以"中上阶层"，即有著述行世的知识人（严复、李杕、李春生等）的想法为考察对象的，略去了对一般民众宗教观念的考察。洪彬提出：严复的"天演论"之所以得到当时知识人的普遍认可，是因为他的"天道"观结合了老子、庄子的演化思想，去除了一些"德政"式的儒教道德色彩，又没有了新教传教士介绍的牛顿"机械宇宙论"中的"上帝"创世与主宰，更加符合宋明以来的阴阳、理气学说。在本书定义和限定的范围来说，这些结论都是有道理的。但是放宽了定义限制，在"中国宗教"信仰者的广大范围内来看，农村老百姓，乃至城市中产阶级信仰的宇宙观状况到底如何，又是另一个问题了。洪彬的这部著作固然不需要增加或者直接处理这个问题，但如果将来的研究能综合考虑这个问题，则对当代中国人宗教信仰中的宇宙观会有更加深入的认识。

　　另外，也有一个疑问想提出来，就是洪彬在本书中将中国宗教的"天道"论述定为一种"有机宇宙观"，并且与欧洲从希腊到牛顿的"机械宇宙观"对应起来，成为范式是否合适。当然，把中国人的宇宙观，尤其是从周敦颐、朱熹用"太极""理""气"构建起来的形上学宇宙观，定为"有机"是李约瑟等人建议的。但是，为数众多的研究也表明，"理""气"二元论只是一种形而上的理论说法，它并不像希腊、罗马、中世纪和近代欧洲宇宙观一直把数学、几何、天文、地理、人体、生物、植物等形下学说结合起来，作为学说基础。因此，这样的"宇宙观"在哪个意义上是"有机"的？在多大程度上是逻辑关联的？都要做出仔细的分析。我个人觉得自然科学史家李约瑟的中国人"有机宇宙观"的分析，仍然是哲学方法，而不是科学方法，还需要论证。

最后，还有一个建议是，洪彬的这项研究完全有可能、有条件从"清末"上探，接到"明末"。长久以来，复旦大学的中国思想史研究学者有一个想法，就是想把中国人的"近代"，放回到明末以来的思想变革中去考察；也就是说，把"鸦片战争"以后的"大变局"，放回到16世纪以来的"西学东渐"过程中去考察。20世纪80年代以后，越来越多的学者重视明清之际的思想变化，且扩展到"西学"输入以后在中国出现的多语种文献之间的翻译、会通和互动诠释研究，最近几十年，在宗教、文学、医学、艺术、社会、政治领域都有了突破性的著作成果。复旦在涉及明末"西学东渐"领域的学者和成果比较集中，目前的研究还主要在关于人物、著作、事件的具体课题上，但综合性的研究已经展开，涉及思想和价值观变迁的研究也在酝酿。洪彬完全可以以本书的研究为基础，从清末扩展到明末，从而真正把中国人的宇宙观，从"中国宗教"的角度讲清楚。思想研究是大题目，做不好就会显得空洞。从细节的考订，去建立一套宏观叙述太不容易。把宏观诠释与微观考订结合起来的研究，以小见大、以大概小地说明中国人在近代宇宙观、世界观在生活意义上的变化，这是非常困难的工作。最近几十年来，思想史研究的地位渐渐降低，学术含量难以提升，并不说明这个学科不重要了，而是其难度越来越高，学者一时还没有更好的方法来推进它。本书做出了有益和有效的尝试，这里再一次祝贺洪彬完成了这项重要的研究，也借此机会向学术界推荐。

写于北京大学静园二院人文社会科学研究院

2021年11月8日

目 录

插图和附表

绪　　论

一、论题旨趣

本书力图回答这样一个中心问题：传统中国人对天、天道以及形形色色的人格神的信仰在晚清时代遭遇了怎样的挑战，发生了怎样的变化？

这个问题的提出，基于如下两个事实判断。首先，这些不同于世俗事物的神圣存在曾经在传统中国的公共生活和私人生活中扮演了相当重要的角色。上至最高权力层面，下至贩夫走卒，都往往以"天"为至高无上的神圣存在，国家礼制和日常生活中都不乏对天、天道、无数人格神、鬼魂等神圣存在的信仰和敬畏。其次，从民国初年起，这些神圣存在基本上从中上层社会的公共生活中销声匿迹了，政治权力的最高代表不再自称受命于天，知识分子发表的公共言论多半也不再竭力证明天是值得敬畏和信仰的神圣存在；对人格神的信仰、对建基于阴阳五行法则之上的各种信仰形式，在公共言说中变得面目可疑，以至于可以动用国家权力来取缔和镇压。这两个判断也许不难找到具体的反例，但大体而言仍是可以成立的。

这个问题的提出，受到了德国思想家马克斯·韦伯（Max Weber, 1864—1920）的"世界的祛魅"（disenchantment of the world) 这一概念的启发。他认为世界的祛魅是现代性的主要特征: "我们这个时代的特征, 是理性化、理知化, 尤其是'世界的祛魅'。"[1]世界的祛魅, 是理性化的具体表现, 具体而言: "我们知道或者说相信, 任何时候, 只要我们想了解, 我们就能够了解; 我们知道或者说相信, 在原则上, 并没有任何神秘、不可测知的力量在发挥作用; 我们知道或者说相信, 在原则上, 通过计算, 我们可以支配万物。但这一切所指唯一: 世界的祛魅。我们再也不必像相信有神灵存在的野人那样, 以魔法支配神灵或向神灵祈求。取而代之的, 是技术性的方法与计算。这就是理知化这回事的主要意义。"[2]简言之, "祛魅"这个概念指的是在人类认识和理解中, 把各色宗教信仰中的神圣存在从世俗生活中驱逐出去, 乃至根本否定有高于世俗世界的神秘力量在支配和影响世俗生活, 最终发展出一种理性化的、非神秘化的、世俗化的世界观。[3]

---

1 Max Weber, *From Max Weber: Essays in Sociology*, Translated by H. H. Gerth and C. Wright Mills, New York: Oxford University Press, 1946, p. 155; 韦伯:《学术与政治》, 钱永祥等译, 桂林: 广西师范大学出版社, 2004 年, 第 190 页。韦伯所用德文原词是 "Enzauberung", 英译为 "disenchantment", 通常汉译为 "祛魅""去魅""解咒""除魔""去神秘化"等。参见王泽应:《祛魅的意义与危机——马克斯·韦伯祛魅观及其影响探论》,《湖南社会科学》2009 年第 4 期。

2 Max Weber, *From Max Weber: Essays in Sociology*, Translated by H. H. Gerth and C. Wright Mills, New York: Oxford University Press, 1946, p. 139; 韦伯:《学术与政治》, 钱永祥等译, 桂林: 广西师范大学出版社, 2004 年, 第 168 页。

3 与此相似的是概念是 "世俗化"(secularization)。根据席纳尔的梳理, 这个概念通常有六种含义:"(1)宗教的衰退, 即宗教思想、宗教行为、宗教组织失去其社会重要性。(2)表示宗教团体的价值取向从彼世向此世的变化, 即宗教从内容到形式都变得适合于现代社会的市场经济。(3)表示宗教与社会的分离, 宗教失去其公共性与社会职能, 变成纯私人的事务。(4)表示信仰和行为的转(5)表示世界逐渐摆脱其神圣特征, 即超自然成分减少, 神秘性减退。(6)表示'神圣'社会向'世 (转下页)

　　不少学者认为，这样一种祛魅的世界观容易推导出世界万物无意义、无目的的结论。与韦伯同一时代的英国哲学家罗素（Bertrand Russell，1872—1970）在 1903 年发表了《一个自由人的崇拜》（A Free Man's Worship），变，即在现代化过程中，各种主义发挥了过去由宗教团体承担的职能，扮演了宗教代理人的角色。文中有一段话描述了现代科学世界观给人类造成的精神困扰："人是各种原因的产品，并无法预知这些原因将来会取得什么结果。他的孕育和成长、希望和恐惧、情爱和信仰，只是原子的偶然组合的结果。没有哪一种热情，没有哪一种英雄主义，没有哪一种强烈的思想和情感，能超越坟墓而维持一个个体生命。古往今来所有的努力，所有的奉献，所有的灵感，所有如日中天的人类天才，都注定要在太阳系的无涯死亡之中灭绝。而整个人类成就的殿堂，必然无可避免地被埋葬在毁灭中的宇宙碎尘下。这可能会引起争论，但所有这些是如此地确定无疑，以致任何哲学否认它们都不能站得住脚。"[1]韦伯也指出，现代的"自然科学家总是倾向于从根底上窒息这样的信念，即相信存在着世界的'意义'这种东西"。[2]换言之，现代科学总体上倾向于否定神灵、神秘力量，也倾向于认为世界本身并无"意义"可言。当

（接上页）俗'社会的变化。"高师宁：《新兴宗教初探》，北京：中国社会科学出版社，2006 年，第 108—109 页。席纳尔原文见 Larry Shiner，"The Concept of Secularization in Empirical Research"，*Journal for the Scientific Study of Religion*，Vol. 6，No. 2（Autumn，1967），pp. 207－220。从这个界定可以看出，祛魅与世俗化的第（5）种含义是基本一致的。

1　罗素：《一个自由人的崇拜》，《罗素文集》，王正平等译，北京：改革出版社，1996 年，第12 页。

2　韦伯：《学术与政治：韦伯的两篇演说》，冯克利译，北京：生活·读书·新知三联书店，1998 年，第33 页。

代哲学家格里芬（David Ray Griffin, 1939—　）也说："过去一百多年来，有一个被广泛接受的假设：科学必然和一种'祛魅'（disenchanted）的世界观联盟，其中没有宗教意义和道德价值。"[1]

在韦伯的论述中，祛魅过程始于基督教清除巫术和魔法成分，以纯净宗教信仰，但近代自然科学的跃进式发展是更为重要的挑战，它挑战的不只是巫术和魔法，甚至是宗教信仰本身，因此祛魅这一主题与科学和宗教的斗争史有着更为密切的关系。在中国思想传统中有着类似的进程。正统排斥异端、淫祀，儒学强调以诚意正心仰格天心，批评风水信仰、道教炼丹术等信仰形式的非道德化，对五花八门的人格神崇拜也不乏批评，但是总体而言，这些批评与其批评对象一样从属于同一信仰传统，批评者并未自外于这一传统。正因如此，即便中上层社会，其思想观念中仍然有相当多的神魅色彩，人格化或非人格化的天、阴阳五行的宇宙秩序、天人感应、灾异论等等就是非常重要的表现。真正具有划时代意义的祛魅过程发生在晚清以降，现代科学知识如潮水般涌入中国，对传统中国以神圣存在来解释的无数事物加以重新解释，造就程度空前的祛魅效果。举例来说，曾经以灾异论解释的彗星、旱灾、地震、疾疫等自然现象获得了科学的新解释，曾经的人格神或非人格神被现代科学的理性解释所排挤，人的身体和精神也与神圣存在脱离了关系。大量具体事物被现代科学重新解释，从而导致整体性的世界观祛魅。宇宙及其秩序（天、天道）的内涵发生了微妙的变化，换言之，天"变"了。毫无疑问，"天变"并非宇宙及其秩序自身发生了什么客观的变

1　格里芬：《中文版序言》，格里芬编：《后现代科学——科学魅力的再现》，马季方译，北京：中央编译出版社，1995 年，第 16 页。

化，而是人们对宇宙的理解发生了变化，质言之，是"宇宙观"发生了变化。但要紧的也正是这些观念的变化，毕竟传统中国的世俗秩序（"人道"）是以人们理解中的宇宙秩序（"天道"）为模范或基础的。"天"若变，"道"恐不得不变。对于中国人来说，这是"天崩地裂"的大事。

本书的考察重点是"天变"，也就是宇宙观（即世界观）的变化。本书将力求细致地描述晚清宇宙观的变化过程，并分析其特征。至于"天变"对世俗秩序的影响（即"道变"），本书将借助当时知识分子的忧思和回应，来呈现"天变"给他们造成的精神冲击和思想困扰。关于他们如何调整"人道"，如何为"人道"重新寻求基础，是非常复杂而庞大的问题，限于篇幅，本书不能详细展开，笔者将另行论述。[1]

导致"天变"最主要的因素是现代科学知识的大量涌入，而现代科学知识起初主要是由基督教传教士带来的。这就引出一个重要的问题：基督教传教士何以能使科学为其传教事业服务？换言之，晚清传教士如何处理上帝信仰与现代自然科学的关系？本书将兼论这一问题。引入晚清基督教这一因素作为参照，也有助于我们准确把握中国宇宙观和信仰传统的特殊性，从而能更准确地把握宇宙祛魅对于中国的思想和信仰来说意味着什么。本书用于分析和评价基督教在华活动的理论框架主要是"中西文化交流论"，较为注重对中国宗教、基督教与现代科学的关系做比较研究，"把基督教在华事业视为中西两大文化传统的相遇，把其在华

1　关于现代知识分子在宇宙祛魅后如何重建价值体系，可参看段炼：《"世俗时代"的意义探询：五四启蒙思想中的新道德观研究》，上海：上海人民出版社，2015 年。

的种种摩擦视为两种文化的冲突，而将其归宿与出路定在中西文化的整合与会通上，注重对两种文化传统的比较、冲突、相互适应与融会的考察"。[1]需要说明的是，本书中使用的"基督教"一词包含天主教和新教，两者虽存在分歧甚至对立，但属于同一宗教，只是不同教派而已。

宇宙观祛魅的过程是漫长的，甚至可以说到今天仍在进行之中，但知识和思想层面上的冲击与变迁在晚清时期已经较为完整地呈现出其基本面貌，因而本书把考察的时间段限定在晚清时期，具体而言是从 1833 年到 1911 年之间。选择 1833 年作为上限，是因为这一年，自普鲁士来华的新教传教士郭实腊（Karl Friedrich August Gutzlaff, 1803—1851）在广州创办了《东西洋考每月统记传》，这是晚清传教士在华创办的第一份中文期刊。而选择 1911 年作为下限，是因为与宇宙秩序观念有着密切关系的王权政治在这一年遭遇了辛亥革命的严重挑战而回天乏力。从帝制到共和的转变，原因当然极为复杂，但政治正当性的转移恐怕也是重要因素之一。

这一研究的对象是思想观念的嬗变，因而研究方法主要是透过书面文本考察时人思想观念的转变，这是思想史研究最常用的方法。但与研究精英人物的经典思想史研究、哲学史研究有所不同，本项研究重点考察的人物大多并非具有系统化思考的重要思想家，其中许多人对于相关问题可能只有隐约的感觉和初步的思考，他们的相关言说大多发表于晚清的报章杂志，既非严谨的学术论证也非系统的深入思考，但是正因其普通、粗糙，反倒更能

1　陶飞亚、杨卫华编著：《基督教与中国社会研究入门》，上海：复旦大学出版社，2009 年，第 166 页。

反映历史的普遍情况。这一做法是笔者受到思想史学界提倡"一般知识、思想与信仰世界的历史"（葛兆光）、"思想的生活化"（王汎森）等方法论的启发而做出的自觉尝试，旨在使思想史反映更为广阔的人群而不仅仅是极少数知识精英，从而更好地反映历史的真实面貌。与此同时，为了能更为准确地观察到这些思想观念对时人言行的影响，本项研究在选择文本时，除了选择他们的公共论说之外，也尽可能考察新闻报道、官方文书、私人日记等史料，力求把握那些对言行、情绪能发生影响的具体的、有活力的观念。

　　尽管笔者在方法论上努力拓展思想史研究的对象，但是史学研究和思想史研究都必须基于原始文献，而这些文献的作者和读者往往是有识字能力的中上阶层，因此本项研究所能反映的还是仅限于社会的"中上阶层"，具体而言涉及中央政府的君臣、地方政府的官僚，以及无功名或官职的普通读书人，对于"沉默的大多数"的考察则付之阙如。除了材料的局限性使然外，还有一个重要的原因是，根据民国时期的社会学和人类学调研资料可知，下层社会的宗教信仰状况在晚清很可能并未发生巨大的变化。这一现象自然有专门考察和剖析的价值，但本书不拟做此尝试。

　　此外，宇宙观的嬗变并不纯粹是思想观念内部的辩论和斗争，还有国际政治、经济利权、传媒竞争、个人偏好等复杂的因素。但为了集中讨论的焦点，本书主要从思想史层面来讨论，换言之，本书的处理对象主要是观念与观念之间的互动关系，而不太考虑不同观念背后的政治权力、经济利权、军事依恃等（仅在行文过程中穿插论及）。

二、学术史回顾

关于宇宙观在传统中国人的生活中扮演的重要角色，已经产生的思想史、哲学史、科学史的研究成果恐难计数。有关天人之际、天人感应、天人合一、天和天道之信仰、道论的大量研究，无论是否赞同以宗教来理解这套观念体系，大体都认同在传统中国人的精神生活中，天是具有神圣意味的存在。本书把这套观念体系和相应的实践作为宗教来理解，第一章将陈述这一做法的理由。

有关传统宇宙观念在近现代的转变、天人关系的转型以及对公共生活和私人生活的影响，已有研究成果的数量远不及对古代天人关系的研究成果那么多。大体而言，可以分为如下几种类型。

第一类是围绕反迷信、进步主义或无神论发展史的问题意识展开的，牙含章、王友三等学人编写的《中国无神论史》是最具代表性的成果。全书共 100 余万字，系统梳理了从先秦到五四时期的无神论思想，是研究中国宗教思想或无神论思想时绕不开的重要著作。以近代来说，该书主要讨论了严复、章炳麟、《革天》和《续无鬼论》两文、《新世纪》杂志、朱执信、蔡元培、胡适、陈独秀、李大钊的无神论思想。该书准确地指出近代无神论区别于古代无神论的重要特征是它以近代自然科学为依据。[1] 根据作者的界定，中国无神论史就是"中国历史上无神论思想与有神论思想的斗争史"，争论焦

1　牙含章、王友三主编：《中国无神论史》，北京：中国社会科学出版社，1992 年，第 870 页。

点是天人关系和形神关系。[1]该书无神论/有神论、唯物主义/唯心主义的二元对立框架表现得非常突出,作者无条件地支持无神论、唯物主义,抨击各色宗教信仰。这种过于僵硬的二元对立框架很容易遮蔽问题的复杂面相:如果宗教只是愚昧者的迷信,那么如何理解许多高级知识分子对宗教的正面评价甚至虔诚的信仰?持这种价值立场的学人,往往得出这样的结论:某些知识分子对宗教的批判是进步的,对宗教的正面评价是落后的、退步的,反映了小资产阶级的软弱性。这样的理解无疑过于简单了。更为重要的是,有神论/无神论这对概念用来描述中国宗教和思想传统,恐不太贴切。中国古代思想和实践中的不少内容如风水信仰几乎不包含人格神,阴阳五行的天道也不能被理解为人格神。如果把无神论和有神论的"神"理解为人格神,那么这些思想和实践确乎只能是"无神论";如果把有神论和无神论的"神"理解为凌驾于世俗生活之上的、可敬畏的主宰者(神圣存在),那么这些思想和实践又似乎是"有神论"。笔者更赞同秦家懿的一个判断:在中国思想中,有神论或无神论这些术语不太重要。[2]

第二类侧重于知识史的研究,有代表性的是亨德森、葛兆光、邹振环、郭双林等学者关于天文、地理知识对中国固有宇宙观念的冲击的论述。亨德森的《中国宇宙论的兴衰》部分章节重点考察了明末清初思想家如王廷相、王夫之、陆世仪、陆陇其、方以智等人

1　牙含章、王友三主编:《中国无神论史》,北京:中国社会科学出版社,1992年,第1页。

2　秦家懿:《朱熹的宗教思想》,曹建波译,厦门:厦门大学出版社,2010年,第2页。

对汉代和宋代的关联性宇宙观的批评，他认为这可看出中国宇宙观的衰落，他还认为传统宇宙观在晚清的今文经学中又有一轮复兴。[1]亨德森的考察范围限于上层知识精英的文集，本项研究依据的史料主要是报纸杂志，兼及个人文集，因此取样范围相对更为广泛，并得出了不同的结论。葛兆光在讨论明清时期西方传教士带来的天文地理知识对中国传统宇宙秩序的冲击时，形象地称之为"天崩地裂"。他指出："由对'天'的观察和体验而来的关于时间和空间构架，大概是人的思维活动最深层的依据，也是最固执的观念。古代中国自汉代以后，人们的知识和思想一直习惯地安顿在由这个基石上建构起来的世界里，无论是自然的'天'还是哲理的'天'或是神话的'天'，在深层都是互相一致的、彼此支持的，所以'天不变，道亦不变'。"[2]由于西方天文和地理知识的冲击，旧有的宇宙秩序被打破，建立在这个宇宙秩序（天道）之上的"知识、思想和信仰的秩序就会坍塌，人们将不知所措"。[3]笔者赞同这种理解方式，也赞同作者的另一个判断：传统宇宙秩序的崩溃主要发生在 19 世纪即晚清时代。[4]晚清时期西方地理知识传入中国引起的思想震动，邹振环和郭双林也有专门的研究。[5]这些研究成果对本书有着重要的启发意义，但仍有进一步研究的空间。他们的研究侧重天文地理知识对

1　John B. Henderson, *The Development and Decline of Chinese Cosmology*, New York: Columbia University Press, 1984, pp. 176-206.

2　葛兆光：《中国思想史》（2），上海：复旦大学出版社，2004 年，第 459 页。

3　葛兆光：《中国思想史》（2），上海：复旦大学出版社，2004 年，第 468 页。

4　葛兆光：《中国思想史》（2），上海：复旦大学出版社，2004 年，第 576 页。

5　邹振环：《晚清西方地理学在中国——以 1815 至 1911 年西方地理学译著的传播与影响为中心》，上海：上海古籍出版社，2000 年；郭双林：《西潮激荡下的晚清地理学》，北京：北京大学出版社，2000 年。

"天下""中央之国""天圆地方"等观念的冲击，强调空间的扩展，以及从"天下"到"万国"的转变。这与本书侧重宗教思想的取径是不同的。

第三类表现为哲学史上的"天人之变"。高瑞泉在《天命的没落》一书中做了初步的探索，该书以唯意志论在近代的发生、发展为主线，兼及理学之"天命"的衰落。[1]作者后来在一篇论文中做了更为凝练的概括。他指出，在古代中国哲学史上长期作为最重要问题的"天人之辩"，在清末民初经历了重大的变化，一方面是天命的衰落，"古代那种混杂有苍茫之天空形象、具有外在主宰力量和先验法则意味的'天'，不再是中国人的价值源头"，一方面是人的主体性的高扬。他还指出，天演论使得"力量"和"斗争"代替对自然力的顺从上升为价值。[2]张怀承的《天人之变》也从这个角度立意，把近代的这种变革表述为"从天人之辩到天人之变"，"人"取代了"天"成为道德价值的根源。[3]相较于思想史研究，哲学史上的这些探索凝练而透辟，但也容易显得抽象，历史的精彩细节，思想变迁的复杂性和丰富性得不到体现。

第四类侧重于天和天道信仰对世俗政治秩序、道德秩序的影响，集中体现于史华慈、张灏和林毓生等学人所用的"普遍王权"（universal kingship）这一概念。通过比较研究，史华慈认为"中国的普天王权观和世界秩序观也许比其他文化中的类似观念具有更坚

1　高瑞泉：《天命的没落——中国近代唯意志论思潮研究》，上海：上海人民出版社，1991年。

2　高瑞泉：《"天人之辩"的近代展开及其终结》，《哲学研究》2001年第7期。

3　张怀承：《天人之变：中国传统伦理道德的近代转型》，长沙：湖南教育出版社，1998年，第87—101页。

实的宗教—宇宙论基础"，但是这种宇宙观在19世纪90年代被彻底抛弃了。[1]林毓生在《中国意识的危机》一书中也认为随着普遍王权的崩溃，作为其基础的宇宙秩序在近代也崩溃了，并导致了文化—道德秩序的崩溃。[2]张灏也指出，因为传统中国的政治秩序建立在普世王权的基础之上，也就是说它植根于中国人根深蒂固的基本宇宙观，所以"普世王权的崩溃不仅代表政治秩序的崩溃，也象征基本宇宙观受到震撼而动摇"。传统宇宙观的崩溃，不仅导致政治危机，也导致价值取向的危机。[3]汪晖所论"从天理世界观到公理世界观的转变"，也是这一学术取径的一项重要创获。他不仅注意到了天理世界观（理学世界观）与公理世界观（科学世界观）的断裂，还注意到了二者之间的连续性。[4]许纪霖在《世俗化与超越世界的解体》一文中对中国的世俗化的发展过程和结果做了简明扼要的理论探讨。该文还指出"现代性的发生和世俗化的开展，从思想史的角度来说，是宇宙观的变化"，[5]这是一针见血之论。现代科学的威力就在于提供了新的宇宙观念，使与旧有宇宙观念密切相关的宗教信仰深受影响。这正是本书把考察重点放在宇宙观变迁上的原因之所在。在这些论

1　史华慈：《中国人的世界秩序：过去与现在》，载费正清编：《中国的世界秩序——传统中国的对外关系》，杜继东译，北京：中国社会科学出版社，2010年，第294—304页。

2　林毓生：《中国意识的危机："五四"时期激烈的反传统主义》，穆善培译，贵阳：贵州人民出版社，1988年，第23页。

3　张灏：《幽暗意识与民主传统》，北京：新星出版社，2006年，第140页。

4　汪晖：《现代中国思想的兴起》，北京：生活·读书·新知三联书店，2004年，第47—53页。

5　许纪霖：《启蒙如何起死回生：现代中国知识分子的思想困境》，北京：北京大学出版社，2011年，第326页。

述中，汪晖的研究最为细致，但仍没有注意到科学世界观（科学宇宙观）内部的多元性。

本书受益于以上几类已有研究，但问题意识又有所不同。本书试图从宗教思想史的角度来理解现代科学对中国宗教的冲击，核心是曾长期扮演神圣存在的角色的"天"，在现代科学的重新解释下，是否仍有资格扮演神圣存在的角色。简而言之，本书要考察的是：晚清时期，现代科学对中国宗教造成了怎样的影响？

三、史料说明

这项研究使用的原始文献，主要是发表在晚清公开出版的期刊上的论说和报道，兼及官方文书、个人文集和日记等。

之所以选择以期刊文章作为主要的考察对象，一个重要的原因是，相较于个人色彩浓厚的文集、日记、书信等材料，报刊文章作者较多，更注重照顾目标读者的理解能力，个人色彩和精英色彩都相对淡化，因而能更好地代表一个时代的思想面貌。其次，由于报纸杂志的发行量通常远远超过个人著作集，传播面更为广泛，影响更大，也许更能折射时代面貌。第三，由于有中国近代期刊数据库等数字检索系统，本项研究的资料获取相对容易，取材也更为广泛。笔者以为，史学中的原始文献检索系统类似于社会学、政治学等社会科学中的抽样调查，其缺点是难免有遗珠之恨，但其高效率的特点也使我们从过于琐碎的细节中抬起头来，把视野放得更宽广一些，回答比较宏观的问题。

晚清中文期刊大体可以分为两类：一是由西方传教士创办，二是由中国本土知识分子创办。中国近代化的报刊是外国人尤其是基督教传教士首先创办起来的。[1] 1833 年来华传教士郭实腊在广州创办《东西洋考每月统记传》，这是晚清传教士在华境内办的第一份中文期刊。此后，晚清传教士（或商人）所办的中文期刊尚有《遐迩贯珍》《上海新报》《申报》《新闻报》《六合丛谈》《教会新报》《万国公报》《格致汇编》《益闻录》《中西闻见录》《小孩月报》《画图新报》《通问报：耶稣教家庭新闻》《鹭江报》等等。这些刊物通常既包含了基督教（含天主教）的教义，又传播了许多现代科学知识，且往往有以西方宗教和科学知识为判准来批评中国的思想和信仰体系的内容。这使得我们可以从中管窥晚清传教士如何理解基督教与现代科学的关系、如何理解中国的宗教信仰。

中国知识分子自办的近代期刊如《亚泉杂志》《教育世界》《东方杂志》《云南》《教育杂志》《大同报》《竞业旬报》《滇话报》《福建白话报》《浙江潮》《安徽俗话报》《杭州白话报》《利济学堂报》《新民丛报》《知新报》《新世界学报》《国民日日报汇编》《神州日报》《清议报》《民报》等，是以传教士所办刊物为模仿对象的。早期报人、撰稿人的西学知识，往往以传教士的报刊和著述为渠道习得。故而晚清本土知识分子在自办报刊中的论说自然会受其影响。但是，中国知识分子又是在中国本土的思想、信仰传统中成长起来的，他们的论说不可能不打上本土文化的印记。在中西文化冲突的地方，出于不同的原因，他们有不同的取舍和理解。

除期刊之外，重要传教士的相关著作、一些有代表性的中国知识分子的相关著述，也在考察之列。在考察中国知识分子相关著述

---

1 方汉奇：《中国新闻事业通史》（第一卷），北京：中国人民大学出版社，1996 年，第246 页。

时，笔者将尽可能把考察对象扩展到一些中间层的知识分子。他们的名气也许没有康有为、梁启超、严复等人那么大，他们的思想可能跟不上潮流，但是他们的某些言行可能正好反映了时代的普遍状况。

四、章节结构

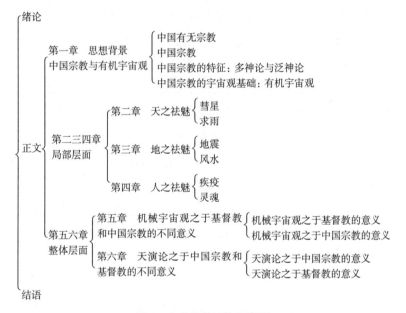

图1　本书章节结构示意图

绪论章首先阐述立说旨趣在于探讨晚清时期大量现代科学知识的传入，对人们固有的宇宙观会造成怎样的影响，与固有宇宙观密切相关的世俗秩序又会发生怎样的变化。本书把这套固有宇宙观和相应的神圣存在观念以及相应的实践作为一种宽泛意义上的"宗教"

来理解，因而本书的中心问题意识是：晚清时期，现代科学对"中国宗教"造成了怎样的影响？然后为学术史回顾。最后交代主要史料来源及章节安排。

第一章是思想背景，旨在概括地说明传统中国的宗教信仰状况。借助前人研究，该章首先驳斥"中国无宗教"的观点，主张"中国有宗教"。然后从中提炼出一个具有一定程度的内在一致性的"中国宗教"：以对天（天道）的信仰为核心的思想观念和相应的生活实践。"中国宗教"包含了多神论和泛神论两个子系统。多神论意味着中国宗教中存在着难以计数的人格神，但大体都从属于至上神"天"，它们权能有限，是宇宙的派生物而非创造宇宙的神。泛神论则把整体意义上的宇宙及其秩序（天、道、理、太极等）视为信仰对象，认为是宇宙化生了万物并主宰万物之发展。中国宗教的宇宙观基础是有机宇宙观：作为万物起点的宇宙（天、道、理、太极等）具有内在的动力和规律，它可以自动化生出万物，使万物的发生发展有条不紊地进行，宇宙的自生性、自足性，排除了超越的（外在于宇宙、先在于宇宙的）人格神来创造和推动。需要注意的是，文中频频出现的天^1、天^2、天^{3}的界定，出现在第 36 页。

第二、三、四章从局部层面考察晚清知识分子对具体事物的理解的转变。在传统中国的宇宙观念和宗教信仰中，宇宙万物主要由天、地、人三类（"三才"）组成，仰观苍穹列宿，俯察风土百物，检讨人事变迁，从中体悟使万物呈现如此情态的"宇宙秩序"（天、道、理、太极等）。他们经"格物"而"穷理"，也经"格物"而"穷新理"。当对具体事物的新解释积累到相当程度之后，当人们越来越多地认识到大量具体事物和现象背后的原理并不是阴阳五行的秩序之后，他们对宇宙及其秩序的旧有理解势必遭遇严重的危机。这种认知和发展过程，迫使我们在讨论整体层面的宇宙观变革前，先去考察晚清时期人们对具体事物的理解的变化。这是第二、三、四章的主要任务。

第二章考察了关于彗星和求雨的理解的变迁。在传统中国，对彗星和求雨的理解，通常都有一定的神魅色彩。彗星的出现预示着兵灾、战火、王朝更迭等严重的灾难，而其原理主要是五行相生相克的宇宙秩序，这种宇宙秩序是这一信仰中的非人格化的神圣存在。求雨信仰中的神圣存在主要是形形色色的人格神。晚清时代，传教士以科学服务于传教，以正统反异端的立场展开了关于彗星和求雨的言说。他们带来的现代科学知识提供了新的彗星解释和降雨解释。简而言之，"彗星自有轨道，不主祸福吉凶"，降雨则是由于水变云而再变雨。他们同时强调上帝的权柄，彗星和降雨都操于上帝之手，而不取决于阴阳五行的宇宙秩序，或玉皇大帝、龙王等人格神。中国知识分子主体上仅仅选择了传教士言说中的科学解释，而拒绝了科学背后的宗教预设。科学解释使得中国的本土信仰遭遇严重的危机，非人格神（阴阳五行的宇宙秩序）和人格神（玉皇大帝、龙王、关帝等）主宰的解释被现代科学的解释所替代。这些自然现象既不受人格神的主宰，使自然现象呈现如此状态的宇宙秩序也不再对人类道德状态做出回应。

第三章考察了关于地震理解与风水信仰的变迁。传统中国的地震解释和风水信仰中的神圣存在，同样既有人格神又有非人格神。关于地震的旧有解释有很强的道德属性，颇类狭义的"宗教"；后者道德属性稀薄，迹近巫术。两者都是传统中国人"俯察"的重要对象，人们从"地道""地理"揣摩、领悟宇宙秩序（天道），从而为世俗秩序（人道）寻求榜样和依据。晚清时期，包裹在自然神学中的现代科学知识，对地震现象、地质地形进行了祛魅，使得人格神主宰和阴阳五行的宇宙秩序均遭挑战。中国知识分子主流上接受了自然科学知识而拒绝了自然神学，在新的理解中，宇宙仍然有秩序，但其内涵不再是阴阳五行，而是现代科学规律。与儒家的德性宇宙观不同，现代科学理解中的宇宙秩序与人世道德状态无关，它并不承诺惩恶扬善，也不会对人类的情感做出回应。基于这一宇宙秩序的儒学也遭遇根本上的理论危机。

第四章考察了对疾病和灵魂的理解的转变。在传统中国，这两种观念都与神圣存在（人格神或非人格神）密切相关，也或多或少与道德秩序有关。在晚清时代，卫生学、解剖学、医学、科学心理学等现代科学知识，提供了甚为不同的理解。人的健康与否既不受人格神主宰，也不遵循阴阳五行的宇宙秩序；灵魂成为肉身的功能和派生物，并不能独立存在，从而也无所谓死后生命的存在。相较于基督教的灵魂观，中国思想和信仰传统中的灵魂观念确实更为接近科学的解释，中国知识分子更容易走向魂灭论和无鬼论。总而言之，身体和灵魂观念转变的结果是，身体被祛除了神魅色彩，死后生命也得不到科学的支持，人的健康与疾病、生与死，都与道德善恶无关。这一切转变，本质上是对宇宙和宇宙秩序的祛魅。

第五、六章从整体层面比较中国宗教和基督教这两种宗教传统如何回应两种科学宇宙观的挑战，从而明确机械宇宙观、天演论这两种不同的科学宇宙观对于两种不同的宗教传统来说意味着什么，理解两种现代科学宇宙观对中国宗教造成了怎样的挑战。

第五章主要考察了牛顿范式的机械宇宙观对两者的影响及两者的不同回应。第一节指出，基督教的上帝是"超越神论"的，它先在于宇宙、外在于宇宙，不受限于宇宙。也正因这种特征，在遭遇牛顿范式的机械宇宙观时，基督教能够利用自然神学，有效地把科学收归麾下，为己所用。第二节考察中国宗教中的神圣存在与宇宙的关系，及其在遭遇牛顿范式的机械宇宙观时的困境。不同于基督教教义中上帝外在超越于宇宙的关系，中国宗教传统中的神圣存在是"内在神论"的，人格神和非人格神都是内在于宇宙的。接受牛顿范式的机械宇宙观，就意味着承认宇宙是一架无生机、无自动能力的机械，就无法继续作为神圣存在扮演信仰对象的角色，以敬天、天人合一为核心教义的中国宗教就会遭遇严重的危机。

第六章则通过考察中国宗教和基督教对天演论的回应，比较天演论对两种宗教传统的不同意义。第一节考察严复的天演论，指出它与中国固有的有机宇宙观有相似之处，中国固有的有机宇宙观帮助接纳了天演论。但天演论不同于儒家的德性宇宙观，而更近于道家的天道论，是一种没有道德属性的宇宙观。第二节主要考察基督教教义与达尔文主义、天演论的冲突所在。通过本章的比较，我们可以更为清晰地看到中国固有宇宙观与基督教宇宙观的区别，也能更好地理解中国宗教和基督教在面对现代科学时的不同反应。借助两位基督徒的批评，也有助于我们理解宇宙祛魅给中国宗教带来的影响和后果。

结语章回顾全书的主要内容，总结本书对中心问题的回答。

第一章　思想背景：中国宗教
与有机宇宙观

第一节　中国有无宗教？

要探讨现代科学对中国宗教造成了怎样的影响，前提当然是中国有宗教信仰的传统。这个预设，可能首先就要遭遇质疑：中国有宗教信仰吗？如果视佛教、道教为宗教还没有太多争议的话，那么儒学是宗教吗？祖宗崇拜是宗教信仰吗？拜财神、拜妈祖、拜关公、向龙神或玉皇大帝求雨算宗教吗？风水算宗教吗？星占、卜卦、扶乩、相面算宗教吗？简而言之，"中华民族是否是一个具有宗教热忱的民族？中国文明是否建立在宗教信仰的基础上？"[1]这些问题往往又被简化为儒学是不是宗教。[2]有关这些问题的争论始自明末天主教来华，至今已经持续了四百多年。[3]近代以来，康有为、梁启超、蔡元

1　秦家懿、孔汉思：《中国宗教与基督教》，吴华译，北京：生活·读书·新知三联书店，1990年，第10页。

2　晚近的争论可参见任继愈主编：《儒教问题争论集》，北京：宗教文化出版社，2000年。

3　关于明末清初的相关讨论，可参见李天纲：《中国礼仪之争：历史、文献和意义》，上海：上海古籍出版社，1998年，第259—275页。

培、章炳麟、陈独秀、梁漱溟、冯友兰、唐君毅、徐复观、张君劢、任继愈、张岱年等人都先后就此问题发表意见，产生的文献更是蔚为大观。[1]"中国有宗教"这一观点有如此多的争议，本书仍然要坚持以之为立说的基础预设，目的是要强调这些思想和实践背后的神圣存在对于传统中国人的神圣性和重要性。

概括而言，这些问题的争议焦点，一是如何界定宗教，二是如何认识传统思想（尤其是儒学）中的天和天道。两者又密切相关。要判断传统中国对天和天道的信仰是否可以视为宗教，关键在于如何界定宗教。在近代宗教学中，主要有三类界定方式：宗教人类学和宗教历史学通常以宗教信仰的对象（神和神性物）为中心；宗教心理学则侧重于信仰主体对神或神性物的主观感受和内在体验；宗教社会学通常强调宗教对社会生活的影响和功能。[2]本书以信仰对象为中心来界定宗教，兼及功能主义的理解，因而，讨论的焦点最终落实到如何理解中国思想文化传统中的这些信仰对象。

本书在中国有无宗教这个问题上是持肯定态度的，赞成"中国有宗教"，理由主要有如下几点。

第一，主张儒学是宗教或者儒学具有宗教性的观点，大多强调传统思想中的天命、天道、理等观念，以为类似于基督教中的上帝。杨庆堃认为儒学具有很强的宗教性，他的理由是："信仰天命，宽容卜筮，与阴阳五行理论密切相关，强调祭祀和祖先崇拜是实行社会

1　20世纪产生的有关重要文献，参见李建主编：《儒家宗教思想研究》，北京：中华书局，2003年。简要的梳理，可参见苗润田、陈燕：《儒学：宗教与非宗教之争——一个学术史的检讨》，载任继愈主编：《儒教问题争论集》，北京：宗教文化出版社，2000年，第438—454页。

2　吕大吉：《宗教学通论新编》，北京：中国社会科学出版社，2010年，第42页。

控制的基本手段，以及在灵魂问题上缺乏一种彻底的无神论和理性态度——这些都反映了儒家学说的基本取向。儒学要在一个人们相信鬼神无所不在的社会中发挥其指导学说的功能，上述的宗教因素十分重要。"[1]他提出的这一系列理由是有说服力的，也是坚持儒学为宗教的学者常常举出的理由。

第二，近代以来许多学者主张儒学不是宗教，中国也没有浓厚的宗教传统，一个深层次的原因是因为他们视宗教为落后的迷信，与现代、进步对立，因而不愿意承认中国有宗教信仰传统。杨庆堃曾指出，梁启超、胡适等近代中国知识分子强调儒学是非宗教的、中国社会是非宗教的，"部分是对全球世俗化潮流的响应"，因为在一个科学代表着进步，而宗教（略等于迷信）代表落后的时代里，他们耻于承认中国社会是有超自然崇拜的，"尤其轻视巫术崇拜"。[2]李天纲还认为，这些判断归根结底可能是受到了明末清初"中国礼仪之争"时的传教士的观点的影响。[3]

第三，把中国是否有宗教这个问题缩减为儒学是不是宗教这样一个狭窄的问题，有严重的局限。儒学在传统中国的文化体系中固然最为重要，但是并非全部。以宗教生活而言，儒学中的"天"固然是最为重要的神圣存在，但并非唯一。中国的宗教传统除儒学之外，还包含了许多其他内容。杨庆堃在《中国社会中的宗教》一书

1　杨庆堃：《中国社会中的宗教：宗教的现代社会功能与其历史因素之研究》，范丽珠等译，上海：上海人民出版社，2007年，第235页。

2　杨庆堃：《中国社会中的宗教：宗教的现代社会功能与其历史因素之研究》，范丽珠等译，上海：上海人民出版社，2007年，第24页。

3　李天纲：《中国礼仪之争：历史、文献和意义》，上海：上海古籍出版社，1998年，第153、191页。

中特别强调了这一点，他从更为广阔的角度来理解中国的宗教传统，广泛涉及了中国人的多种信仰形式，涵盖了不同社会阶层。[1]秦家懿也主张，超越儒道释以及纷繁复杂的地方宗教之间的歧异与斗争，从更广阔的视角、从共同的源头出发来理解中国的宗教传统，在中国错综复杂的宗教形式中找到一些共同的基本预设，从而提炼出一个较具总括性的宗教传统。[2]

第四，认为中国无宗教，或者认为儒学不是宗教，往往是以基督教为衡量标准的。这种判断标准一开始为许多传教士所拥有，后来也被许多西方汉学家及中国学者所使用。[3]正如有学者所指出的，这种观点的问题是"套用西方宗教概念来否定中国宗教现象，而且西方的宗教概念本身隐含着强烈的西方基督教中心论与排他论的思想倾向"。[4]换言之，这实际上是以基督教作为标准，有别于此即不能被视为宗教信仰。这种狭隘的判断标准，在西方的宗教学尤其是宗教人类学的发展历程中，早已被抛弃。从泰勒、弗雷泽、弗洛伊德、涂尔干、韦伯、马克思、伊利亚德、埃文斯-普理查德直至格尔兹，

1　杨庆堃：《中国社会中的宗教：宗教的现代社会功能与其历史因素之研究》，范丽珠等译，上海：上海人民出版社，2007年，第34页。

2　秦家懿、孔汉思：《中国宗教与基督教》，吴华译，北京：生活·读书·新知三联书店，1990年，第34页。

3　这一观点的类似表述有：中国本土文化是没有宗教的（梁启超）；中国是个没有宗教的国家，中国是个不迷信宗教的民族（胡适）；中国人是"非宗教的"，中国没有"伟大的宗教"，中国人或许有迷信思想（陈端升）；中国人不但是"异教徒"，而且大多是"无神论者"，儒、释、道三教几乎包括了中国人的全部"迷信"（利玛窦）。张志刚：《"中国无宗教论"反思》，《北京大学学报》（哲学社会科学版）2013年第3期。

4　张志刚：《"中国无宗教论"反思》，《北京大学学报》（哲学社会科学版）2013年第3期。

都把世界各地的信仰系统（包括巫术、神话）纳入宗教的范畴加以考察。[1]从事比较宗教学和民俗学研究的中国学者江绍原很早就曾指出，西方曾"把宗教界说为基督教"，"但是西洋人的知识增长心胸开拓以后，渐渐觉悟他们平常贬为异端、法术、迷信的那些东西，在无论形式上、性质上或作用效能上，都和他们所奉的基督教有相同之点，故那些东西似乎也有资格被呼为 r.（宗教，religion）"，何况基督教自身后来也被唯理主义思潮视为"迷信"。[2]换言之，我们首先应抛弃西方基督教中心论的狭隘标准，方可正确地认识中国的宗教传统。

第五，由于中国大量的宗教学说和实践没有基督教、犹太教、伊斯兰教、佛教那样的组织形式，所以有些学者认为它们不是宗教。针对这种观点，杨庆堃提出"制度性宗教／分散性宗教"的区分，把缺乏类似基督教教会那样的组织基础的信仰体系也纳入宗教范围中来加以考察，成功突破了这种狭隘的偏见。根据他的解释，制度性宗教的特征是："包括（1）独立的关于世界和人类事务的神学观或宇宙观的解释，（2）一种包含象征（神、灵魂和他们的形象）和仪式的独立崇拜形式，（3）一种由人组成的独立组织，使神学观简明易解，同时重视仪式性崇拜。"[3]而分散性宗教的特征则是"拥有神学理论、崇拜对象及信仰者，于是能十分紧密地

1　详参包尔丹：《宗教的七种理论》，陶飞亚、刘义、钮圣妮译，上海：上海古籍出版社，2005 年。

2　江绍原：《中国礼俗迷信》，天津：渤海湾出版公司，1989 年，第 5 页。

3　杨庆堃：《中国社会中的宗教：宗教的现代社会功能与其历史因素之研究》，范丽珠等译，上海：上海人民出版社，2007 年，第 268—269 页。

渗透进一种或多种的世俗制度中，从而成为世俗制度的观念、仪式和结构的一部分"。[1]具体而言，中国的分散性宗教体现在祖宗崇拜、行业神崇拜、社区保护神崇拜、天命信仰、风水、占卜、相面等现象中。他认为，"从东周开始，传统宗教的神学思想和仪式在很大程度上以分散性宗教的形式被融合到世俗社会制度中去了"，因而宗教对中国社会的影响主要是以分散性宗教的形式体现出来的，制度性宗教的影响力反不及分散性宗教。分散性宗教在中国人的日常生活中发挥着重要的精神支撑作用，他说：

> 缺乏强有力的神职系统绝不意味着在社会生活中宗教影响处于弱势。如果没有宗教的帮助，中国民众、特别是妇女很难打发时间，更何况还要面对生活的困难。晨昏时，为宅神上香；到庙里为无数公共和私人的事情祈祷；为大事小情拜访民间算命者得到指点迷津的启发；参加庙会和宗教节日；按照黄历选择吉日来安排生活中的大事，对超自然力量加诸生活和世界的影响作出反应——所有这一切都强化了在传统社会秩序下宗教和日常生活的密切关系……制度性宗教缺乏结构性地位并不等同于宗教在社会生活中不起作用。[2]

在此基础上，他批评"许多研究中国社会的学者或是忽视了中国社会制度的宗教性一面，把分散性宗教当作迷信不予理会，或是

1　杨庆堃：《中国社会中的宗教：宗教的现代社会功能与其历史因素之研究》，范丽珠等译，上海：上海人民出版社，2007年，第269页。

2　杨庆堃：《中国社会中的宗教：宗教的现代社会功能与其历史因素之研究》，范丽珠译，上海：上海人民出版社，2007年，第306—307页。

使用其他的标签而不情愿使用宗教这个词"。[1]因而，以缺乏独立组织为由来否定中国的宗教传统，很难有说服力。

第六，认为中国无宗教、儒学非宗教的观点，往往以人格神信仰为基本判准。这仍然是甚为狭隘的判断标准。比较宗教学、宗教人类学的发展，考察对象的扩展，使得宗教学界把各种特定宗教的信仰对象做抽象化的表述，以拓展宗教信仰的涵盖范围。宗教信仰对象的表述也从"上帝""神"，发展到"无限存在物""精灵存在物""超人力量""超世而具有人格之力""超自然力量""超自然存在""超越世界""神圣事物""神圣存在"等概念。其中"神圣事物"（the Sacred）、"神圣存在"（divine Being）是最为宽泛的表述，可以把一切宗教信仰的对象涵盖进去，不管这些宗教信仰的对象是一个还是多个，是人格化的还是非人格化的，是超人的还是非超人的，是无限的还是有限的，是超自然的还是非超自然的，是道德的还是非道德的。[2]

本书采用最为宽泛的"神圣存在"（divine Being）这个概念来涵盖中国宗教传统中的信仰对象。原因有如下几点。第一，中国宗教传统中的信仰对象既包括人格神，也包括非人格神。中国宗教中的信仰对象，大致可以分为两类，一是人格神，诸如天、天帝、上帝、玉皇大帝、龙王、关公、阎王、妈祖、雷神、风神、灶神、财神等等，一是非人格化的天、天道、理、阴阳五行等。而非人格化的神圣存在，往往就是宇宙及其运行法则，除了称为天、天地之外，

1　杨庆堃：《中国社会中的宗教：宗教的现代社会功能与其历史因素之研究》，范丽珠译，上海：上海人民出版社，2007年，第270页。

2　吕大吉：《宗教学通论新编》，北京：中国社会科学出版社，2010年，第45页。

还常被称为道、天道、理、太极、太乙。具体到天文星占、地震解释、风水信仰、传统医学中，往往表现为阴阳五行、天干地支、八卦等规则、秩序。这是迥异于基督教的一个重要特征。因而，以有神论/无神论（特指人格神）来判定中国人的宗教信仰状态，不够贴切。[1]第二，在中国的宗教传统中，非人格化的天、道、理、太极、阴阳五行尚可认为是无限的，人格神却不然，它们大多是宇宙的派生物，并不是无限的，各有其职能分工，各有其能力限度，基本没有全知全能的神，在超过其权限的事务上，它们往往需要报告和请示上位神。作为人格神的天/上帝/玉皇大帝是这个神祇系统的至上神，它的权力大于下位神，对下位神和人世间有支配、监管、奖惩的权力，但它们也可能被下位神所蒙蔽，因而也未必是无限的。[2]总之，中国宗教传统中的信仰对象，大多并非如基督教的上帝那样是"全知全能的""无限的"，因此"无限存在物"这个抽象概念也不能概括中国宗教的全部信仰对象。第三，中国宗教中的人格神并不先于宇宙而存在，也不外在于宇宙，它们并非如基督教的上帝那样超越

1　中文学术界关于非人格神的论述，最为详尽的是单纯所著《宗教哲学》一书，颇可参看。该书第三章《宗教形上学：人格神与非人格神论的终极实在》介绍了世界各主要宗教系统中的最高的人格神和非人格神。人格神以亚伯拉罕信仰系统为代表，主要是犹太教、基督教和伊斯兰教，三者的信仰对象分别是耶和华、上帝和真主安拉，婆罗门教和印度教中的梵天、毗湿奴和湿婆也是典型的人格神；非人格神则主要包含印度教中的梵、佛教上座部的"涅槃境界"、儒教的天（以及类似于此的道、太极等概念）。单纯：《宗教哲学》，北京：中国社会科学出版社，2003年，第70—127页。

2　有关中国宗教传统中的人格神，可参见栾保群：《中国神谱》，天津：天津人民出版社，2009年；冷力、范力编著：《中国神仙大全》，沈阳：辽宁人民出版社，1990年；窪德忠：《道教诸神》，萧坤华译，成都：四川人民出版社，1996年。马书田的一系列著作，涉及民间信仰、道教诸神、佛教诸神等，如马书田：《华夏诸神》，北京：北京燕山出版社，1999年；马书田：《中国鬼神》，北京：团结出版社，2007年。

于宇宙（自然）；另一方面，中国宗教中非人格化的神圣存在，往往即等同于宇宙（自然）及其秩序，因而也不是"超"自然的。所以用"超自然存在"来描述中国宗教的信仰对象，也不是非常贴切。总之，基于如上几点理由，本书使用最为宽泛的"神圣存在"这个概念来统称中国宗教中的信仰对象。

第二节　中国宗教

渗透到传统中国日常生活中的分散性宗教，在多大程度上具有内在一致性，从而可以视为一个统一的"中国宗教"的传统？

"中国宗教"与"宗教"一样，也是外来的概念。许多西方汉学家通常把中国的宗教传统视为单一宗教，包括儒道释三个互补的系统，一些民间信仰后来也被纳入其中，由此产生了一个"中国宗教"的概念。[1]荷兰汉学家高延（J. J. De Grouut，1854—1921）、法国汉学家葛兰言（Marcel Granet，1884—1940）、华裔学者杨庆堃是把中国宗教作为一个整体来理解的代表人物。高延力图从田野工作中呈现出来的大众宗教追溯其精英起源，而葛兰言则相反，他力图通过古典文献追溯精英文化的卑微起源。换言之，他们看到了精英与民众之间在宗教生活上的内在一致性。[2]基于这样一些论述，1970 年代，莫里斯·弗里德曼（Maurice Freedman，1920—1975）明确提出了"中国宗教体系"的概念。他说："中国人的宗教观念和实践并非一

1　许天基、罗丹：《西方汉学传统中的中国宗教研究》，《民族艺术》2012 年第 4 期。
2　莫里斯·弗里德曼：《论中国宗教的社会学研究》，金泽、李华伟主编：《宗教社会学》（第一辑），北京：社会科学文献出版社，2013 年，第 231—256 页。

些元素无序、随意搭配的堆积体，所有的现存事实和大量的已存文献都指向了反面……在表面的多样性之背后，存在某种秩序：这一秩序可以如此表达：在观念的层面（信念、表征、分类原则等）和实践、组织的层面（仪式、群体、等级制等）存在一个中国宗教体系。"[1]

在此之前，杨庆堃虽然没有明确提出"中国宗教"这样的概念，但他已经把中国宗教生活作为一个整体来看待，并把中国宗教生活的内在一致性定位为对"天"的信仰。他指出："上天所具有的凌驾诸神之上的至高无上性，在整合地方众神的过程中，产生了单一等级体系。"[2]他还指出，天的至上神地位在汉代确立。汉代时将地方神灵整合进统一信仰，确立了"天"拥有至高无上的地位以及相应的"超自然力量体系"，从而使原始宗教系统化了。而且，阴阳五行理论阐释了治理包括汉族与少数民族的普遍基本原则，其结果是直至当代，"各种地方性信仰都是作为至高无上的'天'与'地'的附属而存在"。道教和佛教的神祇体系，在很大程度上都被涵括在天地信仰之下，在人们看来，"佛和菩萨只是神

1　莫里斯·弗里德曼：《论中国宗教的社会学研究》，金泽、李华伟主编：《宗教社会学》（第一辑），北京：社会科学文献出版社，2013年，第232页。从宗教学理论上强调中国宗教的内在一致性的文献，还可参看劳格文：《中国宗教的合理性》，范丽珠译，《法国汉学》1999年第4期；李四龙：《略论"中国宗教"的两个思想基础》，《北京大学学报》（哲学社会科学版）2006年第5期；吾敬东：《中国宗教：巫术与伦理或理性的对立和共存》，《南通大学学报》（社会科学版）2009年第6期。

2　杨庆堃：《中国社会中的宗教：宗教的现代社会功能与其历史因素之研究》，范丽珠译，上海：上海人民出版社，2007年，第137页。

灵体系中的一个部分，而上天则具有至高无上的地位"。[1]也就是说，"天"作为至上神，并不仅限于某一特定的宗教派系，而是诸多宗教派别共同的至上神，这正是三教合一、宗教信仰上的大一统成为可能的关键原因。

另一华裔学者秦家懿也有类似的看法，她明确使用"中国宗教"这一概念，以强调中国宗教生活内在的一致性。她强调的中国宗教的一致性仍然是对天的信仰。她说，中国古代原始宗教中的占卜、通灵、祭祀等人与神灵之间的交通，后来演化成"天人合一"的哲学思想，"成为儒道两家思想的重要组成部分"。[2]因而"中国宗教"是以"天"为主要信仰对象的一种宗教传统。

对"天"的信仰、对天人合一的追求，在中国文化传统中的重要地位，是许多学者公认的事实，无论他们是否愿意以"宗教"来称谓这一现象。余英时曾说："'天人合一'的观念，是中国宗教、哲学思维的一个独有的特色，这是现代学人的一个共识。"[3]

一般认为，这种思想传统形成于商周之时的宗教生活。商朝的宗教信仰中以"帝"或"上帝"来称凌驾于其他神祇之上的至高无上的主宰者，它是神人同形同性的。周朝则用"天"来称谓这一至上神，天一开始也有人的含义，但渐渐失去了人的形象而转变为"一种宇宙的道德的力量（秩序，存在）"，它虽不再与人"同形"，

1　杨庆堃：《中国社会中的宗教：宗教的现代社会功能与其历史因素之研究》，范丽珠译，上海：上海人民出版社，2007 年，第 112 页。

2　秦家懿、孔汉思：《中国宗教与基督教》，吴华译，北京：生活·读书·新知三联书店，1990 年，第 34 页。

3　余英时：《天人之际——中国古代思想的起源试探》，载陈弱水编：《中国史新论：思想史分册》，台北：联经出版事业公司，2012 年，第 11 页。

却仍与人"同性"，仿佛有智力、有意志。这两种称谓，在周朝时合并起来，用于称呼那个"最初的或最终的、最深的或最高的、决定一切的存在"。[1]由于这种渊源，中国宗教生活中的至上神"天"可能既被理解为"主宰的、存在于万物之上的人"（人格神），又被理解为"至上的支配的原则"（非人格神）。这两种理解在中国的宗教生活中长期并存。

总之，本书使用的"中国宗教"这一概念，核心就是对"天"及其下位神的信仰。之所以要使用这一甚为宽泛、笼统的概念，是因为在中国的宗教生活中，各种宗教派别之间的融合程度很深，信仰者本人不愿区分、也难以区分哪些信仰对象属于哪一种宗教派别（在本书的第二、三、四各章的第一节中可以看到）。与其去指责信仰者本人分不清儒道释、见神就拜，还不如去理解他们心目中不同宗教派别为何能够被整合在一起。

值得参考的做法是，撇开具体的宗教派系，去了解人们的生活中到底在信仰什么，在敬畏怎样的人格神或非人格神。这种做法，突出地体现在李亦园主持的一项社会学调查中。这项调查虽是针对当代台湾的信仰生活，除却其中包含的基督教部分，余者也能较好地体现古代中国宗教的一些基本预设。我们不妨浏览一下该调查问卷提出的一些问题，即可管窥中国宗教的表现形式及其信仰对象。

---

[1] 秦家懿、孔汉思：《中国宗教与基督教》，吴华译，北京：生活·读书·新知三联书店，1990年，第95页。有关商周时代信仰的至上神从帝到天的转移，一是人格化色彩减弱，一是道德色彩强化。可参见陈来：《古代宗教与伦理——儒家思想的根源》，北京：生活·读书·新知三联书店，1996年，第161—223页。

个人宗教性量表的因素组型[1]

一、个人信仰

24（4）您对于您的信仰信得很坚定。

（1）您的宗教对您来说，相当重要。

（3）神（明）对您的生活影响很大。

（5）您对自己的宗教很了解。

（2）花点时间想宗教的事，是很重要的。

（19）诚心诚意去拜神，会得到神的保庇。

（18）烧香拜佛（烧银纸、贴符箓）可给人安心／（祈祷可给人安心）。

二、术数

24（27）犯冲到自己年生的日子，不可去参加丧礼。

（26）起厝（置厝）应先考虑方位（风水）问题。

（10）祖先的风水若好，家庭、事业会兴旺。

（25）房间若方位不对，就会不平安。

（7）抽签卜卦，可以知道未来的事该怎么做。

---

1 该表中数字为原题号。作者解释了八个因素分别如下。因素一：对宗教信仰之重要性的肯定，仰赖宗教的程度，简称"个人信仰"。因素二：对择日、地理风水、生辰八字、抽签卜卦等的信仰，简称"术数"。因素三：对有关"劝善""良心""道德"等说法的肯定，简称"善恶"。因素四：个人的印象中，平常参与宗教仪式、主动或被动的教义传播经验，以及自己从事念佛、祈祷等行为的频度，简称"宗教活动"。因素五：对于一生的评价，即认为自己的一生是否幸福、满足、有价值，简称"人生"。因素六：对于死后是否有灵魂、有鬼，以及是否会投胎转世的信仰，简称"死后的世界"。因素七：对食物、药物之具有"凉性""热性"，以及对中医观念的信仰，简称"物性"。因素八：对生育和胎神之关系的信仰，简称"生育"。李亦园：《宗教与神话论集》，台北：立绪文化，1998 年，第 133—135 页。

（11）生辰八字和一生命运息息相关。

三、善恶

24（15）一个人做坏事，就会受到上天的处罚。

（16）好心人会得好报。

（14）行善事、积阴德的人，下一辈子可以过较好的生活。

（32）在世时，做好事可以上天堂，坏事做多会下地狱。

（13）好人死后会进天堂。

（17）抬头三尺有神明。

四、宗教活动

23（3）你常不常和亲戚、朋友、邻居或同事谈宗教的事？

（5）你常不常劝别人信神？

（7）你常不常参加宗教方面的活动？

（6）你常不常收听、收看宗教方面的广播、电视节目？

（2）在日常生活中，当你有事要做决定时，你常不常问神（明）的旨意？

（4）你常不常祈求神（明）宽恕你的罪过？

（1）除了去拜神或拜佛（上教堂）外，你常不常念佛（祈祷）？

五、人生

24（22）目前你觉得生活过得很幸福？

（23）你的一生（这世人）可说是充满欢乐和满足？

（21）你觉得你的生命（这世人）很有价值？

六、死后的世界

24（29）人死后有灵魂。

（31）世间真的有鬼。

（30）人死后会投胎转世。

七、物性

24（33）中药药性较平和，不会产生副作用。

（35）中医治病很有效。

（34）火气大时，应该多吃"凉"性的东西。

八、生育

24（8）有些孩子生下来，身体有缺陷，是因为触动了胎神的缘故。

（9）女人有身孕，不可触动胎神。

在这里列举出来的判定标准中，李亦园判定宗教信仰的核心要素是体现在日常生活中的"宇宙存在"。以抽象的"宇宙存在"作为宗教的核心要素，使我们跨越了人格神/非人格神的界线，无论是人格神还是非人格神，都可以纳入同一个总括性概念来理解。

所谓"宇宙存在"，归根结底还是对"天"的信仰，中国人精神生活、宗教信仰中最深层次的仍然是追求天人合一，力求"天"之"道"。为此，李亦园在杨庆堃的"分散性宗教"概念的基础上，提出了一套"三层面和谐均衡观"的理论架构，作为中国宗教生活的共同内核。他说：

这一个三层面和谐均衡观，表现大传统儒家的理念时，则成为"天人合一""致中和"以及"与天地和""与人合""调理四时，太和万物"等形而上哲学概念；表现在小传统及日常生活中，则见于食物医药习惯、姓名系统、祖先崇拜仪式、择日占卜、风水地理、神明仪式以及符箓咒法等方面，这些正是普化的中国宗教信仰（引注：即分散性宗教）基本假说所在，也是一般中国人世俗生活的前提。[1]

传统中国宗教生活中起源各异、原本分属不同宗教派别的、形形色色的人格神和非人格神，之所以能够被整合在一起，根本原因就在于它们都以"天"为至上神。也正因如此，这些原本不同的宗教派别可以被视为隶属于"中国宗教"的子系统。在本书中，中国宗教这个概念的核心即是对"天"的崇拜和信仰。具体而言，它主要包括原始宗教、儒教、道教以及被本地化了的佛教的一些部分。以"天"之信仰为中心，不仅可以避免复杂的宗派划分，还可以跨越阶层划分，看到大传统与小传统一定程度上的内在一致性。

需要说明的是，"中国宗教"这一学术概念是一个后发的建构性的概念，并不是中国本土的原发概念。这个概念的提出，旨在揭示传统中国人为什么可以同时信仰不同的宗教传统。笔者深知这一学术观点迄今仍然存在争议和分歧，但笔者认为这一概念有助于让我们注意到中国文化在宇宙观上的一致性，因此把它作为一个学术"假说"来接受和采用。笔者也曾想过用"中国文化""中国信仰""迷信传统""天道信仰"等概念来描述，但是"中国文化"太宽泛，不太能聚焦于宗教信仰；"天道信仰"则过窄，焦点在至上的

1　李亦园：《宗教与神话论集》，台北：立绪文化，1998年，第127页。另可参见金耀基、范丽珠：《序言：研究中国宗教的社会学范式——杨庆堃眼中的中国社会宗教》，载杨庆堃：《中国社会中的宗教：宗教的现代社会功能与其历史因素之研究》，范丽珠等译，上海：上海人民出版社，2007年，第11页。

天/天道，而下属的各种神祇则不能包含在内；"迷信传统"这个概念包含了比较多的价值判断，恐有碍于我们认真对待传统中国人对天和各种神祇的态度；"中国信仰""中华信仰"相较于"中国宗教"，少一点"组织"的意味，这与本项从思想史层面入手的研究似更为贴切，但笔者目力所及基本没有学者使用"中国信仰""中华信仰"这样的表述。相较而言，学术界用得比较多的还是"中国宗教"这一表述，尽管笔者对此并不满意，但在找到更好的表述前仍决定沿用。

第三节　中国宗教的两个子系统：
多神论和泛神论

中国宗教中的人格神和非人格神这两个子系统，我们可以分别称之为多神论（polytheism，亦称多神宗教）和泛神论（pantheism，亦称泛神宗教）。19 世纪美国来华传教士明恩溥（Arthur Henderson Smith，1845—1932）曾指出：一方面，因为中国人的宗教信仰中有许多神圣存在都是人（比如英雄和祖先）死后变成的，所以"作为一个民族的中国人无疑是多神论的"；[1]另一方面，中国人由于对不可抗拒的自然力量的恐惧，往往有崇拜自然的倾向，这透露出中国人认为"这些自然之力是有知觉的"，他称之为泛神论。[2]以中国人普遍

1　明恩溥：《中国人的气质》，刘文飞、刘晓旸译，上海：上海三联书店，2007 年，第 223 页。
2　明恩溥：《中国人的气质》，刘文飞、刘晓旸译，上海：上海三联书店，2007 年，第 223 页。

崇拜的"天"为例，他说：若要问一个中国人，他所崇拜的天到底是什么，他可能会回答就是"天和地"（宇宙、自然），乃至缩小到"头顶上的蓝天"（天空），有时候又说是老天爷（即人格化的天）。[1]后者给人一种印象，即中国人能真切地感觉到一个人格化了的神。前者却很难说是人格神，而基本等同于宇宙和自然，但却似乎"有知觉的"，中国又常有"天即道"的解释，所以天又等同于法则和规律。归根结底，天道崇拜就是自然崇拜、宇宙崇拜，中国人又是"泛神论者"。[2]无独有偶，德国来华传教士花之安（Ernst Faber, 1839—1899）也批评中国人分不清天（宇宙、自然）与上帝。[3]花之安所批评的"分不清天与上帝"，指的正是把宇宙和上帝等同起来的泛神论传统。在中国思想和信仰传统中，泛神论最为典型的表现就是，宇宙和上帝都称为"天"。明恩溥把中国人的宗教传统概括为多神论、泛神论，是相当准确也极具启发意义的。[4]

1　明恩溥：《中国人的气质》，刘文飞、刘晓旸译，上海：上海三联书店，2007 年，第 224—225 页。

2　明恩溥：《中国人的气质》，刘文飞、刘晓旸译，上海：上海三联书店，2007 年，第 224—225 页。

3　胡卫清：《儒与耶：近代本色神学的最初探索》，《石河子大学学报》（哲学社会科学版）2003 年第 4 期。

4　明恩溥还认为，中国下层阶级普遍相信多神论和泛神论，而上层阶级，尤其是哲学家却是纯粹的无神论者，他特别指出儒家弟子往往是彻头彻尾的不可知论者和无神论者。这种看法有待商榷。我不否认中国古代思想中确实有无神论传统，但在上层阶级和士人阶层中，多神论仍然相当普遍，泛神论更是主流。就在明恩溥自己的行文中，他指出中国"富有的商人和博学的学者，都不羞于让别人看到自己每月花两天时间专门祭拜狐狸、黄鼠狼、刺猬、蛇和老鼠"。（明恩溥：《中国人的气质》，刘文飞、刘晓旸译，上海：上海三联书店，2007 年，第 228 页。）因而我们可以认定多神论同样是上层阶级的普遍情况，本书所描述的晚清的求雨等案例也非常清晰地表明这一特征。对非人格神的自然力量、宇宙秩序（天道）的信仰，是上层阶级、士　（转下页）

多神论（polytheism）认为存在多个人格神，诸神之间未必是平等关系，可能有一个至上神，地位高于其他诸神。我们所熟知的道教就是典型的多神宗教。与之相反的是作为一神论（monotheism）的基督教，坚持只存在唯一的神。多神论和一神论的共同点是，两者所理解的神都是与人同形同性的，即都是人格神。

泛神论（pantheism）这个概念最早始自托兰德（John Toland，1670—1722）。Pantheism 这个词由词根 pan 和 theos 构成，pan 即 all，指万物之整体；theos 即 God，上帝。大体上说，泛神论就是把万物之整体（即宇宙、自然）视为上帝的思想观念。泛神论认为"在上帝之外不存在任何事物"，换言之，"拒绝承认上帝是不同于宇宙的事物"。[1]

在西方，泛神论的观点可以追溯到古希腊的斯多葛主义（Stoicism）。根据文德尔班的概括，斯多葛学派的主要观点是："整个宇宙形成单一的、活着的、互相关联的整体；所有特殊事物都是在永恒活动中的神圣的原初力量所决定的形式。"[2]大体而言，他们认为天地万物构成一个统一体，这个统一体是一切生命和运动的源泉，是万物的创造者和主宰者，是万物之所以然，是万物和谐秩序的根据，是万物的灵魂和理性。因而，这个统一体，又被称为"上帝""宇宙灵魂""宇宙理性"。它是最为完善、最为神圣的存在，它有

_____

（接上页）人阶层更为普遍的情况，故而泛神论的宗教传统是古代中国中上层社会宗教信仰的普遍状况。

1　Mander, William, "*Pantheism*", The Stanford Encyclopedia of Philosophy（Summer 2013 Edition），Edward N. Zalta（ed.），URL = < http：//plato. stanford. edu /archives / sum2013 /entries /pantheism />.

2　文德尔班：《哲学史教程》，罗达仁译，北京：商务印书馆，1997 年，第 242 页。

意志，关爱万物，惩恶扬善。斯多葛学派认为世俗道德之首要原则就是顺应自然而生活，因为这个神圣的自然（宇宙）就是至善的上帝。[1]

近代最为重要的泛神论者有布鲁诺（Giordano Bruno, 1548—1600）、斯宾诺莎（Baruch de Spinoza, 1632—1677）、托兰德（John Toland, 1670—1722）等。根据梯利的概括，布鲁诺认为"上帝内蕴于无限的宇宙之间，是活动的本原；活生生的宇宙产生于他内在的必然性，他借此来表现自己"；"万物都由所谓单子组成，这种单子是无因自成而不毁灭的基本部分，既是精神的，又是物质的。灵魂本身就是一个不死的单子，上帝是单子的单子"。[2]斯宾诺莎是近代泛神论最重要的代表人物。他认为：宇宙间只有一个实体，也就是神（上帝），它是绝对的、无限的、永恒的、至善的；它是万物的初始因，没有神就没有万物，万物都存在于神之内，不能独立于神之外而存在，因而神与万物是一种包含关系，而非并列关系。万物都必然被神所决定，没有偶然，也没有自由意志。斯宾诺莎明确说"神即自然"，也就是那个无所不包的、作为万物之总和的宇宙。[3]托兰德则说"世界上万物是一，一是万物中的一切。万物中的一切者即是上帝，永恒无限，不生不灭"，此话稍显玄乎，在另一处他说得更为清楚："世界上一切事物都是世界的部分，都包含在一个赋有完满理性和永恒的理智的自然中；因为没有一种比它更强有力的东西能把它毁灭。他们把这种力称为世界灵魂，也称为心灵、完善的智慧，

1　梯利：《西方哲学史》，葛力译，北京：商务印书馆，2000 年，第 116 页。
2　梯利：《西方哲学史》，葛力译，北京：商务印书馆，2000 年，第 266 页。
3　斯宾诺莎：《伦理学》，贺麟译，北京：商务印书馆，1997 年，第 1—36 页。

因而也称为上帝。"[1]

实质上，无论是斯多葛学派，还是近代泛神论者，都把宇宙（自然）分为两层：一是整体上的、抽象的、绝对的、至善的宇宙，即所谓"作用的自然""能生的自然""产生自然的自然"（natura naturans）；二是具体的、有限的、有缺陷的万物，即所谓"被作用的自然""派生的自然""被自然产生的自然"（natura naturata）。前者是后者的创造者和主宰者，即上帝。简而言之，泛神论中的上帝实质上就是有神圣意味的、整体意义上的、抽象意义上的自然（宇宙）。所以有人说，泛神论一方面把上帝自然化了，另一方面又把自然神化了。[2]能动的自然和被动的自然，都被称为自然或宇宙，以示其不可分割之意。但为了使行文清晰易懂，本书将尽可能用"宇宙"和"万物"来分别指代这两层意思，尽管这很难完全做到。

在泛神论中，上帝是整体意义上的宇宙和自然，因而是非人格化的。与基督教的上帝不同，它不是神人同形同性的。通常而言，它不像人一样有意志、话语和行动。简而言之，泛神论通常拒绝承认人格化的上帝的存在。[3]如果要把有神论/无神论的"神"限定为人格神，泛神论的确是一种无神论；如果把"神"的概念拓展为任何

1　约翰·托兰德：《泛神论要义》，陈启伟译，北京：商务印书馆，1997 年，第 33、37 页。

2　梯利：《西方哲学史》，葛力译，北京：商务印书馆，2000 年，第 115、331—332 页；斯宾诺莎：《伦理学》，贺麟译，北京：商务印书馆，1997 年，第 29—30 页；约翰·托兰德：《泛神论要义》，陈启伟译，北京：商务印书馆，1997 年，第 36 页；John Dewey, "The Pantheism of Spinoza", *The Journal of Speculative Philosophy*, Vol. 16, No. 3 (July, 1882), pp. 249–257；陈启伟：《中译本序》，载约翰·托兰德：《泛神论要义》，陈启伟译，北京：商务印书馆，1997 年，第 10—11 页。

3　Michael P. Levine, *Pantheism: A Non—Theistic Concept of Deity*, New York：Routledge, 1994, p. 2；梯利：《西方哲学史》，葛力译，北京：商务印书馆，2000 年，第 343 页。

种类的神圣存在（包括人格神和非人格神），泛神论却算得上一种有神论。泛神论者自身通常并不承认他们是无神论者。[1]正如迈克·列文所说：

> 除了一些例外，泛神论是非有神论的（non-theistic），但它又不是无神论的（atheistic）。它是一种非有神论形式的一神论，或谓非人格化的有神论。它是对一个上帝——一个等同于包含万物的统一体的上帝——的信仰，但它并不相信上帝就是一个人或与人相似的任何事物。[2]

泛神论事实上取消了人格化的创世者。尽管如此，因为坚信整体意义上的宇宙创造、规定、制约和影响作为其派生物和构成部分的万物，宇宙实际上扮演了创世者和主宰者的"上帝"角色，因而泛神论仍不失为一种宗教思想。

在泛神论中，上帝（宇宙）不像传统基督教的上帝超越（transcendent）于万物，而是内在（immanent）于万物，不能与万物分离。尽管作为神圣存在的上帝在某些方面超越具体的、有限的万物，但是泛神论坚持两者是同一的、不可分离的。[3]也就是说，整体意义上的、完美的、无限的宇宙，与具体的、有缺陷的、有限的万

---

1 Michael P. Levine, *Pantheism: A Non—Theistic Concept of Deity*, New York：Routledge, 1994, p. 5.

2 Michael P. Levine, *Pantheism: A Non—Theistic Concept of Deity*, New York：Routledge, 1994, pp. 2—3.

3 Michael P. Levine, *Pantheism: A Non—Theistic Concept of Deity*, New York：Routledge, 1994, p. 2.

物是同一而不可分离的。这就像作为一个整体的国家（黑格尔意义上的国家），虽然大于个体公民、公务员、领土、政府大楼、法律文本等具体事物之总和，却不能离开后者而独立存在，国家并不外在于政府、公民和政府大楼，相反，它内在于后者之中。整体大于局部之总和，整体规定、主宰局部，是为"超越"；整体却并不能离开局部而独自存在，是为"内在"。

之所以宇宙（自然）能够担当创世者和主宰者的角色，是因为泛神论者坚信宇宙（或是产生、构成万物的"胚种""基质""单子"、规律、力量等）是有能动性的，即所谓"能动的自然"。泛神论者认为宇宙并非一个无自动能力的机械，相反，他们相信它具有能动性。它自身蕴含动力、方向和法则，因而可以自我生成、自我发展、自我运行；如此无需一个超越于宇宙的上帝来创造、推动和维持，宇宙万物就可以保持方向和秩序。泛神论的宇宙观虽然排斥一个超越的人格神的主宰，却并不像伊壁鸠鲁学派等原子唯物主义者那样，认为万物之所以然纯粹是由于原子的盲目的、偶然的、无特定方向的运动和冲撞所致，后者通常并不承认万物的发生发展有目的、导向、秩序和意义可言。[1]

泛神论在西方也许只停留在思想学说的层面，[2]在中国则不仅是一种宗教思想，还有着历史悠久的宗教实践。毋须讳言，"泛神论"这一称谓并非中国本土概念，用于描述中国宗教的特征时，其含义与西方泛神论也不可能完全一致。本书之所以坚持引入

1　文德尔班：《哲学史教程》，罗达仁译，北京：商务印书馆，1997年，第246页。
2　斯多葛学派的泛神论是他们普遍相信的星占学的理论基础。见文德尔班：《哲学史教程》，罗达仁译，北京：商务印书馆，1997年，第255页。

"泛神论"这一源自西方的宗教和哲学概念，是因为"泛神论"这个概念比起有神论和无神论这对对立的概念，能够更准确地描述中国（尤其是中上层社会的）宗教信仰介于有神论和无神论之间的中间状态；另一个重要的原因是要强调中国宗教传统中，神圣存在是内在于宇宙的，这与基督教的超越神论甚为不同，这有助于解释中国宗教与基督教在面对两种不同的科学宇宙观时的不同反应。

　　中国宗教的泛神论特征由来已久。[1]学界公认，《诗经》《尚书》中的"天"带有明显的人格神特征。[2]但"天"这个词渐渐失去了人的形象，而成为"一种宇宙的道德的力量（秩序、存在）"，"它有智力有意志，不偏不倚地安排决定所有的人的命运"。[3]天失去人的形象，意即天不再是人格神，可是作为一种力量、秩序或存在的天又具有"智力和意志"。这里的"智力和意志"，似乎不宜理解为人格神的属性，而应理解为宇宙的主观能动性，或者说把宇宙理解为一种有生命的有机体，这样的"天"既是宇宙，又是作为信仰对象的上帝。与"天"密切相关甚至可以互换的概念还有道、理、太极、太乙、太一、阴阳五行法则，大多都是用来表达"宇宙秩序"

1　史怀哲（Albert Schweitzer，1875—1965）在论述斯宾诺莎时，曾说："与斯多葛主义者、印度和中国的思想家一起，他也是一元论的、泛神论的自然哲学大家庭中的一个成员。像他们一样，斯宾诺莎也仅仅把神理解为自然的整体，并且只承认以这种方式在自身中实现统一的神的概念。"阿尔贝特·施韦泽：《文化哲学》，陈泽环译，上海：上海人民出版社，2008年，第203页。

2　李杜：《中西哲学思想中的天道与上帝》，台北：联经出版事业公司，1978年，第9—34页。

3　秦家懿、孔汉思：《中国宗教与基督教》，吴华译，北京：生活·读书·新知三联书店，1990年，第95页。

（cosmic order）、"自然法则"（the law of nature）这个意思的。之所以如此，是因为中国人倾向于认为是一种秩序/规律/法则使得万物呈现出如此状态，换言之，"宇宙秩序"是万物之所以然。[1]基于这样的原因，我们不妨以西方哲学和宗教学上的泛神论来加以概括，把用于表示万物根源和主宰者的宇宙及其秩序的天、道、理、太极等视为泛神论意义上的神圣存在。毫无疑问，在这种理解下，这些大同小异的概念指的都是非人格神。

中国的泛神论传统，最重要的文献源头可能要追溯到《周易》。传说伏羲"仰则观象于天，俯则观法于地，观鸟兽之文与地之宜，近取诸身，远取诸物"，从天象、地理、动植物乃至人身之中体会贯穿于万物之中的宇宙法则，然后以八卦表意系统来描述天道。[2]这个故事源于《易传》，对传统读书人（无论儒道）来说是耳熟能详的。在源远流长的易学传统中，八卦正是对宇宙秩序（天道）的一种描摹。而这种贯穿于宇宙万物中的规律、法则，就是泛神论意义上的神圣存在。一个有说服力的例证是，1923 年，朱谦之发表《周易哲学》，要建立泛神宗教，其据以为本的就是《周易》哲学。在他看来，"《周易》哲学的根本教义，只是天之神道，只是自然运行的大

1　这可视为一种特殊的泛神论（particular pantheism），以区别于普遍的泛神论（universal pantheism）。后者强调宇宙整体是上帝，而前者在此基础上特别强调宇宙的某一特定部分（根本原理、理性、秩序、基质、单子）是上帝，认为一切事物必为某一根本原理所生。这两者恐并非并列关系，只是强调重心的不同。见樊炳清编：《哲学辞典》，上海：商务印书馆，1826 年，第 332 页；李石岑：《哲学概论》，上海：世界书局，1933 年，第 232 页；吴康、周世辅：《哲学概论》，台北："国立"编译馆，1973 年，第 230—231 页。
2　高亨：《周易大传今注》，济南：齐鲁书社，1979 年，第 559 页。

道理，换句话说，就是'泛神的宗教'"。[1]

　　道家的道论也被视为典型的泛神论。道是先在于具体的天地的（"先天地生"[2]），是万物之起点和根源（"天地之始""万物之母""玄牝之门，是谓天地根""道生一，一生二，二生三，三生万物"；[3]"天道运而无所积，故万物生"[4]）；道并非有限的、形而下的存在，它没有大小、形状、颜色，是抽象的存在（"视之不见""听之不闻""搏之不得""无状之状，无物之象""唯恍唯惚""窈兮冥兮"[5]），故此才成为无限和永恒，才足以成为万物的终极起点（"独立不改，周行而不殆，可以为天下母"[6]）；道之所以可以成为万物之起点，是因为它自身内含生成宇宙万物的动力、构成世界的实体、促使万物运动的规律；[7]道生成万物，还内在于万物之中（"在蝼蚁""在稊稗""在瓦甓""在屎溺"[8]），使万物的发生发展呈现出规律和秩序（"长之育之，亭之毒之，养之覆之"[9]）。人作为万物之一种，也应该顺应于表现在万物之中的道（"人法地，地法天，天法道，道法自然"[10]；"古之王天下者，奚为哉？天地而已矣"[11]），反对过度的

1　朱谦之：《朱谦之文集》（三），福州：福建教育出版社，2002年，第138页。
2　陈鼓应注译：《老子今注今译》，北京：商务印书馆，2003年，第169页。
3　陈鼓应注译：《老子今注今译》，北京：商务印书馆，2003年，第73、99、233页。
4　陈鼓应注译：《庄子今注今译》，北京：中华书局，1983年，第336页。
5　陈鼓应注译：《老子今注今译》，北京：商务印书馆，2003年，第126、156页。
6　陈鼓应注译：《老子今注今译》，北京：商务印书馆，2003年，第169页。
7　陈鼓应注译：《老子今注今译》，北京：商务印书馆，2003年，第78页。
8　陈鼓应注译：《庄子今注今译》，北京：中华书局，1983年，第574页。
9　陈鼓应注译：《老子今注今译》，北京：商务印书馆，2003年，第260页。
10　陈鼓应注译：《老子今注今译》，北京：商务印书馆，2003年，第169页。
11　陈鼓应注译：《庄子今注今译》，北京：中华书局，1983年，第345页。

人为造作（"至人无为，大圣不作"[1]）。

　　显然，这样一个形而上的"道"既是万物的终极起点，又是万物有条不紊地发生发展的内在依据，换言之，道既是创世者又是主宰者。道的这种特点，与西方泛神论的观念甚为相似，因而用泛神论来概括老庄之道论是比较贴切的。冯契就曾指出，庄子的"道"具有泛神论色彩。[2]当代学者迈克·列文则认为道家思想是典型的泛神论。[3]宫哲兵曾以"唯道论"这个提法来概括以道家思想为主干的中国思想的核心内涵。根据他的界定，唯道论的基本观点是："万有唯道所生，万有为道所成，道在万有之中，万有唯道所主。"[4]他还指出，唯道论的理论突破是："突破天、帝信仰，创新为泛神论；突破泛道德主义，创新为自然主义；突破人道的视野，创新出宇宙生成论；突破务实的文化精神，创新出超越的文化精神。"[5]宫哲兵的立说重点在于新道家的提出，强调道家思想在中国思想传统中的核心地位。但他特别指出，"道"并非独为道家所有，儒家、墨家、兵家、法家、《易传》都有道论，道是中国古代思想中各家各派共有的核心概念。[6]他所讲的

1　陈鼓应注译：《庄子今注今译》，北京：中华书局，1983年，第563页。

2　冯契：《中国古代哲学的逻辑发展》（上册），上海：上海人民出版社，1993年，第194—195页。

3　Michael P. Levine, *Pantheism: A Non—Theistic Concept of Deity*, New York：Routledge, 1994, p. 14, 25.

4　宫哲兵：《唯道论的创立——质疑中国哲学史"唯物""唯心"体系》，武汉：武汉出版社，2004年，第6页。

5　宫哲兵：《唯道论的创立——质疑中国哲学史"唯物""唯心"体系》，武汉：武汉出版社，2004年，第6页。

6　宫哲兵：《唯道论的创立——质疑中国哲学史"唯物""唯心"体系》，武汉：武汉出版社，2004年，第6—9页。

唯道论的四点突破，其中第一、三点也为儒家分享，坚持泛神论和宇宙生成论，反对神创论是中国宗教传统中相当普遍的特征。[1]第二、四点和儒家主流有所不同，后文讨论《天演论》时我们还将论及。

《论语》中出现的"天"似乎既有人格神的特性，又具有泛神论的色彩。冯友兰把孔子之"天"解释为"一有意志之上帝"，狄百瑞（William Theodore de Bary, 1919—2017）则解释为"宇宙最高的道德秩序"，二者分别指向人格神和非人格神，余英时则认为孔子之"天"介于二者之间。[2]我们也可以说是兼而有之。[3]但无论是理解为人格化的还是非人格化的，《论语》中的天都具有最高主宰者的意味。"天"虽然不言不语（"天何言哉"[4]），却使得四季有序地转换，万物得以发生发展（"四时行焉，百物生焉，天何言哉！"[5]）。天还赋予人以德性（"天生德于予"[6]），人如果背弃天赋予的德性，就得罪了天（"获罪于天"[7]）。这里的天，如果理解为非人格神，我们就可以认为孔子理解的天带有泛神论的意涵。最早提出泛神论这一概念的托兰德就曾指出，孔子是一个泛神论者。[8]无独有偶，释圣严认为孔子在这里说的"天"是"无意志无情感"的"宇宙原理"，因而

---

1 老子道论必然带来对人格神创世的否定，许多学人都曾论及。陈鼓应注译：《老子今注今译》，北京：中华书局，2006 年，第 63、70—71 页。

2 余英时：《天人之际——中国古代思想的起源试探》，载陈弱水编：《中国史新论：思想史分册》，台北：联经出版事业公司，2012 年，第 61—62 页。

3 李杜：《中西哲学思想中的天道与上帝》，台北：联经出版事业公司，1978 年，第 70 页。

4 杨伯峻：《论语译注·阳货》，北京：中华书局，1980 年，第 188 页。

5 杨伯峻：《论语译注·阳货》，北京：中华书局，1980 年，第 188 页。

6 杨伯峻：《论语译注·述而》，北京：中华书局，1980 年，第 72 页。

7 杨伯峻：《论语译注·八佾》，北京：中华书局，1980 年，第 27 页。

8 约翰·托兰德：《泛神论要义》，陈启伟译，北京：商务印书馆，1997 年，第 39 页。

他认为孔子本质上是一个泛神论者。[1]以非人格化的宇宙原理这个意义来理解"天"，与道家所谓的"道"是大体一致的，都是作为万物之所以然的宇宙秩序。

汉儒董仲舒以阴阳五行法则、气化宇宙观来理解天，使得儒家的泛神论变得空前的系统化，并深入地渗透到中国的政治生活和私人生活之中。他明确指出天的创世者角色，天是万物之终极起源（"天者，万物之祖，万物非天不生"[2]）。天不仅化生万物，还持续不断地养育万物（"天覆育万物，既化而生之，又养而成之，事功无已，终而复始"[3]）。与孔子所说一样，天表现在四时之中，春夏秋冬，各有稳定的特性，有条不紊地转换。比起孔子三言两语的论说，董仲舒是以长篇大论来极言四时流转之意义和目的："春气暖者，天之所以爱而生之；秋气清者，天之所以严以成之；夏气温者，天之所以乐而养之；冬气寒者，天之所以哀而藏之。春主生，夏主养，秋主收，冬主藏。"[4]因为人源于天，与天具有同样的德性，所以人道即仿天道而成（"人之受命于天也，取仁于天而仁也"，"四时之行，父子之道也；天地之志，君臣之义也；阴阳之理，圣人之法也"[5]）。如果四季违背了应有的秩序，年成就不好；如果帝王施政违背了应

1　释圣严：《比较宗教学》，台北：台湾中华书局，1985 年，第 133 页。

2　赖炎元注译：《春秋繁露今注今译·顺命》，台北：台湾商务印书馆，1984 年，第 384 页。

3　赖炎元注译：《春秋繁露今注今译·王道通三》，台北：台湾商务印书馆，1984 年，第 295 页。

4　赖炎元注译：《春秋繁露今注今译·王道通三》，台北：台湾商务印书馆，1984 年，第 296 页。

5　赖炎元注译：《春秋繁露今注今译·王道通三》，台北：台湾商务印书馆，1984 年，第 295—296 页。

有的秩序，就会导致乱世（"当暑而寒，当寒而暑，必为恶岁矣；人主当喜而怒，当怒而喜，必为乱世矣"[1]）。其灾异论使得儒家的泛神论成为道德色彩更浓、实践性更强的一种泛神论的神学体系。冯友兰曾指出，董仲舒所说的天是"有智力有意志之自然"，"却非一有人格之上帝"。[2]王永祥分析董仲舒所理解的天，"不仅具有自然物质性及人的情感意志和伦常关系，而且还具有神性，它既可以赐福于人，亦可降灾于人"，因而董仲舒的宇宙观"接近于欧洲近代启蒙时期所见到的自然神论和泛神论"。[3]由于自然神论（deism）并不排除一个超越于世界的创世的人格神，所以把董仲舒的宇宙观理解为自然神论，恐并不贴切；但把董仲舒的宇宙观和宗教思想理解为泛神论则是比较妥帖的。

泛神论的特征在宋明理学那里表现得更为突出，其中理学的集大成者朱熹对太极、理、天、上帝的阐释尤具典型性。秦家懿在对朱熹的研究中曾指出，"在《易经·系辞》和周敦颐的《太极图》中，太极都是指宇宙的第一原则"，而朱熹继承了太极这个概念，且终其一生都热衷于太极学说，临死前还在想着周敦颐的《太极图说》和张载的《西铭》。[4]朱熹在解说周敦颐《太极图说》中的"无极而太极"时说"上天之载，无声无臭"，也就是说太极无形象可言（"无极"）；但太极又是"造化之枢纽，品汇之根柢"，也就是说太极是

1 赖炎元注译：《春秋繁露今注今译·王道通三》，台北：台湾商务印书馆，1984年，第297页。
2 冯友兰：《三松堂全集》（3），郑州：河南人民出版社，2000年，第15页。
3 王永祥：《董仲舒评传》，南京：南京大学出版社，1995年，第124页。
4 秦家懿：《朱熹的宗教思想》，曹建波译，厦门：厦门大学出版社，2010年，第42、50页。

万物（含人类）之根源，它是万物的终极起点。[1]

在朱熹这里，太极又被赋予了另一个称谓，即"理"。它是万物的内在本质，是至善之道理，是万物之所以如此的根据。朱熹特别强调，太极并非一个不同于万物、外在于万物的存在：

所谓太极者，只二气五行之理，非别有物为太极也。[2]

又说：

太极非是别为一物，即阴阳而在阴阳，即五行而在五行，即万物而在万物，只是一个理而已。因其极至，故名曰太极。[3]

太极就是理，就是阴阳五行的宇宙秩序，它是世界万物之本原和根据，作为最高的神圣存在，又贯穿于万物之中。它不仅生成万物，又规定和约束万物。朱熹在另一处说得很清楚，等同于"理"的"天"并不脱离万物而存在。他说："但如今人说，天非苍苍之谓。据某看来，亦舍不得这个苍苍底。"[4]苍苍者，指的是苍色之天空。朱熹一方面认为天（天[1]）不能简单等同于万物之总和（天[2]），另一方面又强调必须把万物包含在内，必须通过万物而表现出来。

1　朱熹：《朱子全书》（13），上海：上海古籍出版社、合肥：安徽教育出版社，2002年，第72页。
2　黎靖德编，王星贤点校：《朱子语类》，北京：中华书局，1986年，第2365页。
3　黎靖德编，王星贤点校：《朱子语类》，北京：中华书局，1986年，第2371页。
4　黎靖德编，王星贤点校：《朱子语类》，北京：中华书局，1986年，第82页。

理是内在于万物的（immanent）。[1]

　　传统典籍中的"天"作名词用时，除了指天性、本性之外，可

1　本书所用的"内在超越"一词与许多学者所用的意义不太一样。牟宗三、汤一介、余英时等学者使用"内在超越"这一概念的时候，主要是为了强调天（道、理）与"人心"的贯通，从而高扬人"弘道""参赞天地"的主体性，乃至理解为人虽活在世俗生活中，却凭借与天贯通的"心"而超越世俗生活的限制。如牟宗三：《中国哲学的特质》，上海：上海古籍出版社，1997年，第21页；李杜：《中西哲学思想中的天道与上帝》，台北：联经出版事业公司，1978年，第6页；汤一介：《儒道释与内在超越问题》，南昌：江西人民出版社，1991年，第1—13页；余英时：《天人之际——中国古代思想的起源试探》，载陈弱水编：《中国史新论：思想史分册》，台北：联经出版事业公司，2012年，第88页。与此不同，本书使用的"超越"（transcendent）、"内在"（immanent）是语义上相对的概念，两词主要用于讨论神圣存在与宇宙（自然、万物、世界）的关系。基督教的上帝"超越"于宇宙万物，指的是宇宙万物都是其意志和话语的结果，是其无中生有的造物，它是绝对的自因，不依赖于他者、也不依赖于其造物的，相反是万物依赖于它的意志。而在泛神论中（包含西方泛神论和中国的泛神论中），"超越"应理解为能生的自然超越派生的自然，整体大于局部之总和，宇宙大于万物之总和，宇宙是万物的根源和主宰者，但这一"超越"与基督教的"超越"（上帝先在、外在、不受限于宇宙）有很大的不同。所谓"内在"是作为最高神圣存在的天（道、理）渗透天地万物，不离开万物而抽象存在，即作为最高神圣存在的形上之"道"不离作为有限存在物的形下之"器"、作为最高神圣存在的天"舍不得"苍苍之物质之天。以宗教学的术语来说，它既"超越"于具体的万物，又"内在"于万物（当然也内在于人性、人心）。在厘清这一层宇宙观、本体论的含义之后，我们才可以进行下一层即伦理学上的推论：人作为万物之一，是"天"（整体意义上的宇宙）之构成物之一，也就是最高神圣存在（神、上帝）的一个构成部分，分享了天的神圣性和善性，在一定程度上也是神圣存在之一种，拥有善之本性（心、道德主体性）。但是人作为天的"派生物"，并不拥有绝对的、完美的善性，所以需要运用道德主体性去扩展善，防止或排除恶，去完成天之使命，去参赞天地之化育，去成全自己的德性。人若不断修省，成为德性高尚的人，死后便可以变成神，虽仍然从属于最高神圣存在，但对德性不如自己、位阶在己之下的鬼、神、人，有主宰、监察、约束的权能。甚至，活着的人若德性高洁、位阶高，也能拥有这样的权能。地方官员求雨不成而殴打城隍偶像，帝王敕封牌匾给地方信仰中的神祇，都可以从这样的角度来理解。中国宗教中神圣事物与世俗事物之间不像基督教中那样界线分明，在一定 （转下页）

以分为三层：一是作为整体意义上的宇宙，是"能生的自然"，是作为万物之根源和主宰者的"天"，往往又可以称为"道""理""太一""太极"等，是中国泛神宗教中的最高神圣存在；二是被第一层意义上的"天"化生出来的万物，是"派生的自然"，即所谓自然之天、物质之天；三是天空之"天"，是与"地"和"人"并列的，往往又称为"苍苍之天"，与其他万物一起，共同构成第二种意义上的"天"。[1]这三层意思，可以列表如下：

表 1　天的三层含义

	释　　义	同　义　词
天[1]	能生的自然、宇宙整体，宇宙秩序，万物之根源，万物之所以然和所当然，最高神圣存在。	道、理、天道、天理、太极、太乙、太一、天心、天地之心……

（接上页）程度上是交融在一起的。无独有偶，斯宾诺莎的泛神论中也推导出世俗之人不完全地分享了"上帝"（宇宙、自然）的本性，比如"人的心灵就是神的无限理智的一部分"。（斯宾诺莎：《伦理学》，贺麟译，北京：商务印书馆，1997 年，第 54 页。）这与中国思想传统中以人心通天道（道心、天命下贯之谓性）是相似的。为免混淆，余英时后来造了"内向超越（inward transcendence）"一词（余文第 36 页），以示区分。

1　冯友兰把传统典籍中的天分为五种含义：" 曰物质之天，即与地相对之天；曰主宰之天，即所谓皇天上帝，有人格的天、帝；曰运命之天，乃指人生中吾人所无奈何者，如孟子所谓'若夫成功则天也'之天是也；曰自然之天，乃指自然之运行，如《荀子·天论篇》所说之天是也；曰义理之天，乃谓宇宙之最高原理，如《中庸》所谓'天命之为性'之天是也。"冯友兰：《三松堂全集》（2），郑州：河南人民出版社，2000 年，第 280 页。但正如张汝伦所批评的，冯氏的划分甚为流行，却很容易造成天的几个义项之间的割裂。见张汝伦：《中国哲学研究中的"范畴错误"》，《哲学研究》2010 年第 7 期。笔者很赞同这种批评，举例来说，把主宰之天和义理之天区分开来，就有碍于理解朱熹之"天"。

	释 义	同 义 词
天^2	派生的自然、万物，与天^{1}为一体之两面。	万物、天地、苍苍抟抟、覆载、皇天后土……
天^3	天空，与地、人并列，是天^{2}的组成部分。	苍苍者、苍天、上苍……

这个表隐藏了三层含义之间的间隔线，意在表示，在传统典籍中，这三层意义往往混溶一体，难以清晰区隔。其原因可能有如下几点。

第一，中国逻辑学欠发达，古代中国人的思维方式缺乏概念分疏的自觉，近似的、相关的概念常常被等同起来。

第二，以"苍天""上天"（天^3）来称"天地""万物"（天^2），是以局部代整体的修辞。

第三，在古代中国占据主流地位的宇宙结构学说浑天说中，天空像蛋清包裹蛋黄一样包裹了地及其他万物。如此，在物理结构上，天空就包含了地以及其他万物，因而被等同于第二层意义上的天来使用。如此，就更有理由以天空（天^3）代指天地万物（天^2）。

浑天说之"浑"意为圆，意即天是圆球形的。地作为一个平面或一个半球悬浮在天内之水或气中，日月星辰绕地而行。浑天说始自东汉张衡，历经发展，在古代中国是最流行的一种宇宙结构学说。宋儒邵雍、张载、二程、朱熹所理解的宇宙结构论也都是浑天说，只是在他们那里，天并无形体，只是急速旋转的气；

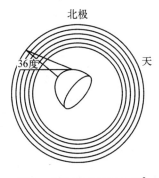

图 2　朱熹浑天说示意图[2]

地也是气之重浊者凝结而成，是馒头形的，悬浮在气中。[1]有学者把朱熹的浑天说图示如下：

第四，泛神论的内在神特征决定了作为主宰者的"天"（天[1]）不能离开具体的万物（天[2]）而独立存在。"能生的自然"与"派生的自然"、"宇宙"与"万物"只是语义学上的分疏，本质上只是一体之两面，不能视为不同的两物。故而，形上之道离不开形下之器，主宰之"天"离不开万物之一的"苍苍者"（天[3]）。[3]

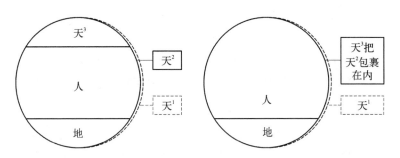

图 3　盖天说中天的三层含义　　　　**图 4　浑天说中天的三层含义**

1　陈美东：《中国古代天文学思想》，北京：中国科学技术出版社，2007 年，第 195—244 页；金永植：《朱熹的自然哲学》，潘文国译，上海：华东师范大学出版社，2003 年，第 156—163 页。

2　陈美东：《中国古代天文学思想》，北京：中国科学技术出版社，2007 年，第 244 页。

3　黎靖德编，王星贤点校：《朱子语类》，北京：中华书局，1986 年，第 5 页。

在这两个图示中，用了虚线表示天[1]，指的是它代表一种非实体的、形而上意义上的存在。天[1]与天[2]的圆圈应该一样大并完全重叠，只是出于图示的方便，才使二者有所差别。

主宰之天在《诗经》《尚书》等先秦典籍中往往还是人格神之天帝、上帝，在泛神论中则与天道、天理（天[1]）等同起来。有学者曾指出："如果朱熹有宗教信仰的话，那么理就是我们的神。"[1]诚然，朱熹明确把理／太极／道／天地之心（天[1]）视为万物的主宰者，他说：

> 其体即谓之天，其主宰即谓之帝……但非如道家说，真有个"三清大帝"着衣服如此坐耳。[2]

又说：

> 苍苍之谓天。运转周流不已，便是那个。而今说天有个人在那里批判罪恶，固不可；说道全无主之者，又不可。这里要人见得。[3]

一方面，朱熹并不认可道教的三清大帝那样的人格神，因为他相信"理无情意，无计度，无造作"，[4]理"只是个洁净空阔底世界，

1　庞景仁：《马勒伯朗士的"神"的观念和朱熹的"理"的观念》，冯俊译，北京：商务印书馆，2005 年，第 111 页。
2　黎靖德编，王星贤点校：《朱子语类》，北京：中华书局，1986 年，第 621 页。
3　黎靖德编，王星贤点校：《朱子语类》，北京：中华书局，1986 年，第 5 页。
4　黎靖德编，王星贤点校：《朱子语类》，北京：中华书局，1986 年，第 3 页。

无形迹"，[1] 天地之心也"不如人恁地思虑"。[2] 但是他又不赞同一种纯粹的唯物主义式的观点，即认为在万物之上并无任何主宰者。他相信，如果万物没有主宰者，就不会呈现出秩序性、规律性，就会混乱无序。以他的话来说，天地"若果无心，则须牛生出马，桃树上发李花"。[3] 换言之，正因为有天/理/太极/天地之心的规定和维系，万物的发展演变并非纯然盲目和偶然，而是有方向和规律可循。天/理/太极/天地之心就是万物之所以然，就是万物的主宰，所以又称之为"帝"。

朱熹的这个看法源自程颐：

> 又曰："天与上帝之说如何？"曰："以形体言之谓之天，以主宰言之谓之帝，以功用言之谓之鬼神，以妙用言之谓之神，以性情言之谓之乾。"[4]

总而言之，那个造化万物的"太极"（终极起点、万物根源），也就是渗透万物、使万物成为如此形态的"理"（最高原理、宇宙秩序），就是包含天地万物在内的"天"（整体意义的宇宙），就是万物的上帝（主宰者）。对于人类来说，它与人格化的鬼神一样，都是主宰者、监察者，所以又可以理解为鬼神之一种（"以功用言之谓之

1　黎靖德编，王星贤点校：《朱子语类》，北京：中华书局，1986 年，第 3 页。

2　黎靖德编，王星贤点校：《朱子语类》，北京：中华书局，1986 年，第 4 页。

3　黎靖德编，王星贤点校：《朱子语类》，北京：中华书局，1986 年，第 4 页。

4　程颢、程颐著，王孝鱼点校：《二程集》，北京：中华书局，1981 年，第 288 页。

鬼神")。[1]这实际上是宋明理学的一个基本共识，在后文中我们还可以看到，这种看法对明清以来的思想有巨大的影响。

为什么"无情意、无计度、无造作"的理（太极、天、道），却可以被看作万物之主宰？很多人无法理解这一看法。钱穆猜测朱熹"心中似不认为此宇宙此自然界可以全凭一理字而更无主宰。因理之为名，仅一静辞，非动辞。故在理之上，似仍须一主宰，始可弥此缺憾"，"朱子之意，实似谓天地并无主宰，乃须人来作天地之主宰"。[2]钱穆认为理是静止的、被动的，显然是一种误读。作为万物根源的"理"，自身内蕴了发展的动力和法则，绝非静止的、被动的。桑靖宇认为钱穆的这一解释是不通的，他认为朱熹沿袭了作为人格神的天或上帝，并竭力把它消融在自然之天之中。他说："作为上帝的主宰天不可能在朱熹思想体系中占有显著的重要地位，而不得不常常隐藏乃至消融于义理天和自然天之中，这也正是孔子以来儒学重人事而轻鬼神、未知生焉知死的人文主义精神的根本特征。"[3]何谓把人格神的主宰天"隐藏""消融"在义理天和自然天之中，

1　这当然是一种逻辑上的错误。更准确地说应该是，鬼神与天地一样，都是凌驾于人之上的神圣存在。正因如此，天地鬼神往往又被统称为"天"，与"人"相对。郑志明提出"天地人鬼神五位一体"的说法，其中"天地鬼神"是四种超越于人的神圣存在，"'天地'与'鬼神'都是人生命存有的形上依据，建构了人与天地的宇宙化育关系，以及人与鬼神的灵性净化关系，显示出'人'具有神圣存有的超越地位，能将天地的自然秩序与鬼神的超自然秩序合而为一，'人'可以在天地的阴阳消长与鬼神的幽明感应中开展出自身存有的主体价值"。郑志明：《传统宗教的文化诠释：天地人鬼神五位一体》，台北：文津出版社，2009年，第29页。

2　钱穆：《钱宾四先生全集》（第11册），台北：联经出版事业公司，1998年，第423页。

3　桑靖宇：《朱熹哲学中的天与上帝——兼评利玛窦的以耶解儒》，《武汉大学学报》（人文科学版）2011年第2期。

桑文似乎语焉不详。文中虽曾指出"朱熹的神学""表现出独特的泛神论色彩"，"主宰天和自然天达到了某种统一"，但只是一笔带过，并未展开具体的论述。[1]其实，若把朱熹的观点理解为泛神论，许多难题就可以迎刃而解。朱熹拒绝承认有一个不同于宇宙的人格神，但他又不是所谓的无神论者，因为他相信万物有内在的"主宰者"，使得万物的发生发展呈现出秩序和方向。但这个主宰者并非不同于、外在于万物的另一存在，而是作为整体意义上的宇宙，它的名称是天、理、道、太极、帝以及天地之心。[2]实际上，"天地之心"这个概念与西方泛神论中的"宇宙理性""宇宙灵魂""宇宙精神"甚为相似，都是指万物之根源、万物之所以然，也是最高的神圣存在。秦家懿也曾指出朱熹"力图避免神人同形同性论，同时又容许有一个创造者即在世界中的一种力量和意图在指引宇宙中的创造力"，那个主宰者就是"有点泛神论意味"的天（理、道、太极）。[3]

早在 1716 年，德国哲学家莱布尼茨（Gottfried Wilhelm Leibniz，1646—1716）就曾准确地指出：

> "理"是万物的第一推动者（first mover）与理由；而且——我相信——"理"近乎我们的至高神观。认"理"为纯被动的、生硬而毫无人情的、和物质一样的，是不对的。[4]

1　桑靖宇：《朱熹哲学中的天与上帝——兼评利玛窦的以耶解儒》，《武汉大学学报》（人文科学版）2011 年第 2 期。

2　黎靖德编，王星贤点校：《朱子语类》，北京：中华书局，1986 年，第 4 页。

3　秦家懿：《朱熹的宗教思想》，曹建波译，厦门：厦门大学出版社，2010 年，第 75 页。

4　秦家懿编译：《德国哲学家论中国》，北京：生活·读书·新知三联书店，1991 年，第 71 页。

　　莱布尼茨从未到过中国，也不懂中文，他透过传教士的否定性的引述，准确地把握到"理"的真正特性：它内含动力与规则，它是"本体的、万物之可能性的、第一或至终之理由，众善的本源，至高之灵性"，它"不只是天地与一切有形之体的物质性之原，而也是德性、风俗与一切无形物的精神性之原"。[1]显然，这样一个自身内含了动力与规则的理，无须假手于外在的动力和规则，就能自然而然演变、发展出天地万物，所以莱布尼茨认为"理"与欧洲人作为至上神的"能生的自然"（natura naturans）是一样的。[2]这样一个自身内含善性的神圣存在，赋予和规定了世俗道德秩序，也为世俗道德秩序提供终极的保障。正因如此，莱布尼茨认为"理"就是中国人的至上神，就是中国人的上帝。

　　莱布尼茨把"理"等同于"能生的自然"，是比较准确的，就此我们可以认为"理"类似于泛神论中的上帝。但莱布尼茨似乎并不像典型的泛神论者一样认为"能生的自然"与"派生的自然"是一体之两面，而竭力把二者做明确的区分。他力图说明中国人并非不懂得一个像基督教的上帝那样的纯粹精神意义上的终极实在，即一个外在超越的终极实在。所以他把作为宇宙万物的终极起点和根本依据的理/太极/太一（天[1]），与表达万物的"天"（天[2]）作界线分明的区隔，就像上帝与它的造物一样。但这显然有悖朱熹的本意，也不符合中国泛神论传统的精义。正如朱熹所讲，理也舍不得"苍

1　秦家懿编译：《德国哲学家论中国》，北京：生活·读书·新知三联书店，1991 年，第 74 页。
2　秦家懿编译：《德国哲学家论中国》，北京：生活·读书·新知三联书店，1991 年，第 76 页。

苍者"（天³），意思是说天虽是形上之"理"（天¹），但并不能脱离形下之天（天²）而存在，理须时刻体现在"气"中。蒙培元曾指出，理"绝不是完全超越的绝对实体，它只是自然界有机整体的一个层面，即超越层面；自然界还有气化流行层面，这也是天的组成部分"。[1]无论怎样追溯道/理/太极等，它们都涵盖在"天"这个概念中。人与宇宙的关系永远都可以用天人之际来描述，而无需另造"道人关系""理人关系"等概念来表达。扮演最高神圣存在的仍然是宇宙及其秩序，而非不同于万物、外在于万物的另一物事，它内在于万物，不能离开万物而独立存在。

莱布尼茨把朱熹的宗教思想称为"自然神学"（natural theology），并不那么准确。如果泛神论（pantheism）的代表人物斯宾诺莎像莱布尼茨一样对中国文化有浓厚的兴趣，也许他能更准确地把握住中国宗教的根本特征就是把宇宙等同于上帝，从而引为同调。[2]反倒是抨击理学是"无神论"的龙华民（Nicholas Longobardi，1559—1654）、马勒伯朗士（Nicolas Malebranche，1638—1715）等人，更准确地看到了理学与斯宾诺莎学说的相似处，因而斥之为"斯宾诺莎主义"。[3]在他

---

[1] 蒙培元：《人与自然——中国哲学生态观》，北京：人民出版社，2004 年，第 317 页。

[2] 史怀哲就曾谈道："像老子、庄子、列子和所有中国思想家一样，斯宾诺莎也代表了一种乐观主义的一元论；尽管他并不知道，在那么遥远的地方和时代，他已经有了这么伟大的先驱。"他还说："与斯多葛主义者、印度和中国的思想家一起，他也是一元论的、泛神论的自然哲学大家庭中的一个成员。像他们一样，斯宾诺莎也仅仅把神理解为自然的整体，并且只承认以这种方式在自身中实现统一的神的概念。"阿尔贝特·施韦泽：《文化哲学》，陈泽环译，上海：上海人民出版社，2008 年，第 204、203 页。

[3] 桑靖宇：《莱布尼茨的神学理性主义及其对中国理学思想的解读》，《武汉大学学报》（人文科学版）2009 年第 6 期。

们眼中，斯宾诺莎声称宇宙之外别无上帝，无疑是无神论者，所以他们也斥声称天之外别无上帝的"斯宾诺莎主义"的理学是无神论。[1]但无论是斯宾诺莎，还是朱熹，都不会承认自己是无神论者。他们只是不承认人格化的上帝而已，并不表示他们拒绝所有种类的神圣存在。在他们心目中，凌驾于人类之上的、主宰人类命运的神圣存在未必非得是人格神不可，那个发展出万物（也包含人类）的终极起点、影响人类命运的宇宙或宇宙秩序自身即是神圣的，就足以担当神圣存在的角色。既然斯宾诺莎是公认的泛神论的代表人物，我们为何不可称"斯宾诺莎主义"的理学是一种泛神论呢？尽管泛神论这个称谓发源于远远晚于朱熹（1130—1200）和斯宾诺莎（1632—1677）的托兰德（John Toland，1670—1722）。

正如朱熹所说，理体现为阴阳五行相互作用的法则，而阴阳五行乃是传统中国人理解万物乃至人世祸福的重要工具。仰观天象以察知人事吉凶的天文星占、孜孜寻求吉穴美地的风水术、力求阴阳平衡的传统医学，都以阴阳五行为理论依据。在这样的一些思想和实践活动中，重心所在均非人格神崇拜，而是以泛神论意义上的神圣存在为前提，其目标都在于使人事活动符合于天道，此即天人合一之核心意涵。如果不把非人格化的阴阳五行、道、理、太极、宇宙之心等概念理解为泛神论意义上的神圣存在和信仰对象，我们就没有理由把基本不包含人格神的天文星占、风水术等当作宗教信仰来加以考察。

总而言之，中国宗教中有两个重要的子系统，一是多神论的人

1　陈乐民曾指出：龙华民等人从中国哲学中发现了"无神论"，而莱布尼茨发现了"有神论"。陈乐民：《莱布尼茨和"儒学"》，《读书》1996 年第 7 期。

格神信仰，二是泛神论的非人格神信仰。虽然这两者一直并存于中国的思想和信仰传统之中，但在不同时代有不同的重要性。大体而言，中国中上层社会尤其是知识阶层所理解的"天"越来越变得抽象和非人格化，有一个从帝、上帝、天帝到天，再到道、理、太乙、太极等概念的转变趋势。在先秦时代，人格神的天是占据主流地位的。但在老庄、汉儒之后，泛神论的天和天道占据了更为主流的位置。道、理、天道、天理、阴阳、太极、理气等泛神论的范畴在宋明理学中更扮演着理论基础的角色。随着宋明理学在中国思想和信仰传统中占据了中心位置，泛神论获得了更为重要的地位。[1]

尽管泛神论占据更重要、更主流的位置，人格化的天及其下属的众多人格神事实上并未消失。泛神论固然排斥人格神，但它并不是排斥任何意义上的人格神，而是一种特定的人格神：像基督教那样的先在于宇宙、外在于宇宙的人格神。基督教把造物主与被造物截然区分，被造物无缘分享造物主的神性，因而有很强的一神论特征。[2]泛神论与此不同，坚持上帝就是宇宙整体（或宇宙秩序），认为上帝不仅主宰万物，还内在于万物之中，作为其被造物和构成部分的万物均可能分享上帝的神圣性。这很可能推导出物活论

---

1 劳思光说："人类早期对'人格天'或最高主宰之信仰，固是一普遍现象，但对此种主宰之依赖，亦有种种不同。某些民族可能在早期有'人格天'信仰，其后愈来愈淡薄；另一些民族则可能一直保存其原始信仰，并极力扩大此一信仰。此是发展方面之不同。"（劳思光：《新编中国哲学史》（第 1 卷），桂林：广西师范大学出版社，2005 年，第 69 页。）劳思光的这个说法，正是指中国的信仰传统与西方的基督教传统。

2 基督教的一些宗派也有多神论的倾向，比如强调天使、圣母玛利亚、耶稣的使徒的神圣性。但基督教主流还是比较典型的一神宗教。吕大吉：《宗教学通论新编》，北京：中国社会科学出版社，2010 年，第 143—144 页。

（animism，又译为泛灵论、万物有灵论，指万物都具有生机、意识）
和多神论。斯宾诺莎宣称"一切个体事物都是有心灵的，不过有着
程度的差异罢了"，[1]托兰德则说地球上的一切东西（包括泥土、石
头）都是有机物，即都是有生命、有活力、有灵性的。[2]有学者指出
"物活论或万物有灵论乃是泛神论的不可或缺的附随的要素"，[3]这是
极有见地的看法。泛灵论又极容易发展出多神论。如此，泛神论中
作为最高神圣存在的宇宙，很可能派生一些人格神出来。当然，这
些人格神在泛神论中被划归于"被派生的自然"（万物），从属于
"能生的自然"（宇宙）。在斯多葛主义的泛神论中，就包含了许多
人格化的神圣存在，但是，这些人格神不仅不是创造宇宙和万物的
创世者，反倒是"唯一的最高宇宙力量的流出物"，是宇宙灵魂的从
属力量。简而言之，不是人格神创造宇宙，反倒是宇宙创造人格神。
它们是宇宙的派生物，是"派生的自然"的组成部分。作为被派生
物而非终极源头，它们是有限的存在。它们因分享了程度不等的神
圣性而成为神圣存在，"是统治尘世生活的精灵"，但都从属于作为
最高神圣存在的宇宙（"能生的自然"），位阶低于后者，权能小于
后者，"每一个精灵在各自的领域里，代表世界—理性的生命力和神
命"。斯多葛学派"用传统宗教的礼拜仪式来表达自己的虔诚，向他
们祷告乞援"。[4]以这样的方式，"人民大众信仰的多神论就这样在哲
学上重新建立起来了，并作为构成整体所必要的组成部分进入形而

1　斯宾诺莎：《伦理学》，贺麟译，北京：商务印书馆，1997 年，第 56 页。

2　约翰·托兰德：《泛神论要义》，陈启伟译，北京：商务印书馆，1997 年，第15 页。

3　陈启伟：《中译本序》，载约翰·托兰德：《泛神论要义》，陈启伟译，北京：商务印
书馆，1997 年，第 17 页。

4　文德尔班：《哲学史教程》，罗达仁译，北京：商务印书馆，1997 年，第 255 页。

上学的泛神论中"。[1]也就是说，人格化的多神论成为泛神论的一个从属部分和构成部分。

　　在中国宗教中，也存在这样的情况。中国宗教中的许多人格神（如关公、龙王等）都是有限存在物，可能受时间、空间及其他存在物所限制（许多人格神都有起源，也就是说并非永恒的；它们可能受蒙蔽，甚至要受更高神圣存在的监察和奖惩，因为它们受空间和他者限制），恐怕就是因为它们也是万物（"被派生的自然"）之组成部分。[2]李约瑟也曾注意到这一点，他认为如果说中国思想和信仰传统中确有"超自然主义"的话，"这倒并不是说另有一个压倒一切的东西，人只能拜倒在它面前；而是说自然秩序中有一些低级的精灵，人们可以使之为自己服务"。[3]这种低级的精灵指的正是内在于宇宙的各种人格化的神圣存在。如果这一看法能够被证实，多神论与泛神论在中国宗教传统中能够被整合在一起，就多了一个重要和坚实的理由：中国宗教中的人格神是从属于作为最高神圣存在的天（理、道、太极）的，多神论是从属于泛神论的。限于篇幅，我们不能在这里详细论述这一观点。因而仍以多神论、泛神论并列为论说的基础。但无论多神论与泛神论是从属关系还是并列关系，二者可以较好地共处，并被整合在一起，是一个不争的事实。关键所在就是两个子系统中的"天"都是至上神，还往往被等同起来。

1　文德尔班：《哲学史教程》，罗达仁译，北京：商务印书馆，1997 年，第 255 页。

2　即便是道教的最高神三清大帝（玉清元始天尊、上清灵宝天尊、太清道德天尊）、玉皇大帝也是有起源的。马书田：《中国道教诸神》，北京：团结出版社，1996 年，第3—67 页。

3　李约瑟：《中国科学技术史》（2），北京：科学出版社，上海：上海古籍出版社，1990 年，第 473 页。

第四节　中国宗教的宇宙观基础：有机宇宙观

中国宗教的基础是有机宇宙观：作为万物起点的宇宙（天、道、理、太极等概念）具有内在的动力、方向和法则，可以自动生成万物，使万物的发生发展有条不紊地进行。宇宙的自生性、自足性，排除了超越的（外在于宇宙、先在于宇宙的）人格神。

基督教理解的宇宙本身并无自动能力，也无自我生成的可能，它的起源必须来自一个外在于宇宙的上帝的创造。上帝无需任何工具、任何原材料，仅仅用其意志和话语就创造了宇宙万物。因此，上帝完全外在于宇宙、超越于宇宙，不受限于宇宙或任何他者。基督教拒绝追问上帝的来源，以保持上帝作为终极存在、第一因的角色和地位。基督教认定上帝是无始无终的，没有起源，也没有结束，它不在时间和空间之内，不受限于时间和空间，不受限于任何他者，如此就保证了上帝的无限性。这种意义上的 GOD，翻译为"天主"，的确比译为"上帝"更为准确。本书译为"上帝"，只是迁就习惯做法而已。

关于宇宙万物的起源问题，中国宗教的回答是截然不同的。中国基本上没有神创观念。即便是开天辟地的盘古也并不是无中生有地"创造"宇宙，它只是把混沌一团的宇宙分离成天和地而已。如果没有混沌的宇宙，盘古无法开天辟地，所以它受限于这个前提条件。[1]同样，作为至上人格神的天/上帝/天帝/玉皇大帝，也并非先在于宇宙或外在于宇宙，它们是内在于宇宙的，它们只是主宰者而非

---

[1]　比较常见的神话是盘古以斧头把混沌一团的气开辟成了天和地。也有别的说法是盘古生于天地之中，其成长的速度与天地分离的速度一样，成长为巨人："天（转下页）

创世者。作为至上神，它们尽管是所有神中权能最大的，但也只是神通广大而不是全知全能的，因为它们会受限于他者（比如时间和空间）。所以我们可以看到，在传统中国的信仰世界中，作为至高神的天／上帝／天帝／玉皇大帝是可能被下位神所蒙蔽和欺骗的，如果下位神没有向他禀告人间的疾苦与善恶，他很可能就不得而知。贿赂、蒙骗神灵的故事，在中国宗教传统中是相当普遍的。一言以蔽之，中国的人格神，并非外在于宇宙、超越于宇宙，而是内在于宇宙的，他们居住在宇宙之内，也受限于时间和空间以及其他事物。这样的神，是无法成为宇宙万物的终极起点的。

　　中国的人格神不仅不创造宇宙，其自身的起源往往也是以宇宙为前提的。中国有许多神灵起源的神话故事，人（尤其是英雄）死后变成神是神祇最为常见的一种来源，得道成仙的人无须经历死亡这一关也可变成神仙，狐狸、古树、蛇等生物也可以因长期汲取天地精气而变成神灵、精灵，许多神灵都有生日。盘古也有生死，它的诞生晚于宇宙的存在。劳思光曾指出："中国古代所谓'神'，并非先于世界而存在者。其中一部分指人死而成者，固显然在人类出现之后始有；即另一部分非由人死而成之神，亦似乎属于世界之一部分。……古代中国之

（接上页）地混沌如鸡子，盘古生其中。万八千岁，天地开辟，阳清为天，阴浊为地。盘古在其中，一日九变，神于天，圣于地。天日高一丈，地日厚一丈，盘古日长一丈，如此万八千岁。天数极高，地数极深，盘古极长。后乃有三皇。数起于一，立于三，成于五，盛于七，处于九，故天去地九万里。"（《艺文类聚》卷一引《三五历纪》，转引自袁珂、周明编：《中国神话资料萃编》，成都：四川省社会科学院出版社，1985年，第6页。）关于盘古神话，可参见胡仲实：《试论盘古神话之来源及徐整对神话的加工整理》，载袁珂主编：《中国神话》（第一集），北京：中国民间文艺出版社，1987年，第243—254页。

'神'，根本无超越世界之上之意义。"[1]这样的神圣存在（神、鬼、天、天帝、上帝、玉皇大帝等），是以宇宙的存在为前提的，尽管是人格神，却不是宇宙万物的创造者，也不是世界的第一因。它们只是世界的主宰者，而非世界的创造者，即便是作为主宰者，也是权能有限的主宰者。

与基督教的神创宇宙观不同，关于宇宙起源这个问题，中国宗教中的各家各派基本都坚持宇宙生成论（中国有机宇宙观的一个构成部分），且大都可以追溯到号称"群经之首"的《周易》，只是具体的理解和阐释有所不同而已。

《周易》六十四卦之首的乾卦，一般认为讲的就是宇宙万物的起源。该卦卦辞是"元亨利贞"，卦辞的解释有许多不同。但《易传》[2]的解释是：

> 大哉乾元，万物资始，乃统天。云行雨施，品物流形。大明终始，六位时成；时乘六龙以御天。乾道变化，各正性命；保合大和，乃利贞。首出庶物，万国咸宁。[3]

---

1 劳思光：《新编中国哲学史》（第1卷），桂林：广西师范大学出版社，2005年，第70页。

2 《易传》即《周易大传》，相传为孔子所作，但学界一般认为是孔子后学所作。《易传》本是注释《易经》的注释之作，但后来由传升经，成为《易经》的一部分。

3 这段话有学者翻译为："乾元之气太美妙了，它使万物得以萌生，并且统领主宰大自然的运作过程。云雨以时兴降，各类物种在大气的流动中随之长成；太阳终而复始地周天运动，宇宙上下四方之位于是确定；这就好像太阳按时乘驾着六龙有规律地运行于天空。由乾元之气所决定的天道有规律地运动变化，使得万物各得其所；乾元之气恒久维持至为和谐的状态，所以它能裨益于万物并使万物正常运作。天道生长万物终始相续，天下万物都可宁定安吉。"见陈鼓应、赵建伟注译：《周易今注今译》，北京：商务印书馆，2005年，第6—7页。

万物都由乾元发展而来，乾元即万物的根源。乾元如何发展出万物，是因为乾元的内在特性就是变化，让万物安顿本性和命运。变易是贯穿《周易》的首要原理，也就是《周易》命名之缘由。由一个乾元变易出万物，这一思想成为中国思想传统中许多流派的共识。不同的只是如何诠释作为源头的"乾元"，以及如何规定变易的规则和步骤。

一个主流的理解是，乾元即气（元气、精气、混元），也就是说，宇宙形成之前，只是一团混沌的气。《管子》《太平经》以及杨泉、柳宗元、刘禹锡、张载、吕坤、王夫之、戴震等都以气作为宇宙的起源，此即在中国思想史上占有重要地位的气一元论。气又分化出阴阳二气，阳气轻而上浮为天，阴气重而下凝为地，阴阳交感并层层变易形成万物。与此类似的是以五行（金木水火土五种基本元素）为起点的观点，但这不占主流，因为五种元素的来源需要进一步解释，因而很容易被进一步追溯到气一元论上。[1]

也许是因为认为作为实体存在的气，其来源也需要得到解释，因而另一种观点则进一步追溯到非实体的道、理、太极、无极等概念上。《易传》中就设定了"太极"这个概念，意即终极起点：

> 《易》有太极，是生两仪，两仪生四象，四象生八卦。八卦定吉凶，吉凶生大业。是故法象莫大乎天地，变通莫大乎四时，悬象著

---

1 方立天：《方立天文集》（5），北京：中国人民大学出版社，2006 年，第 10—55 页。

明莫大于日月。[1]

　　老子则把这个宇宙诞生的原点称为道。他说：

　　道生一，一生二，二生三，三生万物。万物负阴而抱阳，冲气
以为和。[2]

　　"一"是原始的混沌的整体，可以理解为天地未分的浑然一体状
态。如果把"一"落实为气一元论的气，则道就是气得以源起的根
由，也就是混沌宇宙存在之前的状态，因此道又是无。老子所讲的
道，是无意志、无情感的，它是一个中立的非实体的存在，它不会
像人格神一样发出动作和言语，这就是老子所讲的"无为"。[3]但是道
又"无不为"，指的就是道并非一个没有自动能力的死物，它自身内
涵了变易的动力和规则，所以才可能生发出万物。[4]变易的规则就是：
一生二，则指气分为阴阳二气；二气交感而产生中和之气，是为二

1　这段话的意思是："《易》道孕育了太极一气，太极又生出了天地阴阳两仪，两仪
又生出了少阳、老阳、少阴、老阴四象，四象生出了八卦，八卦可以指导人们判定吉
凶，懂得趋吉避凶就可以创建大业。可以取法的对象没有比天地更巨大的了，能够表
现变通之道的没有比四季更清楚，高悬在天以显示运动规律的没有比日月更明显的
了。"陈鼓应、赵建伟注译：《周易今注今译》，北京：商务印书馆，2005 年，第 627—
628 页。
2　陈鼓应注译：《老子今译今注》，北京：商务印书馆，2003 年，第 233 页。
3　方立天：《方立天文集》（5），北京：中国人民大学出版社，2006 年，第 13 页。
4　方立天：《方立天文集》（5），北京：中国人民大学出版社，2006 年，第 14 页。

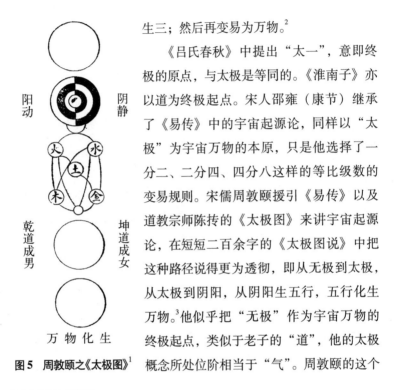

阳动 阴静

乾道成男 坤道成女

万物化生

图5 周敦颐之《太极图》[1]

生三；然后再变易为万物。[2]

《吕氏春秋》中提出"太一"，意即终极的原点，与太极是等同的。《淮南子》亦以道为终极起点。宋人邵雍（康节）继承了《易传》中的宇宙起源论，同样以"太极"为宇宙万物的本原，只是他选择了一分二、二分四、四分八这样的等比级数的变易规则。宋儒周敦颐援引《易传》以及道教宗师陈抟的《太极图》来讲宇宙起源论，在短短二百余字的《太极图说》中把这种路径说得更为透彻，即从无极到太极，从太极到阴阳，从阴阳生五行，五行化生万物。[3]他似乎把"无极"作为宇宙万物的终极起点，类似于老子的"道"，他的太极概念所处位阶相当于"气"。周敦颐的这个

1　周敦颐：《周濂溪集》，上海：商务印书馆，1936年，第1页。

2　老庄以"道"为宇宙起源之终极起点，详参李霞：《老庄道论的宇宙论内涵》，《安徽大学学报》（哲学社会科学版）1996年第4期。

3　《太极图说》全文："无极而为太极。太极动而生阳；动极而静，静而生阴。静极复动。一动一静，互为其根。分阴分阳，两仪立焉。阳变阴合，而生水火木金土，五气顺布，四时行焉。五行一阴阳也，阴阳一太极也，太极本无极也。五行之生也，各一其性。无极之真，二五之精，妙合而凝。乾道成男，坤道成女。二气交感，化生万物，万物生生而变化无穷焉。唯人也得其秀而最灵。形既生矣，神发知矣，五性感动而善恶分，万事出矣。圣人定之以中正仁义，而主静，立人极焉。故圣人与天地合其德，日月合其明，四时合其序，鬼神合其吉凶。君子修之吉，小人悖之凶。故曰：'立天之道，曰阴与阳。立地之道，曰柔与刚。立人之道，曰仁与义。'又曰：'原始反终，故知死生之说。'大哉易也，斯其至矣！"周敦颐：《周濂溪集》，上海：商务印书馆，1936年，第2页。

总结，经由朱熹的阐释，在宋明以降的思想世界中有极为重要的影响。朱熹主张把周敦颐的"无极而为太极"更改为"无极而太极"，即用"无极"来形容"太极"，而不是把"无极"当作"太极"产生之前的状态，如此则以太极作为终极起点，拒绝追溯太极的起源问题。朱熹明确把太极与理等同起来。朱熹仍然是以一种非实体的太极/道/理作为宇宙万物的终极起点。[1]

如果说气的起源可能还成其为问题的话，道（理、太极）就不存在一个起源问题。因为道不占据时间和空间，故不受时空的限制，它无开始，也无结束。它自身内含了展开（变易、化生）的动力和规则，所以它无需他者即可化生出万物来，因而可以成为终极起点。在这一点上，天道（道、理、太极）与基督教的上帝是很相似的。

无论是以实体的气（元气、精气、混元、乾元）还是以先于气的非实体的道（或太极、无极、理）作为宇宙万物起源的终极根源，都认为宇宙由某一终极起点自动萌蘗、延展而出，变易而来。这一终极起点与基督教的上帝一样，是万物的终极起点。与基督教的上帝不同，这一终极起点并非一个人格神。但是，这一终极起点又绝非基督教宇宙观所抨击的那样无主动能力的蠢然之物。刚好相反，这一终极起点自身内蕴了萌蘗和变易的动力和规则，既无需一个外在的力量来推动，也无需一个外在的上帝来规定变易的法则。

许多学者都曾指出，传统中国的宇宙观主要是一种有机宇宙观。对中国科学史做出卓越贡献的李约瑟（Joseph Needham，1900—1995）说："在希腊人和印度人发展机械原子论的时候，中国人则发

1　方立天：《方立天文集》（5），北京：中国人民大学出版社，2006 年，第 10—55 页。

展了有机宇宙的哲学。"[1]现代学人方东美也认为"中国人的宇宙不仅是机械物质活动的场合，而是普遍生命流行的境界"，他称之为"万物有生论"。[2]类似的表述还有"宇宙的生命哲学"，即"把整个宇宙视为一个自我创生、自我展开、自我更新、自我演变、自我发展的生命体，一个普遍的生命之流，生生不息的万化之流"。[3]李约瑟还认为，中国的有机宇宙观经由莱布尼茨的吸纳而对西方科学发展做出了巨大贡献。他说：

> 中国的这种有机自然主义最初以"通体相关的思维"体系为基础，公元前3世纪已经由道家作出了光辉的论述，又在12世纪的理学思想家那里得以系统化。早期"近代"自然科学根据一个机械的宇宙的假设取得胜利是可能的——也许对他们还是不可缺少的；但是知识的增长要求采纳一种其自然主义性质并不亚于原子唯物主义而却更为有机的哲学的时代即将来临。这就是达尔文、弗雷泽、巴斯德、弗洛伊德、施佩曼（Spenmann）、普朗克（Planck）和爱因斯

1　李约瑟：《中国科学技术史》（3），北京：科学出版社，1978年，第337页。还可参见宋正海：《中国古代有机论自然观的现代科学价值的发现——从莱布尼茨、白晋到李约瑟》，《自然科学史研究》1987年第10期；王新春：《仁与天理通而为一视域下的程颢易学》，《周易研究》2006年第6期；童鹰：《论中国古典自然哲学的有机论范式》，《武汉大学学报》（社会科学版）1992年第5期；桑靖宇：《莱布尼茨、朱熹与有机论哲学——对李约瑟相关思想的分析与回应》，《武汉大学学报》（人文科学版）2013年第4期。

2　方东美：《中国人生哲学》，台北：黎明文化事业股份有限公司，2004年，第55页。

3　施忠连、李廷佑：《论〈周易〉的生命哲学》，《周易研究》1998年第4期。相关研究可参见龚群：《〈周易〉的生命哲学观》，《湖北大学学报》（哲学社会科学版）2006年第1期；范明华：《〈周易〉的生命哲学及其对中国艺术观念的影响》，《学术研究》2009年第9期。

坦的时代。当它到来时，人们发现一长串的哲学思想家已经为之铺好了道路——从怀特海上溯到恩格斯和黑格尔，又从黑格尔到莱布尼茨——那时候的灵感也许就完全不是欧洲的了。也许，最现代化的"欧洲的"自然科学理论基础应该归功于庄周、周敦颐和朱熹等人的，要比世人至今所认识到的更多。[1]

朱熹理学思想是否曾对莱布尼茨有机宇宙观的创立起到重要作用，也许仍有争议[2]，但是认为朱熹理学中的宇宙观为代表的中国传统宇宙观是一种有机宇宙观，并与李约瑟所勾勒的欧美这一思想脉络有类同之处，却是可以成立的。[3]

总之，中国宗教的宇宙观基础是一种有机宇宙观：宇宙及万物可以自然而然生成，内在于宇宙万物（天^2）之中的天（天^1）自身内涵动力、法则，从而使得宇宙万物的发生发展呈现出秩序和规律。它既不像基督教所设想的有一个人格神来创造和推动它，也不像唯物论者所理解的那样，由无数原子盲目无序的碰撞而偶然形成；它没有"立法者"或"下令者"，却有秩序，其秩序无须一个超自然

1　李约瑟：《中国科学技术史》（2），北京：科学出版社，上海：上海古籍出版社，1990 年，第 538 页。

2　宋正海：《中国古代有机论自然观的现代科学价值的发现——从莱布尼茨、白晋到李约瑟》，《自然科学史研究》1987 年第 3 期；朱新春：《莱布尼茨自然有机论研究》，中国科学技术大学博士学位论文，2010 年，第 78—88 页；桑靖宇：《莱布尼茨、朱熹与有机论哲学——对李约瑟相关思想的分析与回应》，《武汉大学学报》（人文科学版）2013 年第 4 期。

3　值得一提的是，李约瑟还认为布鲁诺的宇宙论与中国的有机宇宙论甚为接近（李约瑟：《中国科学技术史》（2），北京：科学出版社，上海：上海古籍出版社，1990 年，第 574 页），而布鲁诺是西方近代泛神论传统中的重要人物，这也足资佐证。

的神圣存在来设定，而是来自宇宙的本性，这种本性也内在于万物之中。[1]

本 章 小 结

以天之信仰为核心的中国宗教，是在中国原始宗教基础上发展起来的，主要包含儒家、道教和大量的民间信仰，还吸收了一部分佛教的神祇和教义。中国宗教的信仰对象包含着人格神和非人格神两个子系统。一方面，中国宗教中的人格神不限于一个，而是难以计数的，因而具有多神论的特征；另一方面，中国宗教中的非人格神，无论被称为天，还是被称为道、理、太极、天地之心等，基本都是用于指称宇宙整体或宇宙秩序的。这两个子系统在传统的公共生活和私人生活中得以融合在一起，一个重要的原因是两者都以"天"为最高神圣存在。另一个原因是，泛神论的子系统还很可能使多神论的子系统成为一个下属的体系，即泛神论有可能在理论上包含多神论。这两个原因使得中国宗教的宗教生活呈现出一种内在一致性，因而足以称之为"中国宗教"，其核心就是对"天"的信仰和崇拜。

需要特别强调的是，无论是多神论子系统还是泛神论子系统，中国宗教的神圣存在都是内在（immanent）于宇宙的，这一点与基督教的上帝超越（transcendent）于宇宙构成了鲜明的对比。在后文

1　李约瑟：《中国科学技术史》（2），北京：科学出版社，上海：上海古籍出版社，1990 年，第 311、602 页。

我们将看到，正是因为这种不同，中国宗教与基督教在面对两种科学宇宙观的时候，反应就甚为不同。

中国宗教在传统中国人的思想和实践中都扮演着相当重要的角色。正如杨庆堃"分散性宗教"这个概念所强调的：天及其下属的神圣存在渗透在中国人各阶层的日常生活实践之中，它们是大多数中国人思想观念中不言自明的基本前提，传统中国的王权政治秩序、伦理道德规则甚至人的自我理解，都以此为基础。

在公共生活中，夺取王位的根据是天命转移，因为前朝荒淫无度，劳民伤财，有悖天道；新王朝建立起来后，就迅疾垄断天命解释权，禁止私人从事天象历法活动，禁止妄托天命以乱政；出现了彗星、日蚀、月蚀等异常天象，发生了重大的自然灾害如旱涝灾害、蝗灾、地震、海啸，帝王通常需要下罪己诏，深自反省是否仁政不施；遇到旱灾，帝王和地方官员通常要亲自主持和参与求雨仪式；固定节日，帝王要亲自参加祭天地、祭社稷之神、祭祖宗神灵等宗教仪式。[1]

在私人生活中，神圣存在同样发挥了相当重要的作用。祭祖、丧葬礼仪、庙会、算命、扶乩、风水、儒道以及各色民间信仰，都透露出对神圣存在的想象和理解渗透在日常生活的方方面面。

这是明清时代中国信仰世界的一个基本面貌。不过，自明末基督教传教士入华以来，情况就有所不同了。尤其是在晚清时期，传教士倚恃军事和经济上的优势卷土重来，以现代出版物、教会学校

1　天作为传统中国政治正当性的来源，前人论述甚多。如江晓原：《天学真原》，南京：译林出版社，2011 年；Julia Ching, *Mysticism and kingship in China: The heart of Chinese wisdom*, Cambridge：Cambridge University Press, 1997。

为平台，把大量现代自然科学知识与基督教神学传入中国，重新解释了万物之所以然。晚清的现实危机迫使中国知识分子去学习和了解西方技术、西方科学知识、西方文化，中国知识分子的思想观念、宗教信仰在很大程度都受西方文化（尤其是西方现代科学）的影响和冲刷。传统中国人所理解的天地万物，在新的知识系统中都有了新的理解。作为中国宗教之基本前提的有机宇宙观，也将遭遇科学宇宙观的竞争和冲击。只是，中国宗教和基督教这两种不同的宗教，在面对机械宇宙观和有机宇宙观这两种不同的科学宇宙观时的反应是截然不同，相映成趣。我们将看到，中国宗教更亲近于天演论，而基督教更亲近于机械宇宙观。

第二章 天之祛魅：以彗星和求雨为例

　　任何一种宗教信仰的神圣存在，都需要以种种方式为人类所感知，才可成为在实践中被崇拜、信仰和尊奉的信仰对象，天/天道也不例外。对于传统中国人来说，天/天道表现在天地万物之中，人们"仰则观象于天，俯则观法于地，观鸟兽之文与地之宜，近取诸身，远取诸物"，[1] 从天文、地理、动植物乃至人身之中体会宇宙的应然秩序（天道），并以之为模范，创建、调整人世秩序（人道）。天地万物出现的异象，尤其是像旱灾、地震、疾疫这样的重大自然灾害，往往被理解为具体事物的实际运行背离或扰乱了天道运行的应然秩序所致，因此人们（尤其是统治者）需要调整人事作为，以使人间秩序重新符合宇宙秩序，此即灾异论。作为天道信仰在实践层面的具体表现形式，灾异论是天道信仰重要的构成部分。虽历来不乏批评、质疑和挑战，[2] 灾异论仍是相当正统的思想观念（正史中篇幅不小的五行志、灾异志足资佐证），对古

1　高亨：《周易大传今注》，济南：齐鲁书社，1979 年，第 559 页。

2　如佛学就曾提供过竞争性的解释，参见孙英刚：《佛教对阴阳灾异说的化解：以地震与武周革命为中心》，《史林》2013 年第 6 期。

代中国的政治和日常生活发挥着重要的作用。然而，晚清时代，现代科学如潮水般涌入中国，许多不同寻常的自然现象都获得了更具说服力的解释，不再引以为"异"，灾异论的解释模式遂更趋衰微。灾异论的式微，宇宙观念的祛魅，使天/天道丧失了重要的表现形式，给天道信仰造成了深重的危机，这是科学与宗教的紧张关系在中国的具体表现。

宇宙观念的祛魅，始自对具体事物的理解的变化。正如柯林武德所说：在自然科学中，人们总是从具体的、个别的问题入手。当具体事物积累到相当数量时，人们会从大量的具体事物、现象和解释中发现背后共同的原理、规律。[1]以传统词汇来说，这是"形下之器"先变，"形上之道"后变。晚清知识分子在接受西方科学时也是如此。仿造坚船利炮，去理解具体的事物时，也许并不能立刻造成整体意义上的宇宙观变革。但是当对具体事物的新解释积累到相当程度之后，当人们越来越多地认识到大量具体事物和现象（天^2）背后的原理（天^1）并不是阴阳平衡、五行生克时，他们对宇宙和宇宙秩序（天^1）的旧有理解势必遭遇危机。

这种认知和发展过程，迫使我们在讨论整体层面的宇宙观变革前，先去考察晚清时期人们对具体事物认知的变化。这是第二、三、四章的主要任务。这三章分天、地、人三个方面来考察现代科学知识提供的新解释对固有理解的冲击和刷新。之所以这样安排章节，是因为在传统中国的宇宙观念和宗教信仰中，万物（天^2）主要由天、地、人三类组成，人们（尤其是圣人）仰观苍

1　柯林武德：《自然的观念》，吴国盛、柯映红译，北京：华夏出版社，1998年，第2页。

穹星宿，俯察风土百物，检讨人事变迁，从中体悟使万物呈现如此情态的"宇宙秩序"（天^1）。他们经格物（天^2）而穷理（天^1），也经格物而"穷新理"，经过对具体事物的认识而理解新的宇宙秩序。

与地、人并列的天，指的是头顶之上的天空（天^3），它是万物（天^2）之一，主要的表现是日月星辰之运行、风雨虹霓之隐现，即天文与气象。

在传统中国，天文学研究天象，目的是从日月星辰迹象中揣测上天对世俗事物的"意见"和"态度"，预测其对世俗行为的"奖惩"。在一定程度上，它是一种占卜形式，故而传统天文学往往又被称为占望之学，或星占学。星占学研究的天象十分广泛，其中彗星的出现通常被认为预示即将出现兵灾、战火或王朝更迭，所以彗星的出现常常需要引起高度重视。

而风雨、雷电、虹霓等现象，以今天的科学知识来看，都只涉及大气层，应该称为气象而非天象。不过，在古代人的观念中，这些现象都居于头顶之上，都属于天空的范围，因而被视为天象也在情理之中。[1]在古人的思维中，这些气候现象，也与神圣存在有关。其中，旱灾对于中国这样一个农业国家来说实在是个严重的挑战，因而有关求雨的信仰和仪式在传统中国的公共生活中相当重要也相当普遍。但在近代，这一观念遭遇了科学解释的挑战。因此，本章也选择求雨作为考察对象，并力图折射宇宙观念、自然观念的变迁。

1　江晓原：《星占学与传统文化》，桂林：广西师范大学出版社，2004年，第13页。

第一节　彗　星

一、传统中国的彗星解释

天文学史的研究表明，中国古代的天文学家就是星占学家，最为重要的职能是"观乎天文，以察时变"，观测天象，对君主解释异常天象意味着什么。在日食、月食、流星、彗星、荧惑守心等等种类繁多的天象中，彗星是很不吉利的一种。彗星光芒偏向一方，状若扫帚。扫帚意味着扫除污秽，所以彗星的出现通常认为预兆着战争、叛乱、火灾、国君死亡、改朝换代等严重灾祸的发生。[1]

中国历史上关于彗星的记载，可以追溯到殷商时代的甲骨文中。[2]先秦时代关于彗星的记载，以《左传》所载晏子的故事最为知名，这也是历代论说彗星时常常提起的故事。鲁昭公二十六年（公元前516年）时：

> 齐有彗星，齐侯使禳之。晏子曰："无益也，只取诬焉。天道不谄，不贰其命，若之何禳焉！且天之有彗也，以除秽也；君无秽德，又何禳焉？若德之秽，禳之何损？《诗》曰：'惟此文王，小心翼翼。昭事上帝，聿怀多福。厥德不回，以受方国。'君无违德，方国将

1　以天象预兆吉凶这种观念的哲学基础，详参江晓原：《天学真原》，南京：译林出版社，2011年，第9—25页。关于彗星在传统星占学中的意义，详参江晓原：《星占学与传统文化》，上海：上海古籍出版社，1992年，第125—130页；卢央：《中国古代星占学》，北京：中国科学技术出版社，2007年，第431—434页。

2　徐振韬、蒋窈窕：《殷商彗星记事考》，《自然科学史研究》1993年第3期。

至，何患于彗？《诗》曰：'我无所监，夏后及商。用乱之故，民卒流亡。'若德回乱，民将流亡，祝史之为，无能补也。"公说，乃止。[1]

仔细阅读这段文字可以发现，晏子与齐景公在对待这个事情上的共同之处是：第一，预设了神圣存在（divine being），在这里对应着"上帝""天""天道"等不同称号；第二，认为神圣存在无疑是正义的，会公正判断人事作为的善恶，并做出相应的奖惩；第三，认为彗星代表着神圣存在对人事作为的否定态度，所谓"天之有彗也，以除秽也"，一种解释是彗星形如扫帚，所以彗星的出现被解释为神圣存在要"扫除污秽"，而所谓"秽"，指的是人事作为上的过错、罪责，特别是统治者的过错、罪责，这也是灾异论特别强调的一点。[2]晏子与齐景公的意见分歧在于：祈祷（"禳"）是否能消除灾殃。齐景公以为通过祈祷，向神圣存在忏悔罪过，可以获得宽宥和谅解，从而避免受惩罚；晏子则认为，神圣存在是绝对公正无私的，奖惩取决于先前人事作为上的善恶，临时的祈祷是无效的。

《左传》中这段话也收录在《晏子春秋》中。[3]此外，《晏子春秋》中还载有晏子论彗星的另一个类似故事，抄录如下：

日暮，公西面望睹彗星，召伯常骞，使禳去之。晏子曰："不

1　杨伯峻注：《春秋左传注·昭公二十六年》，北京：中华书局，1990 年，第 1479 页。

2　可参陈侃理：《儒学、数术与政治：灾异的政治文化史》，北京：北京大学出版社，2015 年，第 1 页。

3　吴则虞：《晏子春秋集释》（上册），北京：中华书局，1982 年，第 445 页。

可！此天教也。日月之气，风雨不时，彗星之出，天为民之乱见之，故诏之妖祥，以戒不敬。今君若设文而受谏，谒圣贤人，虽不去彗，星将自亡。今君嗜酒而并于乐，政不饰而宽于小人，近谗好优，恶文而疏圣贤人，何暇在彗！茀又将见矣。"公忿然作色，不说。[1]

　　茀，即孛，光芒强盛的彗星。综观晏子两段关于彗星的议论，其逻辑是一致的。由于晏子反对齐侯祈祷消灾，一些学者就把他在此问题上的观点和立场解读为无神论，这显然是一种曲解。此外，就在同一段中，晏子还曾因另一由头进谏齐景公，其中说道"昔者上帝以人之殁为善，仁者息焉，不仁者伏焉"，也表明晏子认为存在一个能判断善恶的"上帝"，也可见他并非无神论者，他的思想观念是从属于天道信仰的，也是认可以彗星为神迹的。

　　为何人事作为的善恶会表现到天象上，有两种解释：一是把"天"看作一个人格化的神，它有着远超人类的鉴察能力，事无巨细地知道人类的一切作为甚至念头，并相应地施加公正的奖惩，这种看法比较集中地体现在《诗经》《尚书》中[2]；另一种解释则落实到

1　吴则虞：《晏子春秋集释》（上册），北京：中华书局，1982 年，第 66 页。此段参考译文："太阳西下，夜幕降临，景公向西望见了彗星，立即召见伯常骞，叫他祈祷消灾除去彗星。晏子说：'不能这样！这是上天告诫啊。日月的云气，风雨失调不依季节，彗星的出现等，都是上天为了百姓的离乱而显现的，用凶吉的先兆警告，告诫怠慢不慎之人。现在君王如果推行礼乐制度，接受谏言，任用圣贤之人，即使不祈祷除彗，彗星也会自行消失。而今君王酷好饮酒，放纵享乐，国政不修治，宽容作恶的人，亲近阿谀奉承的人，喜好歌舞乐工，厌恶礼乐制度，疏远圣贤之人，岂止彗星出现，茀星也将出现了。'景公气愤得变了脸色，很不高兴。"译文参见李万寿译注：《晏子春秋全译》，贵阳：贵州人民出版社，1993 年，第 47 页。
2　可参江晓原：《天学真原》，南京：译林出版社，2011 年，第 11—17 页。

阴阳五行这一套法则上来，认为人事活动产生的气上升到天上，表现为天象。[1]从晏子所引的《诗经》句可见，早期对"天"的理解主要是有意志和情感的人格神，而"天道不谄，不贰其命"，天的人格神特征已有模糊化倾向。到汉代，随着谶纬日盛，五行生克理论最终成熟，天的人格神特征进一步削弱，天（天道）落实到阴阳五行相生相克这一套法则上来。五行源自《尚书·洪范》篇，在汉代邹衍手中得以成熟。一般认为，五行最初的意义是指金木水火土五种基本材料或称五种元素。[2]五行各具特性和功用，相互之间又构成了一种特定的相生相克关系。具体而言，相生指的是木生火，火生土，土生金，金生水，水生木；相克指的是金克木，木克土，土克水，水克火，火克金。[3]由于相信万物都是由这五种元素构成的，五种元

1　可参徐光台：《异象与常象：明万历年间西方彗星见解对士人的冲激》，《清华学报》（新竹）第 39 卷第 4 期，2009 年 12 月，第 532—535 页。

2　认为五行原初意义是五种元素是主流看法；李约瑟认为五行本义是五种基本程序；还有学者如刘起釪则认为五行从一开始就源自对五大行星的观察，而五行对应地上五种物质反倒是后起的意义。分别参见梁启超：《阴阳五行说之来历》，《饮冰室合集·文集之三十六》，北京：中华书局，1989 年，第 53 页；李约瑟：《中国科学技术史》（2），北京：科学出版社，上海：上海古籍出版社，1990 年，第 266 页；刘起釪：《五行原始意义及其纷歧蜕变大要》，载艾兰、汪涛、范毓周主编：《中国古代思维模式与阴阳五行说探源》，南京：江苏古籍出版社，1998 年，第 134—142 页。依常理判断，金木水火土恐首先是人对身边事物的认识和命名，因而笔者更倾向于第一种理解。不过，起点可能并不特别重要，因为在历史发展过程中，五行很快就被用来解释世界万物，既用来指五种基本元素，也指五种基本程序，也与五星相匹配。

3　这种五行之间的生克关系何以建立起来，通常认为隋代萧吉《五行大义·论相生》中一段话最具代表性，兹引如下："木生火者，木性温暖，火伏其中，钻灼而出，故木生火；火生土者，火热故能焚木，木焚而成灰，灰即土也，故火生土；土生金者，金居石依山，津润而生，聚土成山，山必长石，故土生金；金生水者，少阴之气，润燥流津，销金亦为水，所以山云而从润，故金生水；水生木者，因水润而能生，故水生木也。"见萧吉：《五行大义》，南京：江苏古籍出版社，1988 年，卷二（转下页）

素之间的相生相克关系遂被认为是万物共同遵循的根本原理，因而五行原理被用来解释万物的特性及其相互之间的关系。天象自然也可以用五行来解释。相应地，仰观天象以察知人事祸福吉凶的占望之学，也以五行为理论基础。[1]

且以《汉书》所载关于彗星的理解和讨论为例。《春秋》经文记载，鲁文公十四年（公元前 613 年）"秋七月，有星孛入于北斗"。据现代学者推测，这次出现的就是哈雷彗星。[2]左丘明在《左传》中借人之口做了意义的解释："有星孛入于北斗。周内史叔服曰：'不出七年，宋、齐、晋之君皆将死乱。'"[3]汉代班固在《汉书》中，借助汉儒董仲舒、刘向、刘歆等人对孛星的解释，对此做出了更为详细的解释，在彗星出现与历史事件之间建立了联系，坐实了彗星预兆弑君、叛乱、战争这一看法：

> 文公十四年"七月，有星孛入于北斗"。董仲舒以为孛者恶气之所生也。谓之孛者，言其孛孛有所妨蔽，暗乱不明之貌也。北斗，大国象。后齐、宋、鲁、莒、晋皆弑君。刘向以为君臣乱于

（接上页）第 2 页。大意是说木材可以燃烧生火，火烧了木头成为灰土，土中含有金属矿物，金属可以熔化为流质（水），水能灌溉树木。而五行相克的规律，《白虎通·五行篇》中的说法是公认的解释："五行所以相害者，天地之性，众胜寡，故水胜火也；精胜坚，故火胜金；刚胜柔，故金胜木；专胜散，故木胜土；实胜虚，故土胜水也。"见陈立：《白虎通疏证》，吴则虞点校，北京：中华书局，1994 年，第 189页。大意可以理解为水可以灭火，火可以熔化金属，金属做成的刀锯可以砍伐树木，树木可以扎进土中生长，土可以用来筑堤蓄水引水。

1 五行理论运用到天文学/星占学中，有着极为复杂的体系。详参卢央：《中国古代星占学》，北京：中国科学技术出版社，2007 年。

2 杨伯峻注：《春秋左传注·文公十四年》，北京：中华书局，1990 年，第 600 页。

3 杨伯峻注：《春秋左传注·文公十四年》，北京：中华书局，1990 年，第 604 页。

朝，政令亏于外，则上浊三光之精，五星赢缩，变色逆行，甚则为孛。北斗，人君象；孛星，乱臣类，篡杀之表也。《星传》曰"魁者，贵人之牢"，又曰"孛星见北斗中，大臣诸侯有受诛者"。一曰魁为齐、晋。夫彗星较然在北斗中，天之视人显矣，史之有占明矣，时君终不改寤。是后，宋、鲁、莒、晋、郑、陈六国咸弑其君，齐再弑焉。中国既乱，夷狄并侵，兵革从横，楚乘威席胜，深入诸夏，六侵伐，一灭国，观兵周室。晋外灭二国，内败王师，又连三国之兵大败齐师于鞍，追亡逐北，东临海水，威陵京师，武折大齐。皆孛星炎之所及，流至二十八年。《星传》又曰："彗星入北斗，有大战。其流入北斗中，得名人；不入，失名人。"宋华元，贤名大夫，大棘之战，华元获于郑，传举其效云。《左氏传》曰有星孛北斗，周史服曰："不出七年，宋、齐、晋之君皆将死乱。"刘歆以为北斗有环域，四星入其中也。斗，天之三辰，纲纪星也。宋、齐、晋，天子方伯，中国纲纪。彗所以除旧布新也。斗七星，故曰不出七年。至十六年，宋人弑昭公；十八年，齐人弑懿公；宣公二年，晋赵穿弑灵公。[1]

透过班固的记录可以看到，以彗星为战乱、篡夺、弑君等灾难之前兆的看法，一方面从先秦继承下来，另一方面经过诸多阐释，又成为汉儒的普遍看法，班固本人也不例外。在《汉书》中，班固还记录了汉代的彗星，并对应了历史事件，进一步强化彗星为凶兆的看法："高帝三年（公元 204 年）七月，有星孛于大角，旬余乃

1　班固：《汉书·五行志》，北京：中华书局，1962 年，第 1511—1512 页。

入。刘向以为是时项羽为楚王，伯诸侯，而汉已定三秦，与羽相距荥阳，天下归心于汉，楚将灭，故彗除王位也。一曰，项羽坑秦卒，烧宫室，弑义帝，乱王位，故彗加之也。"[1]彗星的出现，在这里被解释为两点，一是预示项羽将要败亡，二是谴责项羽已经做出的悖乱。但无论如何，彗星都预示着弑君、叛乱、战争。

　　唐代产生了两部天文星占方面的著名典籍，也继承了彗星兆战乱的观念。一部是唐初太史令李淳风（602—670）编撰的《乙巳占》，另一部是印度裔学者瞿昙悉达辑录编纂的《开元占经》。后者尤是星占学的集大成者，其中第八十八卷《彗星占》收录了唐代以前诸多典籍中关于彗星的记录和解释，[2]可见以彗星为战乱之征兆，在唐代以前就已经是相当普遍的看法。

　　尽管有着诸多的内部分歧，也遭遇过一些有力的挑战（如王充《论衡》），但彗星预示着战乱的观念长期受到肯定。历代正史中的灾异志、五行志等，是更为集中的体现。据陈遵妫的统计，从公元前 2320 年到公元 1911 年，中国史志记载的"彗星"有 256 次，"孛星" 103 次。[3]反复的记载，反复的解释，反复的应对举措，维持并巩固彗星与灾难的关联，使之成为一种规范性的解释，在中国历史上长期处于主流地位。朝廷均设置观察天象并解释其星占征兆的专门机构，就是有力的证据。

　　明末清初耶稣会士带来亚里士多德的天文学知识，于中国传统

1　班固：《汉书·五行志》，北京：中华书局，1962 年，第 1516 页。

2　瞿昙悉达：《开元占经》，北京：中央编译出版社，2006 年，第 927—983 页。

3　陈遵妫：《中国天文学史》，上海：上海人民出版社，1980 年，第 1096—1097 页。历代的彗星记录，还可参看北京天文台主编：《中国古代天象记录总集》，南京：江苏科学技术出版社，1988 年，第 381—574 页。

的星占传统的彗星解释而言，是一种具有竞争性的、替代性的学说。亚里士多德认为，地球表面的油脂气自然上升，超离气界而接近火际时被点燃，微者即陨星、流星，厚者长久悬于空，即孛星。徐光台以徐光启（1562—1633）和熊明遇（1579—1649）为例，指出他们"原先基于气的自然哲学，从政治与彗星间的因果关系，视彗星为灾异的星变异象。在与耶稣会士交游后，他们从占星气传统转变为亚里士多德式彗星见解"。[1] 还有学者研究指出，"乾嘉学者在吸收了经过明末清初士人转手传播的西学以后，在西方四行说影响下改变了对彗星见的态度，从而导致地方行政方针的转变"，具体而言，1826 年彗星见于南方，依据传统星占学知识，时任两广总督的阮元认为这预示粤地将发生战事，但当地的道士李明彻根据耶稣会士传入的四行说对彗星做出解释，认为预示有旱灾，主张备旱。[2] 不过，这些知识在欧洲已经是被质疑和否定的旧解释。更为重要的是，其影响仅限于极少数精英，并未对中国星占学传统的彗星解释构成根本的冲击。一个典型的案例是，清廷一直设有专门机构——钦天监天文科，"该科除了借助仪器观察记录天象外，还要为各种正常、异常天象出具占语。使用何种占书出具占语是有规定的"。[3] 可见星占仍

1　徐光台：《异象与常象：明万历历年间西方彗星见解对士人的冲激》，《清华学报》（新竹）第 39 卷第 4 期，2009 年 12 月，第 545、558 页。还可参见徐光台：《明末清初西学对中国传统占星气的冲击与反应：以熊明遇〈则草〉与〈格致草〉为例》，纪宗安、汤开建编：《暨南史学》（第四辑），广州：暨南大学出版社，2005 年，第 284—303 页；黄一农：《耶稣会士对中国传统星占术数的态度》，黄一农：《社会天文学史十讲》，上海：复旦大学出版社，2004 年，第 93—120 页。

2　陈志辉、江晓原：《西学的移用与致用：从道光六年彗星见事件看乾嘉学者对四行说的态度》，《上海交通大学学报》（哲学社会科学版）2014 年第 2 期。

3　史玉民：《清钦天监管理探赜》，《自然辩证法通讯》2002 年第 4 期。

是钦天监的功能之一，朝廷也会听取这些报告，并采取相应的政治
举措。

二、晚清基督徒的彗星新解

在晚清，基督教传教士卷土重来。不同于明末清初的耶稣会士，
新来的传教士并不以争取上层精英为主要目标，他们通过报纸、杂
志、图书，更为广泛地争取识字的社会阶层。因而通过多种传媒传
播的彗星新解，其影响面要广泛得多，加上数十年持续不断的普及，
彗星新解对传统的彗星解释构成了巨大的冲击。

在晚清真正产生重大影响的竞争性解释并不是亚里士多德对彗
星的解释，而是以牛顿（1643—1727）学说为代表的现代天文学，
以数学的方式解释宇宙的运作规律。另一位天文学家哈雷（1656—
1742）根据牛顿学说，梳理了历史上的彗星记录，发现在 1530、
1607 和 1682 年出现的三颗彗星的轨道非常接近，他断定这是同一彗
星的三次回归，并预言这颗彗星将在 1758 年底或 1759 年初再次光临
地球。果然，这颗彗星于 1759 年 3 月 14 日再次回归。虽然哈雷早已
去世，但人们以他之名命名这颗彗星，以示纪念。哈雷彗星的成功
预测，在近代天文学史上是一个里程碑式的事件，因为它不仅以确
凿的事实证明彗星与其他星体一样有固定轨道和特定周期，而且象
征着牛顿范式的机械宇宙观获得了事实的证明。19 世纪来华的基督
教传教士传播的天文学知识就是牛顿范式的天文学说，关于彗星的
解释也以哈雷的学说为代表。这种彗星新解，对中国固有的彗星解
释产生怎样的影响，迄今并无系统的梳理和论述，仅见一篇文章以
1907 年和 1910 年的彗星为切入点，观察立宪派和革命派对彗星的诠

释和利用。[1]但笔者以为，如果把彗星解释的分歧放置到晚清时期彗星解释的更新这个思想脉络中来看，会发现这种观念分歧与政治立场并无太大关系。

咸丰三年（1853）七月中下旬，有彗星出现在长江流域的天空中，十余日而灭。[2]七月十八日，一位王姓士子去拜访某一在沪的传教士美魏茶（William Charles Miline，1815—1863）。他忧心忡忡地对后者说："灾异之兴，先见于天象。是名欃枪，其凶莫甚，亦曰彗星，专主不祥。古今来彗星之见不一，见则必罹兵祸，故史官载诸册书，用垂炯戒。为人君者，当侧身修德，则可弭灾而徼祸。昔者春秋之时，彗星见于齐之分野。景公欲禳之，后因晏子谏止，乃增修其德，彗星避舍。以此观之，彗星非休征，明矣。"[3]我们有理由相信，这名中国士人，于《左传》等史籍中记载的彗星解释定然并不陌生，而且他本人似乎也被笼罩在这种解释中，所以颇感忧心。不过，美魏茶对他一点也不同情，相反，其反应是"哑然而笑"。尽管他知道中国历来讲究占望之学，也知道中国历史记载往往说某星吉某星凶，并一一应验于具体的事件，但是他仍然坚持彗星并不预示着人事的吉凶祸福。借助牛顿以来的天文学知识，他指出，"苍苍者天，日月星辰系焉，循躔度而运行，历亘古而不变"，至于那些"往来不定""大异于常"的星体，则通称客星，彗星即属此类。但他特别指出，彗星并不是没有固定轨道，"有三彗星之轨道，西国天文之

1　陈婷、吕凌峰：《革命与星命：清末乱局中的彗星》，《科学文化评论》2014年第2期。
2　北京天文台编：《中国古代天象记录总集》，南京：江苏科学技术出版社，1988年，第519页。
3　美魏茶：《彗星说》，《遐迩贯珍》第3号，1853年10月。

士，已能推测而知，可察其出没之行度，而预决其将现也"。故而，彗星并非灾异，何况"此星之出，中外共睹，遐迩同观，不止在一州一国也。果其为灾氛之预兆，兵燹之先机，岂有应于中国而不应于外邦者耶"？就该王姓士子所举的事实论据，他指出，即便在中国，彗星也并不能与灾祸——对应。他以1843年春天见到的彗星为例，认为："彗星见，余与此邦士民无不目击。当此之时，闾阎骚然震动，以为复有灾祲，必兴兵革。至今而相安无事，何其言之不验耶？"

　　单看这一部分反驳，读者可能会以为这是一个现代科学家的解释，但美魏茶为基督徒，因而，在批驳中国人认为彗星预示着灾难的观念时，他还运用了基督教的思想。他说："上帝之妙用，造化之神功，岂可以寻常意计测哉？"其中《圣经》"旧约"就说："维彼上帝，上天彰其荣光，穹苍显其经纶，永朝永夕，仰观其象而知之。天无言而有言，无声而有声。不言之言，布于宇内；无声之声，闻于地极；日丽于天，而居其次。"也就是说天象是上帝的造物，彰显着上帝的荣耀，天虽然不声不语，却传达着上帝的旨意，因而观察天象可以获知上帝的旨意。以《圣经》为依据，包括彗星在内的天象都是上帝/天的话语，这与中国人认为天象是"天"的意旨表征有着异曲同工之妙，所以从这个角度来讲，他实际上是肯定了而非否定了彗星为"上天之垂象"的看法。尤其考虑到明清以来传教士力图把中国的天、上帝与基督教的上帝等同起来，这种批评就更像是一种肯定和支持。

　　科学与宗教对彗星的两种解释，在我们熟悉的知识体系之中往往是势不两立的，可是在传教士美魏茶这里，这两者不仅不是相互对立的，反而是相互印证的。牛顿以来的天文学知识与基督信仰，在他这里获得了一种有效的结合，以他自己的话来说，彗星之现，"此虽上天之垂象，亦星行之偶然"。[1]这两种解释，以怎样的方式构成相互印证、相互支持的关系，在该文中并未具体论述，但在其他传教士的相关论述中却可以看得更为清楚。1851 年，另一位来华传教士伟烈亚力（Alexander Wylie，1815—1887）[2]开始与李善兰合作翻译英国天文学家约翰·侯失勒（John Herschel，1792—1871）的名著 *Outlines of Astronomy*（《天文学纲要》）。该书初版于 1849 年，在欧洲很快成为畅销书，不断发行新的版本，新版本也随传教士不断传入中国。伟烈亚力和李善兰合作翻译的是该书的第 4 版。翻译工作持续了 8 年，1859 年以《谈天》为题在上海墨海书馆刻印发行，在晚清和民国一版再版，据称是"晚清维新志士争相阅读的书目之一"。[3]该书第 11 卷以数万字的篇幅专论彗星之运行机制。

　　该篇一开篇就说，因为彗星的运行，速度很快又没有明显的规律，长期隐没却突然出现，有的光芒极大，与普通的星星大为不同，所以古人往往视之为灾异，大家都很害怕它，即便"智者"也是如此。彗星在西方曾经也被视为灾异之预兆。该文提到公元前 43 年罗马皇帝屋大维（Augustus，Gaius Julius Octavius，公元前 63—公元 14）即位之时，"大会臣民，陈百戏，赛祀鬼神，彗忽昼现"，而当时前任国王儒略（Gaius Julius Caesar，即凯撒大帝）刚刚去世不久，"国

1　美魏茶：《彗星说》，《遐迩贯珍》第 3 号，1853 年 10 月。

2　有关伟烈亚力在华的科学普及活动，可参见韩琦：《传教士伟烈亚力在华的科学活动》，《自然辩证法通讯》1998 年第 2 期。

3　樊静、冯立昇：《晚清天文学译著〈谈天〉版本考》，《内蒙古师范大学学报》（自然科学汉文版）2007 年第 6 期。

人皆谓彗即儒略之神也，至作诗歌咏其事"。[1]但是，随着科学的发展，人们现在知道，彗星的运行与其他星体一样，也是有规律的，"今始知其行与绕日诸星同理，未尝无法"。[2]

　　文章主体是非常专业的天文学知识，主要论及彗星之发现、推算、形状、轨道以及历史上的记录，与宗教无关。可是当我们阅读伟烈亚力为《谈天》所撰序言时，就会发现一个有趣的现象。在介绍了一些天文新知之后，伟烈亚力感叹："伟哉造物神妙至此！""夫造物主之全智巨力，大至无外，小至无内，罔不莅临，罔不监察。故人虽至微，无时不蒙其恩泽。""余与李君（引注：即李善兰）同译是书，欲令人知造物主之大能，尤欲令人远察天空，因之近察己躬，谨谨焉修身事天，无失秉彝，以上答宏恩，则善矣。"[3]在基督徒伟烈亚力这里，被造物之奇妙正好体现出造物主之伟大，星体运行的复杂规则正好证明上帝的全能，因为唯有全知、全能、至善的上帝才能造出那么精美、复杂的宇宙。人观察宇宙，就可以体会到上帝的伟大，并进而小心谨慎地侍奉上帝，遵守上帝的教导。科学普及与传教因而就很好地结合在一起。这个意义上的科学与宋明理学所讲的"格物致知"在结构上是相似的，都企图从自然万物中去揣

1　侯失勒：《谈天》，伟烈亚力、李善兰译，上海：商务印书馆，1930 年，第 11 卷第 1—2 页。

2　侯失勒：《谈天》，伟烈亚力、李善兰译，上海：商务印书馆，1930 年，第 11 卷第 1 页。因为条件所限，1859 年初版未曾见到，但是比较了商务印书馆 1930 年版和江南制造局 1874 年版以及该书 1851 年英文原版之后，发现商务印书馆这个版本并无甚改动，是可靠的文献。

3　伟烈亚力：《序一》，侯失勒：《谈天》，伟烈亚力、李善兰译，上海：商务印书馆，1930 年，序一第 3 页。

摩神圣存在。在这个意义上，我们可以理解西方 science（科学）传入中国时，何以要翻译为"格致"。不过，李善兰所作序言却纯然讨论日心说、地动说、椭圆轨道等天文学知识，无只言片语涉及上帝之神恩。[1]二者之间有一个不大不小的分歧，隐而不彰却的确存在。

自 1874 年 6 月下旬至 7 月中旬（同治十三年五、六月）起，上海、天津等地都连续数日见到了彗星。[2]据华人主导的《申报》报道："天津诸人以见彗星后，无不张皇失措，以为必主兵戈之兆。溯自西兵于一千八百六十年在北境动兵，则有彗星先在天空为显象，今此彗星尾指台湾，则台境之启祸焉，必矣。"[3]传教士林乐知（Young John Allen，1836—1907）主编的《教会新报》报道："计西历一千八百六十年即咸丰十年，彗星一见，正应西人在京有事之秋，又十一年彗星再见，亦应发捻等乱。此次星现，故疑其台湾将有战事也。"在叙述华人的担忧之后，《教会新报》接着说："在西人照天文论之，此星亦与各行星相同，若至度道及应见之期，必出现矣。岂在应主刀兵者乎？"[4]《教会新报》没有展开论述，而另一基督教刊物《中西闻见录》很快就刊发了另一传教士丁韪良（William Alexander Parsons Martin，1827—1916）的文章《彗星论》[5]，林乐知主编的《万国公报》（前身即《教会新报》）随后又全文转载该

1　李善兰：《序二》，侯失勒：《谈天》，伟烈亚力、李善兰译，上海：商务印书馆，1930 年，序二第 1—2 页。

2　北京天文台编：《中国古代天象记录总集》，南京：江苏科学技术出版社，1988 年，第 538—539 页。

3　《西友来书》，《申报》1874 年 7 月 24 日。

4　《彗星现》，《教会新报》第 296 期，1874 年 7 月 25 日。

5　丁韪良：《彗星论》，《中西闻见录》第 24 号，1874 年 7 月。

文。[1]文章首先描述了中国民众看见彗星之后，"骇疑惶惑，或以为主瘟疫，召水旱，兆兵戈。祸福吉凶之说，在所不免，因而斋禳祈祷之事，亦无所不有"，但作者说这都是不懂"天文"造成的结果。文章指出，不仅中国认为彗星预示着吉凶祸福，西方曾经也有同样的看法，甚至行军打仗也必携星占师观察天象，以预判战之宜否，但随着望远镜的发明，西方天文学突飞猛进，恒星和行星的运行规律得以发现，日心说得以成立，人们了解到白昼黑夜以及春夏秋冬是地球转动所致，又发现了某些彗星的运行轨道、运行周期，并了解到彗星形状各异之成因，从而可以准确预测彗星之出没，彗星遂不足为奇。该文是一篇特别值得重视的文献，因其直接挑战星占学的理论基础——五行学说。文中提到天文学家"于五星以外，得二大星、百余小星，亦绕日而行，迎日以明。乃知不可执五星分配五行也"，[2]意在切断五星与五行的对应关系。两个月后，丁韪良又在《中西闻见录》上发表了《侯氏远镜论》一文，介绍天文学发展的重要导因即望远镜的发明。借助望远镜，天文学家在金、木、水、火、土五大行星之外，另又发现了两大行星，更何况地球也是太阳系行星之一，因此把五行对应五星，就显见其虚妄。他说：

　　向来天文家以五星分配五行，曰水星、金星、火星、木星、土星。此说非天象之本，第就其目力所及而言耳。盖昔时无远镜以测天，遂以为天上之大行星只有五，适以分配五行。殊不知乾隆四十

1　丁韪良：《彗星论并图》，《万国公报》第 303 期，1874 年 9 月。
2　丁韪良：《彗星论》，《中西闻见录》第 24 号，1874 年 7 月。

五年，西士于土星轨道外测得一大行星，有小星六随行，如月之随地然，名之曰天王星。于道光二十五年，复测得一大行星，名之曰海王星。则五星配五行之说，不足据矣。况泰西论天文，以日居中，诸行星随日而行，地亦随日行，均在行星之列。然则合地与新测之二星计之，行星已有八矣，五行将何所分属乎？[1]

这一批驳的预设当然是认为五行理论源自对五星的附会，既然认识到太阳系不止五星，五行遂亦不能成立。相应地，以五行理论为基础的天文星占就难以立足，彗星预兆灾难的观念也就不攻自破。

4个月后，即1875年1月，丁韪良又在《中西闻见录》上发表了《占星辨谬》一文。该文中，他不仅解构关于彗星预示灾异的信仰，而且系统地颠覆中国的占星传统，并直言"以天象而占祸福，多属荒杳无稽"。在该文中，他再次强调望远镜的发明以及由之而起的天文学的大发展。其结果是："自新学一兴，西国占验祸福之说悉废。虽间有信者，文人学士，咸非笑之。"他还结合1874年中国的两个天象事件来加以阐述。一是六月彗星见于西北，二是十一月初一的金星过日。彗星之后，日本争夺台湾，中日几乎交战，许多中国人都以为彗星正是其征兆，这似乎又一次证明了历史悠久的彗星理解。丁韪良反驳道："殊不知此彗星有一定行度，届时必现。且天下万国共见之，焉得谓专示兆于中国？"这两条理由，我们在美魏茶的文章中已经见识过了，在丁韪良的文章中也屡次出现。另一个事

---

1 丁韪良：《侯氏远镜论》，《中西闻见录》第25号，1874年9月。

件是金星过日之后，同治帝于公历 1875 年 1 月 12 日因病去世，经验似乎再一次证明了中国人的观念是正确的，因而不少人相信金星过日正是天意的警示和预兆。丁韪良以反面的经验为据，指出乾隆三十三年，也有金星过日，但是当时国家全盛，那么金星过日又预示了什么呢？235 年前，西方国家也见到过金星过日的天象，当时也没有哪国的国君发生什么事情。又过了 8 年，美国也见到了金星过日的现象，同样没有人事的应验，也无人忧虑有何祸患。[1]总之，因为望远镜的发明和天文学的大发展，人们发现宇宙星球之运转有其自身的轨道和周期，不必引以为异，天象预兆祸福的说法荒诞无稽，"不如新学之专讲推步，为求实安民之良策也"。[2]

　　值得注意的是，同为教会报纸的《教会新报》《中西闻见录》《万国公报》，并未使用基督教经典作为依据，而仅仅采用了新学作为判断标准。丁韪良在文中用到的"天文"一词，指的正是探究宇宙运行机制和规律的新学（即现代科学）之一种，与传统中国把"天文"理解为天象以及观察天象以占知人事吉凶的占望之学，有很

1　有关这次金星过日的研究，可参见吕凌峰、石云里：《科学新闻与占星辨谬——1874 年金星凌日观测活动的中文记载》，《中国科技史杂志》2009 年第 1 期。
2　丁韪良：《占星辨谬》，《中西闻见录》第 29 号，1875 年 1 月。有关彗星的科学知识，在不久之后的另一传教士刊物上有较多说明，见摩嘉立：《天文易知第十课：论彗星流星陨石（附图）》，《小孩月报》第 23 期，1877 年。该文还兼及流星和陨石。《小孩月报》是美国北长老会传教士范约翰（John Marshall Willoughby Farnham，1829—1917）1875 年在上海接手编辑发行的一份画报，主要针对儿童进行智识启蒙，该刊持续出版达 40 年之久，在高峰时期销量有 4 000 份。中国针对青少年和儿童进行智识启蒙的刊物，《小孩月报》算是先行者。参见庞玲：《〈小孩月报〉与晚清儿童观念变迁考论（1875—1881）》，华东师范大学硕士学位论文，2009 年，第 11—13 页。

大的区别。[1]

　　虽然 1875 至 1880 年间每年都有彗星出现的记载[2]，但是 1881 至 1882 年出现的几颗彗星，因为星体大，时间持续长，各地记录明显增多。[3]彗星的出现曾引起广泛的恐慌，清廷曾为此颁布了上谕。[4]趁此机会，基督徒利用他们的出版物做了大量科学普及工作。1881 年，彗星出现没多久，美国来华传教士潘慎文（Alvin Pierson Parker，1850—1924）在《万国公报》上发表了《彗星略论》一文，再次以新的天文学知识解释"彗星之旋绕自有一定，盖究其实，则皆有轨道，自为循环，并无关于兵戈凶荒之兆也"。[5]1882 年，彗星再现，苏州某人投书报馆描述其所见彗星：天将亮时，在启明星（即金星）之下，有白光长约一丈，从东北斜指西南，到日出时候就消失不见了，"天文家"说这颗彗星属"大火"，而大火区域对应的区域就是河南，由于彗星预兆除旧布新，所以有人预测河南商丘一带（"睢归之间"）可能会发生什么变动。显然，这里所说的"天文家"指的

1　天文，在古代中国有两层意义。一是天象，因为"文"的本义就是交错的纹理，天文就是天体交错运行而在天空中呈现的景象；二是仰观天象以察知天意、占卜人事吉凶的学问，因而古代中国天文学与星占学是同义的。详参江晓原：《天学真原》，南京：译林出版社，2011 年，第 1—5 页。

2　北京天文台编：《中国古代天象记录总集》，南京：江苏科学技术出版社，1988 年，第 540—542 页。

3　北京天文台编：《中国古代天象记录总集》，南京：江苏科学技术出版社，1988 年，第 542—549 页。

4　中国第一历史档案馆编：《光绪朝上谕档》（光绪七年卷），桂林：广西师范大学出版社，1996 年，第 111—112 页。

5　潘慎文：《彗星略论》，《万国公报》，1881 年 7 月。另可参见《彗孛非妖星论》，《益闻录》第 91 期，1881 年；《解彗出显之疑（附图）》，《画图新报》第 2 卷第 1 期，1881 年。

是传统意义上的星占师，而非现代意义上的天文学家。而"大火"为星宿名，即心宿；将天象所在区域与地上地域一一对应，并认为天空中某一区域的天象预示着对应地域的祸福吉凶，就是星占学中的"分野"的方法。[1]《万国公报》的报道并未到此为止，这则短讯随即亮出了西人对此问题的立场：

> 然西人谓彗星自有轨道，不主吉凶祸福。[2]

作者进而谈到，近代科学发达，如果能够把彗星的运行规律都推算出来，并绘制成图，写作成文，让人人都懂得天文算术的精妙，那么星占师所讲的那种"谣言"就会止息了。作者认为这项工作应该成为官方在政治上的一项重要事务。[3]随后，《万国公报》连续 4 期刊载了伟烈亚力和李善兰合译的《谈天》一书中关于彗星的章节。为免重复，兹不赘述。[4]

从 1883 到 1911 年，也几乎每年都有零星的彗星记录，相应地，基督徒也不失时机地开展一些科普工作。举例来说，1890 年另一份基督教刊物《益闻录》也曾数期连载有关彗星的科学知识。[5] 1890 年

1　关于分野的思想基础、具体分布以及详细的历史文献和历史事件，可参见卢央：《中国古代星占学》，北京：中国科学技术出版社，2007 年，第 316—335 页。

2　《各国近事：大清国：见有彗星》，《万国公报》第 710 期，1882 年。

3　《各国近事：大清国：见有彗星》，《万国公报》第 710 期，1882 年。

4　《彗星》，《万国公报》第 712 期，1882 年 10 月；《续彗星》，《万国公报》第 713 期，1882 年 11 月；《续彗星》，《万国公报》第 714 期，1882 年 11 月；《续彗星》，《万国公报》第 715 期，1882 年 11 月。

5　《论彗星六十三》，《益闻录》928 期，1890 年；《论彗星六十四》，《益闻录》，第 929 期，1890 年；《论彗星六十五》，《益闻录》第 935 期，1890 年。

有一篇《彗星无关灾祲说》，从标题就可以看出用意所在。该文刊发在传教士傅兰雅主编的《格致汇编》上，作者署名"益智会学士李毓兰"，据查证是上海圣约翰书院的华籍教员；益智会是当时上海圣约翰大学的校长卜舫济（Francis Lister Hawks Pott, 1864—1947）所创办的学会组织，具有浓厚的基督教背景。根据这两个理由，我们大体可以把李毓兰的这篇文章当作基督教方面的言说来看待。据李文可知，益智会曾先后邀请一些学者演讲，论题有科学总论、太阳、月亮、空气、电、声音传播、消化、血液循环、彗星运转周期等。观其论题之广泛，我们可以想见其时科学知识重新解释万物的广度和力度，绝非一时一地、一事一物，因而足以产生强烈的冲击力。

李文中指出，国人视彗星为"妖星"，每次见到彗星就大惊失色，上至公卿大夫，中而士农工商，下至舆台仆役，都认为彗星预示人世将有灾难降临，不是水灾就是旱灾，不是战祸就是人口丧亡。为求了解彗星预兆的是什么灾祸，古人还把彗星分为五种颜色，分别预示着不同的灾难，具体而言是"苍则王侯破，天子苦兵；赤则贼盗冗，强国恣；黄则女害色，权夺后妃；白则将军逆，二年兵大作；黑则水精贼，江湖决，贼处处起"。尽管这种观念源远流长，信奉者众，作者却有虽千万人吾往矣的勇气，断然宣布：

灾与彗绝不相关。[1]

归纳起来，作者的理由大略可分为如下六类：一是以历史经验

1　益智会学士李毓兰：《彗星无关灾祲说》，《格致汇编》第 5 卷秋，1890 年。

为例，说有时彗星出现却并无灾难跟随，反倒有盛世相伴；二是实际上年年都有彗星——有的彗星较小，肉眼不能见，须用望远镜方能看见——但并非年年都有灾难；三是地球上有许多地方都可以见到彗星，如果认为彗星预示着灾难的话，何以只应验于某些地方而非应验于全球；四是古人中也有晏子、虞世南这样的"明理之人"，对彗星预示灾异的看法有所怀疑，晏子对齐景公说见到彗星之后祈禳无益，而虞世南对唐太宗说只要政治清明，无所缺失，即使有灾异之象，也无损于时运；五是天文学家发现彗星都围绕太阳运转，各有其运行轨道和周期，并不因为人事的问题而改变其运行规律；六是灾难自有其原因，例如刀兵之乱源于政治不得人心，或是因为叛逆之民受利禄驱使或受官威逼迫，再如水旱之灾源于风雨燥湿之不宜，离地球遥远的彗星漠无所知，又岂能主宰气候变化或人心的叛逆？总之，灾难并非彗星所导致或预兆，二者毫无关系。[1]

值得一提的是，1910年哈雷彗星再次回归（4月20日到达近日点，5月19日彗尾扫过地球）。正如前文所述，哈雷彗星作为最早被准确预测回归的一颗彗星，在彗星认知史上具有里程碑式的意义。此次回归也成为传教士开展科普工作的一个绝佳契机。英国来华传教士高葆真（William Cornaby, 1860—1921）在1909年就在上海《大同报》[2]发表文章预报哈雷彗星将会回归，并解释，哈雷彗星每次都按时出现，不过是"自循其秩序而行"，他进而引申道："天界常

1　益智会学士李毓兰：《彗星无关灾祲说》，《格致汇编》第5卷秋，1890年。
2　《大同报》，杂志名，清光绪二十年正月十四日（1904年2月29日）在上海创刊。周刊。广学会主办。设论说、译著、新闻等栏目。最高销行三万五千份，其中一万份直接发行到清廷贝勒、军机大臣、总督、巡抚和各省中上级官吏手中。郑天挺、谭其骧主编：《中国历史大辞典》（一），上海：上海辞书出版社，2010年，第118页。

象，初无所谓吉凶也。由是可知昔人以日蚀为非祥之兆，实不过月球之暂掩日轮；昔人以彗星为可畏之兆，亦不过热气质之或近或远于日轮，曾何异之有哉？"1910 年，哈雷彗星达到近日点一个月前，他便开始在上海《大同报》连载一篇题为《哈雷彗星历届出现之中西事迹考》的文章，结合中外史料，历述哈雷彗星出现之历史记载，介绍其运行规律之发现。[1]并在 4 月初发表了"哈雷彗星经行道日期图"，[2]这相当于哈雷彗星将来一段时间的行程表，如果被后续观察证实，其实践说服力远胜于单纯的说理。鉴于这份刊物有一万份发行到清廷贝勒、军机大臣、总督、巡抚和各省中上级官吏手中，对清廷产生影响几乎是必然的。

这些基督徒的文字中，有的只谈天文科学知识，而有的则特加说明科学知识服从于上帝之主宰。但无论如何，我们都可以相信，作为基督徒的伟烈亚力、丁韪良、潘慎文、高葆真等人并不是无神论者，他们不太可能像我们熟悉的科学主义者那样，以科学来否定上帝。举例来说，高葆真就说："天象有常，人心日肆，彗星虽不足为异，而顾諟敬畏之微忱，要亦不可自没。日月若何而照临，雨露若何而泽被，试一仰视俯察，何一非彼苍之煦育而大化之涵濡。吾侪区区，同在覆庇，亦何可不一动其昭事上帝之诚，而共遵循于天

1　高葆真：《哈雷彗星历届出现之中西事迹考》，《大同报》1910 年。因资料所限，仅见高葆真《哈雷彗星历届出现之中西事迹考（四续）》（《大同报》第 13 卷第 5 期，1910 年 3 月 26 日）、"五续"（第 13 卷第 6 期，1910 年 4 月 2 日）、"十续"（第 13 卷第 11 期，5 月 7 日）、"十一续"（第 13 卷第 12 期，5 月 14 日）、"十二续"（第 13 卷第 13 期，5 月 21 日）、"十五续"（第 13 卷第 19 期，7 月 2 日）。《大同报》为周刊，逆推猜测，这篇文章第一部分的发表当在 3 月上旬。
2　高葆真：《大同报》第 13 卷第 6 期，1910 年 4 月 2 日。

理也哉？”[1] 换言之，尽管天象有其恒定的规律，不足为异，不能从中解读出祸福吉凶，却可以从中解读出上帝的恩德。此处的“天理”并非指宋明理学意义上的、泛神论意义上的天理，而是基督教教义中的人格神上帝的话语。何以从恒常的天象中可以解读出上帝的恩德和旨意，他在另一篇文章中说得更透彻：“吾人虽不能以格致之学知上帝之实，而既知有一上帝，则愈知格致必愈知上帝之性。盖格致之理，天道之理，若一副对联，皆上帝所书，以格致为左，以天道为右，既知左边，不必知右边即知左右二句，必因知左句，可以知右句之美。既知左右二句，皆上帝智慧仁爱所出，则必因格致之学问，愈归荣耀于天道之上帝。”[2] 科学（格致）与宗教信条（天道）都是上帝的言语，二者来源一致，且相互说明。他们用来把上帝信仰和现代天文学知识缝合在一起的，是这样一种逻辑：宇宙宛如一台复杂、精致而秩序井然的机器，必然来自一个具有极高智力的人的设计和创造出来，而那个设计者就是上帝。这个推理有如下几项条件：一是复杂而精致的事物必然来自有极高智慧和能力者的设计和创造；二是认定宇宙或构成宇宙的基本物质自身并无动力和智慧，因而宇宙绝不可能自我生成出来，很可能也不能自我运转；三是由于基督教有强烈的一神论特征，造物主和主宰者只能是一个。从逻辑上讲这是一个比较严密的推理，一旦接受这三项前提条件，几乎必然推导出宇宙万物为上帝所创造、维系。既然宇宙万物都为上帝所创造，人们可以通过其伟大作品去认识和走近上帝，人们对他的作

1　高葆真：《论彗星下》，《大同报》第 12 卷第 14 期，1909 年 10 月 30 日。
2　高葆真：《格致与教士有益》，《中西教会报》第 6 卷第 62 期，1900 年。

品了解得越深入、越准确，就越了解上帝。在这样的阐释中，科学研究与对上帝的信仰不仅不是对立的，前者还是支持和证成后者的。这种推理逻辑和论证策略，就是在近代欧洲曾风靡上百年的自然神学。后文还将详述，兹不赘述。

三、彗星新解对晚清朝野的影响

　　基督徒有关彗星的论述，对晚清朝野产生了巨大影响。从现有文献来看，清廷皇室和廷臣对彗星新解的了解和接受，似远远落后于政治体制之外的口岸知识分子。这里将分成两个方面来分析。首先，以上海《申报》为例，来考察彗星新解对晚清趋新的口岸知识分子的影响，分析彗星新解给他们造成了怎样的困境。选择《申报》，是因为《申报》为通商口岸的商业大报，其编辑、主笔均为华人，在一定程度上反映了口岸知识分子的思想状况。[1]然后将重点分析朝廷的谕旨、朝中大员在彗星出现时的言行以及钦天监的举动，以考察彗星新解对政治精英的影响。

　　翻检晚清文献，我们可以看到，中国知识分子在新式报刊上的论及彗星的文字，几乎全都针对彗星主吉凶这个信念而去，他们借以批判传统彗星解释的知识资源大多来自西方新的天文学知识，在在可见传教士著述的影响。饶是如此，晚清中国知识分子大多并未把基督教的自然神学一并接受过来。实际上正好相反，许多人都只

1　《申报》1872 至 1909 年为英国商人美查（Ernest Major）的产业，但创始之初美查即 "聘蒋芷湘为总主笔，何桂笙、钱昕伯、吴子让等人为主笔，赵逸如为买办，将报纸的编务和经营交给中国人来运作"。刘泱育：《中国新闻事业史纲》，南京：南京师范大学出版社，2015 年，第 48 页。

选择了传教士带来的现代天文学知识以及对传统彗星解释的抨击，而抛弃了基督教的自然神学。

近代数学家李善兰（1810—1882）当时受聘于墨海书馆任编译，而墨海书馆正是英国传教士麦都思、美魏茶、伟烈亚力、慕维廉、艾约瑟等创建与主持的。1873 年李善兰在《中西闻见录》上发表了一篇题为《星命论》的短文。该文并未直接论及彗星，而是批驳根据五行学说推断个人的命运的做法，星命论与星占学以天象推测地区乃至国家的祸福吉凶有所不同，但是星命论和星占学拥有同样的理论基础，批评前者，后者自难幸免。他说："世之术士，以十干十二支或以五星推人之穷通寿夭，此诚荒渺无稽绝无影响之事。"天干地支是星占学最为重要的概念体系之一，[1]李善兰从干支的历史渊源出发来批驳这种观念。他指出，大挠造甲子，天干地支本来只是用以纪日而已，甚至不用以纪年月，也无所谓五行生克。后来干支才扩展到用以纪年月，并与五行生克联系起来。李善兰还直击星命论背后的另一理论基础五行生克论。他把五行还原为五种元素，指出这五种元素之间的关系，并不一定像五行生克理论那么确定无疑。比如说，泥土生长养育树木，五行生克论却说木克土；火可以焚烧木材，五行生克论却说木生火。这种论证很难说是一个有力的驳论，但这种路径，后人却接了过去，并发展得更为精致。与抨击把干支用于星命论一样，他也梳理了五行理论的历史渊源。他指出，五行最初见于《尚书·洪范》，但是仅仅用于描述功用、性味而已，并不规定五行之间的相生相克。与此同时，他还沿用了传教士刊物中频

---

[1] 详参卢央：《中国古代星占学》，北京：中国科学技术出版社，2007 年，第 1—149 页。

频出现的一个理由，即五星与五行相配并无根据，"五星皆地球类，与地球同绕日，而各不相关。夫五星与地球，且不相关，况地球之上一人"？换言之，五星与地球都属于绕着太阳运转的行星，它们之间并不构成对应关系，以五星来对应地球上个人的吉凶祸福，就更毫无根据。总之，以五行生克来推断一个人的命运之吉凶、贵贱，简直是欺骗世人以谋利的歪门邪道，这样的术士自然就是骗子。[1]该文虽先于丁韪良《占星辨谬》刊发，但是根据"从五星皆地球类，与地球同绕日"，我们有理由相信，身在墨海书馆从事翻译工作的李善兰受到了西方传教士带来的现代天文知识的影响。

　　相较于传教士此前的相关论述，李善兰该文提供了中国历史渊源方面的论述。在今天看来，历史渊源论的说服力并不强，因为古人意不在此，并不意味着后人就不可以如此使用干支，也不见得后人就不可以考究和规定五行之间的关系。但是在李善兰所处的时代，以古为尚的思维倾向和对上古圣人的崇敬尚未遭遇严重的冲击，进化论未起，疑古论更未萌蘖；李善兰自己在行文中还认可"大挠造甲子"的上古神话，并相信他所嫌恶的术士在三代定会遭遇死刑，可见他对上古三代仍推崇备至。正因如此，追根溯源的论述方式仍然颇具说服力，对于崇尚三代之治的儒家士人来说尤其如此。也许正是基于这些原因，该文被《教会新报》转载，[2]并获得了时人的附议。同年10月，一位署名"桂林"的读者在《中西闻见录》上刊发了一篇《续星命论》，又从星命论的历史源流上作了补充说明，并举

---

[1] 李善兰：《星命论》，《中西闻见录》第12号，1873年7月。

[2] 《选第十二号中西闻见录李善兰先生作星命论》，《教会新报》第249期，1873年。

了几个自己见到的例子以证明相信"星命"之恶果。[1] 1875 年天津科学家殷浚昌撰文回应李善兰《星命论》和丁韪良《占星辨谬》，他相信两文"至确不易"。他说：汉儒好谈灾异，以警戒人君，但应该以"假喻"视之；如果认为它是"实理"，从而以为"天象果有关于人事"，无异于痴人说梦。[2] 作者把"天垂象，见吉凶"的信仰传统视为"假喻"而非"实理"，表明他虽然看到这一传统的正面价值和意义，却并不能从知识论上认可它。

上文曾提及，1874 年 6 月 30 日（旧历五月十七）起，上海见到了彗星，传教士借用现代科学的彗星解释，批驳了中国星占学的彗星解释。这些看法很快也反映在华人主导的报刊上。1874 年 7 月 6 日的《申报》不仅报道了彗星的出现，而且还指出："按西法论之，彗星自有轨道，列有专书，于灾祥毫无相干，吾人无庸猜忌。"[3] 两天之后，《申报》头版发表《彗星说》一文，深入地介绍了关于彗星的科学知识，认为彗星大约为一轻气球体，有其运行轨道，并说："我华人见彗星，每以为是兵戈之兆；西人昔亦如之。乃博士既知造物宰主之权，万事伟然先定，确乎不移，遂知以一球内区区人之小事，而天必无为之更度者。且知天空有异星，而地球内之万国概见，万国既不能皆涉于战，而天空之异，岂独为一国之兆耶？"[4] 7 月 25 日，《申报》又发表短文指出，杭州人见到彗星之后的反应仍然深受

1　桂林：《续星命论》，《中西闻见录》第 15 号，1873 年 10 月。

2　天津殷浚昌：《读〈星命论〉〈占星辨谬〉书后》，《中西闻见录》第 36 期，1875 年；天津殷浚昌：《读〈星命论〉〈占星辨谬〉书后》，《万国公报》第 578 期，1880 年。

3　格致散人测算并稿：《续论彗星躔度》，《申报》1874 年 7 月 6 日。

4　《彗星说》，《申报》1874 年 7 月 8 日。

星占传统的影响，即便是有人告之以西人新解，也不能改变其看法："前数日有彗星夜见，杭人多怪，本无端兆，犹且播为谣言，况彗主刀兵之说，习闻于耳，有不猜疑而附和哉？今日竟以东洋伐生番之事当之，三五聚谈，殊为可笑。即有人以西人彗星自有躔度、不关灾异之说告之者，而人之狂瞽如故，此真不可解矣。"[1] 所谓"东洋伐生番之事"，指的是 1874 年 4 月日本派出"台湾生番探险队"前往台湾，与台湾原住民发生武装冲突。[2] 其实，把日本侵台事件与 1874 年的彗星对应起来，并不仅限于杭州人。7 月 29 日《申报》头版刊发的《好战必亡论》一文在批评日本侵犯台湾时，也说"宜其众怒结成于下，彗星示戒于上也"。该文作者明知"彗星之出也，西国谓其出有常度"，但是他还是更倾向于视之为兵戈之兆的传统看法，为此，他列举了一系列历史事件作为证明。[3]

这样的主张并非孤例。1872 年，《申报》报道当年八月二十九日夜地震时，又提到当时出现的彗星，言外之意是，天文与地理都出现异象，无疑正是天之警戒，统治者须修省进德。但与此同时，作者对传教士所讲的彗星无关灾祥的道理也有所了解。最终，他做出的取舍是信从中国自古如此的灾异论："此事据西人所言，则谓彗星亦有轨道，无关灾祥。然天垂象以示警，人则恐惧修省以挽回之，我中国振古如兹，毋以天变为不足畏也。"[4] 1878 年 12 月彗星出现

1　《杭州杂闻》，《申报》1874 年 7 月 25 日。

2　可参陈文学：《试析 1874 年日本对台湾的侵略》，《湖南大学学报》（社会科学版）2006 年第 2 期。

3　《好战必亡论》，《申报》1874 年 7 月 29 日。

4　《地震彗星》，《申报》1872 年 10 月 3 日。

后，[1]《申报》发表的一篇题为《天变客问》的文章，借主客问答的方式来展示彗星新旧解释之间的张力，并明确主张，为了星占的道德功能，也应保留星占传统。文中的"客"借西学驳斥对彗星的星占学解释："以此星为瑞者，固属谬妄，以此星为灾者，亦近矫诬，唯古来向有此说。而以西法测之，天既为空气，云物、星象皆属空气中之虚形。若必以是为吉凶之先见，而鳃鳃焉执以求之，彼空气中又岂有人焉为之主持，而先示以征兆哉？""主"则说："余所言者，尽人事以应天变也；子所言者，置天变而并废人事也。""主"认为，古人讲灾异论的目的不过是要借以警示人们，使之警醒，"既修其德，则人事已尽，天变亦可潜移默化，原属圣人借此以警人，使知有所戒惧，以消患于未萌"。而如果按照"客"的"西法"来讲，结果就是"天变不足畏，无异于王介甫之说，而人主将怡然安之，罔知警觉，人事既怠，祸即随之，即无天变相告，而乱且伊于胡底矣"。"主"还结合当时的形势谈道："前数年有金星过日之异，论者以为无与于灾祥，近年亦幸无意外之事，然水旱频仍，民生涂炭。向使因天象示变，而内外臣工先事预防，早为戒慎，未始不可消弭其祸。试观川、陕、直、豫，纷纷荒歉，重赖西人之捐赈，而印度亦闻被灾，初无俟乎他国之协助。此可见其备之有素，故灾亦不足以害之。不若中国之因循怠废，至灾象已成，犹且不以时报，至嗷嗷者转于沟壑，而莫之救也。"总之，"间如子言，星陨石言皆无关于人事，云蒸虹见悉为时之偶然，人复何所畏忌？且不几与圣

---

1 《天象甚异》，《申报》1878 年 12 月 4 日。

人天人感应之理显然刺谬也乎？恐西人亦未必以子言为然矣！"[1]以"主"之口吻发言的作者很清楚新旧解释的差异，而且在知识论的真伪上，他可能更认可西人之说。但同时，他认为西人之说会造成人无畏惧，不知警惕。即便并不符合客观事实，仅仅为了道德功能，也应该保留星占之学。1879 年初，《申报》又转载了香港《循环日报》（王韬任主笔）的一篇文章《论灾异》，文章重提历代典籍记载了诸多灾异之事，作者相信"灾异之兴，天事居其半，人事亦居其半"，他虽然反对有些人过分神化灾异论，但是也不同意"灾异之告乃必无之事，即有，亦出于偶然，固无关乎祸福，亦无与于休咎"的说法。[2] 1882 年 9 月 12 日，《申报》发表《恤刑所以弭灾说》，批评州县官员"凡遇讼事，动辄以敲扑从事，逼令成招"，"安得而不召天灾也"。作者指出，儒家虽然不沾沾于休祥之说，"然以理衡之，并鉴于古今载籍之所留遗，则亦有昭然不爽者"。作者列举了历史上的一些典型记载，然后笔锋转到现实中含彗星在内的诸多灾异："近年以来，齐秦燕豫旱灾甫止，而江浙皖江频年水患，今年安徽蛟患迭起，皖北各属人民舍宇田畴之漂荡者不知凡几，江西玉山等处大水亦见诸李捷峰中丞奏报，苏沪两处同时地震，虽不甚厉而人心亦颇惶惶，四川甘肃地震有声，闽浙沿海地方风潮大作，彗星屡见，日月屡食。其间或由推步之常情，或谓球形之本体，然遂谓天变不足畏，究非中国古圣相传之治法。遇灾而惧，侧身修行，宣王以是中兴，古人岂诬我哉？"作者明知"推步之常情"，知道新的天文知

---

1 《天变客问》，《申报》1878 年 12 月 10 日。
2 《论灾异》，《申报》1879 年 1 月 2 日。

识并不支持灾异论，但是仍然列举种种灾异，最终是要借此建议当朝改善政治，"察吏安民，除残酷之风，而大溥仁慈之化，以此感召天和"，"天心或可稍转，民气或可渐苏矣"。[1]

这些文章的作者对彗星的新旧解释都有所了解，懂得其中的分歧和冲突，在知识论上很可能更认可西人提供的彗星新解，但是为了彗星旧有解释对统治者的道德警示功能，他们力图保留彗星旧解。一种主张则是彻底放弃彗星旧说，放弃星占之学，但继承灾异论的原本用心——统治者应该时时警惕和反省。

1875年，《申报》一篇批评传统星占学"分野"观念的文章指出："夫人主之于天也，盖无事不当警，无处不当警者也，必曰某事征某应，此刘向《五行传》之谬也，亦自汉以来诸儒之失也。"[2]还有人对"彗星主刀兵"之类的灾异论痛加挞伐，认为"亦有偶应者，然亦不过幸中，而非有定凭也"，但"古人借鉴垂戒之意"却要记在心上，总之，"存其说而不必拘其理"。[3] 1881年6月出现彗星后，[4]《申报》在头版位置刊登《彗星说》一文，明确支持"西人"的彗星新解，不支持传统的灾异论解释，却主张借彗星之现而警惕反省："由西人之说观之，则彗星之见亦属常事，与中国所言灾异之说判若两歧。然必执华人之论以求之，恐未免近于穿凿附会，必执西人之言以正之，又或乖于恐惧修省之义，几谓天变不足畏，如王安石之师心自用，亦非所以立言之道。唯子产有言，'天道远，人道近'，

1　《恤刑所以弭灾说》，《申报》1882年9月12日。类似的文献，还可参见《论平权》，《申报》1888年5月1日。

2　《分野辟谬》，《申报》1875年3月16日。

3　《冬行春令辨》，《申报》1879年12月29日。

4　《彗星夜见》，《申报》1881年6月28日。

以人事补天道之缺，以天象警人事之懈。彗星既非常见之星，则当其出也，虽明知为行度之常，无足深怪，而亦借此以自警，恐其为凶荒则预备救荒之策，恐其为兵象则预备战守之需，有备无患，或者天灾可以消弭，而人事无所遗憾，正不必鳃鳃于考证也。"[1]又如，有人指出"泰西不言天变而明刑修政，自无有懈怠之风；中国则盛言天变而君咨臣吁，转不闻忧勤之实"，换言之，以灾异论来警示统治者自我反省，并无实际效果，完全可以放弃。但是，对于"古人之借天象以警示人事者，至于今日而其用意胥亡矣"[2]，作者还是深感遗憾。他尽管主张人们放弃灾异论的因果联系，但仍希望统治者时时警惕。再如，1882年10月14日，《申报》刊《论彗绪言》指出，因彗星之现而"以此为祸机之见，则亦未足信，独于人心征之，则殊觉有不容不惕厉警省者"；"禳解法故不足信，而所谓恐惧修省则亦不可遽目为迂谈"，"所谓恐惧修省，当亦实事而不以虚文也，子产不禳火而大修火政，其后郑亦不火，此即修省之道也"。[3]总之，虽然不再信奉灾异论，但要借鉴灾异论的精神，作为统治者要多多警省，多以实际行动提前预防灾难的降临。1888年4月23日，《申报》所刊《彗星考》一文，也借西人之学而彻底否定彗星的星占解释，并且说："即中国亦未尝不知之，而仍必为之救护者，意者古礼相沿，不容遽废。"[4]此话是否可以适用于古人，大可怀疑，毕竟古人并不知道"彗星自有轨道"，但这话却颇适用于作者自己，以及与他

---

1 《彗星说》，《申报》1881年7月1日。

2 《借天变以警人事论》，《申报》1881年7月28日。

3 《论彗绪言》，《申报》1882年10月14日。

4 《彗星考》，《申报》1888年4月23日。

持相似观点的同时代人。

　　华人主导的新式报刊上论及彗星的文字，大都针对彗星预示兵灾这个信念，他们借以批判传统彗星解释的知识资源大多是来自西方的现代天文学知识，在在可见传教士著述的影响。一方面他们意识到星占学的彗星解释不再成立，另一方面对灾异论道德功能的丧失也颇感进退失据，其中折射出来的是彗星新解给天道信仰带来的理论困境。既要从知识论上接受彗星新解，又想保留彗星旧解的道德劝诫功能的方案，终究因其逻辑上的自相矛盾而被抛弃：既不承认统治者的过错与彗星的出现之间存在因果关系，又怎可要求统治者因为彗星的出现而恐惧修省呢？天变既不可畏，又怎可要求统治者每逢天变便作道德反省呢？至于"虽无彗星亦应时时惕厉"的说法固然可以成立，但这实际上已经把外在的道德压力转化为主观道德反思，已经丧失了外在约束力。

　　清廷的政治精英对彗星理解之变化，虽晚于新式知识分子，但也呈现出明显的趋势。1881年五月二十九日彗星出现后，时任兵部侍郎的王文韶当天在日记中记载道："西北彗星见，后半夜在东北。"[1]王文韶未置可否，但观其前后日记，似未表现出忧惧之心。彗星出现几天后，时任陕甘总督的左宗棠在写给友人的书信中也谈道："近数夜忽见彗出西北，芒指东南，未知何祥？台湾孤悬海外，温、台、甬上亦宜预为绸缪。"[2]言语之中颇为忧心，显见彗星兆兵灾的观念对他颇有影响。时任工部尚书、光绪帝师傅的翁同龢对彗星的出

1　袁英光、胡逢祥整理：《王文韶日记》，北京：中华书局，1989年，第565页。
2　左宗棠：《与谭文卿》，左宗棠撰，刘泱泱校点：《左宗棠全集》（书信三），长沙：岳麓书社，2014年，第646页。

现更是如临大敌，在长达一个月的时间里，几乎每天都观察、记录彗星的变动轨迹，关注钦天监、同文馆的监测记录。六月初一，翁同龢在日记中记载道："醇邸书来，云彗星见于西，其光可骇，盖家人辈亦于是夕亥初见之矣。"[1]醇邸即醇亲王奕譞，光绪帝之父。初二日又记载他所见到的彗星，"亥初彗星见于西北，其光白，长丈余，乍明乍晦，因有云气也。北斗直北，约在井宿分"，并且自怨"窥天不识耳"，"闷甚愁甚"。[2]初三日又记载："是日钦天监封奏。余昨即反复陈星变可畏，上意悚然，今日申昨论……醇邸书来问占验事，以《开元占经》付之……夜有云气不见星。"[3]前文曾述及，《开元占经》是唐代编纂的天文星占大全，主要搜集唐以前典籍中的占卜记载，其中彗星占占了不小篇幅，在这样的知识传统中，"星变"诚为可畏。翁同龢把星占经典《开元占经》交给醇亲王奕譞，在为光绪帝讲课的时候也反复申述"星变可畏"，时年十岁的光绪帝悚然心惊，奕譞继续关心彗星的意义，也是顺理成章。初四日，翁同龢记载慈禧太后"因星变兢惕，串凉热，痰中血沫，筋骨软，健忘更甚"。[4]初六日，奕譞再度写信给翁同龢询问彗星出现之意义，翁同龢也看到了"洋教习所测"的彗星轨迹图。[5]但同文馆的"洋教习"似乎不敢告诉清廷君臣"彗星无关灾祥"的道理，所以翁同龢初七日拜访友人时看到同文馆所测的彗星轨迹，听到"精于星象"的天津

1　陈义杰整理：《翁同龢日记》第 3 册，北京：中华书局，1989 年，第 1580 页。

2　陈义杰整理：《翁同龢日记》第 3 册，北京：中华书局，1989 年，第 1580 页。

3　陈义杰整理：《翁同龢日记》第 3 册，北京：中华书局，1989 年，第 1580—1581 页。

4　陈义杰整理：《翁同龢日记》第 3 册，北京：中华书局，1989 年，第 1581 页。

5　陈义杰整理：《翁同龢日记》第 3 册，北京：中华书局，1989 年，第 1582 页。

翰林刘云舫解释彗星"已入紫微，光指北极"，越发忧心忡忡，"中怀如捣"。[1]彗星近北极，在《左传》的记载中，意味着非常严重的灾难，很可能是人主驾崩之类的灾难。当时慈安太后去世不久，翁同龢日日主持祭祀活动；慈禧太后又卧病在床，翁同龢隔三岔五要去审查药方。这些恐不能不引起翁同龢的联想。初八日，翁同龢又记载了他观察到的彗星的情况。[2]初九日，有人谈起当日路人聚观彗星，谣诼四起，翁同龢"闻之心悸"。[3]当日，朝廷因彗星而下旨："数日以来，彗星见于北方，仰维上天示警，祇惧实深。方今时事多艰，民生未遂，我君臣唯有交相儆惕，修德省愆，以冀感召祥和，乂安黎庶。尔在廷诸臣，其各勉勤职守，力除因循积习，竭诚匡弼，共济时艰。各省封疆大吏，务当实事求是，认真整顿，访察闾阎疾苦，尽心抚绥，庶几日臻上理，用副朝廷恐惧修省，应天以实不以文至意。"[4]十一日，翁同龢又在日记中感慨说："自长星见后尚未见过枢廷，时事真可忧矣。"[5]十三日又记载："钦天监连衔封奏……闻司天言星出六甲，紫微垣内，主水主刀兵，前奏谓主女主出政令。"[6]十四日，有懂星象的人来访，说起"同治年间两次彗入紫垣，不过大臣伏法"。[7]意思是，即便是彗星进入紫垣范围之内，也未必一定导致帝王驾崩、战乱这样的灾祸，似对翁同龢有所宽慰。十五日，朝廷下

1　陈义杰整理：《翁同龢日记》第3册，北京：中华书局，1989年，第1582页。

2　陈义杰整理：《翁同龢日记》第3册，北京：中华书局，1989年，第1582页。

3　陈义杰整理：《翁同龢日记》第3册，北京：中华书局，1989年，第1582页。

4　中国第一历史档案馆编：《光绪朝上谕档》（光绪七年卷），桂林：广西师范大学出版社，1996年，第111—112页；亦可见《恭录谕旨》，《申报》1881年7月13日。

5　陈义杰整理：《翁同龢日记》第3册，北京：中华书局，1989年，第1583页。

6　陈义杰整理：《翁同龢日记》第3册，北京：中华书局，1989年，第1583页。

7　陈义杰整理：《翁同龢日记》第3册，北京：中华书局，1989年，第1583页。

旨"并以时事多艰，饬中外大臣破除成见，宏济艰难，星象示儆，君臣交戒，恐惧修省，以格天心，凡有言责者尤当直言无隐等"。[1]十七日详细记载同文馆所测彗星轨迹，且"见醇邸钦天监星图，尾指勾陈、四辅之间，引《观象玩占》云'彗出勾陈，有德者昌，无德者亡'，出六甲（《宋史·天文志》女主出政令，指四辅《观象玩占》），天子废图史"。[2]二十一日记载，"彗星芒小，仍见"。[3]二十三日，翁同龢在日记中记录了同文馆所测的彗星所在方位，并画了一幅示意图。[4]二十八日，翁同龢记载"彗星芒约三四寸，仍见于四辅之中偏上"。[5]七月初四，记载："彗仍见于四辅，闻太白经天，未知昨日司天所奏即此否。"[6]七月初六记载："初四日子正一刻十分，测彗星距北极十度二十七分三十八秒，距大理八度五十六分。近因彗星距北极日远一日，故昨夜以远镜窥，其光尾甚为暗淡，其长约二度有奇。又测得现在彗星距地一万三千二百万里，距日二万二千二百万里，距日愈远则光尾欲暗，故后二三日彗星当不见也。"[7]此处有一个值得留意的细节：多次观看同文馆彗星报告的翁同龢，对望远镜有了认识，在描述星体之间的距离时使用了精确的天文数字，而且"预计"彗星两三日后将不见。这似乎可以解读为，彗星在他心目中渐渐正常化，其"妖星"色彩有所淡化。一个可以作为佐证的信息

1 陈义杰整理：《翁同龢日记》第 3 册，北京：中华书局，1989 年，第 1584 页。

2 陈义杰整理：《翁同龢日记》第 3 册，北京：中华书局，1989 年，第 1584 页。

3 陈义杰整理：《翁同龢日记》第 3 册，北京：中华书局，1989 年，第 1585 页。

4 陈义杰整理：《翁同龢日记》第 3 册，北京：中华书局，1989 年，第 1586 页。

5 陈义杰整理：《翁同龢日记》第 3 册，北京：中华书局，1989 年，第 1588 页。

6 陈义杰整理：《翁同龢日记》第 3 册，北京：中华书局，1989 年，第 1589 页。

7 陈义杰整理：《翁同龢日记》第 3 册，北京：中华书局，1989 年，第 1590 页。

是，第二年下半年又有彗星出现的时候，翁同龢只做了非常简单的客观记录，没有再表现出忧心如焚。[1]

1881年七月初十，时任内阁学士的张之洞上书清廷，沿袭"古来遇变修省之义，不外乎修德修政"的传统，建议朝廷用人选贤去劣、广开言路、重视武备、整饬禁卫。在奏折最后，张之洞说道："虽无妖祥，亦当有整纲饬纪之道。既睹变异，尤不可无防微虑患之心。人事既修，天心自格。若夫台官占星，出何宫，扫何宿，主何占，此乃拘墟胶柱之谈，儒者不道。"[2]张之洞虽然并不赞同星占学把天象与人事做技术性的关联和对应，但是他还是相信"人事"与"天心"之间具有对应关系，相信政治上作了正确的努力，就可以消弭灾难。在这个奏折中，张之洞又附带向慈禧太后呈递了一个短片，其中说道，"星辰变异，正由上天仁爱人君，因事垂象，俾得早为之备"，听说"皇太后因星变之故，过于忧焦，寝食不怡，仰见敬畏之诚，修省之切"，但如此反不利于身体康复，他开解道，彗星并非不可解之灾，何况"此次彗星，较之以前数次所见，迥不如彼之甚"，又引晏子的话说，若能因彗星而"增修政事，益臻治安，则转可为福"。[3]张之洞虽不赞同星占技术，但他论述使用的知识资源，主要来自《左传》等儒学著作，相信天人感应说，与星占学没有根本区别。

时任李鸿章幕僚的薛福成则有明显不同的知识获取途径。1881年六月十一日，他在日记中记载了彗星的出现和运行轨迹，接着谈

1　陈义杰整理：《翁同龢日记》第3册，北京：中华书局，1989年，第1681页。

2　张之洞：《请修政弭灾折》，苑书义、孙华峰、李秉新主编：《张之洞全集》（第1册），石家庄：河北人民出版社，1998年，第77—78页。

3　张之洞：《星变修省勿过虑片》，苑书义、孙华峰、李秉新主编：《张之洞全集》（第1册），石家庄：河北人民出版社，1998年，第78—79页。

了他的看法："若以甘石家言之，或宫门内有变，或近臣有灾，或后宫有忧，三者或有其一，应在一半年内。然昔宋景公一言而彗星退舍，今闻西圣有至德之言，禳灾弭变，自在意中。"西圣，指西太后，即慈禧太后。接着他又抄录了六月初九日颁布的上谕。薛福成认为慈禧太后有至德之言，可以使彗星退舍，不过是一种阿谀之辞，但其中仍然表现出星占学解释对他还有相当的影响。[1]不过，常读《申报》的薛福成，有接受彗星新解的渠道。六月十八日、六月二十三日、七月初三三次记载他读到的《申报》报道，纯然是对彗星运行轨迹的观测结果，其中使用的天文数字比较精确，并提到望远镜，并无只言片语涉及吉凶祸福。[2]薛福成既能从《申报》读到彗星观测结果，势必也会读到"彗星无关灾祥"之类的论述，尽管薛福成未做摘录，我们不能判断这对薛福成有多大影响，但也可以看到彗星新解如何渗透和影响到清廷官员。

　　彗星新解既通过同文馆的监测记录影响到诸如翁同龢这样的人，也通过《申报》这样的途径影响到薛福成这样的人，还可能通过半官方性质的《京报》等刊物影响到清廷的政治精英。1907年，《京报》发表一篇短论，使用近代天文学知识解释彗星，并明确断言"彗星之现无关于灾异者焉"。作者知道"在信占验者，必将引古来历史之事实，而谓为国家灾异之征"，但他笔锋一转："然某尝闻泰西天文家之说矣……夫彗星也，能测定其所行之轨

1　薛福成著，蔡少卿整理：《薛福成日记》（上册），长春：吉林文史出版社，2004年，第361页。

2　薛福成著，蔡少卿整理：《薛福成日记》（上册），长春：吉林文史出版社，2004年，第362、364页。

道，预定其所现之时期，其与金木水火土五行星之晨夕隐伏，初无以异，唯其时有久暂之不同耳。乃一孔之士，遂欲据操以为灾异。"[1]

　　即便到了晚清时期，星占仍是钦天监的基本功能之一，朝廷也会听取这些报告，并采取相应的政治举措。不过，关于钦天监的档案、奏折等已散佚，以至于清末钦天监的办公地点，尚需从方志等零碎文献中获取。[2]本文也只能通过报刊文献等材料管窥其星占功能的变迁。1905 年，管理钦天监的亲王还提请要添设"堪舆学堂"，招收聪慧学生数十人，专门学习"天文占验等事"，并聘请英国著名天文学家充当教习。[3]堪舆是仰观天象、俯察地形以预知吉凶祸福的技术，又把天文、占验并列，表明这一改革动议仍然意在加强星占学传统。我们若假定此处所指的英国天文学家并非星占师而是现代天文学家，则在该亲王看来，西方的天文科学可以服务于中国的星占学传统。仅仅两年之后，钦天监的改革指向了另一个方向。据 1907 年 3 月报刊报道，钦天监各部门达成了四条改革决议："（一）增设天算学堂，多招学生肄业；（二）改订历书格式，各种神名删去；（三）派员出洋调查阳历区别，以备研究之助；（四）将日月食精理，绘图张贴，以免愚民误会。"[4]堪舆学堂与天算学堂，

1　《论彗星之现无关于灾异》，《京报》1907 年 8 月 21 日（旧历七月十三日）。原刊未见，此处所引来自《东方杂志》的全文转载。《论彗星之现无关于灾异》，《东方杂志》第 4 卷第 8 期，1907 年 10 月 2 日（旧历八月廿五日）。
2　史玉民：《清钦天监衙署位置及廨宇规模考》，《中国科技史料》2003 年第 1 期。
3　《钦天监议设堪舆学堂》（录中华报），《教育杂志》第 9 期，1905 年。
4　《纪钦天监近事》，《通问报：耶稣教家庭新闻》第 238 期，1907 年 3 月 6 日；《定议改良钦天监》，《大同报》第 7 卷第 1 期，1907 年 3 月 9 日。

虽都要招收聪慧学生，要学习和研究的内容虽都名之为天文学，内容却迥然有别，一为观察天象以预知人世祸福吉凶的星占学，一为现代意义上的天文科学，二者对于天象的理解有绝大区别。历来相信由黄帝始创的黄历，制定之权也专属于官方的钦天监，为人们日常生活指出每一天的祸福吉凶，是否适宜嫁娶、出行、下葬、奠基、耕种等等。有学者指出，黄历是古代中国流传最广，发行量最大，对全国上下影响最大的书籍。[1]而今，钦天监派官员出国考察西历（阳历），对历书的改革也要删去各种神名，很可能就失去预知祸福吉凶、指导日常宜忌的功能。将日食、月食的道理，绘图张贴，以免民众误会，我们可推测此旨在向民众普及日食和月食成因的科学解释，而非天狗食日月之类的神话传说。日食月食无关人事祸福，彗星又焉能例外？透过这个改革决议隐约可见，这个专门掌管星占学的最高机构，已有放弃仰观天象占卜人事祸福吉凶的职能的迹象。

这一改革动议，似并非立竿见影。1907 年七月初四，彗星再次出现，据称钦天监仍然继续发挥其星占功能，"占得主国乱失政"，并打算于初八上奏。[2]据内廷消息，清室因彗星之现而忧心忡忡，"两宫寅畏时深，每于宫中仰星浩叹"[3]，据称慈禧太后本打算下罪己诏，但因庆亲王奕劻的劝阻而终止。[4]当时有人认为，"庆王亦非明其理由而阻止也，不过以为恐人惊疑而已"，换言之，奕劻

1　关于传统黄历对国人的重要性，及其与星占学／天文学的关系，可参见江晓原：《天学真原》，南京：译林出版社，2011 年，第 109—175 页。

2　《京事小言》，《申报》1907 年 8 月 25 日。

3　《两宫训诫枢臣慎事以迓天和》，《申报》1907 年 8 月 26 日。

4　《彗星与朝廷之关系》，《广益丛报》第 147 期，1907 年 9 月 27 日，纪闻第 1 页。

并非因为懂得彗星新解而阻止，只是出于政治策略上的考量，他的思想观念并未超脱于星占传统。[1]慈禧虽然最终放弃了下罪己诏的计划，却仍然打算告祭太庙，退居自省。七月初十日，她还传谕军机大臣说："上天告警，罪在朕躬。本拟告庙自省，然尔大臣等位列枢垣，未尝不无过失，此后务须洗心涤虑，痛悔前非，认真维持政体，共济时艰，庶可转迓天和，永固邦本，朕心实所切祷。"[2]当时趋新的报纸在报道此事时，多持批评意见。《申报》批评道："呜呼！当此危急存亡之秋，实事之不务，而反戚戚于无凭之虚象。此中国所以不振欤！"[3]《广益丛报》的评论是："政治不亟亟改革，日祷天象，无益也。天听自我民听，天视自我民视，欲求之天，当必求之民。"[4]

1910年2月5日（宣统元年十二月二十六日），《申报》刊一则短讯："日前钦天监呈递封奏一件，探其内容，系奏陈西方彗星出现、纬线度数，并称环球各国天文家皆以此象为天理自然之数，其灾异之说毫无根据云。"[5]钦天监作为"仰观天象，以测吉凶"的专门机构，如今转而支持西方天文学家的彗星新解，否定彗星旧解，是一个具有象征意味的事件。至此，灾异论的彗星旧说已经基本破产，星占学传统走到了穷途末路，彗星新解取得了制度化的胜利。

1　达生：《说彗星》，《振华五日大事记》1907年第27期。

2　《两宫训诫枢臣慎事以迓天和》，《申报》1907年8月26日。

3　《京事小言》，《申报》1907年8月25日。

4　《彗星与朝廷之关系》，《广益丛报》第147期，1907年9月27日，纪闻第1页。

5　《京师近事》，《申报》1910年2月5日，第1张第6版。

第二节　求　雨

一、传统中国的求雨信仰：以 1879 年朝野的求雨为例

彗星、日蚀、月蚀等异常天文现象虽常被视为灾难之预兆，但似乎不会造成非常急切而严重的打击。在一定程度上，它们只具象征意义上的影响。可是对于一个看天吃饭的农业国家来说，雷击、狂风、旱灾、水灾、暴雪等气象灾害则是相当沉重而迫切的打击，因为这会造成普遍的生存困境。因此，人们总是力图主动去控制它。可是人类对于气象灾害的控制能力，迄今为止也相当有限。更不要说在中国古代，对气象进行解释和预测的能力一直以来相当弱，往往不过是些农业节气式的经验总结，有学者认为始终未超过农谚的阶段，[1]更不要说控制了。此种状况，为诉诸神圣存在的解释留下了很大的空间。大量研究表明，在世界各地的农业社会中，旱灾往往都被赋予超自然的解释，从而被赋予宗教意涵，拥有相应的教义和仪式。当然，由于种种原因，各地解释不同，仪式也有所不同。

在中国，求雨的信仰及仪式由来已久，加入这一信仰的人群非常广泛，上至帝王公卿，下至黎民百姓，大都严肃对待。[2]关于求雨

1　李约瑟：《中国科学技术史》（3），北京：科学出版社，上海：上海古籍出版社，1990 年，第 708 页。

2　有关中国求雨的信仰，可参见杨庆堃：《中国社会中的宗教：宗教的现代社会功能与其历史因素之研究》，范丽珠译，上海：上海人民出版社，2007 年，第 96 页；朱学忠：《董仲舒的"开阴"求雨与女性诱雨的人类学经验》，《学术月刊》1999 年第 6 期；刘黎明：《宋代民间求雨巫术》，《西南民族学院学报》（哲学社会科学　（转下页）

的历史记载，有名的可以追溯到商汤祷雨。《尚书大传》记载："汤伐桀之后，大旱七年。史卜曰：'当以人为祷。'汤乃剪发断爪，自以为牲，而祷于桑林之社，而雨大至，方数千里。"[1]商汤作为宗教领袖和政治领袖，以自己的头发和指甲替代肉身，作为牺牲来献祭。[2]但献祭和祈祷的对象，在这个记载中还没有明确指出。《吕氏春秋》中就讲得很清楚："昔者汤克夏而正天下。天大旱，五年不收。汤乃以身祷于桑林曰：'余一人有罪，无及万夫。万夫有罪，在余一人。无以一人之不敏，使上帝鬼神伤民之命。'于是剪其发，磨其手，以身为牺牲，用祈福于上帝。民乃甚说，雨乃大至。"[3]这里就很明确指出，以旱灾来伤害人民生计的是上帝、鬼神，因此操控降雨的主体是"上帝"和"鬼神"，均为人格神。上帝与鬼神同在，表明这是一个多神论的系统。商汤把所有的罪责都揽到自己身上，以一己为

（接上页）版）2002 年第 12 期；陈学霖：《明清北京的祈雨与祀龙——官式祭祀与民间习俗》，载氏著《明初的人物、史事与传说》，北京：北京大学出版社，2010 年，第 97—143 页；林涓：《祈雨习俗及其地域差异——以传统社会后期的江南地区为中心》，《中国历史地理论丛》2003 年第 3 期；张强：《中国以龙求雨习俗变迁研究》，湘潭大学硕士学位论文，2008 年；范广欣：《曾国藩"礼学经世"说的宗教仪式渊源——以送瘟神与求雨求晴为例》，《学术月刊》2010 年第 1 期；安德明：《天水的求雨：非常事件的象征处理》，载王铭铭、潘忠党主编：《象征与社会：中国民间文化的探讨》，天津：天津人民出版社，1997 年，第 124—146 页；陈烨：《求雨：达斡尔人的一种民间宗教行为的人类学解说》，《黑龙江民族丛刊》1999 年第 2 期；沈洁：《反迷信与社区信仰空间的现代历程——以 1934 年苏州的求雨仪式为例》，《史林》2007 年第 2 期。

1　伏胜：《尚书大传·附序录辨讹》，北京：中华书局，1985 年，第 46 页。
2　详参郑振铎：《汤祷篇》，苑利主编：《二十世纪中国民俗学经典·神话卷》，北京：社会科学文献出版社，2002 年，第 62—89 页。
3　许维遹撰，梁运华整理：《吕氏春秋集释》，北京：中华书局，2009 年，第 200—201 页。

牺牲，换取万民之福祉，体现出极高的道德品质，这是他求雨成功的关键。

汉儒董仲舒在《春秋繁露》中记载的求雨（止雨）又别具特色。董仲舒详细记载了当时求雨、止雨的择期、服饰、祭品、跪拜、祷告、祷词、还愿等事项，且春夏秋冬各有不同。以春旱求雨为例，应该让县邑扫除社稷，行雩礼，让百姓在家求雨。在此期间，不能砍伐树木，要暴晒女巫、聚集蛇虫八天。在城东门外筑坛以通鬼神，树立旗帜，献上食物为祭。选择清洁、善于言辞的女巫为祭主。令祭主提前斋戒三日，穿苍色衣服，跪拜，向生养万物的"昊天"祈祷。根据董仲舒的解释，旱灾是阳压过阴，所以求雨仪式中要选在"水日"，要多出现作为阴性的女人，包括女巫，即所谓"开阴闭阳"，从而使阴阳和谐。而降雨太多，则是因为阴压过了阳，而"阴灭阳，不顺于天"，请求止雨的仪式就是向"社灵"请求"废阴起阳"，因此仪式应选在"火日"，水井要盖起来，女性应尽可能避免公开露面。[1]在这里，求雨止雨的直接祈祷对象虽可能是地方的社稷神，但归根结底还是向生养万物的"天"祈祷。而天一方面是一个人格化的有意志的神，所以它能理解人类的祈祷；另一方面似乎又等同于阴阳五行的宇宙秩序，是非人格化的。值得一提的是，天作为至上神，并未排除社灵等下位神的存在，而且在这一记载中已经出现了"龙""蛇"等事物。所以求雨的对象，实际上是一个有层级的多神体系。与商汤祷雨中一样的是，祈祷对象均为多神系统，下位神均为人格神；不同

1　苏舆撰，钟哲点校：《春秋繁露义证》"求雨第七十四""止雨第七十五"，北京：中华书局，1992年，第426—439页。

的是，至上神由"上帝"变为"天"，其人格化特征弱化，非人格化特征强化了，基本被等同于阴阳五行的宇宙秩序。而且，董仲舒记载的这套信仰仪式中，求雨成败的关键，最主要的不是祈祷者的道德品质，而是求雨者能否有效地以阴性引致阴性，从而实现阴阳平衡，颇类于弗雷泽所谓的顺势巫术（模拟巫术）。[1]随着佛教等外来宗教的进入，道教等本土宗教的兴起，中国各地的求雨仪式更加多样化，求雨的对象也更加丰富。

翻检晚清报刊，我们可以看到无年不求雨，无处不求雨。然而，晚清时代，基督教传教士提供了关于降雨的竞争性解释，其中既包含科学知识，也包含宗教，对中国求雨信仰展开了持续的批评。其批评一方面激怒了中国本土求雨信仰的参与者，造成诸多教案，另一方面说服大量新式知识分子普遍接受科学的降雨解释，其宗教解释却并未得到中国本土知识分子的广泛接受，降雨现象与神圣存在完全脱钩，求雨信仰遂成无本之木。

我们且以1879年清皇室求雨的记录为切入点，来探究最高权力如何对待和参与求雨仪式，并力求透视他们所理解的神圣存在。1876年到1879年，华北地区发生了一场特大旱灾，持续四年之久，山西、河南、陕西、直隶（今河北）、山东等地受灾极为严重，苏北、皖北、陇东、川东等地也在不同程度上受灾，仅饿死的人口就达上千万，许多村庄几乎死绝。这次灾荒以1877年和1878年为主，又因这两年在干支纪年法上称为丁丑年和戊寅年，所以这场旱灾史

1　弗雷泽：《金枝：巫术与宗教之研究》，徐育新等译，北京：大众文艺出版社，1998年，第21—56页。

称"丁戊奇荒"。[1]本书仅择取 1879 年清皇室关于求雨的言说和行动作为考察对象。这一年并非丁戊奇荒中最为严重的一年，也不是风调雨顺以至无需求雨的一年，故而更具代表性。

据笔者统计，在《光绪朝上谕档》所收 1879 年的 1 287 份上谕中，关于求雨及酬神者共有 31 份，尚未包括与此密切相关的求降雪、酬谢河神等。根据这些上谕可以得知，该年中，光绪帝亲往大高殿拈香求雨及酬神达 10 次之多，另去大高殿拈香求雪并酬神也有 4 次。[2]每次光绪帝往大高殿求雨，都会派出众多亲王前往京城几个重要的宗教场所拈香求雨。这些上谕中所记载的求雨事件，尚可借助《清实录》《光绪东华录》《翁同龢日记》等资料加以证实，惜均无细节描述。[3]

1　史学界对这一灾荒有较多研究成果，参见王鑫宏：《20 世纪 80 年代以来"丁戊奇荒"研究综述》，《防灾科技学院学报》2009 年第 4 期。李文海、郝平等人对此次旱灾的损失描述较为详细，参见李文海等：《中国近代十大灾荒》，上海：上海人民出版社，1994 年，第 80—113 页；郝平：《山西"丁戊奇荒"的人口亡失情况》，《山西大学学报》（哲学社会科学版）2001 年第 6 期。杨国强对丁戊奇荒中官府的赈济措施有较为详细的描述和分析，杨国强：《"丁戊奇荒"：十九世纪后期中国的天灾与赈济》，《社会科学》2010 年第 3 期。袁滢滢、孙淑松、黄益则对这场灾害中的宗教色彩有初步的描述，见袁滢滢：《天人感应灾异观与近代灾荒救治：以"丁戊奇荒"为中心》，《聊城大学学报》（社会科学版）2009 年第 4 期；孙淑松、黄益：《灾异思想影响下的政府应对：以"丁戊奇荒"为例》，《兰州学刊》2009 年第 12 期。笔者目力所及，对这场灾荒最为精彩的研究是艾志端：《铁泪图：19 世纪中国对于饥馑的文化反应》，曹曦译，南京：江苏人民出版社，2011 年。该书努力通过这场灾难中人们的解释和应对，展示了当时中国朝廷、地方大员、民间、传教士之间的文化差异。
2　1879 年光绪亲诣大高殿求雪，详见《光绪朝上谕档》（光绪五年卷）第 1130、1178、1207、1215 号上谕，中国第一历史档案馆编：《光绪朝上谕档》（光绪五年卷），桂林：广西师范大学出版社，1996 年，第 386、408、416、421 页。
3　《清实录》第 53 册（《德宗实录》卷二），北京：中华书局，1987 年，第 293—573 页；陈义杰整理：《翁同龢日记》（三），北京：中华书局，1993 年。

表2 《光绪朝上谕档》光绪五年卷有关求雨的内容[1]

序号	日　期	内容（求雨/酬雨神）	页码
233	二月三十	酬神：应曾国荃之请，赐匾额给山西丰镇厅龙神庙、大王庙、五谷神庙。	79
237	三月初二	求雨：三月初四光绪帝亲诣大高殿求雨，众亲王分别往京城各处求雨。	81
298	三月十八	酬神：三月二十日光绪帝亲诣大高殿酬神，众亲王往京城各处酬神。	97—98
366	闰三月十一	求雨：闰三月十三日光绪帝亲诣大高殿求雨，众亲王分别往京城各处求雨。	124
394	闰三月二十	求雨：闰三月二十日光绪帝亲诣大高殿求雨，众亲王分别往京城各处求雨。	132—133
425	闰三月二十九	求雨：四月初三光绪帝亲诣大高殿求雨，众亲王分别往京城各处住宿求雨。	142
452	四月初十	求雨：四月十四日光绪帝亲诣大高殿求雨，众亲王分别往京城各处住宿求雨。	150
482	四月十九	酬神：应李鸿章之请，赐匾额给直隶固安县东岳庙，以酬神赐甘霖。	160
484	四月二十	求雨：派员迎取直隶邯郸县龙神庙求雨铁牌到京城。	161
485	四月二十	求雨：四月二十四日光绪帝亲诣大高殿求雨，众亲王分别往京城各处求雨。	161

1　本表资料信息均来自《光绪朝上谕档》光绪五年（1879 年）卷。序号指该书编者设定的上谕编号，页码均指该书页码。日期一栏为上谕出具的日期，为旧历日期。中国第一历史档案馆编：《光绪朝上谕档》（光绪五年卷），桂林：广西师范大学出版社，1996 年。

续　表

序号	日　期	内容（求雨/酬雨神）	页码
486	四月二十	求雨：派员前往直隶保定省城迎取邯郸县龙神庙求雨铁牌到京城，供奉于大光明殿，令僧众、道众设坛祈祷。	162
491	四月二十三	求雨：赐大藏香20枝给山西巡抚曾国荃，以供设坛求雨之用。	163
513	五月初一	求雨：五月初六，光绪帝亲诣大高殿求雨，众亲王分别往京城各处求雨。	170
520	五月初五	求雨：令惇亲王奕誴在邯郸铁牌到京之日，往大光明殿拈香祈祷。	171
538	五月十三	求雨：五月十七，光绪帝亲诣大高殿求雨，众亲王分别往京城各处求雨。	177—178
575	五月二十六	酬神、求雨：六月初一，光绪帝亲诣大高殿酬神，众亲王分别往京城各处酬神。大光明殿撤除祈坛，打赏僧众、道众。派员将灵验的邯郸铁牌送往山西省城，赐大藏香10枝与曾国荃，令求雨成功后即归还铁牌到直隶邯郸龙神庙。	190
591	六月初一	酬神：山西已得透雨，无需继续求雨，邯郸铁牌无需再送至山西曾国荃，令李鸿章派员迎护铁牌到邯郸。	196
593	六月初一	酬神：认为铁牌求雨灵验无比，加封邯郸龙神庙"灵应昭佑宏济永泽圣井龙神"，令南书房书写匾额，交给李鸿章悬挂于邯郸龙神庙，令李派员迎护铁牌回邯郸，赐藏香10枝以敬谢龙神。	197
645	六月十七	酬神：应曾国荃之请，颁匾额五方给曾国荃，分别悬挂于山西解州、汾西、阳高各地的关帝庙，汾西县八蜡庙，阳高县龙神庙。	214
663	六月二十一	酬神：应李鸿章之请，令南书房书写匾额，赐予直隶河间府邱县五龙潭龙神庙，并令议敕封号。	217

续　表

序号	日　期	内容（求雨/酬雨神）	页码
675	六月二十二	酬神：应文彬之请，令南书房书写匾额，赐予山东张秋镇金龙四大王、朱大王、黄大王、栗大王、宋大王、白大王、陈九龙将军、元将军庙，以谢众神降雨，从而使干涸的运河重新得以通畅，并令议敕封号。	221
684	六月二十六	酬神：应涂宗瀛之请，令南书房书写匾额，赐予河南封邱县关帝庙、城隍庙。	223
685	六月二十六	酬神：应涂宗瀛之请，令南书房书写匾额，赐予河南封邱县百里嵩庙，并令议敕封号。	223—224
753	七月二十三	酬神：应周恒祺之请，令南书房书写匾额，赐予山东德平县关帝庙、城隍庙。	238
882	八月二十一	酬神：应喜昌之请，令南书房书写匾额，赐予甘肃西宁府城西门外海神庙，以谢普降甘霖。	274
957	九月二十一	酬神：应王思沂之请，赐匾额于陕西沔县诸葛亮祠，以谢求雨得应之恩。	298
1076	十月二十九	酬神：应曾国荃之请，赐匾额各一方予山西盂县诸龙神庙、翊化晋卿赵武庙，介休县空王古佛庙，永济县关帝庙、龙王庙，府县城隍庙，宁武县芦芽山毗卢佛祖庙，霍州霍山中镇神庙、龙王庙，并令议敕封号。	369
1127	十一月十五	酬神：应吴元炳之请，赐匾额予江苏长洲县灵济白龙神庙、吴县光福寺古铜佛像。	384—385
1249	十二月十九	酬神：应丁宝桢之请，赐匾额予四川南川县龙神庙。	435
1258	十二月二十二	酬神：应王思沂之请，赐匾额予山西郃阳县海龙庙。	457
1275	十二月二十八	酬神：应曾国荃之请，赐匾额予山西文城县利应侯庙、忻州龙王圣母庙、浑源州恒岳庙、潞城县李靖庙。	467

大高玄殿（见图6）是一组建筑，位于北京故宫西北侧，东临景山，西近北海。始建于明代嘉靖二十一年（1542年），是明清最为重要的皇家道观，明清两代帝王斋醮（俗称道场）、求雨多在此处。自康熙年间起为避玄烨（康熙帝之本名）讳，改称大高殿。该建筑

图6　大高玄殿外景[1]

1　图片来源于杨新成：《大高玄殿建筑群变迁考略》，《故宫博物院院刊》2012年第2期。

群中，最为重要的建筑是乾元阁和坤贞宇。严格说来，二者是同一建筑物。乾元阁居上，圆柱形，覆盖蓝色琉璃瓦；坤贞宇居下，方形建筑，覆盖黄色琉璃瓦。一般认为这种结构象征着天圆地方的宇宙观念。乾元阁的造型酷似天坛祈年殿，又称"小天坛"，供奉的是道教最高神玉皇大帝，是明清皇帝祈求雨雪最为重要的场所，平民不得入内。[1]我们不妨把这里举行的求雨仪式视为第一层次。1879年在大高殿举行的多次求雨仪式中，除了光绪帝多次亲往拈香之外，还曾派遣皇室成员常住该处，并曾派皇室成员载钢、溥椒、启泰、克勤等轮班住宿于此，上香行礼。[2]

　　第二层次的求雨，是帝王以上谕形式把众位亲王及贝勒派往京城各宗教场所求雨。皇帝每次前往大高殿求雨，都会发布上谕派遣众多皇室成员外出求雨。在1879年的多次求雨活动中，被派出的皇室成员包括惇亲王奕誴、恭亲王奕䜣、惠郡王奕详、贝勒载澄、贝勒载治、豫亲王本格、贝勒载滢、镇国公奕谟、贝勒那尔苏、贝勒载漪、辅国公载濂、克勤郡王晋祺、顺承郡王庆恩。多次求雨中，特定人员被派往特定处所，并不轻易更换。所有被派出的皇室成员都是成年男子，往往被要求先行斋宿。[3]斋即斋戒，指至少提前一天禁止食用肉食；宿则指至少提前一天独宿，不近女色，不发生房事。

1　王建涛：《大高玄殿的沧桑岁月（上）》，《紫禁城》2012年第5期；王建涛：《大高玄殿的沧桑岁月（下）》，《紫禁城》2012年第8期。还可参见康熙年间供职紫禁城的高士奇在《金鳌退食笔记》中的简要描述，载刘若愚、高士奇：《明宫史、金鳌退食笔记》，北京：北京古籍出版社，1982年，第136页。

2　中国第一历史档案馆编：《光绪朝上谕档》（光绪五年卷），桂林：广西师范大学出版社，1996年，第142页。

3　中国第一历史档案馆编：《光绪朝上谕档》（光绪五年卷），桂林：广西师范大学出版社，1996年，第142页。

以不食用肉食来表示遵从不杀生的禁忌，大概是受佛教的影响。而性行为在许多文化传统中都被认为是不洁、不敬的，大概是因为它代表着强烈的世俗欲望，这正是许多信仰系统要力图压制和克服的。无论如何，皇室成员一而再、再而三被派出求雨，并被要求持虔敬、恭谨的态度，我们大体可以认定这些求雨仪式对于皇室来说并非儿戏，也非装腔作势。

这些皇室成员被派往的处所包括时应宫、昭显庙、宣仁庙、凝和庙、觉生寺、黑龙潭、白龙潭、清漪园龙神祠、静明园龙神祠。时应宫、昭显庙、宣仁庙、凝和庙都建于雍正年间。时应宫供奉龙神，雍正年间主要供皇帝祈雨使用，光绪帝也曾在此求雨。[1]

---

1 据记载："时应宫在紫光阁之后，雍正元年（1723 年）建。前殿、正殿、后殿凡三层，祀龙神、龙王。前殿悬清世宗（雍正）皇帝御书额'瑞泽沾和'。前殿祀四海、四渎诸龙神像，殿东西为钟鼓楼。正殿祀顺天佑畿时应龙神之像，后殿祀八方龙王神像。""雍正皇帝建时应宫是用来祭祀龙神。宫内设住持道士，以供香火，是宫廷道观之一。时应宫建筑壮丽，气势不凡。大殿左右奉祀龙神塑像十七尊。雍正朝时每逢干旱，皇帝就要到时应宫祈雨。规定：每年六月十三日、新正前后九日、万寿圣节前后三日，都要致祭。平日致祭和祈雨致祭的仪式在《清会典》中有详细规定……时应宫主要供皇帝祈雨所用。……除了祈雨外，时应宫的道士还要为皇帝万寿（生日）圣节恭办吉祥道场。……时应宫至 20 世纪 40 年代尚完整。后因改建中南海建筑，于 20 世纪 50 年代拆除。"时应宫内有《御制时应宫记》，尤可见皇室对于龙神的理解，全文如下："夫天一生水，坎精发祥，凝灵聚液，流为江海。江海乃天地间物之最巨者也。江海之有神，自三代汉唐以来，莫不祠祀唯谨。有宋大观四年，诏天下五龙神并封王爵，龙神之尊自是始。厥后春秋牲牲之祀，代有常典。皇清受天命，禋我事上帝后土，怀柔百神，江、淮、河、济、五岳、四渎之祀，载在太常。牺帛之数，俎豆之器，既丰既隆，神歆以格。雍正二年，天子以为龙神之位既尊，宜特修宫观，以致虔祷。乃于西苑内丰泽园北建时应宫，所以臻诚明神，俾雨旸时若，稼穑以成者也。夏六月，霖雨弥旬，几至于涝。皇父步行往祷，其日即晴。又明年，黄河清百余里。此非神人效灵，河海清晏之明验乎？夫以天子精诚，通于神明，以之事天飨帝，罔不昭格，而况于龙神乎？信哉诚之能感物也！是为记。"阎启英编：《中南海探秘》，北京：西苑出版社，2009 年，第 157—159 页。

昭显庙则是清皇室祭祀雷神的处所，俗称雷神庙，也由雍正帝下令建造，并亲自题写匾额。昭显庙选址于故宫西北的北长街，原因有两种说法，一是当时北京雷电多首发于西北；二是北长街在风水术中，是北京的龙脉所在地，金（龙）能生水，水能克火（雷），故选址于此。[1] 宣仁庙祀风神，雍正帝、乾隆帝都曾亲往祭拜风神，并亲撰祝祷文。[2] 凝和庙供奉云神。[3] 觉生寺别称大钟寺，是雍正帝亲自下令修建的佛教寺庙，乾隆朝开始成为皇家求雨的一处重要场所，多任皇帝都曾亲往求雨。[4] 1879 年的求雨活动曾以上谕的形式派皇室成员常住于觉生寺，拈香求雨。黑龙潭和白龙潭，顾名思义，是供奉龙王之所。在北京至少有四处称为黑龙潭的处所，都是求雨之处。1879 年皇室成员很可能被派去名气最大的海淀温泉山附近的那一处，有龙王庙和龙王亭，明清多位皇帝曾亲临求雨、题词、立碑、加敕封号，并多次维修增建。[5] 白龙潭则位于密云水库以东，有五龙祠、龙泉寺等建筑，清代在这里建有行宫，康熙、雍正、乾隆、嘉庆、道光、咸丰等皇帝曾亲临求雨。[6] 清漪园是

1　王铭珍：《昔日祭祀雷神的昭显庙》，载中国人民政治协商会议北京市西城区委员会文史资料委员会编：《阜景文化街——北京西城名街》，北京：中国文史出版社，1999 年，第 25—27 页。

2　佟洵：《道教与北京宫观文化》，北京：宗教文化出版社，2008 年，286—293 页。

3　佟洵：《道教与北京宫观文化》，北京：宗教文化出版社，2008 年，294—296 页。

4　于斅：《大钟寺》，北京：北京燕山出版社，2006 年，第 5—13 页。

5　宋经伦：《北京风物佚闻录》，北京：中国戏剧出版社，2000 年，第 8—10 页；陈文良：《北京传统文化便览》，北京：北京燕山出版社，1992 年，第 330 页；北京市社会科学院编：《今日北京·历史、名胜卷》（下卷），北京：北京燕山出版社，1991 年，第 439 页。

6　常林、白鹤群：《掌故北京》，北京：旅游教育出版社，2005 年，第 182—186 页；陈文良：《北京传统文化便览》，北京：北京燕山出版社，1992 年，第 615 页。

颐和园的前身，始建于乾隆年间，宗教建筑较多，主要是佛教建筑，另有祠院广润灵雨祠，疑即龙神祠。1860 年清漪园被英法联军焚毁，1886 年重建并改名颐和园。[1]因而 1879 年清漪园还是被焚毁后的废园，但是光绪帝仍然派皇室成员前往求雨。静明园位于玉泉山，内有龙王庙，[2]疑即龙神祠。密布北京城内外的皇家求雨之所，既有佛寺，也有道观，有专门供奉风神、雷神、云神的处所，也有遍布北京城的龙潭和龙王庙。祈求对象，既包括玉皇大帝、天、上帝，又包括各处的龙王，还包括佛教神祇，乃至风神、雷神、云神等。

尽管如此，北京城的各种神祇似乎也不是很灵验，以至于不得不求助于外援。四月二十日，光绪帝下令派专员前往直隶邯郸龙神庙迎取求雨铁牌，并置于大光明殿供奉。在这个求雨仪式中，神物是从京外取来，光绪帝没有亲自前往大光明殿拈香祈求，为求论述的方便，我们不妨把它划归为第三层次。但最高权力以上谕形式委派了地位尊隆的惇亲王奕誴前往拈香祈求，因此，第三层次与第二层次其实相差无几，即便要划归同一层次也未尝不可。

邯郸铁牌在明清两代和民国时期都大名鼎鼎，时人笔记多有谈及。[3]在邯郸县城西北十公里附近有一座水井，深约一丈，下雨不溢，旱年不枯。[4]大概即由于这种特性，这座水井被赋予神话故事，使之

1　王鸿雁：《清漪园宗教建筑初探》，《故宫博物院院刊》2005 年第 5 期。
2　周维权：《中国古典园林史》，北京：清华大学出版社，2008 年，第 500—508 页。
3　董丛林：《晚清社会传闻研究》，北京：人民出版社，2007 年，第 126—127 页。
4　焦宁：《清及民国时期华北地区祈雨仪式——以邯郸为中心的研究》，陕西师范大学硕士学位论文，2010 年，第 11 页。

具有神魅意涵。关于这口水井的神话传说版本不一，但均与一位当地少女诞下龙子有关。据晚清《益闻录》记载，大概在元代至正年间（1341—1370），[1]邯郸县太守（明清时，"太守"被用于称呼知府）有一成年女儿，待字闺中却无故怀孕。太守怒责之，女子剖腹自杀以求清白。结果发现她腹中有九条状如乌贼的动物。太守知女冤死，把九条动物放生到该井中，并把女儿厚葬于井侧。后来逐渐有一些传言，有人说看见该女子乘坐在龙身上，从井中飞出降雨，如此等等不一而足。当地人认为该女子是龙母，该井遂名圣井。不知何时开始，当地人造了一铁牌投入井中，后来每遇天旱，乡人则取井中铁牌以求雨，求雨完成之后再造一铁牌（或金牌、银牌、铜牌等），与原铁牌一并投还井中，名曰还牌。[2]无论如何，越来越多的求雨经验似乎证明了这口井中的铁牌对于求雨非常灵验，其名声也远远超出邯郸一地，并影响到华北平原的大片地域。明清以及民国时期，京城、河北、河南、山西、山东等地，都曾多次以地方长官的名义派员前往此处迎取铁牌以求雨。1867 年，清廷尚书万青藜[3]被派往邯郸圣井岗求取铁牌。据称这是县级以上的官员首次被派往此处求取铁牌。此后数十年中，每次大旱，清皇室都派出官员前往邯郸求取

1　一说圣井岗的寺庙修建于 1315 年。Keneth Pomeranz, "Water to Iron, Widows to Warlords: The Handan Rain Shrine in Modern Chinese History", *Late Imperial China* Vol. 12, No. 1, June 1991, pp. 62—99.

2　知非子：《铁牌缘起》，《益闻录》第 431 期，1885 年。

3　万青藜（？—1883），字文甫，号照斋、藕舲。德化人。道光进士，授编修。累官兵部尚书兼顺天府尹，改任吏部尚书、翰林院掌院学士等职。卒，谥号"文勤"。工行楷、行草书。乔晓军编著：《中国美术家人名辞典》（补遗一编），西安：三秦出版社，2007 年，第 6 页。

铁牌，基本成为常规。[1]据称 1986 年圣井岗重修时，从井中掏出的银牌、铁牌、锡牌共 100 余枚。[2]邯郸铁牌的名气，由此可见一斑。

分析起来，这口水井终年不溢不涸，相较于别的水井似有一种无法以常识理性加以解释的独特性，人们极易以超自然力量或神圣存在的干预来加以解释，视之为神迹。以格尔兹的观点来看，理性解释的局限，正是宗教力图回应的。[3]关于龙母的故事，我们大可不必去考究此事之真假，而应关注其中包含的许多神迹元素。未与人有性行为而怀孕生育，是各种宗教信仰、神话传说中常见的套路，耶稣如此，后稷如此，炎帝如此，孔子如此，老子如此，刘邦如此，武则天如此，西方人类学研究中表明许多原始部落中

1　Keneth Pomeranz, Water to Iron, Widows to Warlords: The Handan Rain Shrine in Modern Chinese History, *Late Imperial China* Vol. 12, No. 1, June 1991, pp. 62—99. 该文以中央政权参与到圣井岗求雨信仰仪式中而产生的仪式和观念冲突为例，分析国家与地方社会、精英与下层社会的互动关系，甚有新意。

2　焦宁：《清及民国时期华北地区祈雨仪式——以邯郸为中心的研究》，陕西师范大学硕士学位论文，2010 年，第 12 页。

3　文化人类学家格尔兹（Clifford Geertz）在其名篇《作为文化体系的宗教》中指出：任何宗教，无论多么的原始，都必须回应三种挑战：即分析能力的局限、忍受能力的局限以及道德见解的局限。所谓分析能力的局限，指的是人类的理性知识、常识难以解释一些异常事件，而宗教的回应方式是诉诸超自然力量。他说："至少有人（很可能还是多数人）并不能容忍对那些未澄清的分析性问题置之不理，不能仅以一种木然的惊讶，或无动于衷的冷漠，坐视世界更加陌生的景观而不想形成——哪怕是怪诞的、矛盾的或蠢笨的——某种见解，说明这只奇异之处如何能与更普遍的经验相协调。"他接着说："一个人的解释工具，即用来描绘经验世界格局的一般文化模式的综合体（常识、科学、哲理性思考、神话），一旦长期不能解释急需解释的事物，那就有可能导致深深的忧虑。"换言之，宗教的其中一个功能，就是对难以用常识或理性知识圆满解释的事物和现象，进行超自然的解释。克利福德·格尔兹：《文化的解释》，纳日碧力戈等译，王铭铭校，上海：上海人民出版社，1998 年，第 115—118 页。

到现代时期仍然如此。[1]这位少女腹中状如乌贼的动物，无疑被认为是龙子；数量为九，更吻合龙生九子的传统观念。[2]这位少女死后乘坐龙身而飞出水井降雨，表明她有驾驭龙的身份和超能力，这符合她的龙母身份。龙掌管降雨，位阶高于龙的龙母更应如此。而铁牌，根据《邯郸县志》编纂者的解释，是"神灵之调水符"，"每当有人求雨，龙母就会在王母娘娘和皇姐的帮助下，从玉皇大帝那儿偷来投进井中，龙见牌就会调水降雨"。[3]由此可见龙、龙母虽然有能力降雨，但是还需要从玉皇大帝那里获得批准，铁牌即玉皇大帝下令降雨的令牌。此一信仰的至上神仍然是玉皇大帝，龙是臣属于玉皇大帝的下位神。这种神祇位阶设置，可用以维护信仰系统的有效性，不致因为求雨不灵验而怀疑信仰系统本身。因为求雨不灵验，大可解释为这回龙母偷令牌没有成功，或者降雨的申请没获上位神批准，乃至用申请延宕等原因加以解释。

1879 年五月中旬，邯郸铁牌被迎请到京城之后，被供奉在大光明殿。大光明殿在北京万寿宫遗址之西（今西安门大街北光明胡同），明代嘉靖三十六年（1557）建成，清代又两度（1733、1773）

1　黄石：《感孕说的由来》，载高洪兴、徐锦钧编：《妇女风俗考》，上海：上海文艺出版社，1991 年，第 420—449 页。

2　《邯郸县志》还记载了有一次蟒蛇出现于该处。这也极易被视为龙神现身。Keneth Pomeranz, Water to Iron, Widows to Warlords: The Handan Rain Shrine in Modern Chinese History, *Late Imperial China* Vol. 12, No. 1, June 1991, pp. 62—99.

3　焦宁：《清及民国时期华北地区祈雨仪式——以邯郸为中心的研究》，陕西师范大学硕士学位论文，2010 年，第 11 页。

重修，1900 年遭八国联军焚毁，现已无存。[1]据康熙年间供职宫廷的高士奇的记载："地极敞豁，门曰登丰。前为圆殿，高数十尺，制如圜丘，题曰大光明殿。中为太极殿，后为香阁九间，题曰天玄阁。高深宏丽，半倍于圆殿，皆覆黄瓦，甃以青琉璃……白石陛三重，中设七宝云龙神牌位，以祀上帝。"[2]对宫城建筑甚为熟悉的高士奇，不会不知道其中供奉的是玉皇大帝，但他称之为"上帝"，无意透露出在宗教混溶的时代，玉皇大帝与上帝（本土的而非基督教的上帝）是被等而视之的。[3]与大高殿一样，光明殿形制如圜丘，与天坛祈年殿相似，因而也称小天坛，内奉玉皇大帝，其他各殿也奉道教神祇，表明这也是一所道观。清代皇室往往也在此处举行求雨仪式，乾隆皇帝曾赋光明殿诗，末两句是"讵慕神仙术？唯祈旸雨时"，[4]正可为佐证。

　　邯郸铁牌被供奉于大光明殿之后，光绪帝本人并未亲往祈祷，而是以上谕的形式委派了惇亲王奕誴前往拈香祈求。何以有这样的安排？一个可能的猜测是，皇帝本人被视为人间与天／玉皇大帝／上帝沟通的位阶最高者，他与同样从属于至上神的龙王、龙母处于同一位阶。这一年中，光绪帝多次前往供奉玉皇大帝的大高殿求雨，

1　常人春：《西城小天坛——大光明殿》，《北京文史》2008 年第 2 期。

2　高士奇的描述，载刘若愚、高士奇：《明宫史、金鳌退食笔记》，北京：北京古籍出版社，1982 年，第 147 页。

3　有关大光明殿求雨，已有研究几乎完全没有，唯见一篇通过一手卷管窥乾隆十二年（1747 年）在大光明殿的一次求雨过程，见喜道人：《吴兰坡与"三茅法"：〈北京大光明殿法官吴兰坡祷雨灵应书事手卷〉初探》，《二十一世纪中国道教展望：茅山中国道教文化研讨会会议论文集》，中国道协道教文化研究所 2001 年。

4　于敏中等编纂：《日下旧闻考》，北京：北京古籍出版社，1983 年，第 665—666 页。

却不前往供奉龙神的地方求雨，而仅委派地位略逊于己的皇室成员前往各处向龙神求雨。在求雨成功之后，皇帝也有资格对供奉龙王的庙宇予以封赏，似乎皇帝的位阶尚高于龙王。[1]无论如何，1879年京城求雨中，邯郸铁牌再一次被经验证明极为灵验。上谕不仅对此加以肯定，还下令派人把铁牌送到山西省城以帮助求雨。[2]后因山西普降甘霖，无须再送铁牌才作罢。最后还以上谕形式加封"灵应昭佑宏济永泽圣井龙神"，令南书房书写匾额，交给直隶总督李鸿章，让他悬挂于邯郸龙神庙。

最高权力参与求雨信仰的第四个层次，是以上谕形式对地方求雨仪式的批准、支持，对包括龙王在内的各种神祇的酬谢和封赏。查看前表即可知，仅1879年这一年就有十多道回应地方长官酬神、敕封神祇的上谕。敕封的对象以龙神为主，但不限于此，还包括赵武[3]、关羽、诸葛亮、城隍[4]、五谷神[5]、八蜡[6]、道教诸神、佛教诸

1　这种解释似乎有其不自洽之处，因为在其他年份，清代皇帝曾前往京城供奉龙王的场所求雨。但皇帝造访龙王庙，是否以臣属身份敬拜龙王，则有待详加考究。故此说有待进一步验证。

2　中国第一历史档案馆编：《光绪朝上谕档》（光绪五年卷），桂林：广西师范大学出版社，1996年，第190页。

3　春秋时晋国上卿。

4　城隍，中国民间信仰中的城市保护神，职掌保护城池，庇佑地方民物。官民平时求其消除水旱疾疫，有兵戈之事时则求其卫民御敌。后又发展出冥府主宰的功能。张泽洪：《城隍神及其信仰》，《世界宗教研究》1995年第1期。

5　五谷神，即稷神。与社神（即土地神）并称社稷，指主掌农业生产的神祇。曾广开：《社稷之神的起源与演化》，《寻根》1996年第1期。

6　八蜡指八个神，分别是先啬（神农）、司啬（后稷）、农（田官之神）、邮表畷（始创庐井、开辟道路疆界之神）、猫虎、坊（堤防）、水庸（沟洫）、昆虫。见郑天挺、谭其骧主编：《中国历史大辞典》（一），上海：上海辞书出版社，2010年，第40页。

神、百里嵩[1]、金龙四大王[2]、朱大王、黄大王、栗大王、宋大王、白大王、陈九龙将军、元将军[3]、王浚[4]等等。这些神祇，有的属于道教系统，有的来自佛教系统，大多则是伟大人物死后变成的神。神祇多样，并不构成严格的体系，也不构成激烈的互斥关系。一是因为许多神祇就如邯郸的龙母一样，是本地发展出来的，大多神力有限，权限范围仅限于一地，再加上传统社会人口流动幅度不大，信仰传播范围有限，不同地方信仰之间的交流和冲突不多，不太容易造成神仙打架的局面。二是因为这些神都从属于至上神，而至上神虽在不同子系统中名称不同，许多人却相信他们异名同指（天＝上帝＝玉皇大帝）。三是因为求神者求的是神迹，即神对气象的干预。与中国传统官僚一样，不同神祇之间虽有分工，但分工大概不算非常明确，而且有的神可能有些失职，他的同事会替他完成向上位神报告灾情的职责，因此实用主义的方式就是这个神不灵验就求另一个神，哪个灵验就求哪个。1879 年山西巡抚曾国荃领导下的求雨就有这个特点。一方面，他借鉴前一年河南官员阎敬铭派员迎请铁牌求雨的成

---

1 百里嵩，东汉时期河南封丘人。《后汉书》载："百里嵩为徐州刺史，州境遭旱，嵩行部，传车所经，甘雨辄注。"

2 金龙四大王信仰，明清时期盛行于京杭运河、黄河一带的官方和民间信仰，主要是漕运河道保护神。金龙四大王为南宋时人谢绪。蒙元灭南宋，谢绪不屈而自沉而死，死后尸身不腐，后有托梦助兵等神奇事，遂逐渐被视为神。"金龙"指谢绪生前隐居的金龙山；"四"是因为他在兄弟中排行第四；"大王"是因其为皇室后裔，成神后可称为王。王云：《明清时期山东运河区域的金龙四大王崇拜》，《民俗研究》2005 年第 2 期。

3 几位大王和将军都是黄河一带的河神，均为世俗之人死后变成，均有与河运有关的神奇传说。

4 王浚，元代南乡侯，山西平遥有利应侯庙，当地人认为是求雨灵验之地。彭卿云：《中国历史文化名城词典（续编）》，上海：上海辞书出版社，1997 年，第 91 页。

功经验，委派候补知府谢仁溥前往邯郸圣井岗，迎请铁牌来山西供奉，并决意等铁牌迎到即率领司、道、府、县各级官僚一起祈祷。另一方面，他又派下属的知州、知县前往恒岳庙、龙神庙、晋祠圣母庙设坛祈祷。[1]曾国荃的这种措施获得了上谕的肯定，慈禧太后、光绪帝还多次亲自为山西旱灾祈祷。[2]实际上，大量资料表明，地方官员的求雨行为通常都获得最高权力的支持和赞赏。

总之，北京城内外密布皇家的求雨之所。在大光明殿中的求雨仪式并不仅限于道士参与，还有佛教僧人的参与和合作。皇室和儒家士大夫对地方社会的求雨信仰也予以肯定和支持。佛道之间、上层文化与下层文化之间并非判若鸿沟。

这种兼容并包，也许有人认为是因为皇室和儒家士大夫并不真正信仰这些宗教。鲁迅曾说："看看中国的一些人，至少是上等人，他们的对于神、宗教、传统的权威，是'信'和'从'呢，还是'怕'和'利用'？只要看他们的善于变化，毫无特操，是什么也不信从的，但总要摆出和内心两样的架子来。"[3]刘仰东就曾引用鲁迅这段话，以证明清代统治者从来不信仰宗教，对道教和佛教的认可态度纯粹只是为了利用它们，以笼络人心、巩固皇权。[4]这种解释还是

---

1 曾国荃著，梁小进整理：《曾国荃全集》（1），长沙：岳麓书社，2006 年，第469 页。

2 曾国荃著，梁小进整理：《曾国荃全集》（1），长沙：岳麓书社，2006 年，第470、513 页。

3 鲁迅：《鲁迅全集》（第 3 卷），北京：人民文学出版社，2005 年，第 346 页。

4 刘仰东：《近代中国社会灾荒中的神崇拜现象》，《世界宗教文化》1997 年第 4 期。还有学者也认为："清朝统治者原本信仰的是萨满教，顺治皇帝入关后又接受了佛教，重视利用儒学治国，对道教的信仰远不及明朝那样尊重。但对道教也不排斥并加以利用，所以不断对大高玄殿进行了维修，在那里举办各种道场。特别是清统 （转下页）

略显粗糙了一些。一者，这种论断背后蕴含着对所谓"封建统治者"的敌意和意识形态偏见，因而论者不信任皇室信仰的真诚性。回顾前文所列事实，可见皇权对于求雨的种种信仰是持有谦敬之心的。1876 年，北京旱灾，虽屡经设坛求雨也无效验，三月初四清廷以光绪帝的名义颁布上谕，认为"亟应及时修省，以迓和甘"，并怀疑是有冤狱未平所致，令刑部衙门认真清理一切案件，迅速审查案件，不准拖延积压，以免无辜者长期羁押于牢狱之中，有违天和。[1] 次年旱灾，清皇室又下罪己诏，其中谓"上天降罚何不移于宫廷"，两宫皇太后率皇上祈祷，长跪三四个时辰之久，仰望星空皎然，至于恸哭。[2] 1879 年曾国荃上疏也谈道："此次晋灾层见叠出，皆臣无德而居高位之所招也。"上谕则指示："唯有竭诚吁祷，冀迓和甘而苏民困。"[3] 这些来往字句，虽不必一一坐实，也无须认为纯粹是虚情假意的客气话。毕竟，在君臣之间的往来函件之中，统治者的道德过错与旱灾之间的因果关系，可以堂而皇之地放置到国家权力的最高层次来言说和实践，其言说者和实践者也绝非什么愚昧无知之人。我

（接上页）治者初入中原，政权不稳，迫切要求有适合其统治需要的思想工具以供利用。清朝对道教虽素无信仰，但要实现对庞大的汉族群体的成功统治，对其本土宗教就不能置之不理。道教与中国封建社会相应发展的表现特征，就在于它始终是'神权'与'皇权'保持一致，为封建统治者效劳。封建统治者控制和利用道教，目的也正在于使神权与皇权一致，融神权与皇权为一体。因此，清代皇帝顺应民俗应对道教加以利用。"见高换婷：《明清皇家道观大高殿》，《北京档案》2003 年第 4 期。

1　中国第一历史档案馆编：《光绪朝上谕档》（光绪二年卷），桂林：广西师范大学出版社，1996 年，第 79 页。

2　徐一士著，徐泽昱整理：《近代笔记过眼录》，北京：中华书局，2008 年，第 170 页。

3　曾国荃著，梁小进整理：《曾国荃全集》（第一册），长沙：岳麓书社，2006 年，第 470 页。

们有理由相信，这些言说和实践在一定程度上是真诚的，这种因果逻辑也促进了统治者的道德自省。二者，这种论断也许还有一个不言自明的预设，即强调不同宗教系统之间教义的差别和互斥，认为信仰萨满教就不能信仰佛教、道教、儒教，相信儒学就不会信仰佛教和道教。但这种预设显然有悖历史事实，不同宗教系统之间互相排斥固然所在皆是，但是信仰之间的混溶在中国人的精神生活中更是一种常态。这种混溶的一个重要基础是，天、上帝和玉皇大帝这几个信仰系统中的最高神，在许多人看来是等同的。[1]前文曾提及，高士奇把玉皇大帝称为"上帝"，就是一个佐证。

最高权力层的求雨信仰，是一个相当稳定且带有强制性的信仰体系。1879年，光绪帝年仅八岁，求雨一事显非出于其个人独异性格的主观作为，而是皇室信仰的一种固定形式。以上谕的形式指派皇室成员参加求雨仪式，也表明这种信仰对于皇室成员具有强制性，并不任由个人选择。[2]我们甚至可以推断，即便光绪帝个人并不信仰道教，也不真正相信这种求雨的信仰，他也必须亲自参加这种仪式，也就是说这些信仰对皇帝本人都有强制性。

接下来，我们以同一年（1879）宁波求雨为样本，来观察求雨信仰对于地方社会的意义和功能，并从中观察求雨对地方知识分子

1　秦家懿编译：《德国哲学家论中国》，北京：生活·读书·新知三联书店，1991年，第100页。

2　清最高权力以上谕形式参与求雨，一直持续到清末。如光绪二十四年（1898）四月十七日、四月三十日、五月十一日上谕，载中国第一历史档案馆编：《光绪朝上谕档》（光绪二十四年卷），桂林：广西师范大学出版社，1996年，第169、199、211页；宣统二年（1910）三月初十日、三月十五日上谕，载中国第一历史档案馆编：《宣统朝上谕档》（宣统二年卷），桂林：广西师范大学出版社，1996年，第66、72页。

来说意味着什么。理想的选择当然是在当年上谕中有所呈现的山西等地的求雨，但是山西巡抚曾国荃等人的记载甚为简略，并无精彩的细节呈现。而这一年宁波的求雨，虽并未反映在上谕中，可能与最高权力层并无直接关联，但《申报》有较为详细的记录，呈现了许多精彩的细节，所以本书以之作为分析的样本。

据该年《申报》报道，宁波自五月起即大旱，鄞县司马石康侯下令禁止屠宰，并每天随同宁波太守宗湘文前往辖区两座庙宇求雨，冀图"感格神明"。[1]但是求雨似乎并不灵验，以至于求雨的神坛移了三处，雨滴仍未下降，官民心急如焚。西乡和南乡各处，农民每天都鸣锣聚众，手举求雨的旗帜，抬着本地庙宇的神像来到城内衙门，面见地方长官，禀告旱灾情形，请求减租、赈灾。[2]

官府一向害怕民众聚集，何况抬出神祇作为号召，民众更会形成凝聚力。对此情形，地方长官唯求息事宁人，一概打赏点心、茶钱两千文或两千四百文，只求把民众打发走人。可这似乎正好让民众觉得有钱可赚，于是他们每天抬着神像前往衙门。各级官员为了表明自己与民众感同身受，深深体贴民众的苦楚，提督、道、府、县各级衙门的大堂上都供奉龙王神位，以示虔诚。且城内文武百官，每日早晚两次齐聚天灵寺雨坛祈祷。地方长官承诺若三日后仍无降

1　《宁郡求雨》，《申报》1879 年 7 月 23 日。宗湘文，字源瀚，在晚清江浙一带甚有名气，与晚清经学家俞樾以及顺天府尹、总理各国事务衙门大臣周家楣等有往还。见俞樾：《与宗湘文观察》，载冰心主人标点：《俞曲园书札》，上海：大中书局，1932年，第 170—171 页；周家楣：《致宗湘文太守书》，载中国史学会主编：《中法战争》（第四册），上海：上海新知识出版社，1955 年，第 541—544 页。

2　《乡民祷雨》，《申报》1879 年 8 月 1 日。

雨，将抬大庙神像游行街衢。[1]与此同时，宁波府太守宗湘文、鄞县司马石康侯晓谕民众说：我们也知道庄稼关系民生大事，因此日夜心焦，不等各位汇报，就已经先在城中设坛求雨，并禁止屠宰数日，你们大概也已有所闻了。我们比你们更着急。劝你们不要像往年一样成群结队来城了。一则求神先要让神喜悦，你们抬着神像数十里往返于烈日之下，恐怕神灵不安，更不会降雨了；二则车水灌溉、耕种劳作要紧，你们这样冒暑往来，荒废耕作；三则几十里奔波，喝茶吃点心也要花钱，虽然官长打赏几文钱，你们自己还是要再补贴一些才够；再说还容易中暑生病。我们府、县既忧虑旱灾，也爱惜子民，因此告知你们，官长在城里求雨，你们在乡间求雨，各自虔诚事神，自然会有降雨。你们如果确有事需要进城报告，只需让几个德高望重的长者、头面人物进城面见长官，禀告情形即可，何必多人一起前来。最为重要的是，劝你们"尤要各存好心，行好事，天爱好人，方肯降雨赐福。故欲求雨，先须自求也"。[2]显然，地方长官特别担忧灾民的聚集，而宁愿与地方精英合作。

在此期间，禁止屠宰的命令又与另一地方信仰发生了冲突，从而发生了一起意外事件。宁波慈溪有一个著名的董孝子庙，纪念东汉孝子董黯。[3]1879 年六月初六，地方长官照例要举行祭祀董黯的仪

---

1 《乡民祷雨》，《申报》1879 年 8 月 1 日。

2 《示谕农民》，《申报》1879 年 8 月 1 日。

3 据《宁波府志》记载，董黯是董仲舒的六世孙，家境贫寒，从小丧父，尽心侍奉寡母。母亲生病，非常喜欢大隐溪的溪水，但是因为太远，不能经常获得溪水，于是董黯就在溪畔建房舍，侍奉母亲，母亲的病渐渐痊愈了。邻居王寄家中富有，成日饮酒作乐，行为不检点。王寄的母亲与董黯的母亲见面，各自谈起自己的儿子。王寄听说之后，大为嫉恨董黯，趁董黯出门在外，殴打董黯之母，致使后者卧床不（转下页）

式。祭祀需要肉食作为祭品，因此太守特许某一餐馆屠宰售卖一天，其他餐馆一概不得解禁。但就有一家店违了禁令，私自宰卖。差役听说，立即前往缉拿。一个名叫虞小三的人误认为既然屠宰是遵守长官命令的，这个差役显然是来敲诈勒索的，于是煽动民众报以拳脚。差役受辱离去，面告长官。太守随即下令，要求鄞县拘捕虞小三。但虞小三等已经畏罪潜逃，遂拘捕了私自宰卖的餐馆主人。鄞县司马怒其违反禁令，打了一百大板，限令三日之内交出虞小三到案。[1]

　　屠宰禁令由官方发出，且要求所有人都必须严格遵守。违禁者被拘捕且被施以杖责，可见禁屠求雨这一信仰的公共性和强制性，在此社群中的所有成员都必须严格遵守，不容个人选择是否遵守。[2]在信奉者看来，违禁者屠宰动物生命，有违珍惜生命的天道，因此会触怒降雨之神（天、龙王、城隍等神祇），从而影响求雨的效果，因此对违禁者实行惩罚就理所当然。不过另一种地方信仰的仪式却必须肉食，因此长官带头违反了禁令。这是否造成民众的反感和担忧，我们不得而知。违禁屠宰的店主是否故意混淆开禁令的适用范

（接上页）起，直至去世。董黯守墓，每日枕着兵器睡觉。等到王寄的母亲也去世、葬礼完成之后，他亲自杀死王寄，以其首级祭于自己母亲墓前，然后投官自首。汉和帝听说此事，下诏赦免其私自仇杀的罪过，表彰其孝行，并授予郎中之位，但董黯谢绝了官职。从此这条溪水以慈为名，这个县也就叫作慈溪县。宋代官方又授予董黯纯德征君封号，在其故居建造祠庙以祭祀他。明代官方封之为董孝子之神，并命令地方长官每年六月初六日即董黯诞辰这一天举行祭祀仪式。曹秉仁纂：《宁波府志》（1733年编纂），台北：成文出版社有限公司，1975年影印，第1944页。

1　《违禁殴差》，《申报》1879年8月2日。

2　民间求雨信仰及仪式的公共性，可参见杨庆堃：《中国社会中的宗教：宗教的现代社会功能与其历史因素之研究》，范丽珠译，上海：上海人民出版社，2007年，第96页。

围，也无从查考。

全城禁屠，地方各级官员以及民间普遍的求雨仪式，无疑都会造成一种"非常时刻"的氛围，唤起地方社群整体的危机意识，使全体成员都能意识到此危机需要每个人共同去面对，并严肃而虔诚地侍奉神祇。这显然有助于强化地方社群认同感。[1] 而且，地方长官在晓谕中透出来的"我们和你们站在一起"的语气和姿态，有助于消融官民之间的鸿沟，因为官员和民众都在一起努力，积极面对共同的危机。此外，全体官员早晚前往公共场所虔诚祈祷，并在官方晓谕中坦承天灾的不可控制，都表现出官方对神圣力量的承认和顺服。这种谦卑的态度，相较于大包大揽、自认万能的政府更不易成为众矢之的。在一个官方承认神圣存在的社会中，在求神不灵验之时，民众的绝望和恼怒情绪往往会指向神祇，变为对神祇的埋怨和惩罚。许多地方求雨不成都会曝晒神像，地方长官往往也会加入这一行列，乃至身先士卒鞭打城隍。[2] 这种机制把民众的绝望和愤怒情绪导向了神圣存在，而非现世秩序，从而保护了现世秩序。一个取缔神祇、自认万能的政府，必须得回应民众的所有需求，可是显而易见它注定会让民众失望，因为它不可能是万能的。在这样的社会中，民众的绝望情绪更容易导向对政府的埋怨和冲击。

无论如何，地方社群共同面对非常时刻的氛围感无疑会影响身处其中的社群成员。不仅每个成员会被强制要求遵守求雨信仰的禁

1　此处借鉴了安德明在分析甘肃天水地区求雨时所采用的一对概念，即"常"与"非常"。安德明：《天水的求雨：非常事件的象征处理》，载王铭铭、潘忠党主编：《象征与社会：中国民间文化的探讨》，天津：天津人民出版社，1997 年，第 124—146 页。
2　鞭打城隍的故事所在皆是，可参见杨庆堃：《中国社会中的宗教：宗教的现代社会功能与其历史因素之研究》，范丽珠译，上海：上海人民出版社，207 年，第 96 页。

忌，必须支付相应的费用，甚至还有成员愿意为这一共同危机做出更多的奉献。宁波西南乡一个叫黄公林的地方有妯娌两寡妇，分别为27岁和17岁，听说官民朝夕祈祷却无灵验，生怕旱灾加重，决定以身献祭。于是在六月十一日晚上沐浴更衣，次日黎明同赴蒋山诚应庙，自沉龙潭而死，以求甘霖速降。我们不能排除这两位寡妇自沉可能有其他现实原因，也许出于生活陷入困窘境地，也许因为情感的孤独和对前景的绝望，但我们更不能否认两位妇女对于求雨信仰的虔诚信奉。专门选定庙宇旁的龙潭自沉，其宗教信仰的意图非常明显，因为庙宇与神圣存在相关，龙潭又是职司降雨的龙王之住所，沐浴更衣的举动，更是为了以纯洁的身体奉献于神祇。无巧不成书，第二天就降了一场大雨，庄稼恢复勃勃生机。地方精英听说两位妇女的壮烈事迹，遂禀告太守，请求官方记录，以备日后写入地方志。地方长官不仅应允，还令这些地方精英在诚应庙中为两位忠烈妇人设立附祀牌位。[1]她们以自我生命为牺牲，换来了地方社群的福祉，为地方社群做出了伟大的奉献，获得了地方社群以及官方权力的认可和表彰，以至于其灵魂也被升格为神，在庙宇中享受从祀的待遇。董孝子升格为神，金龙四大王因殉死旧朝而成神，以及这两位忠烈妇人升格为神，从中都可看出，中国信仰中神祇来源的一个特性是，品格高尚的人，尤其是为社群做出巨大贡献的人，在死后可以成为神祇，成为公共信仰的对象。[2]

1　《杀身求雨》，《申报》1879年8月18日。

2　关于凡人死后升格为神，可参见杨庆堃：《中国社会中的宗教：宗教的现代社会功能与其历史因素之研究》，范丽珠译，上海：上海人民出版社，2007年，第104—106页。

　　一地官民持续求雨，加上两位妇女的壮举，终于求来了一场阵雨。又一次求神得应的经验，无疑会强化这一信仰。该地随后撤除雨坛，开放屠宰禁令。不过，好景不长。这场降雨不够充足，接着很长一段时间都是烈日炎炎，酷热异常，气温升到一百多华氏度（100 华氏度略等于 37. 78 摄氏度）。宁波西乡一带，晚稻大都枯萎，如遭火焚。[1]乡民又纷纷进城向地方长官报告旱情。鄞县司马心急如焚，遂与太守、道台及下属再到天灵寺设坛拈香求雨，每日朝夕两次，并再次下令城厢内外各市严禁屠宰，所有酒馆饭店关门停业，鸡鸭鱼虾也严禁贩卖。[2]

　　乡间农民求雨，表现出更多的神迹成分。宁波南部鄞江桥的乡民，不仅每天焚香斋戒，还全民出动前往天打眼龙潭祈祷，又让道士（羽士）作法画符，并把所画之符作为写给龙神的请愿书，放在龙潭水面上，等其沉入水底。可是符咒漂浮在水面上，并不沉入水中，也就是说民众的请愿书无法传达到龙神那里。民众甚为惊恐，一再祷告，并承诺若降雨，就举行赛纱船、彩阁等活动以酬谢龙神，并写下承诺，签字画押。道士把这些承诺都画成符咒，再放置到水面上。如此再三，超过整整一个昼夜，符咒也不沉入水中，反而有一张纸从水中浮上水面。众人捧观该纸，上边大字书写道：必须老朋友王某到此，方可迎请龙王。众人遍访，方从王姓族谱中得知该人已去世百余年。众人于是将此人姓名写于请愿书中，再请道士翻译为符咒。奇迹发生了，符咒立即沉没水中，龙果然现身，过了一个晚上就普降大雨。众人于是按照各户人家的田亩拥有量摊派款项，

1　《宁郡气候》，《申报》1879 年 8 月 18 日。
2　《复求雨泽》，《申报》1879 年 8 月 22 日。

以筹集资金准备赛会。[1]

在鄞县与奉化交界处一个叫拆开岭的地方的求雨故事则更显神奇。众人一起前往当地的"龙潭"祈祷，过了一会就见到一条异常巨大的蛇浮出水面，张牙舞爪。众人非常恐惧，又继续祈祷。过了一会，巨蟒突然变成小蛇，众人仍害怕不已，不敢触碰捉拿。于是将瓷钵举在水面上，请求它自己游进去。蛇果然游进钵内。众人把蛇连钵放置到祠庙中供奉，结果蛇又变幻成巨蟒，众人畏惧不已，不敢靠近。当夜此蛇在族长的睡梦中对他说：我不能降雨，我只能治病，凡是患有外科病的人，以钵中的水敷在患处，无不立马见效，你可以传谕众人，不必惊慌害怕。族长梦醒后召集村人，细述梦中情形，并传达蛇之谕旨。据说村内有一盲人听说这个消息，遂让人扶着去祠庙，祷告之后就以钵中之水敷在眼睛上，立马得了奇效。至于得了怎样的奇效，文章并未言明，也许是重见光明？总之，患病者都纷纷前往祠庙求医，屡试屡验。该族长还打算募集资金，专门修建一个祠庙以供奉之。[2]

这两个求雨故事中，无法沉入水底的纸片，水中浮起的纸片上边还有神谕，"龙"会现身，蛇会变幻大小，钵中之水可以包治百病等等情节，今人看来未免荒诞不经，往往还忍不住以科学理性加以解释，或者压根就不相信真的发生过。不过，我们虽不必认定当时人对这些神迹是坚信不疑的，也大可不必过分怀疑他们的信仰的虔诚程度。《申报》报道这些事件的时候，虽然也知道"龙能致雨，华

---

1 《龙见偶志》，《申报》1879 年 8 月 31 日。
2 《龙见偶志》，《申报》1879 年 8 月 31 日。

人信之，西人疑焉"，但是报馆立场是"不敢决其有无"，因此暂且就"报者"所言而记录下来，并认为这样才符合新闻的体例。在这些报道中可以看到，在当时的许多人看来，龙神是存在的，龙神是一种会发出言语的神，龙以蛇的形象出现在世人面前，龙神住在"龙潭"，具有降雨的超自然能力，具有进入凡人梦中的能力，基本都是普遍的共识。第二个故事可以透露出来，神又分种类和级别，有不同的分工，而世人并没有能力清楚他们的职能分工，因此求雨未必每次都能成功。除此之外，对求雨不成功还有许多不同的解释，要么是人间作恶，要么是冤案未平，要么是娱神不足，要么是仪式上的不恭言行或不洁。如此等等，不一而足。正是这些有弹性的、多样化的解释，弥补了求雨不灵验可能导致的怀疑和动摇，这就是信仰体系的自我修复能力。

无论如何，对当事人来说，最后一次成功的求雨可以表明人们终于感动了神。经验总结和酬神遂成为这个信仰体系中的重要一环。主要有举办赛会、修建庙宇、塑造神像等形式。上文已经提及，乡间农民成功求雨之后，把两位舍身求雨的妇女列入寺庙神位，给予从祀的待遇，因为她们成功地感动了神；为降雨的龙神举办纱船、彩阁等赛会活动，以示酬谢；为虽未能降雨却帮助治病的龙神专修祠庙。

而政府层面的求雨获得成功之后，也有类似的酬神和经验总结活动。这场旱灾终于结束后，宁波地方士绅[1]就禀告宁波府太守，请

1　具体是职员祝启唐、马永廉、胡凤钊，职监余世恩、江宗海，举人施念祖、谢骏德、章鏊、马恩黼，附贡华志青、杨为焕，廪贡叶钟骅、刘孝楣，拔贡黄家来，监生刘景祥，廪生励振骐，生员张祖衔等。由此名单可见士人对宗教生活的理解和参与情况。《公请建复神庙示》，《申报》1879 年 9 月 11 日。

求重修被焚毁的报德观。该道观历来是该地求雨、禳灾、驱疫的最重要场所，是"吁求上帝，为合邑万民请命之所"，该地各级官员每次遇到公共祈祷的仪式，都会前往该道观开坛、诵经、礼忏，且"有求必应"。但是该道观前一年被火焚毁大半之后，遇到有祈祷的仪式，此地竟无处供设祭品。因而这些士绅请求官方发出倡议，募集资金重修该道观。尽管在这一年中，该道观并未成为该地求雨的主要场所，并未做出很大的贡献，但是他们的请求最终还是获得了地方长官的批准。[1]

这些地方士绅的请愿书还谈到了地方官员求雨的成功经验。宁波太守宗湘文率各级官员先到郡庙、邑庙去祷告求雨，但并未奏效。宗湘文遂印发了《纪慎斋公遗书》中的《求雨全书》分发给僚属，在敦安局设立八卦方位坛，儒家士绅、僧人、道士根据该书内容举行求雨仪式，果然在十三日求得大雨如注。因此，这些士人恳请刊刻发放《纪慎斋公遗书》，并保存在即将复建的报德观中，以备将来求雨时遵行。此一提议也获得批准。[2]纪慎斋即清代中后期儒家士人纪大奎（1756—1825），字向辰，号慎斋，江西临川龙溪人，先后出任过四川什邡等地知县、四川合川知州。他对程朱理学用功甚勤，同时就《易》学传统著述甚多，于天文（星占）、地理（风水）、求雨等皆有专著行世。[3]其《求雨全书》主要以《易经》八卦为理论基

1　《公请建复神庙示》，《申报》1879 年 9 月 11 日。

2　《公请建复神庙示》，《申报》1879 年 9 月 11 日。

3　有关纪大奎生平事迹及其易学研究，可参看赵尔巽等：《清史稿》（第 43 册），北京：中华书局，1977 年，第 13034 页；文蜀陵：《清儒纪大奎及其〈观易外编〉初探》，台湾师范大学硕士学位论文，2005 年；蔡景昌：《纪大奎天文易学研究》，高雄师范大学硕士学位论文，2012 年。

础，设定了一整套向上帝/天求雨的仪式规则（见图7），规定了净
瓶和旗帜的形状、颜色、大小、摆放方位、方位调整程序，仪式的
主持者和参与者运动的步伐和顺序，以及使用的祷词、经文等。[1]从
这套仪式规则可以看到不同信仰系统之间的融合，仪式参与者包括
僧人、道士、儒生等，八卦理论出自儒家六经之首的《易经》，净瓶
插柳枝则是受佛教观音菩萨形象的影响。从该书所附1846年和1867

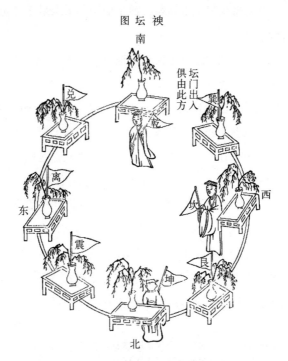

图7　纪大奎《求雨全书》中设定的八卦方位坛

1　纪大奎：《求雨全书》，《纪慎斋先生全集》，杭州：刻鹄斋藏版，光绪戊戌（1898
年）孟冬刊本。

年两位后学士子所写序言，可以看出该书在晚清曾多次刊刻，其仪式规则在地方官员中有不少信奉者，并在多地求雨中得以践行。

与多样化的求雨仪式相应的是多样化的经验总结。同样是七月十三日开始的大雨，请愿修复道观和刊刻书籍的地方士绅似乎认为是纪大奎设定的求雨仪式起到了决定性作用；而宁波太守宗湘文虽然自己亲自领导这个行动，也肯定地方士绅刊刻《求雨全书》，但他认为最重要的成功原因是他自己于七月十二日轻车简从，往返一百二十里，到太白山恭请龙神来城的行动发挥了作用，因为当天就有雨点，当夜就开始下雨，十六、十七日雨势增大，二十二日"大沛甘霖"，接下来数日更是"连雨不止"，"城乡均沾，河水渐涨，秋稼可望"。他对地方士绅和民众发出晓谕，介绍自己求雨成功的经验，"本府请龙之仪式，必应逐层说与尔等知悉"。与其成功经验相对的，是农民求雨失败的教训，在他看来就是农民求雨过程中的不敬行为，"此后或遇旱年，各农民得除积习，而迓神庥"。他还要求，凡是识字的人都要仔细看自己的晓谕，还要对不识字的人详细解说，使大家无不了然，以"化民成俗"。该晓谕是一个极为精彩的文本，因此此处将不吝篇幅详述其内容。这位太守总结的经验教训如下：

第一，农民求雨，抬神请龙，每家都要出一壮丁，如果家中没有壮丁，即使老幼也要出一人参加求雨仪式，民众聚集成百上千，嘈杂异常，汗气熏蒸，乃至"言语无状"，"气习嚣张"。他批评道：此等情形，莫说请神，就是请客人，客人也会推辞不就，何况神长期居于"清虚之府"，岂肯降临？而他自己请龙则提前一天就斋戒、独宿，次日只带了随从十余人，虔诚祈祷，"无人多不静之患，所以有效"。

第二，农民求雨，把蓝色、白色布条缠绕在龙神的座椅上，敬神的蜡烛也用黄色、绿色，不肯用吉庆的红布，这些不吉庆的颜色对神十分不敬。他相信农民的这种做法，是误会了官府求雨时"素服缨冠"的做法，从而模仿。但是官府如此做法，是因为灾难降临而感到畏惧，因此不敢穿吉庆的服装，而且有自责自吊的意思，冀图以虔敬畏惧之心感动神灵。而农民求雨时把表示自责自吊的色彩加之神灵，是为怠慢神祇。太守自己请龙的做法就是用金红彩、亭红绸围绕神像，"所以有效"。

第三，农民求雨，往往以白色或蓝色的轿子抬放神像到衙门大堂，可是六七月又正当万寿庆贺之期[1]，遇到皇室忌辰，按照礼制衙门不应开中门，可是无知的农民求雨时为了把神像抬入衙门，贸然打开中门，这是大不敬之罪。这位太守还引扶乩中的神谕为据。这一年求雨之初，地方士绅举行扶乩仪式（"请仙乩笔判"），神灵就指出是世人不忠不孝致犯天怒，因而不降雨。这位太守指出，致犯天怒的不忠不孝行为，指的就是乡民求雨时的这种冒犯君王的行为。

第四，太守指责农民抬着神像去衙门举行求雨仪式，实为想要减租。这些仪式的巨大花费，因政府减租而实际上以税负的形式转嫁给了殷实之家，农民并不承担损失，因此乐得抬神请龙。太守批评民众用心不良，不可面对神。至于是否减租，最后还得政府由年成丰歉为据来统一决定，要么辖区各地都减，要么都不减。言外之意是，农民抬神请龙，到衙门请求减租，并不能奏效。总之，农民

---

[1] 光绪帝生日在六月二十六，但为避开先帝忌日，而改至六月二十八。德龄：《清宫二年记：清宫中的生活写照》，顾秋心译述，昆明：云南人民出版社，1981 年，第130 页。

抬着神像到衙门求雨的举动，劳民伤财，还冒犯神灵，不如静候官府求雨。

第五，凡是官员都有"养民之责"，是为民作主的人，因此遇到水旱灾害，都会虔心为民祈祷。不像农民求雨那样是为一己之福，长官求雨是为万民之福祉而祈求，是"理直气壮之事"，所以"神明不肯不听，且得据其情词而转请于上帝"。所以，以后遇到灾年，民众大可不必自己出动去举行请龙的仪式，就算要请龙，也不要家家户户出动，成百上千的人喧嚣入城。官长耳目清净，方可一心为民祈求，否则就不能"感格"神明。[1]

宗湘文太守的这份示谕，为《申报》所盛赞。[2]根据这份文本，我们可以看出地方官员对农民求雨仪式的态度，尤对因宗教信仰而形成的人群聚集相当警惕，因而企图垄断对于神祇的解释和祭祀权力。在农民求雨心切且群聚衙门之时，即便他们一再冒犯长官，破坏礼制，地方官员也并不予以强行弹压，不加以批评（"当未雨之时，人心未定，无暇为尔等细说"），而是表现出同甘共苦的态度和立场，以安抚民众情绪。但是在甘霖终降之后，地方长官就以神权代言人的身份劝诫民众（"本府何德何能，神乃有求辄应者，明是要本府教诫尔等，神不能言，要本府现身说法而言之也。本府若不详细教诫，上何以对神明，下何以对百姓"）。[3]如此解释，并不是说地方官员就自外于求雨信仰，他们的确有以神道设教的意图，但是他们自己也是此一信仰的信奉者。地方官员参加求雨仪式的情形，前

1　宗湘文：《教诫农民示》，《申报》1879 年 10 月 6 日。

2　《书宁守〈劝诫农民示〉后》，《申报》1879 年 10 月 8 日。

3　宗湘文：《教诫农民示》，《申报》1879 年 10 月 6 日。

文已经屡次提及。此外，在地方官员与民众的互动中，关于布条颜色、仪式程序等分歧，都只涉及具体细节，但对于求雨本身之信奉，并无根本上的区别。而且，官员和农民都敬奉同一类的神圣存在，都相信神迹存在，因而地方官员仍是信仰者群体的一部分。相对而言，士人群体似乎更为强调祈求者的道德品性、虔敬态度，而下层民众更为看重神祇的灵验与否，有学者曾以"德"和"灵"来加以区分。[1]但这种区分不是绝对的。宗太守舍近求远，放弃在县城继续求雨，转而到数十里外的地方求雨，同样也是看重其灵验程度。

总体而言，与上层求雨一样，地方社会的求雨信仰也并非一个整齐划一的信仰体系。求雨的地点不仅有郡庙、邑庙，还有各地的道观、寺庙、"龙潭"。参与者并不限定单一的信仰体系，儒家、道教和佛教中人在共同合作，民众与地方官员都参与其中。其中的神圣存在既有上帝／天，也有菩萨，还有城隍、关帝、龙王等。理论依据既可能是阴阳五行，也可能是神话传说。不同的系统，即使在同一场求雨活动中也可以兼容共存。[2]多神论和泛神论传统，在求雨活动中也是兼容并存的。

二、基督徒关于求雨的言说

不过，这一套信仰及其仪式，在近代中国遭遇了持续不断的挑战。

---

[1]　Keneth Pomeranz, *Water to Iron, Widows to Warlords: The Handan Rain Shrine in Modern Chinese History*, Late Imperial China, Vol. 12, No. 1, June 1991, pp. 62—99.

[2]　在这个案例中，我们还可以看到宗教信仰与世俗理性的努力，是双管齐下的，并非非此即彼的关系。根据《申报》报道，宁波在求雨的同时，仍在积极修建水利设施。《派捐濬河》，《申报》1879 年 8 月 31 日。

这一进程同样由基督教传教士开启。从一开始，传教士就提供了一套竞争性的解释。1837 年，基督教传教士在广州办的期刊《东西洋考每月统记传》刊发了一篇题为《格物穷理》的文章。文章虚构了三个人在某处游玩，突然乌云密布，沛然下雨。其中一人问道："不知此雨从何而来耶？天无门，云无窍，以漏之也？"另一人回答说，他数日前读到一本奇书解说格物之原，其中就讲到了雨的成因：

> 各山川、海面、林野、田亩，恒时飘散泄气，霄湿腾天，即成雾云而合也。雾集暧碟，愈久愈重，不可浮，气就落，正是下雨矣。[1]

另两人都认可这种解释。后来三人再次同游，巧遇彩虹悬天。其中一人问彩虹是怎样形成的："莫非虫蚁聚，着此五色矣？"那位博学之士又回答道："晒雨相对，映照回光，虹霓就现。所看之五色，为光射之歪而着也。雨止，暧碟虹霓即散了。"

文章若到此为止，不过就是一篇我们熟悉的科普文章了。但文章中还有多处涉及上帝的解释。写到天朗气清，景色宜人时，"三人仰观俯察之余，咸相赞美万物之造主天皇上帝也"；写到降雨时，则问"其如是孰能御之"；谈到虹霓的解释时，又援引《圣经》中的故事：

> 洪水溢遍地之后，人类皆溺亡，独留一人家也。上帝谓之曰：我将与尔众立约，即今以后，不复令洪水灭诸生物，亦嗣后洪水不再

---

1 《格物穷理》，《东西洋考每月统记传》道光丁酉年（1837 年十月）；爱汉者等编，黄时鉴整理：《东西洋考每月统记传》，北京：中华书局，1997 年，第 284—285 页。

坏地也。故与尔等并诸活物永世立约，却有此祥，即有在于云内，我置天虹，为我与众世立约之兆也。将来我将带云浮地上，即云内必有虹现焉。我则记忆前与汝等并诸生各类所立之约，且此后不复放洪水，沉没众世也。[1]

解说者最后的结论是：虹霓即"系念上帝，与地上众生，所立之永约也"。最后三人说："此后一看天虹，我牢记上帝应许，保存此世，以免洪水之危也。"[2]

与此类似，该刊同一期所载续文《露雹霜雪》又解释了其他气象。其中说到冰雹的时候，又讲到一个《圣经》故事，上帝厌恶地上一个罪恶的国王，于是命令他的仆人伸手指天，以雷电和冰雹降于该国，毁坏人兽蔬菜树木等等，国王于是命人召来上帝的仆人，对他说："寡人有罪，唯天皇上帝乃公义，而寡人与民作恶矣。汝宜祷天皇上帝，再不可行雷雹。"仆人禀告上帝，雷雹就停止了。如此这般，"令王知上帝乃天地之主"。解说者的结论是"雨露霜雹，咸服上帝之权，且遵其命"。[3]

在这两篇短文中，我们可以看到，这个新解释中使用了两种知识资源，一是传统的基督教的解释，一是科学的解释。但是两者的关系并不矛盾，正像雨露霜雹都服从上帝的权威一样，科学的解释

1　《格物穷理》，《东西洋考每月统记传》道光丁酉年（1837 年十月）；爱汉者等编，黄时鉴整理：《东西洋考每月统记传》，北京：中华书局，1997 年，第 284—285 页。

2　《格物穷理》，《东西洋考每月统记传》道光丁酉年（1837 年十月）；爱汉者等编，黄时鉴整理：《东西洋考每月统记传》，北京：中华书局，1997 年，第 284—285 页。

3　《露雹霜雪》，《东西洋考每月统记传》道光丁酉年（1837 年十月）；爱汉者等编，黄时鉴整理：《东西洋考每月统记传》，北京：中华书局，1997 年，第 286 页。

也臣服于基督教的解释。

　　此外，"格物穷理"这个标题是典型的宋明理学式的表达，文章言说路径与宋明理学也具有高度的同构性，都是主张观察和理解自然万物，从而体会背后的"理"。在宋明理学那里，因为相信理一万殊，即世界万物虽呈现不同的表象，但是贯注其间的天理是一致的，因此格物可以穷理。[1]在这篇基督教的宣道文中，因为相信宇宙万物均为上帝所造，并为上帝所主宰，所以观察和理解世间万物，即可体察上帝的旨意和诚命（即理）。无论是哪一种"格物穷理"，与后来现代科学的理解都有着很大的差别。

　　对中国的求雨信仰，这两篇短文虽未着一字，但实际上提出了隐性的竞争和挑战。随时间推移，这种挑战越来越明显，许多直接针对中国朝野的求雨信仰。1881 年，传教士刊物《益闻录》刊载的《占雨论》一文，视望云占雨之术为"离奇之说，诞妄之谈"。该文虽列举中国史书中一些准确"预测"降雨的记载，并指出"今之术士辈，往往援为故实"，但是接下来作者说："此会逢其适，非演法果能致雨也。"然后作者长篇介绍了西方学者的相关解释，指出雨是

1　有学者认为格物穷理并不限于宋明理学。《荀子》有言："夫水，大遍与诸生而无为也，似德。其流也埤下，裾拘必循其理，似义。其洸洸乎不漏尽，似道。若有决行之，其应佚若声响，其赴百仞之谷不惧，似勇。主量必平，似法。盈不求概，似正。淖约微达，似察。以出以入，以就鲜洁，似善化。其万折也必东，似志。是故君子见大水必观焉。"（《荀子·宥坐》）艾兰曾以此段为例指出，孔子和儒学相信"由于对水的各种特性的沉思，一个君子便能够了解宇宙的原则，这一原则也体现在人类的行为之中"，她进而指出："推测存在着一种支配自然界和人类心灵的共同原则，意味着伦理准则能够用相关的自然原则来证明。"参见艾兰：《中国早期哲学思想中的本喻》，载艾兰、汪涛、范毓周主编：《中国古代思维模式与阴阳五行说探源》，南京：江苏古籍出版社，1998 年，第 62、63 页。

云水下堕所致，而云又是湿气上升所形成的。地上湿热之气上升遇到寒冽之气，则凝结为露珠状的云；云遇到湿气，露珠融化变为流水，下坠为雨，这就是雨形成的原因。总之，"雨本乎云，云根乎气"。接下来，作者笔锋一宕，把传统中国各种关于雨的神话故事数落了一通：

> 韩子谓龙嘘气成云，妄说也。左太冲为潜龙蟠于沮泽，应鸣鼓而兴雨，亦谬谈也。《罗浮山记》谓渊有神龟，人秒渊即澍雨；《华阳国志》谓天有井，故多雨；《列子》以赤松子为雨师，入水不濡，入火不焚——此等论说，皆可侪诸梦中呓语。[1]

作者虽批评传统中国关于雨的各种神话传说，但他却并非无神论者。他又说："盖气为大造所生，雨亦唯大造所主。彼离奇惝恍之谈，何足淆吾有定之衷怀哉！"[2]这里的"大造"即造物主。云与雨的转换固然有其运行规律，但是云、雨及其运行规律都是上帝所造，科学规律并不排斥上帝的存在。如果我们不跳出唯物／唯心、无神论／有神、科学／宗教的二元对立思维，就只能把其宗教内容视为一种"历史的遗留物"，指责传教士传播的科学知识"夹杂着唯心主义臭味"。

对于中国社会中求雨的方式，传教士刊物也颇多批评和讥嘲。《益闻录》在1881年刊载的一则短讯就记述了云南轰天求雨的荒唐故事："云南友人来函云，该处自白露节至今，雾气蒸山，浓阴匝

---

1 《占雨论》，《益闻录》第 109 期，1881 年。
2 《占雨论》，《益闻录》第 109 期，1881 年。

野，加以久雨，对面行人几难相见。鸿蒙世界，想亦同然。当道者以为此皆妖魅伎俩，流毒民间，乃令六营兵丁对天发枪，连击数天，仍未能烟消日出。"[1]该短讯没有明确表达对此故事的意见和态度，但讥嘲之意隐约可见。若干年后，另一份传教士刊物描述云南的求雨仪式，态度就明显、激烈得多："黑暗世界孰有如中国四千年来之迷信邪说，不见天日者乎？云南今夏雨泽愆期，人心惶惑，米珠薪桂。祷雨之法既穷，捉龙之技方施。地之洼者水易趋，心之邪者鬼易入。佛老劣徒，既不能求龙致雨，当道宪史，无小无大，俱听命于回回。意谓我以文求龙雨而不应，今必借回教阿訇之武力，捉之使雨。于是阿訇受金数百，假意念念有词，呢呢喃喃，投身入水，取一鳅鱼来，谓之曰龙。幸而中雨，感阿訇之大武；不幸而亢旱如故，仍索多金，再入水捉拿。呜呼！堂堂官府，化为木鸡，任人牵弄。余究不解其甘居下隰至于何时也。"[2]传统中国以求雨为代表的试图影响天气的信仰和仪式，在传教士看来是何等的荒诞可笑，由此可见一斑。且字里行间，对于佛教、道教和回教，鄙夷之态溢于言表。传教士对中国求雨信仰的抨击，依据的是基督教的一神论立场，而非科学知识，他们抨击的主要是异端、异教，而不是"非科学"意义的"迷信"。

　　这种斥黜异端的态度，从《益闻录》当时刊登的两则描述别国求雨仪式的短讯，可看得更为清楚。第一则描述某国求雨，全民动员，游行诵经、大声呐喊，甚至把羊只和幼儿放置室外，意

1　《因雾轰天》，《益闻录》第 132 期，1881 年。
2　《捉龙求雨》，《通问报：耶稣教家庭新闻》第 217 期，1906 年。

图以其凄恻之哭啼感动上天，以使之怜悯世人而下雨。[1]另一则描述某传教士谒见非洲某国王时所见求雨仪式。在这则短讯中，作者写道："见妇女数十辈，仓皇拮据，从事烹调。有守兵数十人，牛羊数百头，皆鸾侍鹄立，若有大事者然。至宫门，悬有蛇象甚众，以为鬼神所凭依焉。入内庭，有铁锅一，大莫与京，容清水，举巨火焚之，热气蒸腾，半天弥漫，国主危坐锅前，手执一杖，投该国所谓仙草，与野兽心肝等物，纳入锅中。少顷，国主仰天祝祷，其音响之大，上彻云霄，惊闻四野，唯不知其所言为何意。祷毕，国主退入大内，诸臣工亦纷纷散去。阅数日，大雨偶降，国人皆以为祈祷所致，人人额手，举国若狂。"作者对该仪式的评价是"浑浑噩噩"，"实堪令人喷饭"。[2]传教士以此态度看待非洲的求雨信仰，其看中国本土的求雨仪式，大概也别无二致，一样觉得浑浑噩噩、令人喷饭。

那么，关于影响天气、引致降雨，传教士提供的又是怎样的方法呢？同样刊载在1881年《益闻录》上的一篇题为《求雨论》的文章，提供的就不是现代意义上的科学方法。该文先批评中国乡民的求雨方式："延僧仗道，赛会迎神，或击鼓鸣锣，禹步作法，或书符诵咒，导众野游，撑空火伞，曝偶像于庙庭，描绘周星，竖旗旛于屋角，此等妄为，洵堪痛恨。而乡愚辈习俗成风，牢不可破，亦举世皆是矣。"[3]作者痛斥偶像崇拜，认为木偶无灵，"既无实德，又少真修"，求也无用。文中还一一批驳《春秋繁露》

---

1 《求雨异俗》，《益闻录》第 75 期，1880 年。

2 《野蛮祷雨纪闻》，《益闻录》第 114 期，1881 年。

3 《求雨论》，《益闻录》第 110 期，1881 年。

《周礼》《搜神记》中记载的求雨法。对于中国的求雨，他唯一认可的是商汤的求雨："唯成汤祷雨桑林，乃千古不磨之正意。"[1]桑林祷雨的事迹，见于多种古籍记载，指的是商汤时连续七年大旱，汤斋戒并剪掉自己的头发和指甲，以之求雨，终于天降大雨。该文之所以唯独推崇桑林祷雨，是因为作者认可商汤诚恳忏悔的态度：

> 灾害流行，大造所以示警惕也。成汤以六事自责，深恐以一人之愆尤，致伤万民之生命。其悔悔之心可知也。雨生于云，云生于气，造物为生气之大原，造物亦为司雨之大主。成汤之祷于野也，其意谓非造物之仁不能渥沾沛泽，则其探本穷源之学，亦云至也。[2]

作者并非反对一切求雨信仰，只是反对向种种偶像或异教神求雨，只有虔心向绝对唯一神（天／上帝／造物）祈祷，才是正道。作者特别强调求雨者应虔敬，与宁波太守宗湘文对民众的训诫如出一辙。这是正统排斥异端的立场，也是所谓"宗教"排斥"迷

---

1 《求雨论》，《益闻录》第 110 期，1881 年。该刊前一年曾刊载一篇文章专论成汤祷雨一事中的剪发断爪，见云间郭友松：《成汤祷雨论》，《益闻录》，第 44 期，1880 年。云间即今上海松江，郭友松是晚清松江作家。郭文虽批驳传统求雨信仰的种种荒诞，但是对成汤祷雨一事独有肯定。全文重心在分析商汤剪发断爪，意在表达其虔诚祈祷之意，不能因为宋儒的"身体发肤，受之父母，不可丝毫损伤"的观念而有所非议。该文并未从基督教正统的观点来解释。但是一年后这篇未署名的《求雨论》却从基督教正统教义的角度来加以诠释和肯定。两文虽立场有所不同，却使用了同一典故来批驳求雨信仰，戏剧性地表现出当时儒学与基督教在此问题上的隐性"共谋"。
2 《求雨论》，《益闻录》第 110 期，1881 年。

信"的立场。[1]

　　作者同样认为自然灾害是天/上帝的示警，这一点与传统中国的典型看法是一致的。而且作者作为基督徒，显然是把商汤祈祷的"上帝"与基督教的"上帝"等同起来了。不同之处在于中国人的人格神崇拜是多神论的，众神服从于至上神天/上帝/玉皇大帝，对至上神的信仰并不排斥其他神的存在。基督教所理解的神（上帝/造物主），则是排斥他神存在的绝对唯一神。"至上神观念并不否定其他诸神的存在，而只是把它们置于从属的地位。绝对唯一神观念则有所不同，它不仅肯定神的至上性，而且进一步肯定神的唯一性。"[2]以这位基督徒的标准看来，大概只有帝王本人向上帝/天求雨可以算得上正统（基督教通常不承认道教的玉皇大帝等同于基督教的上帝），皇室及民间向龙王等各种神祇祈祷的求雨都是异端。这里体现出来的是基督教严格的一神论特征，对于多神信仰有强烈的排斥态度。

　　对中国传统求雨信仰冲击最大的还是关于雨的成因及相应的控制方法的科学知识，而这些知识最开始就是通过传教士及其著述传播进来的。正如前文所见，这些期刊首先向中国读书人介绍了"雨

1　基督教这种以正统黜斥异端、迷信的立场，可以追溯至明末清初的"中国礼仪之争"。那场旷日持久的、在欧洲引起广泛关注、最终导致天主教在华传教士事业中断的争端，主要原因就是基督教的方济各会、多明我会以正统抨击异端、迷信的立场来看待中国固有的宗教信仰，而招致耶稣会、中国基督徒、儒家士大夫以及清皇帝的反感和抵制。实际上，耶稣会也未必不是以此立场来看待中国宗教信仰，只是出于策略考虑而选择容忍，在辩论中也竭力去除中国的祭祀等礼仪的宗教色彩。李天纲：《中国礼仪之争：历史、文献和意义》，上海：上海古籍出版社，1998年，第208页。

2　吕大吉：《宗教学通论新编》，北京：中国社会科学出版社，2010年，第142页。

生于云，云生于气"这样的科学知识。翻检晚清期刊，我们可以看到许多类似介绍，虽然并不一定明确把这些科学知识收纳在宗教信仰之下，但我们可以猜测这些作者大概不会是无神论者。1873 年《中西闻见录》刊载的译文《天时雨阳异常考略》，就相当详细而深入地解释了地上水受热化为蒸汽升腾而上，但是地上升腾到空中的水蒸气并不恒定，再加上遇冷强度不同，降为雨雪或冰雹的量也不恒定。文章大概出自专业气象专家之手，专业而深入，意在使人"观前料后，颇足以就物之性，运己之思，以作准备，将弥灾患于未萌也"。文章虽承认人事有限，但是重心在让人"克尽人事"。[1]再如《格致汇编》所载的《南北雨阳不同说》，同样也借气象学知识解释了中国南北气候的巨大差异。[2]

三、中国人的两种回应

　　通常而言，中国的信仰系统之间有着很大的兼容性，就如我们在前文捉龙求雨的故事中所见，佛教、道教和回教都出现在这场求雨仪式中。只要承认一个共同的至上神（天／上帝／玉皇大帝可能被等同起来），众多下位神就可以相安无事，通力合作。可是，当多神论遭遇一神论时，唯有至上神可以获得认可（玉皇大帝例外），其余诸神崇拜都要被斥为异端崇拜、偶像崇拜，或者斥为迷信。[3]在不少

1　罗琳森：《天时雨阳异常考略》，《中西闻见录》第 9 号，1873 年 4 月；又见《教会新报》第 244 期，1873 年转载。
2　《南北雨阳不同说》，《格致汇编》，第 6 卷春，1891 年。
3　晚清基督教对中国多神论的批评，可参见胡卫清：《儒与耶：近代本色神学的最初探索》，《石河子大学学报》（哲学社会科学版）2003 年第 4 期。

地方甚至有教民捣毁佛像、关帝像、观音像等行为。[1]

　　近代中国许多宗教纠纷就源于这一分歧。许多基督徒，无论是否出于自愿，不参与家族的祖宗祭祀仪式，也不参与地方社群的求雨仪式等宗教仪式。而家族的祖宗崇拜、地方社群的求雨仪式，都具有相当程度的公共性和强制性。正如我们在前文所述的宁波求雨中看到的，在禁屠求雨的过程中，违背屠宰禁令是要遭受惩罚的。基督徒拒绝参与这些公共信仰，在一定程度上选择了自外于所在的地方社群，从而导致排斥和敌对，并可能产生更为激烈的正面冲突。1862 年直隶柏乡县发生了一起民教互殴事件，其原委大致如下：某些村民入了基督教，不信向关帝求雨之说，遂拒绝与别的村民一起求雨，也拒绝承担酬神赛会的开销。但降雨之后，他们的庄稼同样获得雨泽滋润。村中生员和民众认为这些教民坐享其成，于是出言讥诮，导致互殴。[2]次年，京师北堂教士蓝田玉在通州乡间遭到殴打。据地方官员报告，五十多个村民抬着龙王塑像，让幼童手持柳枝，前往普济闸取水。根据当地求雨的仪式规则，路过之人须下马站立路旁，待求雨队伍走过再离开，以示对龙神的恭敬。当天蓝田玉等人骑马经过求雨队伍时，众人命令蓝田玉等人下马，后者不信这一套求雨仪式规则，拒绝下马，

1　如 1863 年直隶平山县教案缘由之一即是基督教教民将当地灵寿寺中金装古佛、观音大士神像挖孔去心，将积善寺中天王神像剜掉双眼，摔断手臂等。"中研院"近代史研究所编：《教务教案档》（咸丰十年—同治五年），"中研院"近代史研究所，1974 年，第 414—494 页。
2　"中研院"近代史研究所编：《教务教案档》（咸丰十年—同治五年），"中研院"近代史研究所，1974 年，第 351—358 页。

遂酿成群殴事件。[1] 1869 年，直隶广平府永年县民众把求雨不应归咎于基督教不崇拜神明，上干天和，于是拆毁了当地教堂顶上的十字架，并砸毁了教堂家具。[2] 求雨信仰的公共性和强制性，遭遇基督教强硬的绝对一神论立场，几乎必然导致这样的后果。而这种信仰上的冲突，在义和团运动中就表现得更为突出。1900 年华北旱灾中，许多求雨活动无法奏效，最后都被归咎于传教士和基督徒不敬天地、不祭祖宗而触怒了上天。这种归因几乎传遍整个华北地区，最终造成对传教士和基督徒的大肆屠戮。[3] 这些观念的斗争，并非纯然是底层民众的作为，许多教案背后都有地方士人乃至地方官的怂恿，因而这种观念的冲突也发生在基督教与中国知识阶层之间。[4]

这种反击式的回应，固然主要是下层民众的回应方式，但在一定程度上也是一部分知识分子的回应方式。而另一种更为主流的回应方式则是接受传教士带来的科学解释，而完全抛弃求雨信仰，无

---

1 "中研院"近代史研究所编：《教务教案档》（咸丰十年—同治五年），"中研院"近代史研究所，1974 年，第 382—385 页。

2 "中研院"近代史研究所编：《教务教案档》（同治六年—同治九年），"中研院"近代史研究所，1974 年，第 238 页。

3 柯文：《历史三调：作为事件、经历和神话的义和团》，杜继东译，南京：江苏人民出版社，2000 年，第 68、70—74 页。

4 教案背后有地方士人甚至地方官的怂恿和撑腰，在晚清材料中常可以见到。如"中研院"近代史研究所编：《教务教案档》（咸丰十年—同治五年），"中研院"近代史研究所，1974 年，第 300—313 页。晚清儒家士人对基督教的反感和批评，还可参见吕实强：《中国官绅反教的原因》，台北："中研院"近代史研究所，1985 年；李恩涵：《咸丰年间反基督教的言论》《同治年间反基督教的言论》，俱载刘小枫主编：《"道"与"言"——华夏文化与基督教文化相遇》，上海：上海三联书店，1995 年，第 141—234 页。

论求雨的对象是中国宗教中的天、龙王、关公、玉皇大帝，还是基督教的上帝。

举例来说，1906 年《东方杂志》一则百字短文解释印度某地降雨特别多，是因为当地峰峦障天，又正当海湾，海水蒸汽上升，被西南风吹入湾中，凝滞不动，一遇山上冷气，即降为雨。[1]同年《竞业旬报》上刊载的一篇科普短文，则用生动鲜活的语言解释了雨的成因，而且还旗帜鲜明地以此挑战对雨的传统认识，以及求雨的信仰和仪式。针对中国人认为雨是天上落下来的看法，作者指出："据现在的人考究起来，原来这雨是从地上来的。"接下来作者举烧饭时锅盖上的水珠的成因为譬喻，解释雨水的形成："这地球上那江河洋海的水，被这太阳晒热了，也就有许多部分的水，化成水汽，冉冉的向上升起，遇了那冷空气就凝住了，后来越来越重，或是那时天气的冷热有什么变动，那空气一变动，那汽水便一滴滴的落下来，这就是我们所说的'雨'了。"[2]《竞业旬报》只是中学生刊物，而该文作者是不到 15 岁的胡适。[3]由此可见关于降雨的科学解释已经相当普及了。考虑到胡适这一代人在将来的巨大影响，科学解释的普及度和影响力更不容小觑。

雨的成因虽远不如彗星那么复杂，但是影响降雨的因素太过复杂。即便到今天，人类也很难十分有效地影响降雨，更不要说在 100 多年前。在晚清期刊上看到的各种求雨新法，也花样百出，千奇百

1　《雨最多处》，《东方杂志》第 3 卷第 10 期，1906 年。

2　期自胜生：《说雨》，《竞业旬报》第 3 期，1906 年。

3　期自胜生是胡适的笔名之一，详见胡颂平编著：《胡适之先生年谱长编初稿》，台北：联经出版事业公司，1984 年，第 1 册第 68—69 页。

怪，其灵验程度较之求雨的仪式，恐未必能强到哪里去。基督徒的解释与中国读书人的言说有着明显的延续关系。

第一类求雨新法是种树引雨。1873 年，传教士刊物《中西闻见录》报道美国某处新垦之地，本来降雨稀少，但因种植庄稼，挖井灌溉，田苗遍野，最终降雨愈增，其解释是"地气上腾，故天气下降也"。文中引申说，禾苗可以引来降雨，树木更足以引来更大的降雨。[1]类似文章还很多见。[2]1902 年另一传教士刊物《万国公报》上一则《种树致雨》的短文，则试图解答为何某些近海地方也会缺少雨水。作者认为那是因为无高山大林，空中常缺阴气；或者因在高山一侧，为高山峻岭所隔，云在山另一侧即已遇阴气而成雨，"唯多种树木，则天气地质皆有变化"。该文举埃及为例以说明种树引雨的效用，说埃及原本五年一雨，因多种树木，后来已经变为一年一雨，将来也许变为四季一雨。最后，作者还建议缺少雨水的华北地区植树引雨。[3]该短文被中国报人主办的刊物《政艺通报》和《选报》原样转载，[4]又被《浙江五日报》以"农商工艺新闻"的形式节要转载。[5]可见种树致雨这种新方法及其背后的原理被不少中国知识人接受。

植树引雨对于饱受旱灾的人来说，奏效还是太慢了。还有其他的方式促进及时降雨。大约在 1897 年，国人编辑的《新闻报》就曾

1　《栽树引雨》，《中西闻见录》第 6 期，1873 年 1 月。

2　如《腾云致雨说》，《格致汇编》第 6 卷春，1891 年。

3　《种树致雨》，《万国公报》第 156 期，1902 年。

4　《种树致雨》，《政艺通报》第 5 期，1902 年；《种树致雨》，《选报》第 11 期，1902 年。

5　《种树致雨》，《浙江五日报》第 1 期，1902 年。

报道美国有人把氢气和氧气放进气球，把气球升入空中，用电线通电把气球轰破，马上就会下雨。[1]十年后，《振群丛报》旧事重提，不仅细节讲得更清楚，而且作者还相信：

> 按此法果能收效，不几夺造化之功用乎？[2]

诚然，若这种人为的方法可以奏效，主宰降雨的各种神祇大概是会失业的。这里体现出来的是天命与人力的消长关系。

1898 年，国人创办的《格致新报》又报道，德国某人发现一个现象：在 1883 到 1892 年间，德国首都的雷阵雨多出现在星期四，而很少出现在星期一。最后发现其原因是，星期一、二纱厂停工，所以降雨比较多，而星期三以后各厂开工，烟囱大量排放，所以雨少。[3]该则报道题为"煤烟御雨"，并放在"格致新义"一栏中。次年，康有为等人创办的《知新报》又报道西方科学家考虑把空气压缩为液态，在高空释放，其下之气若含充足水分，就会凝结为云，转而成为雪、冰雹，在下落过程中转成雨滴。文中还提到在空旷地面焚烧火药，加以炮声震动，即可降雨。[4] 1902 年，《选报》根据日本报纸的报道，介绍当时日本科学家制造机器向空中放电，历二日而获降雨。选编者由此感慨："近来艺学化学之精，有可以人巧夺天

1　原刊未见，转引自当时国人创办的文摘报纸《集成报》。见《新法得雨》，《集成报》第 15 期，1897 年。

2　《致雨之法》，《振群丛报》第 1 期，1907 年。

3　《煤烟御雨》，《格致新报》第 5 期，1898 年。

4　《焚药致雨》，《知新报》第 97 期，1899 年。

工者。"[1]

最为重要的方法就是用炸药轰炸云团了。传教士刊物曾简要介绍，近百年来科学家试验发现，用炮声轰震空中之湿气，遂成降雨。[2]不过这种办法，并不那么有效。当时报刊也曾报道美洲和澳洲有人做试验归于失败。[3]还有华人报刊较为详细地分析炸药致雨的方法之所以缺乏稳定的成效，是因为影响降雨的因素复杂，并根据美国的另一个案例提出改进意见。[4]

尽管人工降雨的成效如此不确定，但这不影响新式读书人对传统求雨信仰弃若敝屣，也不妨碍他们对科学的乐观态度。不到 15 岁的胡适就断言：

那有雨没雨，都是关于这天气上的事，并没有什么神道，也没有什么雨师龙神的。可见得那些人一遇了大旱的时候，便去磕头拜揖的去求雨，真是愚蠢得狠可笑了。[5]

作者根据科学知识而断定降雨与超自然力量（神道、雨师、龙神）无关，换言之，降雨与否都不是神迹。那么为什么有时候求雨会真的应验呢？作者的解释是，求雨的时候，人群聚集，锣鼓喧闹，"就是那人群熏蒸的气，也就可以使得那空气生很大的变动了，何况

1　《机器造雨》，《选报》第 11 期，1902 年。

2　《炮声致雨》，《通问报：耶稣教家庭新闻》第 255 期，1907 年。

3　《用炮致雨》，《通问报：耶稣教家庭新闻》第 241 期，1907 年；《酿雨未成》，《万国公报》第 45 期，1892 年。

4　《炸药致雨之法》，《万国商业月报》第 17 期，1909 年。

5　期自胜生：《说雨》，《竞业旬报》第 3 期，1906 年。

再拿这锣鼓的声音去震动这空气呢"，空气变动了于是就会下雨，"讲究起来到底不是什么神道的力量呀"。[1]作者的这个解释真可算是强词夺理了。但是这一幼稚的解释正好以一种夸张的方式表露出科学的僭妄，以科学解构神迹，力图驱赶任何超自然力量，把任何事物的因果关系都限定在此岸世界，即使力不能逮，也勇往直前。再如刊发于1908年《滇话报》上的一篇短论，文中斩钉截铁地说，"雨是绝对不可求得下来的"，因为雨的成因是地上的水受日照变为水蒸气，升腾上空而变云，降落下地即为雨。既然如此，那么：

> 无雨的时候，要来求雨，究竟求些什么呢？或者说是求天地，怎奈天是一股气，地是一个球。或者说是求玉皇，求龙神，怎奈玉皇龙神，是木雕泥塑的，他一样都不知道。[2]

求雨的时候，求的是什么呢？这的确是个有时代特征的好问题。作为祈祷对象的神圣存在是否真的存在已经大为可疑，乃至被断言根本不存在时，宗教信仰就岌岌可危了。传统中国人理解的天地（即宇宙，亦即泛神论意义上的上帝）可能并不被理解为人格神，但也并非死物也非机械，它能对人世间的言行善恶洞若观火，会做出公正的奖惩，会因怜悯世俗之人而给予补偿和安慰。正因如此，天地才长期作为神圣存在被敬畏，被信仰，被供奉，被祈求。而今，"天是一股气，地是一个球"，现代科学意义上的天和地，分别指大气层和地球，这样的宇宙（天地）无智慧、无意识、无意志，它们

1　期自胜生：《说雨》，《竞业旬报》第3期，1906年。
2　《俗弊六则》，《滇话报》第5期，1908年。

只是一种客观存在，不会对人的道德、行为做出任何回应。既然如此，求雨自然显得荒唐可笑。

而作为人格神的玉皇大帝、龙神也被断言并不存在了。认为玉皇和龙神只是木雕泥塑，实际上是把神像等同于它所代表的神，这个推论肯定算不上严谨，严格说来并不能否证神祇的存在。但无论如何，作者对神圣存在没有信心。信心的丧失，可能只是因为有了一套更具说服力的解释。

1908 年，时年 17 岁的胡适主编的《竞业旬报》上刊载一篇短文，以讽刺的笔调勾勒乡民求雨的荒诞情形，题目就是"还是这样求雨吗?"[1]答案不言而喻。

本 章 小 结

彗星和求雨，是传统中国宗教生活的两个重要组成部分。在传统中国，对彗星和降雨的理解，都有一定的神魅色彩。两者在传统中国的公共生活和私人生活中都扮演着重要的角色。彗星的出现预示着兵灾、战火、王朝更迭等严重的灾难。而其原理主要是五行相生相克的宇宙秩序，这是天文星占的理论基础。这种宇宙秩序，是这一信仰中的非人格化的神圣存在。上至帝王公卿、下至贩夫走卒，都在不同程度上相信这一宇宙秩序对人事道德状态有公正的回应。从而，这一非人格化的神圣存在在一定程度上保障了世俗道德秩序。求雨则是中国传统社会各阶层普遍参与的宗教仪式。求雨的参与者

1　《还是这样求雨吗?》，《竞业旬报》第 30 期，1908 年。未署名，疑即胡适自撰。

同样上至国家权力的最高层，下至与世隔绝的小村庄。求雨信仰中的神圣存在主要不是阴阳五行，而是形形色色的人格神。尽管信仰的对象纷繁复杂，仪式也各有不同，却仍有一些共同之处：以敬畏、虔诚、善良或荣耀、财富等去感动神圣存在，使之普降甘霖。

晚清时代，传教士以科学服务于传教，以正统反异端的立场展开关于彗星和求雨的言说。他们带来的现代科学知识提供了新的彗星解释和降雨解释。简而言之，"彗星自有规定，不主祸福吉凶"，降雨则是由于水变云而再变雨。他们同时强调上帝的权柄，彗星和降雨都操于上帝之手，而不取决于阴阳五行的宇宙秩序，或是玉皇大帝、龙王等人格神。

中国知识分子主体上仅仅选择了传教士言说中的科学解释，而拒绝了科学背后的宗教预设。科学解释使得中国的本土信仰遭遇严重的危机。对彗星的理解，从预兆干戈的灾星转变为"彗星自有轨道，不主吉凶祸福"，彗星之隐现，并非因为五行生克之宇宙秩序；而降雨与否，既非玉皇大帝、龙王、关帝等人格神的意志在主宰，与阴阳八卦之法则也无甚关系，只是因为地面之水蒸腾而上成云，遇到气温变化而降落而成。

彗星和求雨只是代表性的两种而已。日蚀、月蚀、金星凌日、彩虹、雷电、暴雨、龙卷风等天文和气象现象，大体而言都经历了解释范式的转换：人格神或非人格神主宰的解释被现代科学的解释所替代。这些自然现象既不受人格神的主宰，使自然现象呈现如此状态的宇宙秩序也不再对人类道德状态做出回应。换言之，无论人类是行善还是行恶，与这些自然现象都不再构成因果关联。人们需要做的，是把它们作为客观对象来研究和利用，使之服务于人类的意愿和福利，从求雨到人工降雨的转变就是突出表现。总之，随着解释范式的转移，对这些自然现象的旧有理解中的人格神或非人格神，那些曾经对人类世俗生活具有主宰作用、对人类道德状态做出公正奖惩的神圣存在，被放逐了。这并不是说，传统的人格神和非人格神的解释范式就完全不存在了，而是说其正当性被大幅削弱了，在中上层社会的认可程度降低了。

第三章　地之祛魅：以地震和风水为例

天道贯穿于万物之中，在天上会表现为"日月风雷云雨之象"，在地上则表现为"山泽草木鸟兽之形"。[1] 人处天地之间，"仰以观于天文，俯以察于地理"。[2] 与仰观天文同样重要的，是俯察地理。本章选择了地震和风水，来考察传统中国人所理解的"地理"在晚清时代遭遇的挑战，从而探讨中国人宗教生活中的神圣存在在近代遭遇的困境。地震是具有巨大冲击力的灾难，借此可看出危急时刻的思想和信仰；风水则是浸透于日常生活的思想和信仰。这些观念在晚清的嬗变，正可具体而微地体现天、天道等神圣存在在中国人精神生活中的地位和作用发生的变化。

第一节　地　震

一、传统中国的地震解释：以 1679 年京师大地震为例

对地震成因的传统解释，大体可分为三类。第一种解释是有关

1　高亨：《周易大传今注》，济南：齐鲁书社，1979 年，第 504 页。

2　高亨：《周易大传今注》，济南：齐鲁书社，1979 年，第 511 页。

神奇动物的神话故事。这种解释常常想象是某种巨型的动物驮着地面，它打打哈欠，伸伸懒腰，翻翻身，换换肩膀，拍拍手，就会导致山摇地动。日本神话故事中想象的动物是鲶鱼或蜘蛛，印度以为是鼠类，南美洲有的民族认为是鲸鱼，北美则认为是大乌龟。中国通常认为是鳌，或者认为是牛、鱼等。[1] 鳌是一种想象出来的神龟，它驮着大地，一有所动作，就会导致地震。这种观念，最早见于屈原《楚辞·天问》："鳌戴山抃，何以安之？"意思是说，神龟驮着神山（大地），它拍手起舞，大地就会发生地震。[2] 更完整的描述出自《列子·汤问》，天帝命令十五头巨鳌驮着大地，每六万年轮换一次，每次轮换时就会出现剧烈震动，地震就是这样发生的。[3] 这种地震成因因其显而易见的幼稚和解释力不足，大体上只是停留在民间传说的层面，在上层社会、士人阶层中并不居于主流。

　　像鳌这样神奇的巨型动物，因其有意志和行动，也可以理解为人格神。但它并不具有道德善恶的特征，也不具备对人类做出道德判断的资格和能力，因而只能算较低级的人格神。在这种理解中，地震的发生与人事的道德缺失之间似乎并没有关联。除非鳌的动作受命于更高的神圣存在，如此则极容易被第二种地震解释所涵盖。

　　第二种解释是把地震理解为上帝/天或其他人格神发出的动作。

1　张爱萍：《中日古代文化源流——以神话比较研究为中心》，杭州：浙江大学出版社，2005年，第14页；曾维加：《道教的地震观》，《社会科学研究》2010年第6期；杨超：《地震灾害致因的民俗学解释研究》，《长江师范学院学报》2013年第4期。
2　张爱萍：《中日古代文化源流——以神话比较研究为中心》，杭州：浙江大学出版社，2005年，第18页。
3　张爱萍：《中日古代文化源流——以神话比较研究为中心》，杭州：浙江大学出版社，2005年，第17页。

有的是因为神祇之间战斗所致，但大多认为是神祇震怒之下的举措，其目的是警示或惩罚人类的道德过错。上帝、天等人格神的重要特征就是具有公正的道德判断能力，并有根据人间的道德状况来施予祸福的巨大能力。[1]

第三种解释认为阴阳二气失序引致地震。这是传统中国中上层社会最为主流的一种解释。这种看法最早出自《国语》：

> 幽王二年，西周三川皆震。伯阳父曰："周将亡矣！夫天地之气，不失其序。若过其序，民乱之也。阳伏而不能出，阴迫而不能烝，于是有地震。"[2]

在伯阳父的理解中，阳气处于阴气之下，被阴气所压迫而无法上升，郁积突出，遂致地震。一些现代学者抽取伯阳父最后一句话，视之为唯物主义的解释。如有学者就认为："这种看法是从自然界本身存在的矛盾来解释自然现象，明确指出地震的产生是由于阴阳矛盾着的物质势力失去平衡的结果，而不是什么超自然的力量在支配，本质上是朴素的辩证唯物观点。"[3]以唯物、唯心的解释框架来理解伯阳父最后一句话，但对前几句话要么视而不见，要么惋惜其是错误的、唯心主义的遗留，把伯阳父的观念一分为二，看不到内在的一致性。前引著作接着就说："伯阳父接着又把周朝的灭亡归之于地

---

1 可参见曾维加：《道教的地震观》，《社会科学研究》2010 年第 6 期。

2 徐元诰撰，王树民、沈长云点校：《国语集解》，北京：中华书局，2002 年，第26 页。

3 唐锡仁编著：《中国地震史话》，北京：科学出版社，1978 年，第 2—3 页。

震，将自然现象与社会现象混为一谈，认为其间有一种必然的因果关系，有了灾异与人事相附会的观念，这是非常错误的。"[1]

实际上，伯阳父的解释并非唯物主义或无神论的解释，因为阴阳二气并不能等同于客观物质意义上的气体。气是构成万物的大地宇宙元质，人也是气构成的，所以与万物分享共同的"理"（或"道"）。理/道并不完全等同于现代科学理解的客观意义上的规律，人的德行善恶与人事兴衰也遵从这一套理和秩序。理具有道德属性，包含着善恶是非。换言之，理不仅是万物之所以然，还是万物之所当然。人的道德善恶也是一种形式的阴阳，因此人的道德善恶也会影响阴阳二气的平衡和协调。这就是伯阳父把天地之气（阴阳之气）失去了应有的秩序归咎于人们所作所为的原因所在。而之所以又能从地震推导出周朝将要灭亡，是因为王朝政治同样建立在阴阳（善恶）秩序之上。从地震的发生可以看出，人们已经严重破坏了阴阳二气的秩序，王朝统治秩序也不能幸免。这就是天人感应的一个具体事例。

这种解释中，并未出现一个或多个人格神，被尊奉的毋宁说是一套宇宙法则、宇宙秩序。但正如本书一再强调的，这个宇宙和宇宙秩序似乎与人格神一样有意识和意志，它对人类的道德状况有"判断"能力和回应能力，人们敬畏它的威严，向它祈祷，向它忏悔。正是基于这样的原因，这种解释经常与第二种地震解释混同。

且以 1679 年的京师大地震为例，来观察传统上对地震的理解，从而探讨传统中国人理解的神圣存在。康熙十八年七月二十八日

1　唐锡仁编著：《中国地震史话》，北京：科学出版社，1978 年，第 3 页。

（公历 1679 年 9 月 2 日）巳时（9:00—11:00）初刻到酉时（17:00—19:00），北京附近发生 8 级大地震，震中在今平谷、三河一带，波及河北、山西、陕西、辽宁、山东、河南等地。据亲历者董含的描述："自西北起，飞沙扬尘，黑气瘴空，不见天日。人如坐波浪中，莫不倾跌。未几，四野声如霹雳，鸟兽惊窜。"[1]余震持续一个多月，京城城门、城墙坍塌无数，宫殿、官署、民居"十倒七八"。有的地方地面裂开，流出黄水或黑水。京城大员死亡众多，普通百姓更是死伤无数，不及掩埋，尸臭弥漫。[2]

　　这些巨大的变动、严重的生命威胁，使人们惊恐不安；宫室坍塌，地涌黄水、黑水更让人感到惊诧。人们迫切需要一种解释。许多士人在诗歌中描述该事件时都用到巨鳌翻身的说法，在日记、笔记中记载此事大多使用了灾异论的解释。[3]大体而言，巨鳌翻身更像是一种修辞，而灾异论则是朝野上下通行的一套解释。

　　地震当天，惊魂甫定的左都御史魏象枢就直奔皇宫，面见康熙帝。请安之后，他上奏道："地道，臣道也。地道不宁，乃臣子失职之故。臣子失职，乃臣不能整饬纲纪之故。臣罪当先死，以回天变。"[4]所谓地道，并不是不同于天道，而是整体意义上的天道的一个组成部分，因而仍服从天道。地震是地道不宁所致，而地道不宁又

1　董含著，致之校点：《三冈识略》，沈阳：辽宁教育出版社，2000 年，第 162 页。

2　叶梦珠撰，来新夏点校：《阅世编》，北京：中华书局，2007 年，第 21 页。

3　详参贺树德编：《北京地区地震史料》，北京：紫禁城出版社，1987 年，第 171—247 页。本书涉及的 1679 年地震的资料，都根据该书尽可能按图索骥寻得，无法找到原书者方才转引。

4　王云五主编：《清魏敏果公象枢年谱》，台北：台湾商务印书馆，1978 年，第 92—93 页。

源于臣子失职。臣子失职，负责监察吏治的御史就有失察之罪过，故而魏象枢请赐死罪。我们虽不必把他请赐死罪当真，但无论如何，他的因果逻辑就是这样：人世道德状况导致宇宙的阴阳失序，并引致地震之类灾异；所以治理有罪之人的罪过，可以使宇宙恢复正常状态。

把地震理解为天或天道对人事道德状况的回应，这种观念由来已久。但是魏象枢故意强调地震是"地道"不宁，而非"天道"失衡，显然是为了故意避免把皇帝纳入应归罪者，以防触怒皇帝。魏象枢并不是唯一做此解释者。金万含、姚缔虞等大员也曾上奏要求康熙帝整顿吏治，饬令臣工修省。[1]甚至还有官员以此为由请求罢免。[2]

康熙帝本人虽深知自己在这套因果解释的框架下无法逃避被归咎者的身份，但他似乎相当乐于接受魏象枢等人递过来的梯子。这台阶让他不用独自承担道德指责。当日，他在给满朝官员的谕旨中就说道：

> 兹者异常地震，尔九卿大臣各官其意若何？朕每念及，甚为悚惕。岂非皆由朕躬料理几务未当，大小臣工所行不公不法，科道各官不直行参奏，无以仰合天意，以致变生耶？今朕躬力图修省，务期挽回天意。尔各官亦各宜洗涤肺肠，公忠自矢，痛改前非，存心

1　张玉书：《文贞公集》卷九第50页，转引自贺树德编：《北京地区地震史料》，北京：紫禁城出版社，1987年，第180页。

2　《雪桥诗话续集》卷二第64页，转引自贺树德编：《北京地区地震史料》，北京：紫禁城出版社，1987年，第179页。

爱民为国……[1]

地震发生的第三天（七月三十日），康熙帝下令满汉大学士以
下、副都御史以上各官，集左翼门候旨，随后派员对众臣宣示谕旨。
在该谕令中，他更为详细地阐发了对地震原因的解释。谕旨一开篇
说，"朕薄德寡识，愆尤实多，遭此地震大变，中夜抚膺，自思如临
冰渊，兢惕悚惶，益加修省"，随后笔锋一转，分六个方面批评官吏
的恶行上干天和，导致了地震：一、地方官吏谄媚上官，苛派百姓，
"以天生有限之物力、民间易尽之脂膏，尽归贪吏私囊。小民愁怨之
气，上干天和，以致召水旱、日食、星变、地震、泉涸之异"；
二、大臣结党徇私者甚多，在举荐人才时偏向平素有交情者，而不
问其操守是否清正；三、在战争中，将军攻城克敌之时，不思安民定
难，而志在肥己，肆意掠夺小民子女或财物，陷民于水火之中；
四、地方官员阻止上下通达，民生疾苦不得闻于上，朝廷为民诏旨
也不得下达，救灾不力，以致百姓不沾实惠；五、刑狱司法办案拖
延、草率定案，贪官污吏敲诈勒索，致使无辜良民身陷囹圄；六、旗
人的家属和家仆侵占小民生计，谋求利益，干预词讼，政府机构不
敢绳之以法反巴结逢迎，致使贵贱颠倒，阴阳失序。在康熙帝的解
释中，官吏的种种不道德的作为，都会上干天和，"屡垂警戒"。[2]所
以他反复申饬满朝官员要"洗心涤虑"，如此"天和可致"。他还要
求臣僚提出整顿吏治的方案。

1　玄烨：《康熙帝御制文集》，台北：学生书局，1966年，第163—164页。
2　玄烨：《康熙帝御制文集》，台北：学生书局，1966年，第165—167页。

在这两份谕旨中，康熙帝虽首先归咎于己，却花了大半篇幅来批评臣僚失职。他似乎力图归因于臣下而非自己，以免引火烧身。这与儒家士人企图以灾异论来制约皇权，恰成背反之势。这个案例表明，即便是在接受灾异论及背后的天道信仰的前提下，也可因不同的立场产生不同的解释。黄一农曾指出，早在灾异论刚刚兴盛的汉代，皇权已经形成了这种反制的模式，即力图把罪责推卸到以丞相为首的臣僚身上，而臣僚并无力抗衡，所以灾异论对皇权的实际制约效果可能并不太强。[1]

但无论如何，这套宗教信仰体系对皇权、官吏仍然发挥了一定程度的道德约束作用。在接下来的一段时间里，康熙帝的谕令中屡屡出现"地震示警""恐惧修省"等语词。他先派遣官员到郊坛祷告，但是因余震不断，他认为是"精诚未达"，遂决定虔诚斋戒，于九月十八日亲赴天坛祈祷。[2]

地震之后康熙帝的一系列谕旨中，作为主宰者的神圣存在到底是什么，很有分析的必要。"天意""天心""谴告""示警""昭感格而致嘉祥"等语词被用于该主宰者，向该主宰者祷告，都表明在他的思想观念中，此一主宰者似乎具有意志、意识，有发出行为的主动能力。如此看来，"天"似可被看作人格神。在这些文本中，"天和""阴阳顺序""和气迎庥""感应"等语词又所在多是，可看出"天"似乎只是宇宙及其秩序。[3]由于这两种话语天衣无缝地混合在一起，我们就应考虑这两者在作者的观念中存在着逻辑上的自洽

1　黄一农：《社会天文学史十讲》，上海：复旦大学出版社，2004 年，第 21 页。

2　玄烨：《康熙帝御制文集》，台北：学生书局，1966 年，第 172 页。

3　《清实录》，北京：中华书局，1985 年，第 1050 页。

性。最好的解释是，"天"正是泛神论意义上的神圣存在，等同于宇宙的上帝。而能够被作为神圣存在被崇奉的宇宙，绝非如机械一般的死物，它可以感应人间的道德秩序，也会做出相应的回应。

不过，一生勤于政事的康熙帝却遭逢地震无数，自称"不敢诿过于下"的他大概也会觉得委屈。他对这种逻辑，很可能也是有所质疑的。他在晚年深入钻研了地震的成因，并在1721年撰写了一篇文章。在此文中他继承了《国语》的传统，认为"地震之由于积气"。他引用了《国语》中的"阳伏而不能出，阴迫而不能烝，于是有地震"，程子的"凡地动只是气动"，赞同"宋儒谓阳气郁而不申，逆为往来，则地为之震"，也认可《玉历通政经》所讲的"阴阳太甚，则为地震"。但是他的理解与《国语》、程子等已有所区别。他说：每次地震之后，"积气既发，断无再大震之理"，而之所以仍有余震，是因为地下郁积之气正在重新恢复平衡；地震时之所以常有涌泉、溢水从地下冒出，是因为地下之水随积气而出；之所以西北地区地震多发而江浙一带极少出现地震，是因为长江以南地区既多江河，地形又起伏不平，地势欹侧处和水流都有助于排出地下积气，而西北地区广阔无垠，地下之气"厚劲垒涌"又无水泽以舒泄之，所以容易发生地震。[1]在该文中，他虽使用了阴气、阳气的字眼，却绝无片言只字论及世间政治或道德。他理解的气是"积土之气"，即土壤之下郁积的气体。这样的"气"似乎仅仅是客观物质意义上的气体，道德含义甚为稀薄，乃至于无。果真如此的话，则此气此理与人事道德就不再有关联，也不能形成天与人的感应。

---

[1] 玄烨：《康熙帝御制文集》，台北：学生书局，1966年，第2407—2409页。

康熙帝对地震的新解释，一方面是传统气震说的变异（其变异动力很可能是其自身的委屈感以及臣属的逢迎和开脱），另一方面有可能受了西方近代地震知识的影响。1626 年，西方来华传教士龙华民编译的《地震解》就曾以中文行世，在 1679 年地震后又重刊印行，康熙帝很可能读过该书，并可能受过传教士南怀仁的直接影响。[1]龙华民《地震解》一书中为地震成因提供了三种解释，分别为气震、风震和火震。因为地中有气郁积，欲泄不得，遂摇动土地，是为气震；地中洞穴的气，如风在地穴中来回冲荡，撼动大地，是为风震；火震则指地中之火，若外泄则为火山，若不得外泄而迸发则地震，因此地震常多发于火山活跃之处。如果康熙真的读过此书，则他仅截取了气震说，以与传统气震说相印证，同时又借助西方的气震说来剥除了传统气震说的神魅性质和道德属性。

不过，像康熙这样既有内在动力、又有充分知识资源的人，在晚清之前，恐怕还是极少数的。真正致命的打击要到晚清时代，传教士再度来华。借助现代传媒的巨大力量，现代科学知识反复出现在读书人面前，将会给灾异论的地震解释以致命打击，从而给天/天道信仰带来深重危机。

二、基督徒的地震解释及其困境

1834 年，广州的传教士刊物《东西洋考每月统记传》有一篇文章记述 1755 年葡萄牙里斯本大地震，文中提到"居民皆视之由神天降之灾祸"，作者的议论是："神天至上帝之义怒，甚可敬畏，虽然

---

[1] 黄兴涛：《西方地震知识在华早期传播与中国现代地震学的兴起》，《中国人民大学学报》2008 年第 5 期。

惹之良久，毕竟刑罚之时候到来，凡世人皆受本当之罚，后人岂不惕哉。"[1] 据此可知，无论是彼时的葡萄牙人民，还是叙述此事的作者，都认为地震是上帝震怒的结果。

这一观念在 1838 年同一刊物发表的《地震略说》一文中有更具戏剧性的表现。该文前半部分将地震之发生看作是上帝因人之恶行而降祸，"天道最忌满盈，祸福每相隐伏"，"人若敬畏上主，且禀遵其命，百福骈臻，千祥云集。但祸因恶积，邪行戾作，自干上帝之义怒也"，上帝发怒即降祸于人，"各祸之甚，为地震焉"。文章紧接着解释道，"地内之硫磺火物山积，常时燋焠，烟腾火炽"，地裂火出即为火山，烟火不得出则形成地震。文章接下来描述了地震之巨大威力及其造成的惨祸。单看中间这一部分，似乎是我们熟知的典型的科学解释。但是，文末作者总结道："世人残恶，自取咎戾，思之思之。奉事上帝，虔心归之，致变祸为福矣。"[2] 这种看法，与传统中国把地震看作天谴甚为相似，但对人类做出惩罚的神圣存在有所不同，一为人格神的上帝，一为泛神论的天。前者会发怒并发出动作，后者似乎只是宇宙秩序对人世道德状态的自动侦测、自动回应，无需一个人格化的上帝来发出动作。

晚清传教士在中国语境中论述地震的第一篇文章以 1755 年里斯本地震为例，极富象征意味。1755 年 11 月 1 日，正是天主教（基督

---

1 《葡萄呀国京都里锡门在乾隆二十二年间有地震略》，《东西洋考每月统记传》1834年五月；爱汉者等编，黄时鉴整理：《东西洋考每月统记传》，北京：中华书局，1997年，第 126 页。乾隆二十二年是 1757 年，但疑有误，里斯本地震发生在 1755 年 11 月1 日早上 9：40，故本书径直改为 1755 年。

2 《地震略说》，《东西洋考每月统记传》1838 年三月；爱汉者等编，黄时鉴整理：《东西洋考每月统记传》，北京：中华书局，1997 年，第 346 页。

教旧教）的万圣节，数千基督徒聚集在里斯本的教堂里。上午 9：40里斯本附近海域突然发生 8.7 级大地震，教堂坍塌，大量信徒被压在废墟中。随后，整个城市遭遇接连不断的余震、持续数日的火灾、铺天盖地的海啸，死亡人数达三至十万。[1]这次地震波及面极广，法国、德国、英国、意大利都有震感，再加上当时的商贸交通和信息传播，使得这一灾难成为欧洲人共同的历史经验，并激发了哲学和神学上的激烈论辩。当时在牧师和神学家中最普遍的一个解释是，"这场地震是一个向上帝忏悔的呼吁，它必须解释为末日来临的预兆，作为忏悔自我罪恶和改变生活的理由"。还有一些教派则认为这场地震是上帝对里斯本人民的罪恶的惩罚。[2]这些解释的背后隐藏了这样两层含义：第一，上帝既然是宇宙万物的唯一创造者和主宰者，地震当然也是上帝直接或间接所为；第二，上帝是至善的、绝对正义的，所以它造就的地震这一现象也是正义的，在道德上是善的。这就是神义论（theodicy，又译神正论）的常见推论。在里斯本地震前，神义论最著名的代表性作品是莱布尼茨（Gottfried Wilhelm Leibniz，1646—1716）1710 年出版的《神义论》一书，以及蒲柏（Alexander Pope，1688—1744）在 1733 至 1734 年间创作的诗歌《人论》（an Essay on Man）。莱布尼茨花了大量篇幅来论证，上帝凭其意志可以创造许多个不同的世界，但它选择了一个最好的给我们，这个世界是所有可能世界中善最多而恶最少的；[3]蒲柏的名言"凡事

1　Brightman, Edgar S. "The Lisbon Earthquake: A Study in Religious Valuation." *The American Journal of Theology* (1919), pp. 500—518.

2　克里斯提安娜・埃菲尔特：《1755 年里斯本大地震：论一场自然灾害的历史影响力》，景德祥译，《史学理论研究》2005 年第 2 期。

3　莱布尼茨：《神义论》，朱雁冰译，北京：生活・读书・新知三联书店，2007 年。

皆属正义（Whatever is，is right）"是这一信念最广为流传的文学化表达。1755 年里斯本地震之后，基于神义论的地震解释引起了伏尔泰的强烈质疑和辛辣嘲讽。伏尔泰当年就发表了诗歌《关于里斯本灾难与自然法之诗》，1759 年又创作了小说《老实人》，对莱布尼茨、蒲柏等人的神义论和乐观主义，对上帝的正义性、至善性提出了严重的质疑和挑战，上帝的信誉在欧洲急遽贬值。[1]正如康熙所著《地震》一文中所隐约透露出来的，地震引发的对"天"的正义性的质疑，在中国思想史上也从来不曾缺乏过。但是，这种质疑要取得决定性的胜利，还需要更强大的武器，那就是现代科学。

1854 年，另一传教士刊物《遐迩贯珍》在描述和解释当时中国发生的地震时，情况则有所不同。该文相当尖锐地把矛头指向中国的灾异论的地震解释。作者很清楚中国人"常言地震乃不祥之象"，也知道中国经典著作对地震的解释，但是他说：

何氏休曰："天动地静者常也。地动者，象阴为阳行。"孔晁云："阳气伏于阴下，见迫于阴，故不能升，以至于地动。"任氏公辅曰："地道以静为体，安以承天者也。逆其常理，而不得节焉，则震而不安其所承矣。"此数说皆不能得其当。所云"阳气伏于阴下，致有地震"，又云"地震由天地之气失其序"，此二说尤为荒谬无稽。至于言及天地变其常，以象人间上下乱其道，此亦谶纬术数之学而已。[2]

---

1 伏尔泰：《老实人》，傅雷译，载傅雷：《傅雷译文集》（12），合肥：安徽人民出版社，1983 年，第 1—124 页。里斯本地震对欧洲神学和哲学的影响，参见范艾：《地震动摇了神正论——记人类思想史之一页》，《读书》1990 年第 3 期；吴飞：《伏尔泰与里斯本地震》，《读书》2009 年第 3 期。
2 《近日杂报》，《遐迩贯珍》第 11 号，1854 年 11 月。

接着，作者提出两种解释作为替代。一是西方科学家的新解释：地球内部都是火，常常有水流入地心，遇火而变为气，气的蒸腾冲撞造成了地震。对此，作者认为"此说似亦有理，但余不敢强为置辩"。为何不敢置辩，我们不得而知。但是作为基督徒，作者更为信服另一种解释，即基督教正统的解释：

> 唯所知者，宇宙之间万物万事，皆为上帝所管理，即或有难测者，亦由世人知识浅陋，非因理之变常也。上月地震甚微，比之往常所闻，城市有变为坵墟者，大相悬绝。地震虽非不祥之象，然人当自省其身，去恶从善，常存如临深渊、如履薄冰之念，小心翼翼，以事上帝，以尽其道之当然可也。[1]

宇宙万物都为上帝所主，地震亦然。人若改恶迁善，谨慎侍奉上帝，则可免地震之灾。相较于《地震略说》一文的解释，这里多了一个明确的科学解释，而且明确点出是"西方博士"（即西方科学家）的观点。但是作者对于西方科学家的解释一方面认为"似亦有理"，一方面又"不敢强为置辩"，字里行间可觉察到，作者已隐隐意识到科学解释与基督教的解释之间有一定张力，但是他可能还缺乏足够的回应能力。

在稍晚的《六合丛报》上发表的《地震火山论》中，可以看出英国来华传教士慕维廉（William Muirhead，1822—1900）对科学知识熟悉得多。他指出关于地震的原因，研究的人很多，不过大多人

---

1 《近日杂报》，《遐迩贯珍》第 11 号，1854 年 11 月。

认为是由地中的火焰所导致，不过还没有定论。在文中他较为详细地介绍了西方科学家对地震成因的主流看法：地球起初是一个火球，至今焰火还存留地中，地壳为冷却凝结而成，地中火力搅动，形成地壳裂缝，水从裂缝流入，遇热变为蒸汽，气体涨力冲顶地壳，形成地震和火山。值得注意的是，在这个解释中，通篇不见一个宗教术语。这是否意味着慕维廉没有办法把科学的解释与基督教的正统解释缝合起来？由于证据有限，我们无法断然下此结论。

这种张力在后来的基督教刊物中清晰地表现出来了。1868 年另一传教士刊物《教会新报》中报道美国夏威夷地震，短文结尾说："我等教中人，无论远近，应当代为常有地动之处祈祷真神将各处地动之灾减灭，亦是分内之事，圣书中亦曾云及。"[1]上帝（真神）可以减灭地震之灾难，表明地震是上帝控制之下的；至于地震是否上帝惩戒人类恶行的举动，作者并未点明。

不过读者未必就想这样轻轻放过。随后就有读者写信来问："天道示变，惨骇罕闻。不卜彼处人民平素善善恶恶若何形态？"[2]投书人"半瞽庸人"为南京教友，其发此问之目的，是希望传教士在报刊上详细描述夏威夷人民的道德状况，并与地震联系起来，从而警醒人民改过迁善。但是客观上，这给传教士提出了一个难题。地震这样的灾难显然会伤及很多善良无辜者，如果把灾难当作上帝对人类恶行的惩罚，上帝可能就会遭遇未能明辨善恶是非的指责（中国的天／天道信仰同样可能遭遇这样的指责）。

这个问题，刊物主办方相当重视，前后两次以较大篇幅回答。

---

[1] 《地震》，《教会新报》第 12 期，1868 年。

[2] 半瞽庸人：《半瞽庸人圣书解并问地震》，《中国教会新报》第 18 期，1869 年。

在答复的一开篇，作者就说："中国凡遇水火、雷击、瘟疫等灾，死人无算之处，必云该地人民造孽甚重，故有此恶报也。不独中国云此，即昔之犹太国亦如此论。"[1]这样，作者把矛头的焦点转移到了中国自身的信仰传统上来了。作者列举《圣经》中几条记载，来说明基督教并不认为灾难是人自己作恶所致。其中一个例子是，门徒见到一个天生聋子，于是问耶稣：该人生而残疾，是这个人获罪了呢，还是其父母获罪了？耶稣回答说：这个人没有获罪，他父母也没有获罪。[2]作者认为，把灾难归于人间作孽，是中国及东方诸国的观念，"如有人忽患头疼，则云系前生违背父母，以至于此；如有人染痴病，亦云系前生不孝父母之故；又如有人羊儿风症者，则云系前生被人所使而毒人之故；又如有人患眼疾者，则云前生贪爱人之女色，今生有此报也；又如人生而瞽者，则云必于前生害其母亲也"。作者认为这样的说法，都是错误的，"夫各样灾难，非因人之自取，实是灾难之应至也"，基督教认为人的善恶是要到末日审判才得到相应的奖惩的。[3]值得注意的是，作者在这里认为，灾难不是人自己的罪孽造就的，而是"应至"。何为应至？根据什么道理，灾难应该到来？是根据科学之理吗？这个问题在该文中被轻轻放过。

该文批评的灾难系前生作孽所致，的确是源自佛教的轮回观念，在中国的思想和信仰传统中被广泛接纳，远远超过了佛教信徒的范

1　《答半瞽庸人问地震地方人情善恶形状等事》，《中国教会新报》第21期，1869年。

2　《答半瞽庸人问地震地方人情善恶形状等事》，《中国教会新报》第21期，1869年。

3　《答半瞽庸人问地震地方人情善恶形状等事》，《中国教会新报》第21期，1869年。

围。不过问题在于，该文转移了矛头，并未真正回答半瞀庸人的问题。半瞀庸人提出的是一个相当尖锐而不易回答的问题，客观上从基督教内部质疑了前文论及的基督教对地震的传统解释，地震是上帝惩戒世人恶行的举措这一观念遭到了有力的冲击。[1]我们也许并不能把半瞀庸人提问这个"事件"看得太重要，但是类似于此的问题，可以想见并非孤例。我们可以说，这个伏尔泰式的"问题"是中国思想史脉络中的重要一环。

　　无论受这个事件影响的程度有多深，甚至可以说，无论是否是受这个事件的影响，此后传教士刊物上报道地震时，几乎都只是客观描述其现象，有的再加以现代地理学的解释，极少与宗教教义挂钩，也几乎看不到把地震归因于上帝的震怒和惩戒的材料。[2]举例来说，传教士刊物《中西闻见录》在报道美国邻国的三萨法德城在1873 年 2 月地震中损失惨重，文章顺带提及地震之成因："推其致祸之起，盖附近有火山七座，间有时常腾出烟焰，或遇地内火气壅塞

1　在续文中，作者详细描述夏威夷的地理和历史，但丝毫不提"人民善恶行迹"，详参《续答半瞀庸人问三得唯枝群岛地震地方人之善恶事》，《中国教会新报》第 22 期，1869 年。

2　可参见《小吕宋国地震》，《中国教会新报》第 184 期，1872 年；《日本国地震》，《中国教会新报》第 184 期，1872 年；《防地震法》，《中西闻见录》第 14 期，1873 年；《大意大利国事：地震》，《教会新报》第 252 期，1873 年；《地震》，《教会新报》第 258 期，1873 年；《低马地震》，《教会新报》第 263 期，1873 年；《大意大利国事：地震烧山》，《教会新报》第 269 期，1873 年；《义国近事：地震》，《中西闻见录》第 16 期，1873 年；《大日斯巴尼亚国事：地震》，《万国公报》第 347 期，1875 年；《土耳机国事：地震》，《万国公报》第 347 期，1875 年；《土耳机国事：地震》，《万国公报》第 349 期，1875 年；《哥椤比亚国地震》，《万国公报》第 351 期，1875 年；《大日斯巴尼亚国事：风灾、地震》，《万国公报》第 365 期，1875 年；《安石国地震》，《万国公报》第 318 期，1875 年。类似材料多至不胜枚举。

不通，蓄之既久，一旦郁极而发，大地亦为之震动，非无因也。至无火山处有地震者，因地中有火使然，如观温泉可悉知其理，又如开煤穿井，掘地益深，其气愈热，二者并可为证。欲知其力为何力，或以为水见火化蒸汽之力，或以为磺硝相合，自然生火，如火药之轰烈，二说亦可俱存。"[1]

在这个描述中，我们也可以看到，尽管对于地震的成因并无定论，但上帝已不在其中了，即便是传教士刊物也不再把地震与上帝旨意联系在一起。也就是说，在基督徒的论说中，地震不再被视为是上帝对人类恶行的惩罚了。在基督教这里，地震同样被祛除了神魅色彩。也可以说，基督教放弃了对这一事物的解释，而把它让渡给现代科学。

三、地震解释之旧与新：以 1879 年武都大地震为例

地震现象的祛魅，不仅会给基督教的上帝信仰造成麻烦，也会给中国的天道信仰带来危机。气震说的中西合流，火震说的传入，都对灾异论的地震解释构成了冲击和挑战。新版的气震说把气理解为一种客观物质，火震说则把地震解释为地热发作的结果。无论是气，还是火，都只是客观意义上的物质和现象，是道德中立的、价值无涉的。地震的发生与人间的道德状况没有关系，地震并非天／上帝发出的警示或惩戒，也无法预兆人事的吉凶祸福。

1872 年华人自办刊物《瀛寰琐纪》创刊号上，一个署名"茗溪

1　《地震覆城》，《中西闻见录》第 12 期，第 1873 年。笔者未能查到三萨法德城是何城市，未能确定是何地震事件。

包叔子"的文人发表了一篇长文讨论地球和人类的起源，并兼及地震之成因。作者认为在天开地辟之前，宇宙起初只是浩然之气，渐渐凝聚成团，其中又有土气、金气、水气、火气，但只是"浑噩无名"，像烈火燃烧一般。经过长期的历史过程，气体上浮为天，下凝为地。在作者看来，因为"地球"的凝结是一个逐渐发展的过程，地球的"肌皮"还不是很厚也不是很坚实，地球内部的流动不已的热气就会常常发泄出来，形成地形地势的大变动，其中之一就是地震现象。在久远的伏羲至唐尧时代，山崩地裂、河川溢涸之类的灾难要多些，而到近代，这些灾难就少些，这就是地球外壳逐渐冷凝变厚所致。

　　这种解释混溶了中外的知识资源。古代中国关于伏羲唐尧的神话传说，中西合流的气震说，地火导致地震的观念，都交织在一起，互为印证。天地之形成源于气之上浮与下凝，这个观念就来自传统中国思想，且源远流长。清代流传极广的启蒙读物《幼学琼林》，开篇就有"混沌初开，乾坤始奠。气之轻清上浮者为天，气之重浊下凝者为地"的表述。[1]另一方面，古代中国对于地的看法并非球体，可是该文称之为"地球"，表明作者抛弃了传统中国天圆地方的理解，而改宗西学"地球"说。据作者说，使用西方望远镜可以看到太阳中存在金气、水气、火气等，这可用来佐证"地球未成之时，其理必当与日无异"。[2]这种奇异的结合，反映出中西知识资源联合起来，共同提供一个更为理性化的地震解释。

———————

1　《幼学琼林》一般认为由明末士人程登吉编著，是清代流传最为广泛的蒙学著作之一。

2　包叔子：《开辟讨源论：地震附见》，《瀛寰琐纪》第 1 期，1872 年。

对于传统以君王不贤、政治不协而召天怒来解释地震成因的说法，作者深致怀疑："据中国术数家言，皆云：地者，阴象也；地而震，由积阴凝滞，不安其位，其国主有兵兴，或臣下违背之渐此。以中国人论中国理，往往或十年或二十年，彼此牵就，以取其验，要皆虚而无实据。"[1]作者把这种思想观念划归术数家名下，他似乎忘记了，把地震理解为上天示警，迫使王权遵循儒家道德规范，是儒学持续近两千年的一个传统。他讲的宇宙起源论与《幼学琼林》"天文"这一节的观点是一致的，可是《幼学琼林》同一节中也包含着乾坤、阴阳的术语及"齐妇含冤，三年不雨；邹衍下狱，六月飞霜"之类的灾异论。我们可以说儒学自身内部也有着趋向理性化和趋向神秘主义的两种相反趋向，尽管它们共享着一些前提和基本思想。这就不是简单的古今、中西文化的冲突问题，毋宁说，中国传统文化内部固有的一些矛盾在这时也发挥作用，相对理性化的一方面资源也参与对信仰的打击，参与了近代中国思想世俗化的过程。

无论如何，在这个混溶了古今中西知识资源的地震解释中，神圣存在（天/上帝）被排挤出去了。而这样的解释，使地震与人间道德状况不再具有因果关系，地震也不能预兆人间的祸福吉凶。同年（1872 年）六月十九日南京附近发生地震后，《申报》报道此事时就提到有人认为"地气不和则震动，盖无关休咎云"。[2]有意思的是，同样是认为"地气不和"导致地震，曾经让人觉得那是天（宇宙秩序）的警告，事关吉凶祸福，而今却不关吉凶祸福了。问题的关键

---

1 包叔子：《开辟讨源论：地震附见》，《瀛寰琐纪》第 1 期，1872 年。
2 《金陵地震》，《申报》1872 年 8 月 13 日。

就在如何理解"气"，是理解为有道德属性的宇宙元质，还是客观物质的气体。

不过，并非所有人都那么容易放弃这个悠久的思想传统。同年八月十九日，黄海发生地震后，旅沪文人葛隐耕赋诗一首，发表在《申报》上。全诗如下：

地 震 书 感

过眼曾惊劫火红，哪堪变又示苍穹。

撼摇鳌柱乾坤动，翻覆莺花世界空。

只手何人能底定，当头几辈尚痴聋。

歌台舞榭知多少，正在邯郸一梦中。[1]

作者批评当权者刚刚从战乱中得以幸免就过莺歌燕舞、酒池肉林的生活，毫无居安思危之心。在这首诗中，作者综合使用了两种地震解释，一是鳌摇撼造成地震，二是上天示警。他批评的主要依据，正是地震是上天示警这个观念。在诗序中他说"夫天灾示警，既历见于史书；地震兆凶，复目睹夫近事"，他作这首诗就是希望人们持有居安思危之心，唯有如此，天变才可挽回，人间的修德为善，才能消弭灾难。[2]葛隐耕的诗获得了另外两位文人的回应。他们步葛

1　龙湫旧隐：《地震书感》，《申报》1872 年 9 月 24 日。葛隐耕（？—1885），名其龙，号龙湫旧隐。名诸生，于学无所不精，尤工诗词。举孝廉。任伯年曾为之写照。著有《沪游杂记》《寄庵诗钞》等。见王中秀、茅子良、陈辉编著：《近现代金石书画家润例》，上海：上海画报出版社，2004 年，第 452 页；孙家振：《退醒庐笔记》，上海：上海书店出版社，1997 年，第 17 页。

2　龙湫旧隐：《地震书感》，《申报》1872 年 9 月 24 日。

之韵而作诗，同样批评当权者缺乏忧患意识。其中一位认为鳌翻身之类的说法只是妄说，对上天示警说则持肯定态度（"变象分明示上穹"，"鳌背蛇头凭浪说，须将休咎卜其中"）。[1]另一位尽管也批判当权者不思进取，但他似乎对上天示警的灾异论也有所怀疑，认为"难将休咎卜苍穹"。[2]可问题是，如果地震并非神圣存在对人世道德状况的回应，不是天对统治者的警告，也无法从中预知吉凶祸福，那么凭什么以地震为由头来批评统治者呢？这种自相矛盾，突出地表现了地震示警的传统信仰在现代地震知识的挑战下陷入窘境：既无法对抗现代科学知识，又不想放弃天谴灾异论这一传统信仰的道德维系功能，岂可得乎？

这种矛盾，在1879年地震后的朝野言说中，表现得更为淋漓尽致。1879年五月初十日午时，中国甘肃武都、文县一带发生地震，十二日阶州及文县、西和等处大震，直至二十二日才平息下来。震中在甘肃武都、文县一带，波及陕西、四川等地，史称武都南八级大地震。[3]六月二十二日，陕甘总督左宗棠上书汇报时描述，大震之时"有声如雷，地裂水涌，城堡、衙署、祠庙、民房，当之者非彻底坍圮，即倾欹拆裂，压毙民人或数十名及百余名，或二三百名不等，牲畜被压伤毙甚多"。对于这种惨重灾难的原因，左宗棠认为：

---

1 东江散人：《地震书感·和龙湫旧隐韵》，《申报》1872年10月11日。葛隐耕的回应见抱朴后人隐耕氏：《前作〈地震书感〉一律蒙诸吟坛赐和佳章，仍用前韵赋酬》，《申报》1872年11月2日。

2 泉唐啸琴氏：《地震书感·和龙湫旧隐韵》，《申报》1872年9月30日。

3 侯康明等：《1879年武都南8级大地震及其同震破裂研究》，《中国地震》2005年第3期。

甘肃土厚水深，山泽之气每多壅閟，地震之患亦所常见。[1]

这显然是他对于地震成因的一种理解，这种解释与康熙《地震》一文中的气震说颇有类似，与现代科学的地震解释也颇有相似之处，其道德色彩甚为稀薄。不过，也许是此次地震实在太过惨烈，这个理由似乎尚不足以解释。因为甘肃虽地震多发，但一般"不过顷刻动撼，旋即平定复故"，与这一次截然不同。故而，在奏折的末尾，他又说：

微臣待罪边方，忝窃非分，兹因奉职无状，果致祸谪。应恳天恩，立赐罢斥，以昭儆戒。[2]

这里又有另一套传统的因果关系，有着浓厚的道德色彩。地方长官的失职、无德，都会导致"上天"的惩罚，地震即是其中一种。上谕的回复是："左宗棠以奉职无状，请旨立赐罢斥，具见遇灾省过之意。该督唯当时深儆惕，尽心民事，俾地方乂安，闾阎乐业，用副委任。所请立予罢斥之处，着毋庸议。"[3]圣旨中"遇灾省过"四字，表明这种归因在皇室与儒家士大夫之间是通行无阻的，他们都懂得这一套信仰的解释和意旨。但与此同时，皇室和中央政府并没

1　左宗棠:《左宗棠全集》（奏稿七），刘泱泱等校点，长沙：岳麓书社，2009 年，第 323 页。

2　左宗棠:《左宗棠全集》（奏稿七），刘泱泱等校点，长沙：岳麓书社，2009 年，第 324 页。

3　中国第一历史档案馆编:《光绪朝上谕档》，桂林：广西师范大学出版社，1996 年，第 5 册第 226 页。

有以此怪罪左宗棠的意思，因而不同意罢斥左宗棠。可见这一信仰并未严格贯彻执行。由此可能推出两种结论：一种是，皇室和中央政府对这一套信仰体系也有所怀疑，不是全信；另一种是，如果严格地把地震归咎于统治者的作为，不仅左宗棠应该被归罪革职，最高统治者也难辞其咎，于是这种归因对于最高统治者来说，不能不有所抵触。前文分析的康熙帝的例子，就是一个很好的佐证。

此中微妙之处，在七月中旬国子监司业张之洞的奏折中，有淋漓尽致的表现。张之洞该奏折意在请朝廷修德省过，以消弭灾变。他说："六月以来，金星昼见，云气有异。五月中旬，甘肃地震为灾，川、陕毗连，同时震动，东至西安以东，南过成都以南，纵横几二千里。"[1]因为金星是据以占卜的主要星体，与其他普通星体不同，它的异常现象就特别值得重视。而这一次地震不仅与金星的异常现象发生在同一时段，又发生在中国具有独特重要性的地域甘肃、陕西、四川一带，连《史记》《汉书》都说"中国之山川，其维首在陇、蜀"，且"震动多日，延袤过广"。总之，天象异常与地理异变在同一时段发生，对于张之洞来说，显然即是上天的警示：

天象地理赫赫明明，合观两事，不可谓非上苍之示儆也。[2]

张之洞还以历史经验为据，指出康熙七年（1668 年），金星昼

---

1 苑书义、孙华峰、李秉新主编：《张之洞全集》（第 1 册），石家庄：河北人民出版社，1998 年，第 23 页。
2 苑书义、孙华峰、李秉新主编：《张之洞全集》（第 1 册），石家庄：河北人民出版社，1998 年，第 23 页。

见，同时兼有地震，康熙帝乃下诏修省，让臣下指陈阙失。此后历代帝王每遇灾变则修省。那么这次惨烈的地震是因为慈禧还是光绪帝的过错所致呢？张之洞大概还是不敢归咎于清室最高统治者，他的逻辑在现实层面上很难贯彻下去，他实际上奉承"方今两宫皇太后、皇上敬天爱民，忧勤图治，凡具有耳目心知者，无不深知，无不感戴，实不应有召致灾沴之事"。那么，到底谁该为这种灾难承担道德责任呢？他转而指出可能是群臣的过错所致："然而臣职未尽修，民困未尽苏，外患未尽息。伏望圣心益加寅畏，堂廉交儆，敕戒群臣洗心奉职，以迓天庥。"[1]

尽管是臣下的过错所致，却仍然请皇室敬畏修省，这种因果错位反映出来的是灾异论、天谴说在皇权时代的尴尬处境。儒家士大夫企图以灾异论和天谴说来约束皇权，却力有不逮。若皇权拒绝把天灾归咎于己，儒家士大夫似乎也无可奈何。当然，事情的逻辑也不会如此简单，因为天人关系说同时又赋予了皇权以正当性，皇权天授，"天子"代替天在人间行道。因此，皇权若想具有天赋的政治正当性，就不得不接受天谴论、灾变论的逻辑。这样的逻辑推断，还只是建立在一个假设基础之上的，即皇权并不真正信仰灾变论，并不真正相信地震、天象异常是上天/上帝的神迹和警示。但是这个假设恐怕在大多数情况下并不成立。因为即便是帝王，也是生活在历史局限之中的，对宇宙万物奇异、神秘的现象，他们也无法提供一个更具说服力的理性解释，所以最终还是要诉诸神圣存在。有能力祛除地震之神魅色彩的帝王，似乎仅有晚年的康熙。

1　苑书义、孙华峰、李秉新主编：《张之洞全集》（第1册），石家庄：河北人民出版社，1998年，第23页。

不仅皇权如此，儒家士人又何尝不是这样？在这篇奏疏中，张之洞虽自称"向不取星术之说"，主张不可拘泥于"占候家言"，并以"经传所载""儒者所言"为论据，但整个奏折的思想基础与星占学是一致的，都是天人感应和灾异论，都把异常的自然现象归因于上天示警。[1]他引用的《洪范五行传》主张"居圣位者，宜宽大包容"，论据就是历朝地震诸异。[2]以地震异象为据来证明位居庙堂之高者应该宽大包容，应该优容直言、虚心纳谏，这种逻辑在今天看来可能不值一驳，但是在天人感应、灾异论、天谴论被广泛认可的时代，就相当易于被人接受。金星昼见的异常现象，还让张之洞担心黄河是否会发生灾难，因为"史传所载，太白（注：即金星）为变，亦或主水"。这里我们又看到星占学中的五行生克论。金木水火土五星分别对应五行，而金又生水，所以跟随金星异常变动而来的，可能就是水灾，而黄河水灾数百年来正是朝廷的心腹之患。事有凑巧，当年黄河"伏汛甚猛，河南省城外险工可危"。在张之洞看来，这年夏天清江浦一带奇怪的风灾也是一种不祥的征兆，可能是黄河水灾和地震的先兆，"夏间清江浦一带奇风为灾，黄河故道民居吹坏无数，或是河将南徙，地气先动之征"。言外之意是，而今地震已现，

1　苑书义、孙华峰、李秉新主编：《张之洞全集》（第 1 册），石家庄：河北人民出版社，1998 年，第 24 页。

2　《洪范五行传》，一般认为是汉初今文《尚书》学的鼻祖伏生或其弟子所作，"是对《尚书·洪范》篇的诠释，其特点是以五行理论推导灾异之变，揭示天人关系。君王为万民之主，以奉天行道为己任，他的一举一动，包括貌、言、视、听、思皆必须符合上天的旨意。如果不按上天的旨意行事，行为乖戾，政事失误，则会人怨神怒，上天就会让当值的五行显现变异，以示警告，严重者则更要受到相应的惩罚"。张兵：《〈洪范〉诠释研究》，济南：齐鲁书社，2007 年，第 30 页。

黄河水灾也苗头初现，所以要事先警惕河防。[1]

他还以《周易·大象》中的一段话作为根据，以证明统治者应该重视民生：

> 谨案《周易·大象》曰："山附于地，剥。上以厚下安宅。"程子传曰："山而附着于地，圮剥之象。居人上者，观剥之象，则安养民人，以厚其本，乃所以安其居也。"甘肃地震处所，山圮地裂，正与《易》义有合。[2]

剥卦为《易经》六十四卦中的第二十三卦，卦象为䷖，艮上坤下，一阳爻在上，五阴爻在下。《象传》把剥卦解释为"山附于地"，并引申为在上位者要厚待在下者，唯有如此才能安居其位。据高亨的解释，山附于地，受风吹日晒、雷击雨刷等侵袭，山体无日不在剥蚀之中。但是山不致崩倒的原因，是它依附于地，得以安居而久峙。[3]张之洞引用《象传》对周易剥卦的解释，再辅以宋儒程子的再阐释，无非是要求清皇室注重民生，厚待臣民，让百姓安居乐业，

---

1 苑书义、孙华峰、李秉新主编：《张之洞全集》（第1册），石家庄：河北人民出版社，1998年，第25页。

2 苑书义、孙华峰、李秉新主编：《张之洞全集》（第1册），石家庄：河北人民出版社，1998年，第24页。程子的阐释原文是："艮重于坤，山附于地也。山高起于地，而反附着于地，圮剥之象也。上，谓人君与居人上者，观剥之象而厚固其下，以安其居也。下者，上之本，未有基本固而能剥者也。故上之剥必自下，下剥则上危矣。为人上者，知理之如是，则安养人民，以厚其本，乃所以安其居也。《书》曰：'民惟邦本，本固邦宁。'"程颢、程颐著，王孝鱼点校：《二程集》，北京：中华书局，1981年，第813—814页。

3 高亨：《周易大传今注》，济南：齐鲁书社，1979年，第233页。

因为臣民是皇权的根基，此即儒学的民本思想。在他的解释中，甘肃地震中出现的山体崩塌现象，与《易经》中的剥卦完全吻合，所以是一个值得注意和重视的信号。总之，山体崩塌之所以值得重视，归根结底是因为它是神圣存在（天）对人世的警示。

由于认为天灾是对人的作为的回应，所以回应灾异的方式是调整自己的道德和行为。在奏折的末尾，张之洞引刘向关于灾异的奏疏为据，强调应尽人事。

汉刘向《条灾异疏》有曰："和气致祥，乖气致异。众贤和于朝，则万物和于野。朝臣和于内，则万国和于外。以和致和，则获天助。"是唯庙堂之上，开诚布公，任贤远佞，大臣以不虚心为戒，小臣以不正言为耻，协恭以谋国，同心以御侮，所谓和也。人事既尽则天麻至，内治既修则外忧绝。恐惧致福，是在圣心而已矣。[1]

"人和"可致"天和"，天不和源于人不和。如此推理，则人面对灾异并不只是坐等天灾的打击，而是可以尽人事，以恢复宇宙秩序（"天和"），从而消弭灾难。仅从这个细节也可以看出，臣服于一个神圣存在，并不必然导致人事上的消极无为。这让我们联想到韦伯笔下的路德宗教改革，把世俗的职业劳动理解为"天职"，理解为是在为上帝做功，"经营为神所喜的生活的唯一手段，并不是借着修道僧的禁欲来超越俗世的道德，反而是端赖切实履行各人生活岗

1　苑书义、孙华峰、李秉新主编：《张之洞全集》（第 1 册），石家庄：河北人民出版社，1998 年，第 26 页。

位所带来的俗世义务，这于是也就成了各人的'天职'"。[1]这样一种推理程序，可见于许多宗教信仰传统。究其根本，大多数宗教信仰所理解的神圣存在都具有公正无私的本性，它们都宠幸有嘉德良行的人，都偏爱那些友善、公正地对待他人的人，都喜欢那些乐于服务于群体利益的人。一言以蔽之，它们确保"好人好报，恶人恶报"。

总之，张之洞引用的儒家经典如《尚书》《周易》以及历代儒士的阐释，都包含了这样一种思想观念，即宇宙中的奇异现象是神圣存在作为的结果和表征。"经传所载""儒者所言"并不能超迈那一套宇宙观之外，作为儒者的张之洞也不能，尽管他（乃至于他们）对星占学传统有所质疑，但这种质疑的程度大约仅止于星占学的具体推论规则以及阐释的方式。

张之洞的这份奏折获得了最高权力层的全盘肯定。专门答复该折的上谕中说："本年六月以来，金星昼见。五月中旬，甘肃地震为灾，陕省毗连处所，同时震动。自应恐惧修省以弭灾沴。着在廷诸臣有言事者，于政事阙失、民生利病，懔遵历次谕旨，剀切敷陈，用备采择。"[2]无论是左宗棠还是张之洞，还是清政权最高权力层，都认为地震的成因，至少在一定程度上是政事有失、道德有亏引起了上天的"不和"，从而导致了警戒和惩罚。

不过，1879 年 9 月 19 日的《申报》上刊载了一篇未署名文章

---

1 韦伯：《新教伦理与资本主义精神》，康乐、简美惠译，桂林：广西师范大学出版社，2007 年，第 54 页。
2 中国第一历史档案馆编：《光绪朝上谕档》（第 5 册），桂林：广西师范大学出版社，1996 年，第 230—231 页。

《地震解》，对把地震理解为上天警戒的灾异说提出了质疑，且对左宗棠把地震归咎于己而自请罢斥的做法提出了不同的看法。文章开门见山就说：

地震，变异也，非灾异也。[1]

所谓"变异"，指的是地震相对于地静止不动的常态来说，是一种异常状态；而灾异，指的就是中国传统的天谴论。作者指出，中国自从伏羲始创八卦，以乾与坤分别指称阳与阴，天与地也作二元对举。天体清浮，风云雨露，四时变易，有动之象；地体重浊，山陵川泽，位置不发生变化，有静之象。在这个意义上，天动地静为常态，地震则为"变异"。而星占学（占候之说）把天地的变异与人事对应起来，认为地震乃是"灾异"，是上天对人事作为的警告和征兆。作者认为星占学的这种说法，不过"似是而非之理"，"在可凭与不可凭之间"。因为一个国家不可能数十年不发生事故，把十年二十年之后发生的事故也附会到这些天地异象之上，让这些异象与人事变故一一对应并非难事。如果一年之中既有地震之变异，又正好有人事变故，二者就更容易对应起来，则"其说更神"，遂书之史册，以警示后人。[2]作者对灾异说的发生机制的解释，可谓深中肯綮。

作者还指出，灾异说把地震与日月星辰的异象相提并论，同样对待，"日月星云诸灾异，亦天之自有此变象，而非必以此警人事之

1　《地震解》，《申报》1879 年 9 月 19 日。
2　《地震解》，《申报》1879 年 9 月 19 日。

征，兆人事之豫者也"。[1]换言之，日月星云的异象，有其自身的原因，并不必然与人事有关。他认为唯有水旱之灾，可以称为"灾异"，因为与人事相关，"人事之自无筹备当之，而不能挽回"，"岂天之故杀人哉"？水灾旱灾之所以可以称为灾异，是因为它们与人事有关系，而这种关系是一种世俗意义上的因果关系，即人们没有事先做好河堤维修、蓄水等防备工作，所以被灾难袭击而无法幸免。作者显然不赞同把水灾旱灾理解为神圣存在（天）因人的道德过错而发出的警告和惩罚。因而，尽管他认为左宗棠把过错归于自己的精神值得赞赏（"左侯以奉职无状，自请罢斥，论过则归己之义，谁曰不宜"），但是地震之灾并不可归咎于他："然此事不能预知，即能预知，而亦何从预防以求解免也？"[2]也就是说，他并不认可地震之发生源于官员工作失职，也不认为地震是上天对人事的警告，因而不认可把地震之发生归咎于官员之德行有亏。唯一可以归咎的，是地方官员在灾难预警和救助上的失职。

如果地震不是上天对人事的警告，它为何而发生？左宗棠奏折中也提出了一个解释，即气震说："甘肃土厚水深，山泽之气每多壅阏，地震之患，亦所常见。"这里的"气"，似乎主要指的是地下郁积的气体，道德意涵甚为稀薄。但是，以往甘肃的地震"不过顷刻动撼，旋即平定复故"，而这一次地震特别强烈，以至左宗棠认为气震的解释还不够充分。他于是诉诸人事的道德缺失，即归咎于自己"奉职无状"。而《申报》上这篇《地震解》却并不这样认为，该文

1　《地震解》，《申报》1879 年 9 月 19 日。

2　《地震解》，《申报》1879 年 9 月 19 日。

综合了气震说和火山说来解释地震的成因："地震一事，以为地中有火山，地脉热甚，熏蒸郁勃，故地面不宁，猝然有动。"而地震之烈度、广度、持久度，取决于"火山之力之厚薄，与气之盛衰"。尽管如此，作者还是觉得解释不够充分，因为若说甘肃地下有火山的话，那么火山应该由来已久，不会是新近才有的，何以这一次地震较以往都更为强烈？总之，

> 天以人事失道，特示变异，其说固未可信；而火山震动与川泽之气壅塞而成，又皆非确论也。[1]

作者显然无法回答这个问题，他于是感慨道："泰西格致之学，绝无仅有，亘越古今，然于地震一事，未有能创设术法以预防逆制者，则信乎其故之由于地心，而其理不可以测候也。"作者清楚地认识到科学尚无法完美解释地震之成因，也无法实现预防或控制地震，但是这不妨碍他否定天谴灾异说。

他在文中还提到日月星云的异象，并不必然与人事有关，而是"天自有此变象"。天发生异象是什么原因，作者并未言明。作者的科学知识似乎还没有深入到可以对宇宙异象做完全世俗的、理性的解释。他对"天垂象，见吉凶"的星占学传统半信半疑，认为"在可凭与不可凭之间"，有所质疑却无法超脱其外。

无独有偶，同年传教士刊物《益闻录》报道甘肃地震时谈道："西国格致家言，谓地中水木沙石之下，纯是热火，五金入之即化，

1　《地震解》，《申报》1879 年 9 月 19 日。

是谓流质。流质横逆，地为之震，甚者地裂火迸，而预防之术，虽精于化学者亦未有良法。若中朝则每因灾异，益加修省，以冀造化之感格云尔。"[1]这种解释，罗列了两种不同的解释，一为现代科学的解释，一为典型的传统看法。该文未对两种解释发表明确的意见。另一份传教士刊物的倾向则明显得多。在《万国公报》上的一篇短文看来，左宗棠奏折中出现的传统解释毫无必要，作者认为左宗棠的"论过则归己"这是一种值得称道的"义"，但是地震一事不能怪他，因为地震不仅无法预测也难以预防，尽管这一次地震特别大，但仍然"不足为怪"。因其故"已载于书"，因而作者没有解释到底是何原因，但我们不妨推测，"已载于书"的原因正是科学所讲的这一套。[2]这篇短文的解释和评论，与《申报》所载《地震解》一文甚为相似。

地震之变动，已然让人感到惊异，因而往往以神圣存在之作为来加以解释。而金星昼见的异常现象又与地震发生在同一时段，更足以令人感到神奇可畏，并视之为神迹。张之洞的奏疏就是如此。不过，英国来华传教士艾约瑟（Joseph Edkins，1823—1905）对张之洞的理由并不认可，尽管他没有提到张之洞的姓名。甘肃地震之后，艾约瑟发表了一篇题为《地震星见说》的文章。他以近代科学研究成果为据，认为把地震和天象联系起来并无根据："精于格致者，近数百年无人论及地震与日月星有何相关之说。"[3]他指出地球绕日旋转，金星也绕日旋转，都有固定的周期。因为金星与地球的周期不

1　《关陇地震》，《益闻录》第 18 期，1879 年。
2　《地震说》，《万国公报》第 558 期，1879 年。
3　艾约瑟：《地震星见说》，《万国公报》第 563 期，1879 年。

一样，金星昼见并非奇异的现象，实则是常有之事，只是因为种种原因，很少被人注意到而已，所以一见即感奇异："盖太白之昼见，实岁岁恒有之事，惜乎不之察耳，故每见而惑生焉。"[1]有客观运行规律的金星，与人事的作为并无因果关联，也不能预兆人事的祸福吉凶。把金星昼见与地震联系起来看作上天的警示，以此促使人们修省的做法，自然也没有根据：

> 或有谓金星昼见，及地震同时，似恐有相关之处，兼睹天文、察地理而慎人事之论。窃思人事自宜常慎，何待天文地理而始慎耶？所论固于人事有裨矣，于天文地理格致之学毫无实据。[2]

艾约瑟承认，把金星昼见、地震这样的事件理解为上天警示的灾异论，有益于人间之道德修省，但是这样做并无事实上的根据。金星的运行、地震的发生与人世道德并无瓜葛。对《史记》所讲的以金星占卜人事的做法（"太白之行占主何象"），他也不以为然，尽管他一向爱读《史记》。他说，如果司马迁生在今日，深明泰西格致之学，肯定会赞同他的看法。[3]在该文的末尾，作者还劝勉读者到刚刚设立的同文馆学习"真学"，"以深究格致之理"，从而就"无须恃向所深信之古学而泥之"。[4]"格致之理"与"古学"，显呈此起彼伏之势，"格致之理"越发达，力求"究天人之际"（司马迁语）

1　艾约瑟：《地震星见说》，《万国公报》第563期，1879年。
2　艾约瑟：《地震星见说》，《万国公报》第563期，1879年。
3　艾约瑟：《地震星见说》，《万国公报》第563期，1879年。
4　艾约瑟：《地震星见说》，《万国公报》第563期，1879年。

的"古学"就越岌岌可危。

1881 年，《益闻录》刊载了一篇题为《地震解》的文章，对把地震归因于人世道德缺失的传统观念做出了更系统的批驳。该文开门见山就亮出了区分彼此的界线：

地震，灾异也，非妖异也。[1]

这句话与《申报》所载《地震解》如出一辙，只是"变异""灾异""妖异"的表述有所不同。这里的"灾异"相当于前文所讲的"变异"，亦即自然灾害；"妖异"等同于前文的"灾异"，即神圣存在对人世的警告和惩戒。在作者看来，所谓潜蛟欠伸、痴龙思门、鳌身转侧而引起地震的神话故事，自然是豆棚瓜架之谈，不值一提；就是西汉刘向的"春秋地震为执政者太盛"，三国应璩的"文王修德以厌地震"的说法，都是"以齐运之妖祥，验人间之善恶"，"与地学家所言，大相径庭"。[2]他认为《国语》中所讲的"阳伏而地震"、张融所谓的"气开而地震"与现代的理解倒是更为接近（这正好佐证了气震说的变异）。作者简要介绍了明代意大利来华传教士龙华民编译的《地震解》一书中的观点。正如前文所介绍的，该书为地震成因提供了三种解释，分别为气震、风震和火震。作者认为气震和风震都靠不住，唯有火震一说，与现代科学的看法基本一致，因而作者基本视之为定论。[3]与前一篇《地震解》一样，虽然明知火

1　《地震解》，《益闻录》第 101 期，1881 年。
2　《地震解》，《益闻录》第 101 期，1881 年。
3　《地震解》，《益闻录》第 101 期，1881 年。

震一说仍有许多漏洞，比如在没有火山的地方也会发生地震，但作者似乎都认为总比把地震解释为上帝、上天或其他神魔力量要更为可信一些。作者对科学的解释显然更有信心。地震可以是任何东西，唯独不能是"妖异"。

1909 年，一篇刊发于传教士刊物上的科学普及文章，非常清晰地勾勒出地震的科学解释对地震灾异论的冲击。文中说道：

中国古学说，均以为天时人事之变，人君当恐惧修省以挽天灾。《春秋》纪地震者五；杜氏曰：地道安静，以动为异。故《书》孔晁云：阳气伏于阴下，见迫于阴，故不能升，以至地动。而西人之学说，以为地震者，乃地内硫磺各石头之类燃烧也……此盖地理之自然，与人事初无关系。[1]

这里"地理之自然"，仅指地壳运动的客观规律，它不因人的道德状况差而发生，不为警告世俗社会而发动，也不以人的意志为转移。向它祈求、祷告自然就显得荒谬而愚昧。这里的"地理"一词所指，已经相当于我们今天所理解的作为一门自然科学的地理学，与传统中国理解的"地理"已相去甚远。类似地震的地球异象，在传统知识和信仰中与人事道德状态是相关的，但是经历过科学知识的重新解释之后，地变成了有着客观运行规律的事物，与人事"初无关系"。

到清朝末年，无论是中国人办的期刊，还是传教士所办的期刊，

1　《说地震》，《通问报：耶稣教家庭新闻》第 384 期，1909 年。

关于地震的解释，大都已经抛弃了以地震为神圣存在示警和惩罚的理解和信仰，现代科学的解释已经占据绝对的优势位置。其后的期刊文章中，涉及地震的，要么是客观报道地震情状，要么是普及或探讨科学知识[1]，偶尔涉及超自然力量的解释，也只是以之为批判的靶子而已。[2]传统的解释在中国新式读书人中基本已没有信奉者。同样，把地震解释为上帝的惩戒的观念，在传教士刊物中也已基本绝迹。无论是上天，还是上帝，甚或是其他神魔，在地震成因的主流解释中，都已失踪了。清末就有刊物指出，那时已经没有人再相信传统那一套解释：

> 昔西周地震而伯阳父曰："周将亡矣。夫天地之气，不失其序；若过其序，民乱之也。阳迫而不能出，阴迫而不能蒸，于是有地震。今三川实震，是阳失其所而震阴也。阳失而在阴，川源必塞，源塞国必亡。"此中国史家之恒言也，而今之学者，无复有信之矣。[3]

在长达两千年的历史长河中，中国史家一直相信并书写的地震示警之解释，实际上是以天人关系为主轴的一个相当重要的思想和信仰传统，它是中国传统学界、政界乃至全社会的公共信仰，是中

---

1 中国人所办刊物中，可参见《论地震》，《亚泉杂志》第 5 期，1900 年；季理斐、董韵笙：《谈地震》，《大同报》第 7 卷第 13 期，1907 年；《地震后之隆起》，《教育世界》第 163 期，1907 年；《地震》，《教育世界》第 164 期，1907 年；《地震》（续），《教育世界》第 166 期，1907 年；星五：《地震说》，《牖报》第 8 期，1908 年。传教士所办刊物中，可参见《地震之故》，《万国公报》第 212 期，1906 年。
2 如《讲地震》，《敝帚千金》第 11 期，1906 年；《地震之学说》，《广益丛报》第 195 期，1909 年。
3 《述地震之理》，《通问报：耶稣教家庭新闻》第 284 期，1907 年。

国宗教的一个重要组成部分。可是"今之学者"基本不再有人相信这一套体系了。这是一个相当重要的变化，它至少意味着在地震解释这个问题上，神圣存在已经失去了存在的必要。

既然不再相信灾异论，祈祷禳灾犹如对牛弹琴，以善念良行去恢复宇宙秩序也显得荒唐可笑，把地理与臣道作类比当然毫无根据，以地震为由头批评统治者的施政成绩也不识时务。地震等灾难和异常现象之发生，遂不能再对世人尤其是统治者构成道德压力。可是，还有什么动力和理由可以促进人们尤其是统治者做出道德反省和改进呢？1879 年，传教士艾约瑟在以科学解构灾异论时宣传："人事自宜常慎，何待天文地理而始慎耶？"[1]艾约瑟在这里使用的"天文"和"地理"，仍然是传统意义上的。在传统天文地理解释中的天地异常现象，是神圣存在对人的道德状况的回应。如果神迹不再，神还安然无恙吗？即便神圣存在仍然存在，但是却不再以神迹的方式对人们的言行做出回应，那么它的存在对人还可感知吗？如果不能被感知，它的存在对于人类还有意义吗？艾约瑟的意思是说，人们本来就应该经常进行道德上的反省和改进，而无需任何神圣存在的警告和惩戒，把全部希望都寄托在人类的自我约束上。这样的答案实在太过轻飘飘，如果人类的自我约束如此可靠的话，世界上怎么会有不计其数的宗教？借助格尔兹的洞见来看，人们找到了更好的方式来解释世界，所以抛弃了旧有的灾异论的解释模式。要紧的是，旧有的解释模式同时还是一种宗教信仰，具有道德维系和情感慰藉的功能；不幸的是，新的解释模式似乎并不具备这两项功能。留出来

1　艾约瑟:《地震星见说》,《万国公报》第 563 期, 1879 年。

的这一大片空白用什么来填补?

灾异论之式微已是历史事实,无可挽回。这一历史变迁使天道信仰丧失了一个非常重要的表现形式。因为任何宗教信仰的神圣存在都须以某种方式表现出来,为人所感知,方能成其为信仰对象。如果要把天/天道继续当作神圣存在来信仰,一个必待解决的问题是:天/天道以怎样的方式监观、裁判和奖惩世人?当神圣存在丧失了临现的舞台,它以何种方式仍然为人们所感知并为人们所崇奉?如何在放弃灾异论的前提下继续保有或重建天道信仰,如何使天道信仰仍然具有实践性,是历史给文化保守主义者提出的重大问题。

第二节　风　　水

一、传统中国的风水信仰: 以 1875 年同治帝墓选址为例

风水作为一种传统信仰和技术,它主要通过考察地形、地势、方位等,判断某一空间对人事兴衰、吉凶祸福的影响潜能,选择能带来好运的空间("风水宝地"),以建立房屋或墓穴,使之与外部环境保持和谐的关系,从而影响居住于此的生者或死者之后裔的命运。

风水在古代又称地理、地道,又名堪舆。堪,地突之意,代表地形;舆,承舆之意,着重地貌的描述,因而堪舆意为通过地形地貌探究地中之道理的学问和技术。地中之道、地中之理,是整体意义上的宇宙秩序(天[1])的一个组成部分。因而风水术内在地要求把地道与整个宇宙秩序联系起来考虑,遂常与天文星占相结合。故而

一种解释说，堪即天道（天³），舆即地道，堪舆术一方面要观察地形、地貌，同时也要观察日月星辰、风雨雷电。因而，风水术中最重要的工具——风水罗盘最早是由天盘和地盘两部分组成的。天盘在上，圆形，为便旋转底部略凸起，故又称天池，天盘中心有一根指南针以确定方位。地盘在下，方形。天盘、地盘的称呼及形状，表明风水罗盘对应着天圆地方的传统宇宙想象。[1]风水罗盘的刻度包含多层同心圆，通常包含阴阳、五行、八卦、十天干、十二地支、二十四节气、二十八分野、六十四卦、六十甲子、三百六十周天，既包含方位也包含时间，既有"天文"也有"地理"，大体都可追溯到《易经》。从某种意义上，一个风水罗盘就可以看作易学传统具体而微的集中呈现，也是中国传统宇宙观的一个集中表现。有学者指出，"风水的理论思维体系，是同中国传统哲学直接联系的"，风水信仰的经典文本中使用的核心术语——道、气、阴阳、五行、八卦等——都是内在于古代中国思想系统的。[2]换言之，风水信仰内在于天人相应的宇宙观念之中。风水经典著述中所讲的"工不曰人而曰天，务全其自然之势"，"因其自然之性"，"虽由人作，宛自天开"，指的就是人的建造物要服从宇宙秩序（天¹）。[3]李亦园曾提出，风水是中国思想传统中调和人与外在空间的认知和行为体系，是中国天人合一思想传统的重要表现之一。这一看法为日本学者渡边欣

1　郑小江主编：《中国神秘术大观》，南昌：百花洲文艺出版社，1993 年，第 435—436 页。

2　王复昆：《风水理论的传统哲学框架》，载王其亨主编：《风水理论研究》，天津：天津大学出版社，1992 年，第 89—105 页。

3　王复昆：《风水理论的传统哲学框架》，载王其亨主编：《风水理论研究》，天津：天津大学出版社，1992 年，第 103 页。

雄所激赏。后者在此基础上指出：风水思想是以中国所谓"天人合一"之"自然、人类一体的原则"以及"宇宙调和"的原则（宇宙内部天、地、人或天、人、社会的"中与和"）为根本的思想之一。[1]总之，风水术的目标就是要使阳宅（即生者的房屋）和阴宅（死者的坟墓）的建造被选定在特定的时间、特定的空间，以最佳地融入和顺应宇宙秩序。

对于天道，在风水信仰内部也有一些不同的理解，体察天道的方法和技法也有所不同，故形成众多派系。一般认为自宋代起风水术主要汇聚为理气宗与形势宗两大派系。理气宗又称理法宗、福建派，偏重义理，主于五行八卦相生相克之理，"注重时空对人类的影响，把四季的变迁、气候的变化、地磁的偏转、山水方位的确定与人的居址兆域联系起来，以断定吉凶祸福"。[2]而形势宗又称江西派、峦头（体）法、形法等，"它以觅龙、察砂、观水、点穴为基本理论和操作步骤。所谓龙、砂、水、穴是对自然山水及其聚结围合场所的象类比拟"。[3]有学者曾指出，风水术中理气宗与形势宗的分别，正好对应着宋明儒学不同的派系。福建理气宗对应福建理学，江西形势宗对应江西心学，"这不仅仅是地理上的巧合，更是反映了风水思想从来都是与天道观思想的发展相为表里的"，风水术中理气宗与形势宗的矛盾和统一，实际上是天道观内部理学与心学的矛盾统一。两者的目标都是要达成天人合一的理想，不同的是达成目标的方式

1　渡边欣雄：《中国风水与东亚文明：社会人类学的论点》，载王铭铭、潘忠党主编：《象征与社会：中国民间文化的探讨》，天津：天津人民出版社，1997 年，第 207 页。

2　宋会群：《中国术数文化史》，开封：河南大学出版社，1999 年，第 326 页。

3　宋会群：《中国术数文化史》，开封：河南大学出版社，1999 年，第 325 页。

不同。无论是理气宗还是形势宗，本源处仍然要和阴阳、五行、八卦等易学传统挂钩，才能吻合于天道。[1]此说甚有见地。

如果说阳宅影响人的祸福吉凶还比较容易理解的话，祖先阴宅的风水特性又为何会影响后裔的祸福吉凶呢？学界对此问题一般有两种不同解释。第一种称为"机械论"，以弗里德曼的观点为代表。这种观点认为，风水信奉者相信祖先的遗骨会感应地气，从而影响到父系子孙的运程。祖先的遗骨是一种并无意志的物质存在，真正影响到子孙祸福的是土地所发出"气"所包含的生机和能量。另一种称为"人格论"，以马丁和李亦园等人的观点为代表，这种看法认为，风水信奉者相信祖先死后仍有另一种生命，有自身情感和意志，祖先如果在墓室中生活得不好，就会加害于其亲人，因而祖先的情感是决定性因素。[2]

本书认为这两种解释很可能是可以同时成立的，归根结底是因为中国人关于死后生命的理解模棱两可。在后边专论灵魂和鬼魂的章节中我们将看到，一方面气化论的灵魂观念认为人死之后，灵魂会消散成气，融入茫茫宇宙之中，因而不仅墓中之骸骨并无生命和意志，而且连灵魂都很难说有人格特征。这种理解中的死后生命所接受的宇宙能量与后人的祸福之间的传递，依靠的就是气的感应，后人与先祖之间同气相求。但这种死后生命的观念，对中国人的情感、习俗和礼制来说还是显得太冷冰冰。因而另一种死后生命的观念有更强

1　王育武：《中国风水文化源流》，武汉：湖北教育出版社，2008 年，第 201 页。
2　渡边欣雄：《中国风水与东亚文明：社会人类学的论点》，载王铭铭、潘忠党主编：《象征与社会：中国民间文化的探讨》，天津：天津人民出版社，1997 年，第 197—204 页。

的人格特征，仿佛生者的生命在一个不同于世俗的世界中延续，并可能短暂地回到生者的世界。这两种死后生命的看法是并存的。相应地，祖先阴宅的风水如何影响到后裔，也有两种不同的解释。

接下来，我们以 1875 年清皇室为同治帝选择墓地为案例，来观察风水信仰在上层社会中的表现。对此案例，常见的描述来自严谨性较为欠缺的非学术作品。[1] 汪江华博士曾从建筑史的角度做过系统研究，并涉及其中的风水信仰问题。[2] 这里不拟做周详的论述，仅在前人研究成果的基础上，以文献为依据，来呈现晚清时期中国上层社会对风水的信仰，以管窥传统宇宙观在中国人日常生活中的意义。

1875 年 1 月 12 日（同治十三年十二月初五），同治帝因病去世，年仅 19 岁。按清代惯例，皇帝登基之后即启动陵墓选址和营造的工程，但由于财政不济，同治又年纪轻轻就遽然去世，未及事先选址，到他死后才着手为他的陵墓选址。1 月 21 日，慈禧太后下令醇亲王奕譞、总管内务府大臣魁龄[3]、总管内务府大臣荣禄[4]、翁同

1　李寅：《清东陵揭秘》，北京：中国人事出版社，2001 年；宋晓明：《解密大清皇陵》，北京：中国华侨出版社，2008 年。

2　汪江华：《清代惠陵建筑工程全案研究》，天津大学博士学位论文，2005 年；史箴、汪江华：《清惠陵选址史实探赜》，《建筑师》2004 年第 6 期；汪江华、高伦：《清代惠陵工程选址始末》，《天津大学学报》（社会科学版）2012 年第 6 期。

3　魁龄（？—1878），正红旗人，瓜尔佳氏。咸丰进士。同治初年累迁至广东惠潮嘉道、直隶通永道、詹事府詹事、内阁学士。同治五年（1866）升理藩院右侍郎，旋调工部右侍郎。十一年授总管内务府大臣，承修昭陵、西陵、景陵工程。清光绪初年，官至工部、户部尚书，曾承修惠陵、孝陵工程。光绪四年（1878）因病开缺。《中国历史大辞典》编纂委员会编：《中国历史大辞典》，上海：上海辞书出版社，2000 年，第 3047 页。

4　荣禄（1836—1903），满洲正白旗人，瓜尔佳氏，字仲华。同治年间先任职神机营，后任工部侍郎（掌管工程建筑），再调户部，兼任总管内务府大臣。光绪年间屡获重用，成为晚清政坛的重量级人物。庄汉新、郭居园编纂：《中国古今名人大辞典》，北京：警官教育出版社，1991 年，第 507 页。

龢[1]在清室东陵和西陵附近寻找风水宝地，并让恭亲王奕訢总负责。[2]随后，几位大臣开始商议，并选定了五位风水师，分别是礼部郎中张元益、四品衔刑部员外郎高士龙、四品衔候选同知李唐、从九品李振宇、签分湖北试用知县廖润鸿。翁同龢虽对慈禧谦称自己对堪舆术"看书少"，但大概也是相对于更精此道者而言，他在选址过程中的深度参与，表明他绝非外行。就在受命之后的1月31日，他还向温年丈请教"地理之学"。[3] 2月4日，又与来访的廖润鸿"谈地理"。[4] 2月17日，慈禧太后召见翁同龢，详细指示选址的要求，大意"非正向不可用"，意即一定要朝南，可见慈禧至少也略知一二。[5]

2月20日，翁同龢等人从京城出发，次日抵达东陵所在地，即今河北遵化境内。翁同龢日记中记载，成子峪"龙脉甚真，回抱极紧，盖从黄花山迤逦而来，与昌瑞山别派，到此剥换数次，护沙到穴，可立辛山乙向，上吉地也。唯宽处仅二十丈，与规制未合耳。张、高、二李定穴在中，廖君定穴偏右三丈"，而松树沟"形如箕，实无气地，议不可用"；再到宝椅山，"东高西下，毫无形势"。[6] 24日，翁同龢、荣禄、奕谟、魁龄以及五位风水师又到双山峪察看，

1　翁同龢（1830—1904），江苏常熟人，字叔平。咸丰年间状元。同治、光绪二帝师傅。历任户部侍郎、都察院左都御史，刑部、工部、户部尚书，军机大臣兼总理各国事务衙门大臣。《中国历史大辞典》编纂委员会编：《中国历史大辞典》，上海：上海辞书出版社，2000年，第2497页。

2　陈义杰整理：《翁同龢日记》，北京：中华书局，1993年，第1090页。

3　陈义杰整理：《翁同龢日记》，北京：中华书局，1993年，第1091页。

4　陈义杰整理：《翁同龢日记》，北京：中华书局，1993年，第1092页。

5　陈义杰整理：《翁同龢日记》，北京：中华书局，1993年，第1097页。

6　陈义杰整理：《翁同龢日记》，北京：中华书局，1993年，第1098页。

翁同龢认为"此系昌瑞山东趋一枝之脉，龙气稍弱，又非正落正结，止漫坡有洇而已。所幸雨水来汇，抱穴东南去，远山横带，颇为有情，然不如成子峪远矣"。五位风水师也在这里分别拟定了墓穴位置，"所定穴高下不离三丈。张、高定上中（癸丁兼丙子丙午），二李定中（向同），廖公定偏下（癸丁正向）"。[1] 26 日，诸人又会合于成子峪，考察最初选中的墓址，此地虽风水位置甚好，但"地多坑谷，施工较难。且西配殿正跨洇上，非所宜也"。而且正如前文所说，此处比较狭窄，于规制不符，但是翁同龢认为就算规制小一点，又何尝不可。

　　3 月 6 日，负责选址的众人聚集醇亲王奕𝥃府邸。恭亲王奕䜣召集五位风水师，"详问立穴异同之故"，五人各申其说，但终未能做出决定。[2] 次日，翁同龢等又奔赴清室西陵勘察。12 日，廖润鸿与张元益、高士龙赴酸枣沟，回报石头多，亦可用。[3] 13 日，翁等人查勘丁家沟，翁认为"地势平衍，后脉甚弱"。又往西玉沟察看，廖润鸿认为此地"略有形势"，但翁认为"颠顶无脉"。[4] 14 日，翁等查看九龙峪、寿星山等地，在寿星山选中了一个地点。翁描述此地："寿星山者，青脉最高处也，曲折起伏，如画如活。此地开张处护沙皆到，亦分两成。"五位风水师在这里取得了意见的一致，都选择了下一成，"穴星及向皆合为一"。不过翁同龢意见独异，他认为若墓穴定在上一成，"则气象高出，群峰环拱，当

1　陈义杰整理：《翁同龢日记》，北京：中华书局，1993 年，第 1099 页。
2　陈义杰整理：《翁同龢日记》，北京：中华书局，1993 年，第 1105 页。
3　陈义杰整理：《翁同龢日记》，北京：中华书局，1993 年，第 1106 页。
4　陈义杰整理：《翁同龢日记》，北京：中华书局，1993 年，第 1107 页。

面正对近身横案。若在下一成，则近案太逼，护沙已脱"。所谓横案者，指的是某一天然生成宛如书桌的地形。五位风水师意见统一，还牢不可破，翁同龢也只好弃置不议。[1] 15 日，五位风水师又前往张格庄看地，唯有廖润鸿认为有地可用，而其余诸人皆认为无地可用。[2]翌日前往西线代村查看，"沙水环抱，四山拱之。惜地脉开伤，穴场右手成斗绝大坑，不能用矣。五风水皆称不可……令风水再至西边寻看，亦称无"。[3] 19 日赴刘景村查看，"其地平原漫行，而后山龙脉分张，西北一峰昂头而起，右无近砂，水皆干沟，且由水不会。风水五人皆以为不可用"。[4]

　　3 月 26 日，此路人马回返京城，齐聚神机营，向恭亲王奕䜣报告。这一回五位风水师不再争执，定下了报告慈禧的内容。东陵附近选了两处，西陵附近选了一处，以备选择。28 日，奕䜣、奕谟、翁同龢、荣禄、魁龄面见慈禧太后复命。慈禧询问东西两边的地势，两位亲王回答，讨论了很长时间。恭亲王意见偏向于东边，而且主张选择九龙峪，但还是请慈禧亲自定夺。慈禧选择了东边的双山峪。奕䜣又提供了双山峪三个墓穴方位以供选择，"下者偏，且对象山，不如金星之高湾，乞于两上穴中指定一处"，慈禧最终选定了中间一处。[5]同治帝的陵墓选址工作到此告一段落。

　　参与陵墓选址的五位风水师，唯有廖润鸿一人属于理气宗，其

1　陈义杰整理：《翁同龢日记》，北京：中华书局，1993 年，第 1107 页。
2　陈义杰整理：《翁同龢日记》，北京：中华书局，1993 年，第 1107 页。
3　陈义杰整理：《翁同龢日记》，北京：中华书局，1993 年，第 1108 页。
4　陈义杰整理：《翁同龢日记》，北京：中华书局，1993 年，第 1109 页。
5　陈义杰整理：《翁同龢日记》，北京：中华书局，1993 年，第 1111 页。

余四人均属于形势宗，[1]翁同龢本人也"大略以形势为宗"。[2]在选址过程中，廖润鸿的意见常与他人发生分歧。但是，双方之间的分歧似乎远没有大到不可合作的地步。以形势为宗的翁同龢既讲龙，也讲气，以致有"龙气"之说。他与廖润鸿有多次长谈，翁一方面认为廖"其言甚执，自负不浅"，[3]认为他谈风水"迂远"，另一方面也承认廖"于三元法得真髓矣"。[4]所谓三元法，"就是以六十甲子配九宫，一百八十年为一周期，一周期包括三甲子，第一甲子为上元，第二甲子为中元，第三甲子为下元，三元循环不已。术数家据以占验天地人事的变化。风水家按此法列出数表，据表可查出主人的八卦属性，也相应地分为西四命和东四命。最后，根据宅的属性，采用'变爻'的大游年法推断住宅各个方位上的'九星'流布"。[5]简而言之，三元法的核心即在于根据人的姓名、出生的时间、空间等要素确定他的属性，再根据五行生克等一系列复杂的程序为他选择最为合适的空间，在合适的时间迁入（或葬入）。其目标在于使人被放置在最合适的时间和空间之中，使其个人属性顺应宇宙秩序。

三元法属理气宗，不过三元法的宗师——明末的蒋大鸿本人却是融会理气宗和形势宗的一个人物。蒋大鸿字平阶，江苏松江（今上海松江）人，早年曾随陈子龙学习诗词，是云间派的代表人物之

1　史箴、汪江华：《清惠陵选址史实探赜》，《建筑师》2004 年第 6 期。

2　陈义杰整理：《翁同龢日记》，北京：中华书局，1993 年，第 1097 页。

3　陈义杰整理：《翁同龢日记》，北京：中华书局，1993 年，第 1090 页。

4　陈义杰整理：《翁同龢日记》，北京：中华书局，1993 年，第 1100 页。

5　高寿仙：《星象·风水·运道——中国古代天地智道透析》，南宁：广西教育出版社，1995 年，第 247—248 页。

一。曾广泛研习各派风水术，纂述、辑注大量风水经典作品，如《地理辨正》《平砂玉尺辨伪》《归厚录》《阳宅指南》《水龙经》，曾把复杂的天盘、地盘、人盘合而为一的三合盘改造成只保留地盘的三元盘。他是理气宗中三元玄空派的宗师，对清代风水师影响甚大，人称"地仙"。[1]他最为著名的作品却是《水龙经》，而该书往往被视为形势宗的代表作，各卷内容如下："第1卷言行龙结穴大体，支龙干龙相乘；第2卷言五星正体变体，审辨吉凶；第3卷言水龙上应星垣之格局；第4卷言水龙托物比类之象；第5卷为'申言'。"[2]实际上，他在该书中兼采形势宗和理气宗，把长生十二宫、五行、天文分野等理气宗的主要内容也整合进形势宗的寻龙问穴的技法之中。风水两宗融合的基础，正是因为最终的目标在于要把人（包含死者）置放于合适的时间和空间中，以符合宇宙秩序（天[1]）。也唯有作此理解，才能解释翁同龢对廖润鸿的赞可。史箴、汪江华强调在选址过程中形势宗与理气宗的分歧。[3]但这只是事情的一方面，另一方面也应看到二者之间的合作。廖润鸿的选址意见虽然并未获得最终认可，但是在选址过程中，廖频频拜访翁同龢并多次与之长谈。翁固然在日记中曾批评廖的人格，但也曾赞可他深得三元法之真髓。究其原因，主要在于理气宗与形势宗之间的交融，三元法本身就是交融的结果。

　　我们不妨再来读一读五位风水师对最终选定的双山峪的意见。在整个选址过程中的意见，都有相应的记录可查，史箴、汪江华在

1　虚生上人：《风水全真道》，南京：江苏人民出版社，2010年，第35页。

2　尹协理主编：《中国太极八卦全书》，北京：团结出版社，1994年，第388页。

3　史箴、汪江华：《清惠陵选址史实探赜》，《建筑师》2004年第6期。

论文中论列甚详，双山峪也不例外。[1]为不影响行文，兹抄录于注释之中。[2]形势宗的张元益、高士龙、李唐、李振宇与理气宗的廖润鸿

---

1 史箴、汪江华：《清惠陵选址史实探赜》，《建筑师》2004 年第 6 期。因条件所限，难以直接获得一手文献，此处唯有借助二手转引的方式。

2 其中张元益、高士龙如此描述此地："谨瞻仰得景陵之东南双山峪，由昌瑞山分支，起伏停顿，至玉顶山起祖，过峡曲折九节，又起少阴金星，落脉结穴，龙气舒展，堂居宽平。左青龙砂自本身分出，端正拱向，拦水聚气。后龙大溪水缠流砂外，与明堂水相会，会处有金水长山，横列关锁。右白虎砂山自本身分出，平静纡缓；前有玉带随案，案外西南有天台、象山等山为侍从，东南有石门、三角等山为护卫。朝对金星大山，罗城周密，屏幛全备，随龙众水俱由右到左，会绕穴前，出辰巽方，宜立癸山丁向丙子丙午分金，诚上吉之地。查玉顶山迤北，为宝华峪，山下有东西车道，关碍风水，将来应斟酌修改。"而李唐、李振宇则说："仰瞻得东岭龙脉来自雾灵山，至琉璃屏分支为三支，中枝结聚土星，名曰昌瑞山。面朝一大金星山，仰见五行生克、天地相朝之象。随龙水自乾方而出巽位，当中以水为界，分为左右阴阳。合全局观之，是天生太极，有生生不息之机。观其从昌瑞山之左分支下脉，连结九穴。至玉顶山，复起顶下脉，旋转有力，过峡玲珑，来气清纯。直到双山峪，复起顶，层叠而结。左右砂水护从，内水绕抱于穴前，会左水于巽方，而出水平口。又转金星山外，会孝陵以右诸水。出兴隆口，同归蔡家庄，入蓟河。可作巽山丁向，后有大山以为靠，前有金星山以为照。而金星之两旁，更有万福山朝于左，象山立于右。此天然之大局，正得上元当令之气，为亿万绵长之兆，是真上吉之地也。"廖润鸿的意见则是："谨瞻仰得双山峪，从昌瑞山下脉至玉顶山后过峡，形如蜂腰鹤膝，子兼癸未。脉至玉顶山前，亥字下脉，经过数节，均合一生一成之数。至穴山之来山后，又过一峡，成工字形，正当丑字偏癸，来山前束颈吐脉，正当甲子偏寅，亦均合一生一成之数。此《宝照经》所云：'三节不乱，是真龙也。'穴山系太阳金体，城部周全，气局宽广；昌瑞山以东之水均会穴前，前面有玉带案关栏，下砂回抱，与元辰水合成三叉，出巽兼辰字，行至十余里，至大滩河前韩家庄，与鲇鱼关来水合成三叉，出辰向乙，至水平口出。此全大势也。因金星山在对面，不甚吐秀，未便朝向，谨遵《钦定协纪办方书》，以'穿山七十二龙'正针分金，立癸丁向略偏丑未分金，令玉带案卫穴。以地平圈每方十五度论之，坐山系癸方八度，向首系丁方八度，坐屯卦九五爻四运之七，向鼎卦六五爻四运之三。收癸兼丑上益卦，来龙九运之二。收癸兼辰上兑、复二卦，去水一六运之四九，龙与向四九合，生成龙与水一九合十，九六合十五，向与水四六合十，一四合五。又收得昌瑞山在亥字晋卦三运之二，水平口在辰方归妹卦七运之八，三七合十，三八合生龙。以上远近龙水，无一不合。而穴心一点，正是洛书中五位，极河图五十居中，亦即《天玉经》所谓'龙合向，向合水，水（转下页）

在描述此处山脉地形的风水特性时，相对其余四人，廖使用了更多八卦图的词汇，因而理气宗的痕迹更重。但五人的相似之处也甚多。五人都使用了象形比拟，描述"龙脉"的"走势"，"分合会绕"，"旋转有力"，旁山的"护卫"与"侍从"，都使用了龙、砂、水、穴等术语，这是形势宗的典型表现；同时又都使用了气、阴阳、五行、八卦以及天文术语，这又是理气宗的典型术语。总之，双方的理论体系融合甚多。形势宗与理气宗之间并非判然两途，势若水火。

相应地，人格神（龙）与非人格神（天道）在风水信仰中共存、融合。这正是因为泛神论传统把上帝与宇宙等同起来的结果。人格神与宇宙之所以能够被等同起来，共享"天"这个名称，最为重要的原因就是这样一种宇宙观：这个宇宙是一个有活力、有"判断"能力和回应能力的宇宙。

二、基督徒对风水信仰的批判

1871 年，基督教刊物《教会新报》分期连载了"福建人知非子"《术数辨谬》一书，其中第一篇就是《风水辨谬》。[1]根据行文的知识结构推测，知非子应是受过良好儒学训练的中国人（"中土文

（接上页）合三吉位'也。以此定向，气象冲和，局度端态，实数上上吉地。"宫中杂件补第 23 包：样式雷图档 368—239 样式房日记随工。转引自史箴、汪江华：《清惠陵选址史实探赜》，《建筑师》2004 年第 6 期。

1　福建人知非子：《风水辨谬》，《教会新报》第 136 期，1871 年。该文曾被《万国公报》转载，见闽省知非子：《论风水》，《万国公报》第 461 期，1877 年。最为奇怪的是，就在同一期杂志上的前一篇文章，一篇题为《续孝道折衷》的未署名文章中，居然照抄此文全文。

士"），同时确定他有基督教背景。[1]

文章开篇就指出："风水之说，其源托于《易经》，以八卦定其位向，以五行辨其生克，捶幽凿险，趋吉避凶。"一个"托"字，即把风水定性为伪说，力求使儒学正宗与风水书撇清关系；更不要说其他的风水之学的经典文献，"有识者每知其伪"。全文最为重要的批评路径是以大量历史事例来证明，信风水的人未必有福，不信风水的人未必无福，"世之父母肥而子孙瘦，父母寿而子孙夭者，正复不少"。此外，文章还调用古代批判风水信仰的言论，来论证风水信仰之虚妄。[2]作者还运用了西方基督教的思想资源：

1　文末编者附识："作者著《术数辨谬》一书，议论颇精凿。今其人于去岁已没，特将其著述分次登报，以广其传。"见福建人知非子：《风水辨谬》，《教会新报》第136 期，1871 年。作者知非子不知何许人也，知非子是一个比较常见的号，但根据这条附识，可以知道其于 1870 年去世。《教会新报》上曾刊载的另一篇文章《表孝记》（《教会新报》第 55 期，1869 年），末尾署名"闽知非子张鼎评"，因而怀疑知非子真名张鼎，但张鼎何许人仍无从查考。哈佛大学燕京图书馆藏有知非子著《术数辨谬》一书，图书馆信息显示该书是"太平街福音堂 1871 年版"，内容要目为"论风水，论卜签，论谈相，论推命，论择吉"，作者信息是"张鼎，1431—1495"，生卒年疑有误。教会的福音堂出版印刷这本书，让人怀疑该书作者至少有相当深的教会背景。哈佛大学图书馆的信息还描述在此书封面上有墨水手写的英文"On geomancy & other superstitions, by C. Hartwell. Am Tract Soc. 1871"。C. Hartwell 即美国传教士夏察理（Charles Hartwell，1825—1905），该册图书应该是夏察理所藏。据维基百科，"夏察理1905 年在福州去世后，他从 1850 年至 1905 年的日记一直收藏于中华基督教会闽中协会的档案部，直到 1950 年被麻安德教士带回美国，现收藏于哈佛大学图书馆"。其所藏图书大概也是此时送往哈佛大学图书馆的。此外，《万国公报》刊发过一系列署名福建人知非子的文章，分别为《论阴阳》《论卜签》《论谈相》《论推命》《论风水》，疑即《术数辨谬》各章节。后来《万国公报》还连载了知非子的一本书《儒教辨谬》。在连载之初，夏察理写了一篇短序，称是教会邀请"中土文士"写作的这本书。见夏察理：《〈儒教辨谬〉序》，《万国公报》第 481 期，1878 年。
2　知非子：《风水辨谬》，《中国教会新报》第 136 期，1871 年。

盖原隰土壤，地无定向，要皆为上帝所造，以载万物者。无论其或在北极，或近赤道之下，或滨水，或依山，同此地即同此理，又何有祸福之权耶?[1]

总之，作者坚信，

一丘一壑，何关人事之盛衰?[2]

作者并非无神论者，因为此"理"并不排斥上帝的存在。不仅土地为上帝所造，地中之"理"也为上帝所创设。

知非子批判风水信仰还没有使用现代科学知识作为思想资源。这一空白很快为传教士艾约瑟所填补。在一篇题为《风水辟谬：略论四端》的文章中，他不仅使用了中国传统思想资源和基督教的思想资源，而且使用了现代科学知识，还晓之以现实的利害。[3]

文章的主体部分从四个方面抨击风水信仰。一、风水师相地总用罗盘，以"观其针之沉浮，能知地下有何物，暨土脉之吉凶形色"，在作者看来"其理皆诞妄而不可诘"，罗盘"原为商舶航海，仗其指南针以定方位"，并无判定吉凶的功能。二、风水师认为"地下有藏风之处，不可营葬，恐风入坟冢之中，吹动棺内骸骨，则大不利于其子孙"，作者认为"若云地下之藏风，能关系世上之祸福，

1　知非子:《风水辨谬》，《中国教会新报》第 136 期，1871 年。
2　知非子:《风水辨谬》，《中国教会新报》第 136 期，1871 年。
3　艾约瑟:《风水辟谬：略论四端》，《中西闻见录》第 36 期，1875 年。此文曾被《万国公报》转载，见艾约瑟:《风水辟谬》，《万国公报》第 515 期，1878 年。

则万无是理"。在他看来地下之风确实有害，煤矿中的风可以毒死人，岭南瘴气郁积亦可杀人，城市沟渠中的污秽经日光暴晒而生瘟疫，从而致病。三、风水术认为墓葬附近的水流源头及方向可以主后裔兴旺盛衰，作者认为如此种种"均无凭证"。在他看来水倒确实是好东西，"观天下凡有大水汇聚之处，必有兴旺之城邑"，然而这种因果关联不是风水术所讲的那种因果关系，而是因为"水路通津，则舟车可以往来，百货可以流通，故人咸富庶，非水能使之然也"。四、风水术所谓龙脉"尤属无稽"，首先是"今西国考天下万物暨鳞介之族甚详，皆云未有见者"，大约不过是寓言而已；其次中国经典虽然讲到龙，但是从来没有说龙能致雨，作者认为龙能致雨一说出于佛经。风水师又从而附会，遂有龙脉吉壤之说。[1]

针对风水背后的五行生克的理论体系，他也以科学知识来加以批驳：

> 泰西诸国新近考得，万物互相感动俱有化学之理，亦有格致之理，如光化电气寒暑诸新学，均已著有成书，在中国译而行世者不少。好学深思之士，潜心考究，自能造其精微，奚必拘执旧说，徒为胶柱鼓瑟也哉！[2]

作者展开论证的思想资源主要来自经验理性和现代科学。但作者显然不是一个无神论者。在抨击"龙脉"一说时，他不仅否定龙的存在，而且进一步说，就算龙存在，也无权主宰人之祸福，因为

---

1 艾约瑟：《风水辟谬：略论四端》，《中西闻见录》第 36 期，1875 年。
2 艾约瑟：《风水辟谬：略论四端》，《中西闻见录》第 36 期，1875 年。

山川大地，"乃造化天地之主宰，随至美之意而造成者"，天地万物、人事兴衰，"皆上主之权能"。[1]前文在论述求雨信仰时曾指出，基督教对龙神崇拜的抨击，源于一神论与多神论之间的分歧，这里仍复如此。

在该文本中，基督教和儒家的思想资源并未呈现一种竞争和敌对的姿态，作者也不希望"得罪于中国先儒"。相反，作者有意联合儒家士人，以使矛头一致对准风水信仰。首先，借助儒家资源，他抨击风水有损孝道。许多人为求风水宝地，不惜迁移祖先的骸骨，"是为生者之心急，为死者之心缓，世之不孝莫大于此"。其次，他还批评风水信仰背后的五行生克之说，不是儒家正宗。他还力图把儒家的"天"与基督教的"上帝"等同起来：

> 按五行生克之说，不多见于经传。来龙去脉，水势山形，无关我子孙之废兴。总不如耶稣《圣经》所云："凡人之富贵贫贱祸福苦乐之事，皆由于天上全能之主，按人行为而予之。"《尚书》云："作善降之百祥，作不善降之百殃。"二论同为千古不易之理。至堪舆一道，大抵皆术家之妄词，用以欺世，而世人遂受其欺。[2]

联合儒学，排斥佛道及其他种种信仰，是明末来华传教士利玛窦定下的基本策略。很多研究都曾指出，在利玛窦之前入华传教的耶稣会士使用的是佛教徒的称号和装束，但是发现佛教徒在中国的威望和影响力都远不如儒士，从利玛窦开始实施"排佛趋儒"的策

1　艾约瑟：《风水辟谬：略论四端》，《中西闻见录》第 36 期，1875 年。
2　艾约瑟：《风水辟谬：略论四端》，《中西闻见录》第 36 期，1875 年。

略，即选择儒士作为盟友，共同排斥佛道。[1]在这里可以看出，基督教和儒学之所以能联合起来抨击风水信仰，是因为风水信仰的"异端"和"巫术"性质，亦即非道德性，它企图去影响和控制神圣存在赐福的决定，而不是以良行善念取悦神圣存在，从而获得神圣存在的赐福。我们若注意到作者在文中所讲西方的占星传统，以正统批异端的立场就更为清楚。文中指出古代泰西诸国，因"多受巴比伦术士之荧惑，以人初生时星度方位，而推一世之吉凶祸福。数百年来信之者众，几同于中国之信风水然"，但是后来"耶稣圣教既兴，术家遂衰。盖以真理已至，伪道无存"。[2]仅通过"荧惑""伪道"与"圣教""真理"等词语，就可看到作者"正邪不两立"的姿态。

综观艾约瑟的论证，他使用了儒家思想资源、基督教思想资源、现代科学知识，这三者之间似乎和谐一致。他似乎没有注意到风水信仰与儒家思想之间渊源颇深；也没有注意到儒家的天与基督教的上帝之间，抵牾之处所在多是；他似乎也没有预见到，科学有朝一日也会调转矛头，不仅攻击龙，也攻击天和上帝。或许，他只是假装不知道在欧洲已经发生的故事而已。

值得一提的是，艾约瑟在批判风水信仰的弊端时，还指出了一个世俗利益与宗教信仰的矛盾，即开矿与风水信仰之间的矛盾，"譬山有宝藏，如五金之矿，开之则可富国利民。徒以惑于堪舆家言，因其有关乎风水，遂不敢开动，致国与民皆不得擅其利权"。这一理

1　谢和耐：《中国与基督教：中西文化的首次撞击》，耿昇译，上海：上海古籍出版社，2003 年，第 1—3 页；孙尚扬：《基督教与明末儒学》，北京：东方出版社，1994年，第 15—19 页。

2　艾约瑟：《风水辟谬：略论四端》，《中西闻见录》第 36 期，1875 年。

由，伴随洋务运动而起，在后来的风水批判中频频出现。[1]

　　艾约瑟此文于 1878 年在《万国公报》转载[2]后，收到了一名广东读者的来信。该读者认为艾约瑟此论"美善之至"。他说：风与水对于人当然重要，但是并不能致人祸福；信风水，不能使祖宗及时入土为安，至为不孝；风水本是"释道之谬谈"；祸福吉凶不由风水主宰，而由天和上帝主宰，"富贵由天生，祸福皆神掌，非风水地理所致"；他根据《圣经》中上帝的话语"恶我者，祸及其子孙至三四世；唯爱我而守我诫者，则施恩至千百世"。认为：

> 祸福由神所定。依各人之善恶，赐以明宫暗府之分、富贵贫穷之别。[3]

　　这则读后感并无任何新鲜之处，所有的论证路径和资源，都已经包含在艾约瑟的文章中。而且这名读者应该也是一位基督徒。类似的华人基督徒来稿还有不少。比如署名"志道老人"的《论禁看风水》，抨击风水无论对于儒家还是天主教来说都是异端邪说，应该严厉禁止；他也力图把儒学正统和基督教正统等同起来，他说："道也者，实天下共由之路，原无畛域之分。人亦但求其真者可矣，何

1　郭双林：《论晚清思想界对风水的批判》，《史学月刊》1994 年第 3 期。

2　艾约瑟：《风水辟谬》，《万国公报》第 515 期，1878 年。

3　明宫暗府即天堂和地狱。粤东铭恩子：《风水略言》，《万国公报》第 549 期，1879 年。另有署名"四明休休居士"的系列短论《风俗惑》，陆续刊发在 1879 年《万国公报》第 545、548、549、564、555、556、557、564、565、569、570 各期上，其中一则就是批评风水。其论证并无新义，此不赘述。但这一系列文章，较为广泛地清洗民众日常生活中的神魅观念。

可以西国之道外哉？"[1]

　　大体而言，其后基督教刊物上抨击风水信仰的文章，批驳路径、思想资源都没有脱离这个框架。只是时间越往后，使用的科学知识越丰富、越深入。由于风水信仰的许多信奉者来自有较高知识文化水平的儒家士人，以"愚昧无知""习焉不察""求福心切"来加以解释显然不免失之于简单粗暴。有鉴于此，花之安《辩论风水》一文以现代的天文学知识对风水信仰后边的阴阳五行等理论基础加以根本性的颠覆。作者知道"彼罗经中，有五行焉，有七政焉，有十二宫焉，有二十八宿焉，更有北斗七星焉"，因此以科学知识一一加以批驳。十二宫指的是太阳的运转每月各在一宫，可是现代天文学知识表明，太阳的运行"古与今已不同矣"；所谓七政，指的是五星对应五行，再加上日月遂成七政，可是作者指出天上有七大行星，以五行对应七星已不恰当，何况还有一百六十多颗小行星，更不用说地球与其他行星一起绕着太阳运转，而月亮则绕着地球而运转，一言以蔽之，"七政之名，自古言之，而今亦不得据以为准"；古人相信北斗七星斗柄所指就可以验二十四节气，但作者指出，而今斗柄离北极甚远，与古代已经不同，"不能以斗柄验节气"；至于五行相生相克的道理，作者指出不仅金可以生水，火亦能生水，不仅木生火，金石相击亦能生火，水中也有火，因此"今西国格物精于古

---

[1]　志道老人：《论禁看风水》，《万国公报》第 650 期，1881 年；志道老人：《论禁看风水下卷》，《万国公报》第 654 期，1881 年。再如河西子蕴珊氏：《风水害理说》，《万国公报》第 678 期，1882 年；河西子蕴珊氏：《附风水之理气之谬说》，《万国公报》第 679 期，1882 年。

人，不得以五行囿也"。[1]现代科学知识被大量使用，以瓦解风水信仰的一些理论预设，但是这并不影响作者坚持"唯笃信耶稣道理，以顺上帝之命，勇于为善，以听上帝之赐福耳"的教义。[2]

传教士的这种努力，还化为一种组织性的行动。1879 年上海圣教书会[3]在《万国公报》刊登启事，发起有奖征文，主题是"备言风水无益，力破群迷"。[4]该征文活动共征得论文 21 篇。[5]因为征文要求每文至少 50 页，每页至少 200 字，每篇文章至少有 10 000 字，整个征文活动征得的论文至少有 21 万字。这是一个相当庞大的数量。根据最后选取的前 9 名的署名来看，主要应为中国人。其中第一名更是曾协助林乐知办《教会新报》的上海滩著名报人、曾任《益报》主笔的朱莲生。[6]另据学者统计，从 1875 年 4 月到 1883 年 5 月，《万国

---

1 花之安：《辩论风水》，《万国公报》第 744 期，1883 年。

2 花之安：《辩论风水》，《万国公报》第 744 期，1883 年。

3 上海圣教书会于 1879 年成立，是英美两国圣教书会的延伸机构。出版《圣经全书注释》《基督教的证据》等书籍和一批布道小册子。同时，还出版发行儿童读物《月报》，以及供教友阅读的《画图新报》。《上海宗教志》编辑委员会编：《上海宗教志》，上海：上海社会科学院出版社，2001 年，第 515 页。

4 该征文启事全文如下："启者：圣教会之设，所以解疑析惑也。即风水一端，惑焉滋甚。今拟先有法以除之。限六个月内能作论一卷，备言风水无益，力破群迷者，则首选者得给花红洋二十五元。唯至少须满五十页，页须满二百字，至多亦不得过百页，逾限不收卷。送上海大南门外清心堂内范先生处。取者卷存本会，不再给还；不取者，俟原人来领，不另送缴。此启。"《请做风水论酬洋告白》，《万国公报》第 529 期，1879 年。

5 范约翰、舒文德：《阅取风水论小启》，《万国公报》第 576 期，1880 年。

6 参见范约翰、舒文德：《阅取风水论小启》，《万国公报》第 576 期，1880 年；范约翰、舒文德：《阅取风水论酬润又启》，《万国公报》第 576 期，1880 年。后一则启事中揭晓头名"明通老人"即朱莲生，又号持平叟。相信这批应征的文章对于了解当时中国读书人对于风水的认识有极大助益，很遗憾未能发现。

公报》发表的专门批驳风水的文章就达 61 篇之多。[1]其他传教士刊物如《益闻录》《画图新报》《鹭江报》《通问报：耶稣教家庭新闻》等，刊登的专门批判风水信仰的文章也不在少数。[2]

《教会新报》《万国公报》等主要以论说的方式来证明风水信仰的荒诞无稽、百弊丛生；而《益闻录》《画图新报》《鹭江报》《通问报：耶稣教家庭新闻》等则更多偏向于以简讯、图画、歌赋等形式来讥讽风水信仰之荒唐可笑。这样的言说方式，与刊物的目标读者群设定有关，对学生、中下层知识分子有相对较大的影响。以漫画式的方式展开的这种批判，相较于论证的言说方式，作者的情感态度、价值倾向更为明显，"可笑""愚蠢""荒诞""无稽""可怜"等词频频出现于此类言说中，虽然理性说服力较弱，但反而有一种更为直接的压抑和打击效果。在这样的言说中，风水信仰的荒唐无稽似是不言自明，无须再做任何理性论证，而继续信仰风水的人，只能以"愚昧""可笑""可怜"来描述。

此类短讯，许多即旨在说明风水师是骗子。一则题为《风水幻术》的小故事，即说某一风水师知道某人家有丧晦事，遂在该户人家附近预埋一物，再告之主人该户风水有碍，不改必有灾难临头。最后挖出所埋之物，使主人深为叹服，从而骗得重金。作者因此推出结论："可见风水之说，荒谬实甚。"[3]在另一则短讯中，一风水师

1　郭双林：《论晚清思想界对风水的批判》，《史学月刊》1994 年第 3 期。

2　如《风水论》，《益闻录》第 405 期，1884 年；《续录风水论》，《益闻录》第 406 期，1884 年；《续录风水论》，《益闻录》第 407 期，1884 年；《续录风水论》，《益闻录》第 408 期，1884 年；赖楚材：《孝子不信风水论》，《画图新报》第 9 卷第 6 期，1888 年；《风水取祸赋》，《画图新报》第 9 卷第 10 期，1889 年。

3　《风水幻术》，《益闻录》第 44 期，1880 年。

为某酿酒坊主人迁了祖坟，骗走十坛名酒。尔后主人独子夭折，对风水师大为埋怨，遂起纠葛。[1]

　　另一论说方向在于以事例证明风水信仰之害处。一种常见的故事是因为信奉风水而浪费资财，乃至反招祸患。如福建漳浦某户人家千挑万选为母亲选定了风水宝地，葬母后却频遭灾难，于是怀疑风水凶险，遂掘出母亲棺材待另择宝地，可是在此过程中贼人打开棺材，盗走陪葬之金银首饰。[2]其次颇为常见的故事是，民众以风水有碍为由损毁他人房舍从而发生纠葛。如崇明岛某人新建房屋，恰巧邻人突然丧子。邻人归咎于其新居碍其风水，遂邀人将该新房强行拆毁，致起词讼。[3]风水的另一害处即在于影响洋务之开展。据一则1881年的短讯，当时从上海到天津铺设电线，建设过程中屡遭民众阻扰，其原因之一就是有碍风水。有人说江苏地形像螃蟹，而今到处悬挂铁丝如网，蟹入于网，生机将绝。作者的点评是"愚民无知，悠悠妄论，真可笑也"。[4]另一则消息则是江苏镇江某处，因民众认为开采矿石有碍风水，反复要求地方政府禁止开矿，最终获得地方官员的批准，致使数千以采矿为业的人失去维生手段。作者叹道：

1　《风水诳财》，《益闻录》第 1325 期，1893 年。类似故事还可见《风水惑人》，《画图新报》第 1 卷第 1 期，1880 年。

2　《风水无凭》，《益闻录》第 137 期，1882 年。与此类似的则可见《风水无凭》，《益闻录》第 134 期，1882 年；《妄谈风水》，《益闻录》第 249 期，1883 年；《风水无稽》，《益闻录》第 306 期，1883 年；《风水害人》，《益闻录》第 986 期，1890 年；《风水堪虞》，《通问报：耶稣教家庭新闻》第 201 期，1906 年。

3　《心惑风水》，《益闻录》第 128 期，1881 年。与此类似的故事还可见《风水致讼》，《益闻录》第 135 期，1882 年；《风水惑人》，《益闻录》第 188 期，1882 年；《信风水者鉴》，《通问报：耶稣教家庭新闻》第 237 期，1906 年；《争风水（福建）》，《通问报：耶稣教家庭新闻》第 285 期，1907 年。

4　《风水谬谈》，《益闻录》第 117 期，1881 年。

"风水害人，抑至于此。吁！可怜已！"[1]

三、中国知识分子的风水批判的转变

　　传统中国不是没有对风水信仰的批评。相反，对风水的批评一直伴随风水信仰的流行。汉代王充对风水信仰批判甚多，但他批判的依据也是天命论，他说"天命吉厚，不求自得；天命凶厚，求之无益"，所以企图以风水术的方式去控制祸福是不可行的。[2]东汉王符的风水批判也有类似的表述，他强调人的吉凶祸福，取决于人的品行和命运，品行尤其重要。[3]晋代陆侃与嵇康就"宅无吉凶论"发生辩论，但双方同样无法跳出天命论的框架。[4]唐代吕才的《叙葬书》《叙宅经》，分别批判了阴宅和阳宅的风水信仰，但同时又说"天覆地载，乾坤之理备焉；一刚一柔，消息之义详矣。或成于昼夜之道，感于男女之化，三光运于上，四气通于下，斯乃阴阳之大经，不可失之于斯须也"。他认可阴阳之道，批评风水是附会阴阳大义的"妖妄"之说，换言之，这基本是斥风水为阴阳大义的"异端"。[5]虽则批判风水，同时却不放弃风水信仰背后的理论基础。这样的情况在一定程度上是传统风水批判的普遍特征，其原因即在于传统宇宙观念

1　《风水害人》，《益闻录》第 960 期，1890 年。

2　张齐明：《亦术亦俗：汉魏六朝风水信仰研究》，北京：中国人民大学出版社，2011年，第 216 页。

3　张齐明：《亦术亦俗：汉魏六朝风水信仰研究》，北京：中国人民大学出版社，2011年，第 218 页。

4　张齐明：《亦术亦俗：汉魏六朝风水信仰研究》，北京：中国人民大学出版社，2011年，第 219—240 页。

5　王友三编：《中国无神论史资料选编》（隋唐编），北京：中华书局，1988 年，第20 页。

是传统中国思想的基本预设，极少有人有足够的资源、能力和勇气跳出这种制限。

宋明理学家虽普遍相信风水，但也不是没有批评。程颐批评风水术"以择地之方位，决日之吉凶"，却坚持"地之美者，则其神灵安，子孙盛，若培壅其根而枝叶茂"。[1]所以晚清有人说"程伊川之驳《葬经》，曰培其本根而枝叶自盛，是非驳之，乃助之也"[2]，可谓一针见血之论。而朱熹更是笃信风水者。[3]据说朱熹任福建崇安知县时，有人强夺他人风水宝地，朱熹评说"此地不灵，是无地理；此地若灵，是无天理"。[4]朱熹意思是说，这块墓地确实是风水宝地，但是夺人墓地者心地不善，如果因为他占了风水宝地就能获致富贵的话，就有悖天理，显然"天理"的内涵是赏善罚恶，是"好人好报，恶人恶报"。朱熹认为风水应该服从而不能背离天理。他看到了风水背离天理的潜在可能，但他并未否定风水信仰。

这种批判模式在晚清时仍然流行。1873 年郑观应（1842—1921）出版《救时揭要》一书，其中收有一篇《堪舆吉凶论》。[5]该文批判相

1　程颢、程颐著，王孝鱼点校：《二程集》，北京：中华书局，1981 年，第 622 页。

2　福建人知非子：《风水辨谬》，《教会新报》第 136 期，1871 年。

3　可参林振礼：《朱熹新探》，北京：中国广播电视出版社，2004 年，第 109—188 页。

4　孟超然：《诚是录》，载《亦园亭全集·孟氏八录》，清嘉庆二十年（1815）刻本。转引自陈进国：《风水的历史人类学探索：信仰、仪式与乡土社会》，北京：中国社会科学出版社，2005 年，第 575 页。还可参见丁傅靖：《宋人轶事汇编》，北京：中华书局，1981 年，第 939 页；高令印：《朱熹事迹考》，上海：上海人民出版社，1987 年，第 157 页；孔令宏：《宋代理学与道家、道教》（上册），北京：中华书局，2006 年，第 326 页。

5　《救时揭要》的初版年代，有两种说法，一是 1862 年，一是 1873 年 3 月。据夏东元的考证，初版于 1873 年的可能性更大。本书从此说。见夏东元：《郑观应传》，上海：华东师范大学出版社，1981 年，第 15、273 页。

信风水的人冀图占据风水宝地获致富贵，作者列举事例以证明，上天只会把风水宝地赐予善人，把凶险之地赋予恶人，"使神工可夺，天命可改，则古今宇宙在一家，而造化之机息矣！何分善恶乎"？因此，"欲求福地，先种心田"。[1]他相信即使恶人得了风水宝地，天命也不会赐福于他及其子孙，他还引用朱熹的"此地不灵，是无地理；此地若灵，是无天理"来佐证。与朱熹一样，郑观应的矛头所向，不是风水信仰本身。他并没有否定"福地"之存在，而是相信"山川英灵之丹，冲和之粹，必有神物为护持，宰物者秘之以待善人"；他也没有否定"天命"和"造化"，而是坚信"冥冥中有使之者"；他既没有否定人之善恶与祸福之间的关系，也没有切断人事与天命、造化的关系。

虽批判风水，却不触及其深层次的理论基础，这在很大程度上是传统儒家士人风水批判的普遍特征。他们的批判焦点在于，不存善心不为善事，徒求风水宝地。这有点类似于基督教指责各种"巫术"和"异端"力图去控制、支配神灵，而不是以美言良行、虔心祈祷去求得上帝的赐福。这里我们不妨借用弗雷泽关于宗教和巫术的区分来说，这是包含强烈德性关怀的"宗教"对道德色彩稀薄的巫术的抨击。根据弗雷泽的界定，宗教指的是"对被认为能够指导和控制自然与人生进程的超人力量的迎合或抚慰"，包含理论和实践两部分，即"对超人力量的信仰，以及讨其欢心、使其息怒的种种企图"；而巫术虽经常和宗教所假定的具有人格的神灵打交道，但是其方式是"强迫或压制这些神灵，而不是像宗教那样去取悦或讨好

1　郑观应：《堪舆吉凶论》，夏东元编：《郑观应集》（上册），上海：上海人民出版社，1982年，第41—42页。

它们"，巫术相信"一切具有人格的对象，无论是人还是神，最终总是从属于那些控制着一切的非人力量，任何人只要懂得用适当的仪式和咒语来巧妙地操纵这种力量，他就能够继续利用它"。[1]同样是天道信仰的表现形式，风水信仰的道德色彩甚为模糊，具有强烈的巫术色彩，这样的求福捷径容易造成忽视道德修养的后果，因而即便是风水信仰普遍流行的时代，风水信仰也常遭儒家士人批评。

　　风水信仰的正当性较弱，还表现在皇室和知识分子在言行上的自相矛盾上。在民众以铺设电线、修建铁路、开采矿山有碍风水为由而加以阻扰时，官方大多否定这些说法的正当性，对他们的诉求通常不予支持。在因风水而拆毁邻人房屋的案件中，地方官员一概判定拆毁他人房屋的一方无理，理由是"风水之说，本属子虚"。[2]在上海奉贤，有人以风水为名，借机敲诈。地方官员立即发布告示，声明将严惩借风水诈骗者。该告示全文如下：

　　奉贤县正堂陈示：风水杳渺难凭，藉诈即犯罪名。倘有托称看碍，诈人建宅造坟，或因疾病死亡，串结堪舆扰邻，均准当场扭解，定当处以严刑。地保徇隐庇护，一并革究非轻。[3]

1　弗雷泽：《金枝：巫术与宗教之研究》，徐育新等译，北京：大众文艺出版社，1998年，第77、79页。弗雷泽关于宗教与巫术的区分中，宗教是狭义上的，是不包含巫术的；本书中使用的则是广义的宗教概念，即一切诉诸神圣存在的理论和实践，因而也包括巫术。基于这种区别，本书中使用宗教一词，若指狭义上的，则一律加上引号。

2　《风水致讼》，《益闻录》第135期，1882年；《心惑风水》，《益闻录》第128期，1881年。

3　《风水无凭》，《益闻录》第436期，1885年。

但与此同时，我们也看到有一些官员、士人，甚至皇室，对风水深信不疑。前述朝廷为同治帝选墓地就是明证。1884 年，曾担任国史馆汉文誊录、获赐"明经进士"出身的曹廷杰向朝廷上书时，还提到西山灰窑有障风水，请求朝廷下旨移往别处。[1] 1904 年，一名商人禀告商部，要开采易州赵庄煤矿。不过该地有皇陵，虽相距不算很近，但商部担心有碍皇陵风水，请求遂不予批准。[2] 同年，日俄在东北地区发生战争，俄国军队在清室皇陵伐树，慈禧太后向俄方要求不可将皇陵据为战场，也不无风水的考虑。[3]

在政府官员和儒学正统看来，风水似乎是子虚乌有之说，是旁门左道、异端邪说，不可相信。相较于皇室和儒家士大夫以彗星、地震、旱涝灾害作为上天警示的信仰来说，风水长期遭到压抑，难登大雅之堂，其根源即在于它的道德色彩稀薄、以巫术求福报，这样的求福捷径客观上可以造成忽视道德修养的后果。风水信仰在政府方面以及儒家士大夫那里，总体上并不具有正当性，或者说其正当性相当有限。但与此同时，皇室和儒学士人中不少人又深信不疑。毕竟，无论是皇室还是儒家士人，也未尝不想以此方式获致荣华富贵。更重要的原因是，道德色彩薄弱的风水信仰与强调道德修养的儒学正统共享了阴阳五行的宇宙秩序（天道）。

总之，在受大量科学知识影响之前，中国知识分子的风水批判，无论使用的思想资源，还是其批判路径，都还是内嵌于传统思想世

1　郭双林：《论晚清思想界对风水的批判》，《史学月刊》1994 年第 3 期。

2　《商部亦信风水耶》，《鹭江报》第 85 期，1904 年。

3　《俄兵复采陵寝树木》，《鹭江报》，第 81 期，1904 年；《请俄人勿坏陵寝》，《鹭江报》第 85 期，1904 年；《陵寝不安》，《福建白话报》第 1 卷第 2 期，1904 年。

界的；他们的思想，从属且根据于天道信仰，他们所理解的自然山水、宇宙万物，仍是充盈着生机和意义的。有学者曾说这种批判是"以一种天命论来批判另一种天命论"。[1]更准确的说法，毋宁是同一套天道信仰内部的正统攻击异端，是包含强烈德性关怀的"宗教"对道德色彩稀薄的巫术的抨击。

在基督徒提供的新的思想资源的刺激和影响下，中国知识分子的风水批判呈现出新的面貌，他们不再以正统批判异端、以"宗教"批判巫术的立场来批评风水。他们转而直击阴阳五行的宇宙秩序，建立在这一理论基础之上的中国宗教也遭遇根本性的质疑，儒学自不例外。

1903 年《京话报》刊发了《论风水》一文，其论证套路与艾约瑟以来对风水的批判一脉相承，没有任何新鲜花样：上古中国不信风水；西方各国不讲风水却国富民强；风水先生都是骗子；风水师祖师爷郭璞不仅没能庇佑子孙，连自己都被王敦杀了，还断子绝孙；另一风水巨擘蒋大鸿子孙也不兴旺；风水的"灵验"不过是风水师的瞎猜偶中；信仰风水的害处"一言难尽"，因信服风水停棺不葬，为争风水而兄弟阋墙，因风水与乡邻争讼闹得倾家荡产，因信风水而耽误开矿、造铁路、竖电线杆子、安自来水管，如此种种不一而足。[2]

在国人自办刊物中，时间越往后，科学知识在风水批判中所占

1　郭双林：《论晚清思想界对风水的批判》，《史学月刊》1994 年第 3 期。
2　蔡樾：《论风水》，《京话报》第 6 期，1903 年。与此类似的有《风水歌（并序）》，《江西官报》第 20 期，1904 年；《讲妄信风水无益有害》，《敝帚千金》第 2 期，1904 年；《风水先生》，《敝帚千金》第 17 期，1906 年；《迷信风水的害处》，《敝帚千金》第 19 期，1906 年；《风水论》，《扬子江》第 2 期，1904 年。

的比重也越大，且调用的科学知识也更为深入系统一些。鉴于这些刊物是国人自办的，其撰稿人中有许多是留学生及在国内受过较好新式教育的学生。他们的知识结构中，新学占据的比重更大，中国传统思想资源的比重则小一些。

1903 年浙江籍留日学生陈榥在《浙江潮》上发表的《续无鬼论》一文在批判风水信仰时，所使用的科学知识，相较先前的传教士期刊就要丰富精细得多。[1]针对风水师以罗盘定方位，作者说："磁气学云：磁针之偏角，各处不同，历年不同，而同在一处，又因季候而不同，因旦晚而不同。"[2]也就是说，磁针定方位本身就不可靠，何况用以定祸福。至于风水信仰中的五行理论，在科学看来更是"不伦不类"。以水为例，作者指出：

水为轻气、养气所化合而成，非金所能生也；因分解蒸腾而失，非土所能克也；流而为江河，潴而为湖海，非北方之地所独多也。

1　陈榥（1872—1931），字乐书，浙江义乌人。幼随父亲陈玉梁习经史，兼及新学。13 岁中秀才，19 岁入杭州求是书院研读数理。1898 年以高才生资格被选为首批官费留学生，入日本东京帝国大学造兵科。毕业后留日编撰数学、物理学、心理学等大专学校教材，印成运销国内。留日期间加入同盟会。1911 年回国任陆军部军实科长。辛亥革命军起义，奉命支应各路军火。民国政府成立后，任陆军少将督理上海制造局。1914 年任北京大学数理教授，同年离京南下参与蔡锷领导的护国军，任第二军副参谋长。袁世凯死后，仍回北京执教。还曾担任商务印书馆编辑、全国工程师学会会长等职务。后返回故里，将居室命名研至理堂，潜心研究物理哲学，历时 10 年，草稿盈楼。著作《成心论》一书，由马一浮校阅并作序，惜未能及时印行，书稿于日军侵占义乌时遭毁。存世的有其编著的大学教材《心理易解》等。参《金华市教育志》编纂委员会编：《金华市教育志》，杭州：浙江人民出版社，2009 年，第 681 页。

2　陈榥：《续无鬼论》，《浙江潮》第 2 期，1903 年。

则合诸五行所言水，无一符矣。[1]

他又说：

　　温带分四季，热带仅分二季。以四季言，可分勾芒、祝融、蓐收、元冥以主之；而分二季之地，则孰二神有，孰二神无？其无能答乎。季候之异，由地球表面对太阳位置之不同。不明此理，而曰神所主，必以为神，夫亦神之已耳。[2]

　　类似的情况我们还可以见到许多。1905 年在烟台《之罘报》上一篇题为《风水不足信说》的文章中，作者对风水的批判也调用了当时大量的科学知识。针对风水师以罗盘定方位的做法，作者指出：地球昼夜旋转，要测得正确的方位，应该以勾股定律测日影；何况"磁学家云磁针所指之南北，乃电极而非地极，所偏差之角度，历年不同，历地不同，即在同一处，复有季候之不同、旦暮之不同"。如此说来，磁针定南北尚难，何况定吉凶。针对风水师所讲的风和水，作者也以科学知识加以批驳。风就是空气，"为淡四养一所成"，此处气热上升，别处冷气来补其缺，遂动荡而成风，由此可见"风确非地中所能有也"。至于水，"为轻一养八所合"，如果把锌和红铜放在硫酸中，则生电，通到盛水的玻璃杯中，氢气和氧气就会分离，因此风水师所讲的"金生水"是不对的。风水师还讲"地下有暖气

1　陈榥：《续无鬼论》，《浙江潮》第 2 期，1903 年。
2　陈榥：《续无鬼论》，《浙江潮》第 2 期，1903 年。

者吉"，可地质学家说，地球是从太阳分离出来的，经过很长的历史时期，逐渐冷却形成硬壳，地心之火仍然不断发热，因而风水师所讲的地下有暖气的风水宝地，不过是地热所致。[1] 从这里也可以看出，作者的科学知识差强人意，但这似乎并不妨碍他以科学解构风水信仰。

再以陈独秀为例。1904 年，陈独秀在其主办的《安徽俗话报》上，分 4 期连载了一篇《续无鬼论演义》，作者署名卓呆，疑即晚清小说家徐卓呆。[2] 这篇文章，只是把陈槐的《续无鬼论》翻译成白话而已。为免繁冗，此不赘述。且不去考究抄袭与否的问题，单说这种变异，就体现了晚清科学知识的传播途径。较具精英气质的《浙江潮》与主要面向中下层社会的《安徽俗话报》之间，至少在这个案例上表现出了晚清新学传播和普及的一种形态。

除此之外，陈独秀在《安徽俗话报》上连载数期的《恶俗篇》中，也专有一篇批判风水，分上下两次刊出。在文中，针对风水信仰中的一些观念，陈独秀用"科学书上的话"一一解构。以四方为例，"依地球运行的理说来，只有南北，没有东西的"；五行就"更是诞妄极了"，科学发现太阳系中根本不止五个行星，以五行对应五星当然就靠不住；至于"这龙、砂、穴、水，据地质学的实理考较

1　箸夫：《风水不足信说》，《之罘报》第 12 期，1905 年。此文还被《江西官报》转载，见《风水不足信说》，《江西官报》第 22 期，1906 年。

2　徐卓呆（1881—1958），原名傅霖，号筑岩、半梅，江苏吴县人。早年东渡日本，攻读体育，回国后创办中国体操学校，自任校长。又经常在报刊上撰文鼓吹旧戏改造，并编写剧本，演出新剧，有"东方卓别林"之称。曾致力于小说写作，发表了《头发换长生果》《急性的元旦》《时髦税》等多篇讽刺小说。汤哲生：《滑稽名家东方卓别林——徐卓呆评传》，刘祥安编校：《滑稽名家东方卓别林徐卓呆》，南京：南京出版社，1994 年，第 11—32 页。

起来，一概也都是不足信的"；再以物理学的气体、液体、固体三态为据，地球最初不过是从太阳中分离出来的一团热气，外面渐渐冷却凝固，根据热胀冷缩的道理，就会形成皱纹，而皱纹就是山脉，经过风霜冰雪的摧残，雨水的冲刷，就形成各种各样的地形和水形。风水师说的三曲水、九曲水、送龙水、护龙水、支龙、净龙、仓库、印剑、文笔、挂榜等等地形，就是这样渐渐形成的。[1]总之，

　　这些都是地质学上成山成土的真道理，并不是杜撰得来的。列位评评看，还是风水书的话有理呢，还是科学书的话有理呢？[2]

　　答案是不言自明的。[3]

1　陈独秀：《恶俗篇：第七篇　论风水的迷信》（下），《安徽俗话报》第 21、22 合刊，1905 年。

2　陈独秀：《恶俗篇：第七篇　论风水的迷信》（下），《安徽俗话报》第 21、22 合刊，1905 年。

3　相较而言，比陈独秀年轻十余岁的胡适，科学知识水平比起陈独秀还有很大差距。1906 年，时年 15 岁的胡适在《竞业旬报》上连载了一篇旨在抨击传统"迷信"的白话小说《真如岛》，其中第四回就专讲风水信仰。主人公绍武是个受过新式教育的年青人，得知舅舅委托风水先生多年查勘，终于为去世七八年的外公外婆觅得了风水宝地，"在龙虎山的南面，那地是一个鲤鱼形，后面靠着龙虎山，玄武高耸，前面一带田地，朱雀平坦，又是从龙虎山来的龙脉"，舅舅"真快活得了不得呀"。绍武听完舅舅的一席话，心里想的是"舅父真是懵懂了不得"。其批判理由，与近代的典型的风水批判一脉相承，无外乎：秦汉以前，并无风水之说，那时也有富贵人家；外国人死后葬在公墓，不挑风水，同样子孙昌盛；郭璞擅风水，每见风水宝地，都要葬些自己的指甲和头发，但是郭璞最后却被杀掉了；隋文帝说："我家的墓凶么？为什么我做皇帝呢？我家的墓吉么？为什么我的兄弟会战死呢？"最后的理由也即害处是，信奉风水往往耽误死者入土为安。［铁儿（胡适）：《真如岛第四回：信堪舆广求福地　忧身世远探至亲》，《竞业旬报》第 7 期，1906 年。］这里的"论述"和"批驳"，每一条理由都不是新的，也没有典型的现代科学知识。这个时期的胡适，批 （转下页）

　　以科学知识来挑战风水信仰，核心即在于解释模式的区别。风水信仰背后的阴阳五行学说，本质上是一种人与宇宙的感应论，是一种小宇宙与大宇宙之间的模拟、共鸣关系。这样的解释模式的形成，源于中国传统的关联性思维。从现代科学的角度来讲，这种感应论并不能落实到电磁感应或其他类型的感应上，这些关联与现代逻辑学的纯粹世俗意义上的因果关联也不吻合，这是关联性思维与分析性思维的不同。[1]阴阳五行被科学推翻，在一定程度上是关联性思维被分析性思维替代。

　　1902年，《杭州白话报》上一篇短文，批驳俗语"千人挣不如一人困"背后的风水信仰。"千人挣不如一人困"，意思是只要祖宗的骸骨在地里睡得好，子孙自然就会升官发财，飞黄腾达，胜过成百上千的子孙有能耐。作者说，人死之后，灵魂飘散，仅剩"一副毫无灵感的骸骨"躺在泥团里，不可能与活着的子孙后代发生神秘的"感应"。作者所相信的子孙后代与祖宗之间的"感应"，是另一

（接上页）判资源主要还是来自传统儒学的理性主义的一面。胡适在《四十自述》中曾回忆自小受父亲的儒学理性主义的影响，应是重要原因之一。（欧阳哲生编：《胡适文集》(1)，北京：北京大学出版社，1998年，第57—64页。）

1　葛瑞汉认为"在整个古代中国关联系统只是属于天文学家、占卜师、乐师和物理学家的工作，而从孔子到韩非子的哲学家根本没有参与其中"，"只有到汉代，关联思维才被哲学家接收，在哲学的极盛时代（例如新道家和宋明理学），对应关联系统总是居于它的边缘而不是中心"；不过艾兰则认为"阴阳五行理论认为，人与自然相互关联。我们的看法是，人与自然界相关联的思想并非为阴阳五行理论所独有，其也呈现于孔子以降的各种哲学流派的最基本的哲学术语之中"。综合考虑传统中国的天人合一、天人感应的思想传统，我认为艾兰的理解更为确切。葛瑞汉：《阴阳与关联思维的本质》，载艾兰、汪涛、范毓周主编：《中国古代思维模式与阴阳五行说探源》，南京：江苏古籍出版社，1998年，第8、12页；艾兰：《中国早期哲学思想中的本喻》，同上书，第59页。

种完全世俗化、理性化的联系，即胚胎的遗传，就像蔬菜果木与地里的种子一样；"若是人，由父母交合成胎，十月满足生下来。人的聪明不聪明，能干不能干，有福寿没有福寿，早经在胚胎里生就"。至于那些善良父母生了不善良的儿女，作者的解释是因为在父母交合那一天，刚好做了坏事，起了恶念，因此"感应"了胚胎；反之亦然。再比如，有的家族，"咳血痨损的病，每每子孙传流不绝"，也是因为"种子"的缘故，与风水无关。[1] 显然，这里的"感应"更近于"传染"或"遗传"，与天人感应、人鬼交通等是截然不同的。

与此相关的是"地理"一词的意义转换。地理在中国古代，很大程度上指的就是风水之学。可是在现代科学中，地理这个词所指截然不同：

你们听地理两个字，是怎么意思。现在学堂里，读的地理书，可是这个意思么？我们中国的地理，就是二十一行省、土地、人民、道理、物产、矿物、山川、河港、关津、桥梁、铁路、电线；某省的人民，是何等样性质，何等样开化；某省的土地，是何等的膏腴，何等的硗薄，或宜种棉，或宜栽桑；某省的物产，或宜贩运，或宜制造；矿产的富饶；河港的转运。讲究地理，是这等样的。要像现在一等地理先生，讲究地理，专门迷信虚妄，倒把实在的地理反弄坏了。[2]

1　医道俗人：《俗语指谬：千人挣不如一人困》，《杭州白话报》第 28、29 期，1902 年。

2　《破风水说》，《敝帚千金》第 10 期，1906 年。

　　"地理"词义的变化，反映出来的是解释模式的更替，其中最为关键的是，地中之理不再是风水信仰中的阴阳五行的宇宙秩序。

　　早先传教士刊物中频频出现的一种论证思路是：风水试图以法术来求福避祸，相较于以道德修养来求福避祸，是异端。这种论证思路在国人自办刊物中销声匿迹了。儒学的德性宇宙观也很难再作为风水批判的正当理由了。

　　当风水批判深入到其理论基础——阴阳五行的宇宙秩序时，遭殃的就不只是风水信仰了。还有同样建立在这一宇宙秩序基础之上的中国宗教，儒学也不例外。在《续无鬼论》中，陈榥以科学批判风水信仰之后，笔锋一宕，讲到了儒家的《易经》：

> 　　《易》列于十三经，斥其为谬，学究或讥其侮经。井上氏之言曰："儒教之有卜筮，犹佛之有天堂地狱，皆上知其会同者所不取矣。"[1]

　　在陈榥看来，风水信仰的源头还是儒学经典《易经》。儒家士人虽常常以种种理由抨击风水信仰，但是他们与风水术共享同样的一套宇宙观。无独有偶，陈独秀《论风水的迷信》一文也看到风水后边的学理是阴阳五行以及宋明理学的理气论，看到二者背后有着共同的宇宙观，因而把儒学与风水放在一起对待。斥儒学为"迷信"

---

[1]　陈榥：《续无鬼论》，《浙江潮》第2期，1903年。"井上氏"疑即日本学人井上圆了（1858—1919）。

已经呼之欲出。[1]

　　问题在于，风水处理的是命运（祸福、富贵）的问题。这个问题，在传统儒学和基督教那里，个人的命运好坏（祸福、富贵），是与个人德性的修养密切相关的，如果行善，则有好运；若有恶行，必遭厄运。而今，在纯粹世俗的解释中，富贵不是风水招来的，但是也与上帝无关，与天道无关，而是人们通过实际本领和才干获得的。总之与神圣存在无关，而与人事有关：

　　　　那穷苦没有饭吃的人，必定是他没有本领赚钱，就是有些本领，也必定另有一种自己不好的行为，或是同世俗上有不相合的脾气。那红顶花翎、烈烈轰轰发财的，必定自他才干比众不同，不是有正经才干，定是他另有一种会拍马屁、钻狗洞的歪才，或有势力的亲友提拔。所以一个人富贵贫贱，总应该从人事上细细察看。[2]

　　同样是对风水的抨击和颠覆，科学的批判和"宗教"的批判呈现的是截然不同的两条路径。在这里列举的导致富贵的因素，要么是个人的正当才能，要么是钻营的歪才，可见富贵贫贱与道德善恶没有必然的关系。科学是价值无涉的，科学并不能如"宗教"一般，解释"好人为什么受苦，恶人为什么享福"这样的有悖道德的现象，它甚至拒绝承诺"好人好报，恶人恶报"。

1　陈独秀：《恶俗篇：第七篇　论风水的迷信》（下），《安徽俗话报》第 21、22 合刊，1905 年。
2　医道俗人：《俗语指谬：千人挣不如一人困》，《杭州白话报》第 28、29 期，1902 年。

弗雷泽认为巫术是"科学的假姐妹"，因为"巫术与科学在认识世界的概念上，两者是相近的"，它们都相信事件背后存在着规律，人只需要去发现规律并操控它。[1]弗雷泽的观点放到这里来看，似乎颇有道理。科学与巫术最为重要的相似点，在于二者都是价值无涉的，无关道德的。科学不仅颠覆巫术的神秘力量，也取缔"宗教"的神圣存在，借助"宗教"的神圣存在来保障的世俗道德就丧失了一道最后的保障。此外，无论是巫术还是"宗教"，都以一种非同凡俗的方式回应人的情感需求。但科学对此问题不做任何回应。科学排挤掉"宗教"和巫术之后，若不能提供相应的替代品，很可能会产生一个缺口。

本 章 小 结

地震与风水，一动一静，一为非常时期之解释和信仰，一为平常时期之信仰。前者有很强的道德属性，颇类狭义的"宗教"；后者道德属性稀薄，迹近巫术。两者都是传统中国人"俯察"的重要对象，人们从"地道""地理"而揣摩、领悟宇宙秩序（天道），从而为世俗生活寻求方向和秩序（人道）。

传统中国对地震成因的解释，大体可分为三类。一是视之为驮着陆地的巨型动物鳌翻身所致，二是人格神对人世恶行的惩罚，三是阴阳失序所致。其中第三种是传统中国在中上层社会最为主流的理解。前两种都可以理解为人格神所为，第三种起着主宰作用的则

1　弗雷泽：《金枝：巫术与宗教之研究》，徐育新等译，北京：大众文艺出版社，1998年，第76页。

是非人格神，即阴阳五行的宇宙秩序。除第一种之外，第二和第三种解释通常都带有较强的道德色彩。人们普遍认为地震是对人类（尤其是统治者）道德状态的一种回应，此即灾异论在地震现象上的表现。这套思想观念的普遍流行，对统治者构成了不同程度的道德压力，因而有助于保障世俗道德秩序。

在对地震的几种传统解释中，第三种理解是最为主流的一种理解，也是最容易转型为现代科学解释的一种。在晚清时代，西方现代科学提供了新的地震解释。传统地震解释并未被彻底抛弃，而是发生了微妙的蜕变。"气"被等同于客观物质意义上的气体，而不再是构成万物的宇宙元质，与道德也不再相关。换言之，蜕变后的气震说依然作为一种现代科学解释被保存下来，但是丧失了道德含义，地震成为一种不依人的意志和道德状态而发生变化的客观现象。现代科学提供的另一种解释——地震为地下火山活动所致——也一样无关人事道德。从而，以灾异解释地震的传统难以立足。

传统中国的风水信仰也包含了人格神和非人格神两类神圣存在，但后者占据更为主流的位置。二者虽有摩擦，但仍然具有诸多的共同之处，并能共存、合作。相较于传统地震成因解释，风水道德色彩更弱，在传统中国的正当性相对更低（但仍极有影响），在古代已然遭遇一些儒家士人的批评和抨击。但是，儒学的德性宇宙观和风水信仰一样，都源于《周易》传统，都以阴阳五行的宇宙秩序为前提。因而传统中国对风水的批评往往只是同一思想传统内部的正统批判异端，其遭诟病的并非背后的宇宙观，而是其道德色彩太弱。也正因如此，儒家士人与基督徒可以站在同一立场批评风水。

不过，对风水信仰的威胁更多还是来自现代科学。在晚清，西方科学如地理学、地质学等现代科学的大量传入，带来了对地球、地面、土地、山水的新解释。新解释猛烈攻击风水信仰的理论基础——阴阳五行的宇宙秩序。阴阳五行秩序是中国泛神论中最为重要的神圣存在，一旦阴阳五行的宇宙秩序被颠覆，遭殃的不只是风水信仰，还有以传统宇宙观为基础的整个中国宗教，儒学自不例外。

总而言之，地震解释和风水信仰在晚清发生的变迁的实质是地的祛魅，折射出来的是宇宙的祛魅。宇宙仍然有秩序，但其内涵不再是阴阳、五行，而是现代科学规律。与主流的德性宇宙观不同，现代科学理解中的宇宙秩序与人世道德状态无关，它并不承诺惩恶扬善，也不会对人类的情感做出回应。

第四章　人之祛魅：以疾疫和灵魂为例

在天人关系中，天（天^1）与人并非并列关系，而是包含和主宰关系。人与天（天^3）、地一样，都是宇宙（天^1、天^2）的组成部分，为统一的天道/天理（天^1）所贯注。宇宙/宇宙秩序（天^1）作为泛神论意义上的神圣存在，具有神魅特征。人作为宇宙的一个构成部分，也分享了宇宙的神魅性。本章择取了疾疫和灵魂这两个方面来观察晚清对"人"的理解的变化，以透视宇宙的祛魅。所谓疾疫，即传染病。

第一节　疾　疫

一、传统中国的疾疫理解

传统中国对传染病（疫、疾疫、疫疠、瘟疫）的理解大体可分为两类，一是人格化的鬼神的作为，简称"鬼神致疫"；一是阴阳失序，"邪气致疫"，亦称"疫气说"。

首先，疾疫被视为人格化的鬼神的作为，在传统中国是很早就发生并长期延续的观念。《释名》："疫，役也。言有鬼行疫也。"[1]《后汉书》记载："先腊一日，大傩，谓之逐疫。"唐人李贤等人注释道："《汉旧仪》曰：'颛顼氏有三子，生而亡去为疫鬼。一居江水，是为虐鬼；一居若水，是为罔两蜮鬼；一居人宫室区隅，善惊人小儿。'"[2]这个故事也收集在晋代《搜神记》中。[3]关于致疫的鬼神，这只是许多传说中的一种。在大量的神话故事、志怪笔记、民间传说中，还有关于疫鬼的许多版本。又如《增搜神记》载："隋开皇十一年六月，内有五力士现于凌空三五丈……帝问太史张居仁曰：'此何神？主何灾福？'奏曰：'乃五方力士，在天为五鬼，在地为五瘟，名曰五瘟……现之主疫。'是年大疫，帝乃立祠，于六月廿七诏封五方为将军。"[4]这些神话传说看起来荒诞不经，但是它的确给出了一类疾疫解释，以傩戏等仪式应对疾疫的实践也是基于这种观念的，许多地方还有祭祀瘟神的神庙。[5]总之，在传统中国，生病而求神赐予健康十分常见，遇到为害甚烈的传染病就更是如此，除求医治疗外，也往往烧钱化纸、求神拜佛、请僧道诵经、贴驱鬼符、举办迎神赛会，多管齐下。余新忠在关于清代江南瘟疫的研究中也曾指出："在普通民众的心目中，瘟疫的出现乃是鬼神作祟的结果，而且，就是士人乃至医家往往也不能摆脱这一观念的影响。视鬼神为瘟疫病原这一观念，最集中地体现在'大疫流行，必有鬼神司之'

1　毕沅疏证：《释名疏证·附续释名释名补遗》，北京：中华书局，1985年，第19页。
2　范晔：《后汉书》，北京：中华书局，1965年，第3127页。
3　干宝：《搜神记》，长沙：岳麓书社，2015年，第141页。
4　姚东升辑，周明校注：《释神校注》，成都：巴蜀书社，2015年，第192页。
5　关于鬼神致疫的各种传说故事，详参马伯英：《中国医学文化史》，上海：上海人民出版社，1994年，第100—105页。

这样一种认识之中。"[1]

医学史家陈邦贤曾经指出："关于传染病的原因，在秦以前，大都说是鬼神作祟，所以用傩逐疫；秦汉以后，学者发现传染病与季节有相当的关系，因为认气候不正是传染病的原因，于是有瘴气说。"[2]秦汉时代成书的《吕氏春秋》《礼记》都认为四季轮转代表着宇宙的应然秩序，人世行为应该顺应它，"无变天之道，无绝地之理，无乱人之纪"。举例来说，在阳气渐盛、万物欣欣向荣的孟春时节，天子政令就应以宽仁为主，劝课农桑，不事杀伐；若"孟春行夏令，则雨水不时，草木蚤落，国时有恐；行秋令，则其民大疫，猋风暴雨总至，藜莠蓬蒿并兴；行冬令，则水潦为败，雪霜大挚，首种不入"。[3]这种观念的逻辑是：春应暖，夏应热，秋应凉，冬应寒，这是宇宙的应然秩序，亦即天道（天[1]），若人世行为背离、扰乱这种应然秩序，就会邪恶灾疠之气横行，各种灾异接踵而至，疾疫就是其中之一。寒暑错时，阴阳失序，就会引致疾疫的发生。疾疫往往被视为灾异之一，是人世行为扰乱天地之气的应然秩序所致。故而，在历代官修史书中常可见到把疾疫与彗星等天文凶象相提并论，并与人世行为尤其是政治事件联系起来。《宋书》记录晋永和六年（350）的一系列异常星象之后写道："七年，刘显杀石祇及诸胡帅，中土大乱。戎、晋十万数，各还旧土，互相侵略及疾疫死亡，能达

---

1 余新忠：《清代江南的瘟疫与社会：一项医疗社会史的研究》，北京：中国人民大学出版社，2003 年，第 122 页。

2 陈邦贤：《中国医学史》，北京：商务印书馆，1957 年，第 384 页。

3 许维遹撰，梁运华整理：《吕氏春秋集释》，北京：中华书局，2017 年，第 12 页；王文锦译解：《礼记译解》，北京：中华书局，2009 年，第 198 页。两书相应文字只有个别不同，此处引用以后者为准。

者十二三。"[1]在这里，疾疫和战争一样，与先前的天象灾异是相关的。再如，明代万历十八年（1590），大臣王家屏上书谈道，"迩年以来，天鸣地震，星陨风霾，川竭河涸，加以旱潦蝗螟，疫疠札瘥，调燮之难莫甚今日"，[2]也是把疾疫与地震、星陨、旱灾等灾异相提并论。他指责万历帝不事朝政，对灾异的出现缺乏必要的应对，故而自乞罢归。

鬼神致疫说与疫气说，对应着对神圣存在的两种不同理解。鬼神是人格化的，有类似于人的形象、意志和言行，而疫气说背后则是非人格化的阴阳五行法则。许多研究指出，殷商时代人们信仰的至上神是人格化的"帝"（天帝、上帝），到周代至上神被称为"天"，仍然是人格化的。但是到周代后期，长期的战乱使人们对神圣存在的信心发生了质疑，"'天'的人格神的性格开始消退，渐次衍变成为非人格的'天道''天理'等逻辑存在"，"天并不能像人那么用语言发布命令"，"天本身就是寄寓于万物的法则，因而，它不外在于、也不凌驾于万物，它不是支配世界的主宰神"。[3]与"天"密切相关的概念还有道、天道、理、太极、太乙、太一、阴阳五行法则，大多都是用来表达非人格化的"宇宙秩序"（天^1）、"自然法则"（the law of nature）的。之所以如此，是因为秦汉以后的思想主流倾向于认为是一种秩序、规律、法则使得万物呈现出如此状态，换言之，"宇宙秩序"是万物之所以然、所当然。我们不妨以西方哲

1　沈约：《宋书》，北京：中华书局，1974 年，第 714 页。

2　张廷玉等：《明史》，北京：中华书局，1974 年，第 5728 页。

3　森之树三郎：《名与耻的文化：中国伦理思想透视》，乔继堂译，兰州：甘肃人民出版社，1989 年，第 110 页。

学和宗教学上的泛神论（pantheism）来理解，把用于表示万物根源和主宰者的天、道、理、太极、阴阳五行法则等理解为泛神论意义上的神圣存在。所谓泛神论，是把整体意义上的宇宙或宇宙秩序视为最高神圣存在的宗教立场，这样的神圣存在是非人格化的，它并不凌驾于宇宙之上，而是泛在于宇宙万物的每一个角落，庄子所谓道"在蝼蚁""在稊稗""在瓦甓""在屎溺"，[1] 就是一个典型的例子。

无论是鬼神致疫说还是疫气说，都可能与道德上的善恶之分产生关联，鬼神可以分为正神和邪鬼，气也可以分为正气和邪气。隋代医书《诸病源候论》对"正邪"的界定是："凡云邪者，不正之气也。谓人之腑脏血气为正气。其风寒暑湿，魅魃魍魉，皆谓为邪也。"[2] 在这一解释中，"邪"既指"风寒暑湿"这样的环境因素，又指恶神（"魅魃魍魉"）。人体内的腑脏血气，并不完全等同于现代医学意义上的血液，而是一种带有道德意味的"气"，正如有学者指出，"血气既是人的生理基础，也是人的道德基础"。[3]

与这种身体观和疾疫观对应的防治方法，很可能就包括了道德上的修养。唐代孙思邈所著《千金方》论及修身养性为防病之法，"善养性者，则治未病之病，是其义也。故养性者，不但饵药餐霞，其在兼于百行，百行周备，虽绝药饵，足以遐年；德行不克，纵服玉液金丹，未能延寿"；"常以深心至诚，恭敬于物，慎勿诈善，以

1　郭庆藩撰，王孝渔点校：《庄子集释》，北京：中华书局，2012 年，第 745 页。
2　丁光迪主编：《诸病源候论校注》，北京：人民卫生出版社，1991 年，第 700 页。
3　李经纬、张志斌主编：《中医学思想史》，长沙：湖南教育出版社，2004 年，第 129 页。

悦于人。终身为善，为人所嫌，勿得起恨；事君尽礼，人以为谄，
当以道自平其心。道之所在，其得不孤。勿言行善不得善报，以自
怨仇"。[1]这样的观念源远流长。通过 1878 年刊载于《万国公报》上
的一篇短文《避疫保身论》可以看到，在晚清某些中医的思想观念
中，道德修养仍为防治疾疫的方法之一。根据文中讲解的致疫原因
和开具的药方可以获知作者是一名中医。他认为，疫是秽浊之气，
充塞天地之间，天气炎热，地上的湿浊之气蒸腾而上，人处其中，
"正气设或有隙，则邪从口鼻吸入，直行中道，流布三焦，以及入心
入肝，为疟，为痢，中痧，霍乱，暴厥猝死"。这里的"邪气"乍看
只是指蒸腾而上的"湿浊之气"，但作者提出的防治方法却表明，
"邪气"还包含了道德上的罪恶。他提出了两种方案，即修省与调
养："修省维何？勤览格言，内以惕其心性，喜行善事，外以励其婞
修，而一切机械变诈、忍心害理，致干造物之和者，不可作也。调
养维何？蔬食菜羹，肠胃得清虚之养；灵丹妙剂，购求为防备之需；
而一切鱼肉肥浓、瓜桃生冷，致染痢疾之忧者，不可尝也。"调养之
法，在现代医学中大体相当于保健，即调节饮食作息，以保持身体
健康，保持较好的免疫力。迥异于现代医学的是，道德上的"修省"
（修身养性和道德反省）在这里也是防治疾疫的一种方式。调养和修
省在传统医学中水乳交融，其原因就在于当时理解的致病之因是阴
阳失调，正气为邪气所破。而"邪气"一方面指"风寒暑湿燥火"
这样的环境因素，另一方面又指道德上的邪念恶行，两者都会打破
阴阳之间的平衡，使阴气压倒阳气，从而导致疾疫。所以预防和治

1　李景荣等校释：《备急千金要方校释》，北京：人民卫生出版社，1998 年，第 572、
576 页。

疗之法很可能就既包括饮食调养，又包括道德修省，如此可使人之血气恢复"正""顺"的状态，不易为邪气所中伤。作者还以俗谚来总结这种因果逻辑：

> 所谓"和气致祥，乖气致疠"，又所谓"人无衅焉，妖不自作"，此中有相应之机也，有自然之理也。[1]

此一"自然之理"，即宇宙秩序（天[1]），也就是中国宗教中的至上神圣存在。与此同时，文中还使用了"造物"一词，无论是理解为人格神，还是整体意义上的宇宙/宇宙秩序，都是主宰人世祸福的神圣存在。显然，在疫气说中，疾病与神圣存在是有关系的。道德罪恶与疾病之间构成了一种正相关关系，即"善有善报、恶有恶报"。

鬼神致疫和邪气致疫这两种解释，实际上长期并存甚至纠缠在一起，一个关键的原因是"阴阳"二字，既可以指身体的疾病与健康，也可以指道德的恶与善，还可以指邪鬼与生人、女性与男性等等。这几种阴阳在今人看来也许是不能混同起来的，但对于信奉阴阳五行法则的人来说，万物同为阴阳二气所构成，为同一种宇宙秩序（天/天道）所贯注，这几种阴阳之间的汇兑就容易得多。因而，防治疾疫的方法既可用医药来调和阴阳二气，也可通过积善去恶来补阳气，可能还包含男女采补之道，甚至还可能包含用符咒驱鬼。对他们来说，只要能恢复阴阳二气的应然状态，采取何种手段又有

---

1 槎溪小宋：《避疫保身论》，《万国公报》第 498 期，1878 年 7 月 20 日，第 660 页。

什么关系呢。

　　当然这不是说两者就不存在矛盾。汉魏时期曹植曾作《说疫气》抨击鬼神致疫，文章讲到建安二十二年（217），疾疫流行，有人以为"疫者鬼神所作"，但曹植坚持"此乃阴阳失位，寒暑错时，是故生疫"，故而"愚民悬符厌之，亦可笑也"。[1]曹植的疫气说中的阴阳概念就不包含瘟神与生人这一组对象，他的阴阳概念主要指向的是气温之冷热、疾病与健康。寒暑错时、天时不正是疫气说中俯拾即是的表述，意指天气没有像它本来应有的那样。下文我们将看到，疫气说对鬼神致疫说的抨击，在晚清的观念转变中发挥了相当重要的作用。

　　总之，无论是由人格神主宰，还是受非人格化的宇宙秩序规制，传统中国人的疾病观念和身体观念通常都包含了一定程度的道德属性，故而有助于保障人们对道德秩序的信心。在包含了"善有善报，恶有恶报"的道德原则的身体观念中，疾病有可能会促使人们作道德上的检讨和改进，疾疫流行甚至可能促使统治者作出道德上的反省，采取政治上的改进措施。需要再次澄清的是，本书所用"袪魅"之"魅"，不仅指人格化的"鬼神"，也指非人格化的却会对人世德行做出"鉴察"和"回应"的"宇宙秩序"（天[1]）。

二、晚清基督徒提供的疾疫新解

　　把疾病理解为鬼神（人格神）作为的结果，并相应采取祈祷或巫术的方式来应对，曾是不同民族和文化的普遍现象。原始部落固

1　曹植著，赵幼文注：《曹植集校注》，北京：人民文学出版社，1984 年，第 177 页。

然如此，在欧洲的前现代社会中，疾病也常常被视为上帝的惩戒或妖魔作祟的结果。相应地，治疗疾病的方式"可以靠圣哲的干预，无论是亲自还是通过他们的圣骨；靠祈祷和朝圣；或靠驱邪和为妖魔（和患者）所厌恶的治疗法"。[1]《圣经》中耶稣以神奇力量治疗疾病的诸多故事对欧洲人的思维观念影响极大。古罗马神学家圣·奥古斯丁（Saint Aurelius Augustinus，354—430）就认为基督徒所患的一切疾病都是由恶魔引起的。在英国，发生于颈部、腋下等处淋巴结之慢性感染疾病瘰疬，曾被称为"国王的祸害（the king's evil）"，其中一种治疗方式是请求国王亲手触摸。17 世纪英国国王查理二世为此触摸过大约十万人。[2]

　　这种观念在晚清的基督教刊物中仍有体现。1873 年，传教士期刊《教会新报》刊载一篇短文，讲述了道光年间的一个故事。福建德化、西乡瘟疫流行，患者常如神魔附体，不仅直呼父母名姓，还厉声说道："胆大某某，吾乃上清三洞五雷经箓、九天金阙雷霆大都司，谨奉玉皇大帝旨意，稽查人间善恶，来到此地多时。此方之人，并无一点香烟祀奉。"人们听到无不跪地请罪，口称"至尊至上至圣至神"，随即邀集乡人，聘请巫师到家，于祖庙与祠堂之中安立牌位，关门闭户，外挂红旗以示圣驾在堂，宜肃静回避。但当地秀才万青藜（1821—1883），带人遍行各处，将各家祀奉的牌位收集起来，带到水边焚毁，其结果是"一乡病患一体全愈"。地方乡民应对

1　罗素：《宗教与科学》，徐奕春、林国夫译，北京：商务印书馆，2010 年，第 46 页。
2　怀特：《基督教世界科学与神学论战史》，桂林：广西师范大学出版社，2006 年，第 483—485 页；罗素：《宗教与科学》，徐奕春、林国夫译，北京：商务印书馆，2010 年，第 48 页。更全面的研究参见马克·布洛赫：《国王神迹：英法王权所谓超自然性研究》，张旭山译，北京：商务印书馆，2018 年。

瘟疫的方式，显然受道教影响，他们相信瘟疫是人格化的鬼神造成。万青藜作为儒家士人，认为地方乡民应对瘟疫的方式荒谬无稽，也许是出于儒学对道教、民间宗教、巫术等宗教形式的不以为然，或出于以正祀反淫祀的立场。而该文作者显然是基督徒，他对此事的解读是："可见信魔鬼者，敬魔鬼而鬼肆其威；不信魔鬼者，驱魔鬼而鬼灭其迹。其故何也？邪不能敌正，理足以胜私。"在他看来，万青藜后来官运亨通，正是"上帝赐嘏之鸿恩而显现于斯世"。[1]他认为，万青藜不信魔鬼而信上帝，所以获得上帝的赐福。不过，这很可能是作者的一厢情愿，儒家士大夫万青藜多半并不信奉基督教的上帝。前文在讨论求雨信仰之时曾提到，1876 年北方大旱时，万青藜作为礼部尚书兼顺天府尹，曾多次被派往邯郸圣井岗龙母庙，迎取铁牌到京城求雨，他毕恭毕敬对待的龙和龙母，正是基督教所谓的魔鬼（异教神）。[2]在这个故事中亦然，道教的玉皇大帝在基督教看来也是魔鬼，处于上帝的对立面。然而，在宗教立场之外，基督徒与乡民的解释具有高度的同构性。各自的人格神都具有一些标准以衡量世人作为，并做出相应的回应：乡民的玉皇大帝因为人们不供香火而降疫，作为惩罚和报复；基督徒的上帝因为万青藜不信魔鬼专奉上帝而赐予他美好的前途。这两种信仰背后的疾疫观和身体观，都是有人格神主宰的。

相较于鬼神致疫的观念，后起的疫气说似乎更为理性化、更具说服力，以至于疫气说在晚清时期的基督教刊物中也频频出现，被用来解释各地发生的疾疫。1882 年，《益闻录》报道安徽疾疫流行，

1　李修竹：《逐疫全患》，《教会新报》第 254 期，1873 年 9 月 27 日，第 26 页。

2　《京师杂闻》，《申报》1876 年 5 月 8 日，第 2 版。

其中谈到安徽友人来信说："省中积水尚多未退，熏蒸已久，渐成瘴气，居民犯者均不能堪，故日来疫症流行，十毙三四，若能以大雨涤除秽恶，而入清凉，或可生机稍转。"作者宣称："寒暑阴阳之气，未能宣泄，或宣泄不时，则隐中人身，便成疫疠。"[1]如前所说，"邪气致疫""天时不正"是传统中国典型的疫气说，可是在基督教期刊《益闻录》中，这样的解释俯拾即是[2]，我们可借此推断该刊主要的编辑者倾向于中国本土的疫气说。疫气说背后的主宰者是一种非人格化的神圣存在（天[1]），并无人格神主宰的意思。按照基督教的立场来看，它恐怕应该被视为异端。吊诡的是，它不仅没被视为异端，还为基督徒抨击异端提供了有力的武器。同年，《益闻录》就明确以

1　《皖省多疫》，《益闻录》第184期，1882年8月30日，第4册第214页。

2　如"因天时不正，疫症甚多"，《驱疫笑谈》，《益闻录》第180期，1882年8月16日，第4册第289页；"天时不正，邪疠日行"，《秋疫盛行》，《益闻录》第186期，1882年9月6日，第4册第325页；"因天时不正，寒燠失宜，东京与横滨两处瘟疫盛行"，《日本多疫》，《益闻录》第188期，1882年9月13日，第4册第337页；"去冬节气未甚寒冷，今正又雨水过多，阴阳愆伏无常，久之积成沴疠"，《贝邱多疫》，《益闻录》第246期，1883年4月14日，第5册第158页；"牛庄一带今年酷暑熏蒸，较往年尤甚，民间贪凉畏热，露宿星餐，以凉意中人，多生疫疠，传染各处"，《牛庄疫盛》，《益闻录》第383期，1884年8月13日，第6册第377页；"今岁天时不正，寒暖失宜，人民偶不留心，易受河鱼之疾"，《大沽疫盛》，《益闻录》第506期，1885年10月28日，第7册第494页；"直隶天津河间一带，因去冬少雪，天气不和，寒意难宣，久郁酿成疫疠"，《益闻录》第549期，1886年；"入秋以来，天时寒燠失宜，四境之中酿成疫气"，《宛州大疫》，《益闻录》第705期，1887年10月15日，第9册第476页；"朝鲜自夏秋以来，连月大雨，湿潦熏蒸，最易成疫"，《朝鲜多疫》，《画图新报》1891年2月，第83页；"京畿之内自去年至今，无严寒大冻，常如处春风之中，以致阳气蒸泄，疫疠为灾"，《京中疫起》，《益闻录》第1358期，1894年4月7日，第16册第147页；"都中天气寒暖不时，蒸湿又盛，俄而浓云，俄而震电，又俄而扇凉，以致霍乱、痧疾、疟疠之症"，《都门疫信》，《益闻录》第1416期，1894年10月27日，第16册第495页。

疫气说为据来批评福州民众的驱疫方式："乡民愚昧，不以医药为先，反日事赛会迎神，希图禳解。日来五帝出巡，并太岁元帅瘟烈诸神，终日抬走街头，跋涉不遑，亦可笑矣。"关于疫症的归因，作者同意来信友人的解释："榕垣因天时不正，疫症甚多。"[1]这里有两种疾疫解释，一是作者所谓的"天时不正"造成疾疫（即疫气说），二是乡民的赛会迎神活动透露出来的鬼神致疫的观念。在这个叙事中，"愚昧""可笑"等词表明前者对后者持强烈的排斥态度。这些文字并未署名，很可能是该刊主编李杕（1840—1911）所作。一方面，李杕是基督徒，具有强烈的一神论倾向，对佛道等"异端"甚为排斥；另一方面，他又是在中国文化传统中成长起来的，春暖夏热秋凉冬寒这样的宇宙秩序（天[1]）在他的思想中仍占一定位置。这个例子表明，本土思想传统的内部矛盾，在中西文化冲突中可能扮演一些暧昧的角色。

疫气说还成为接引现代疾疫解释的重要工具。一方面，疫气说把疾疫解释为天地之间有道德色彩的"邪气"压倒了"正气"，从而建立起疾疫与神圣存在（天/天道）的关系；另一方面，因为"邪气"又可以被具体落实到潮湿而污浊的空气，遂建立起环境清洁与身体健康的关联。后者使疫气说很容易与19世纪上半叶欧美的"疾病生态学"接轨。19世纪初，社会学家、经济学家和卫生学家从生态环境和生存条件来考察疾疫定期发生的缘由，在生态环境与疾疫之间建立起关联，这种研究通常被称为"疾病生态学"。1842年，爱德温·查德威克（Edwin Chadwick，1800—1890）出版的《关

---

1 《驱疫笑谈》，《益闻录》第180期，1882年8月16日，第4册第289页。

于英国劳动人口卫生状况的报告》是一个典型例子，作者认为"与贫困有关的疾病（热病、霍乱、痨病、小儿腹泻）被认为是由环境因素引起的，尤其是在空气不良的环境中"，而"这些不良空气是由于邋遢、尘埃和排泄物而造成的"，"人们只要改善通风（清洁的空气）、清洗和炊饮设备（清洁的水）、废物处理（清洁的厕所）和住房（清洁的墙壁）就能预防疾病在劳动人口中传播"。[1]

英国来华传教士艾约瑟（Joseph Edkins，1823—1905）1877 年发表的一篇短文就很清楚地点明了环境卫生与疾病的关系，该文基本可以看作疾病生态学在中国语境中的应用。文章指出北京城内沟渠失修，不洁之物淤塞其中，臭气蒸腾，人处其中，易染疫疠。文中还谈到时任海关总税务司的赫德（Robert Hart，1835—1911）曾让驻扎在各口岸的西方医生记录并报告各地病症和病原。根据这些报告得知，广东不少居民的饮用水不够清洁，渔民尤甚，易患疾疫；寄居汉口的医生则说"中国不洁之物遍满街衢，臭气不堪入鼻，净街除垢之法远不若西国之讲求备至，扫除得当"；寄居厦门的医生也说厦门街道狭窄，秽物遍街，易导致疫症流行。最后，作者劝告中国人"今既知因是而多病，断不可自耽安逸，不肯扫除净洁也"。[2]在赫德的倡议、各地西医的报告以及艾约瑟的论述中，环境清洁与身体健康、环境污秽与瘟疫之间显然构成了因果关系。而"不洁之物"发出的"臭气"与邪气致疫说中包含的"湿浊之气"颇有相似之处。只是这样的"邪气"，已经不能与道德上的罪恶汇兑了，也就是

---

1 威廉·拜纳姆：《19 世纪医学科学史》，曹珍芬译，上海：复旦大学出版社，2000年，第91—92页。
2 艾约瑟：《中西病躯异同》，《益智新录》1878 年 1 月，第15—16页。

说，造成瘟疫的"气"仅是客观物质意义上的"空气"，疾疫也不再是传统意义上的灾异，与魔鬼、邪神也无关系，道德上的罪恶与疾疫之间的因果关系被取消了。

另一传教士卫道生（John Elias Williams，1871—1927，又名文怀恩）的一篇短文，更好地凸显出这种微妙的变化。作者在南京传教多年，亲见瘟疫横行，死亡相继，医生束手无策，居民"捐资建醮，设高台，延僧道，焚烧香烛，立位瘟神"。对付瘟疫如此，对付其他病痛也莫不如此，"乡愚之有疾，动辄曰风水不利也，邪鬼纠缠也，雷火劫人，犹为孽报，乃不顾耗费而谋人以治风水，酬香愿焉。故今之时疫，命鬼偷肉者……其人对天仰视，以为斯病也，自天降临也"。无论是理解为邪鬼缠人，还是风水不利，最后都被归为"自天降临"，可见邪鬼以及风水背后的宇宙秩序都被视为神圣存在。总之，南京本地民众普遍相信，疾病与神圣存在是相关的。卫道生却毅然背道而驰，他宣称：

> 人皆怨天，而仆则独尤人也。其何故欤？盖人身之不洁，街道之污秽耳。

他解释道，城市街巷处处堆积肮脏腐败之物，经日光暴晒，臭气和污物流入水沟，则会生出小虫。这些小虫喜欢腐臭之物，一旦降雨，它们就随着污水流入池塘和水井。居民无知，以池水或井水洗菜煮茶，虫与水在腹中一同发作，导致疾病。更有甚者，小虫随病人之排泄物排出，再次污染蔬果或饮用水。作者为当地居民提供的建议是节省赛会迎神的资费，用以雇用劳动力，清扫街道，购买西药水杀虫，家里则购买石灰粉刷墙壁，扫除天井，把粪便远置室外。鉴于作者对小虫的描述，且未提到显微镜，这里的"虫"很可能还不是病菌。无论如何，作者的结论是：

　　病非天降，实自地生。

　　疾疫源自"地"而非来自"天"，来自现实世界而非超越世界。作者还引用了俗谚来佐证这种因果关联："祸福无门，唯人自招。斯语，诚然矣。"[1]这个谚语本来指的是道德上的因果关系，意即善有善报，恶有恶报。但在这里的意思是，疾疫源于人对环境卫生的疏忽，所以是"自招"的。这种因果关系并无任何道德含义，疾病与道德善恶无关。它限定在现实世界，与神圣存在的干预或保障无关。

　　疾病生态学的疾疫归因还只是经验总结性质的，真正的突破是病菌的发现。1882 年，至少有两份基督教刊物《益闻录》和《画图新报》都曾提到某西方科学家用高倍显微镜观察，发现一种苍蝇"于尖嘴上有小虫焉，身形如蛇，行运甚疾，啮人则虫入血脉，传毒人身，不久即成疫症"。[2]这里所谓"小虫"指的是致病的微生物。微生物的发现始自 1675 年，荷兰人列文虎克（Antony van leeuwenhoek，1632—1723）利用他发明的显微镜发现了单细胞微生物。但是要到 19 世纪七八十年代，法国科学家路易·巴斯德（Louis Pasteur，1822—1895）和德国科学家罗伯特·科赫（Robert Koch，

1　卫道生：《驱疫说》，李捷三译，《中西教会报》1895 年 9 月，第 21 页。
2　《蝇疫》，《益闻录》第 219 期，1882 年 12 月 30 日，第 4 册第 523—524 页；《蝇能传疫》，《画图新报》1882 年 12 月，第 98 页。

1843—1910）建立病菌学说，微生物与疾疫之间的因果关联才得以确立，这成为现代医学史上的一座里程碑。[1] 1882 年传教士期刊上的这两则短讯，相当及时地传播了新的科学发现。在接下来的十余年间，关于显微镜和病菌的知识，在期刊中逐渐增多。1890 年，英国来华传教士韦廉臣（Alexander Williamson，1829—1890）在《万国公报》撰长文介绍显微镜和微生物。他指出："迩来数年间，格致家以显微镜详为考察，乃知此类（微生物）实繁有徒，无论水中、气中、骨中、果中、草中、木中、衣服中、器皿中、墙壁中，无处不有，即吾人肢体、发肤、血气间，亦皆充满。"微生物也分"善恶"，但判断依据既不像"邪气"那样具备道德属性，也与患者的道德状况无关，而是取决于它有益于人的健康还是有害于人的健康，"善者"分解臭腐，清洁环境，而"恶者"害人患病。他还配合插图分别介绍了不同微生物与不同疾病的对应关系："凡一类之虫，生一类之病。如图九者生痨瘵，如图六者生霍乱，如图八者生肺疾，如图十者生瘰疬也。即身外之疾，如图七者生癣，如图十一者生疬，以及一切痛痒之症，莫非此类之所为。不但如此，格致家察人一身，无论疮疾之痛，刀剑之伤，不时作脓者，非血内之朽腐，皆微虫之为灾。"（附图）[2]疾病由微生物引起的知识，描述得已经相当清楚而细致。英国来华传教士傅兰雅（John Fryer，1839—1928）主办的《格致汇编》也连篇累牍做了非常详尽的介绍，尤其详细地解释了时人

1　威廉·拜纳姆：《19 世纪医学科学史》，曹珍芬译，上海：复旦大学出版社，2000年，第 159—165 页。

2　韦廉臣：《显微镜有益于世论一章》，《万国公报》第 13 期，1890 年 2 月，第 12—14 页。当时有关显微镜的详细介绍，可见《显微镜说》，《格致汇编》1891 年秋季卷，第 1—16 页。

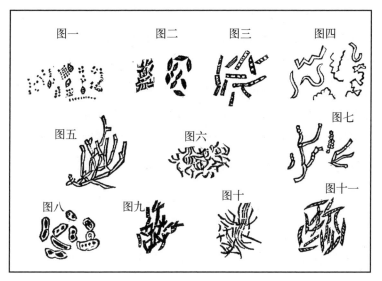

图 8　韦廉臣《显微镜有益于世论一章》附图

谈之色变的肺痨的病因，并提出应对之策就是以种种方法杀灭致病的微生物。[1]

　　病菌与疾疫的关系，时人形象地描述为"人与微生物争战"。据《格致汇编》记载，1892 年 2 月 26 日晚，诸多西人会集上海文友辅仁会，听在沪执业医生礼敦根（Duncan Reid）讲"人与微生物相争之事"。讲演活动中提供了 6 个高倍显微镜，礼敦根一面解说微生物之理，一面让人用显微镜观察各种微生物。这次讲演活动的参加者主要是在沪外国人，但讲演的内容却通过印刷传媒在华人中广泛传播。《格致汇编》编辑认为"此实医学近今最新、最妙、最要之一

1　《医肺痨等病新说》，《格致汇编》1891 年春季卷，第 19 页；《痨疾虫为害》，《格致汇编》1892 年春季卷，第 50 页。

门"，因而翻译刊载了讲稿全文。该文长达 17 页，约两万字，非常全面地介绍了微生物发现的历史。文章从微生物在发酵中的作用，讲到微生物与霍乱吐泻、肺痨、烂喉痧、癫狗疯等疾病的关系，再讲到如何杀灭病菌以预防和治疗疾病，还讲到白血轮（即白血球）与体内微生物（即病菌）的斗争。文中说"至今凡各瘟疫，几全知为何种微生物所致，而毫无疑意"，作者坚信"现各国人民所患凶险各病，不独能治能免，并冀将来能全灭其根，使后世子孙几忘前人有是病也"。[1]

三、疾疫新解对中国知识分子的影响

微生物致疫的知识，伴随着显微镜等实验器材的魔力，为国人提供了一套非常有说服力的疾疫解释。在 19 世纪末 20 世纪初，国人自办刊物中出现的疾疫解释，微虫（细菌）致疫的解释日益增长，疫气说则呈递减趋势，鬼神致疫说则基本绝迹了（这绝不是说鬼神致疫说在下层社会、农村生活中也绝迹了）；而环境卫生与疫病之间的关系，因与微虫致疫互为表里，没有明显的增减趋势。

微生物致疫的解释对中国传统疾疫观念造成了怎样的冲击和影响，我们不妨以陈虬（1851—1904）和陈侠（1873—1917）为例来观察。陈虬为晚清温州中医名家，19 世纪末与陈黼宸、陈侠等人在

1　《人与微生物争战论》，《格致汇编》第七卷春，1892 年。该文的影响力，我们可举章太炎为例，章 1899 年发表的哲学论文《菌说》就是根据这篇演讲稿提及的微生物知识，来阐述庄子的"乐出虚，蒸成菌"。朱维铮、姜义华编注：《章太炎选集》，上海：上海人民出版社，1991 年，第 54 页。

温州合作创办了利济医院、利济医学堂及《利济学堂报》。[1]《利济学堂报》所刊文章表明，西医对疾疫的解释已进入他们的视野。1897年该刊所载一篇题为《疫虫备验》的文章，介绍了台湾某医生从疾疫患者的尸体中取出肿块，用显微镜观察而发现了疫虫。文章解释该疫虫为"空气积毒所化"，经食道或毛孔进入人体繁衍生殖，造成疫症发作。作者建议人们在疾疫流行时要特别注重清洁卫生，以日光和沸水杀死疫虫，以免染疫。[2]该刊灵魂人物陈虬是中医名家，对鬼神致疫说是敬而远之的。他谨遵孔子"未能事人，焉能事鬼"的教导，对鬼神存而不论，坚持《黄帝内经·素问》"拘于鬼神者，不可与言至德"的立场，因此对鬼神致疫说是排斥的。[3]作为中医，他对疾疫的理解是疫气说，其医理资源主要是阴阳五行学说。在1902年发表的《瘟疫霍乱答问》一文中，他说"疫者，毒疠之气"，根据五行学说可预先知道"本年应发何病"，他还用阴阳学说来解释病症和药物的阴阳和寒热。与此同时，他也清楚知道当时日本、德国和法国都有科学家或医生发现微生物致疫的原理。

问：今日西医盛行，其论此病，系毒虫为患。或由天风，或由流水，或由衣服食物，均能传染。一入肠胃，多使肠胃津液立变为色白如乳之物，将吸管闭塞，不能收摄精华，以致阴阳失和，血气凝

1　吴幼叶：《戊戌变法时期温州的〈利济学堂报〉——基于现代报刊视野的描述和分析》，西北大学硕士学位论文，2008年，第11—12页。

2　《疫虫备验》，《利济学堂报》1897年第12期，"利济外乘"栏第2—3页。

3　胡珠生辑：《陈虬集》，杭州：浙江人民出版社，1992年，第146—147页。

滞，险证迭呈。然否？答：理亦不谬！[1]

　　两种解释在他人看来可能有高下之别乃至势不两立，但在他这里两者都不谬，还能结合在一起：疫虫造成了阴阳失调。西学中源说在他这里又发挥了作用，微生物致病的说法在中国古籍中"皆已引而不发"，如此，西方科学的新解释被装进中国医学的框架之内。微虫致病的新解释使他不得不正视和承认，而他既不肯也不能放弃旧的解释，以至于他不得不作出牵强附会的解释和辩护。他举证说，中医典籍中"五积肥气"之"肥"字系"蜰"之假借；《黄帝内经》中认为"风为百病之长"，而"风"（風）字包含了偏旁"虫"。他宣称这些证据可以证明中国古人已经注意到了微虫致病的道理，只是引而不发而已。[2]这种牵强的解释，戏剧性地表现出疫气说遭遇的严峻挑战。

　　陈虬的学生和同事陈侠也持类似观点。陈侠以五行学说解释疾疫之发生，"伤寒，水之藏也。水藏伤则水不能涵木，及春而风木暴发，故有'春必病温'之言"。他感受到中医面临的挑战和危机，于是潜心著书，力图把中医与西医会通起来，"探阴阳消长之原，辨别异同，参中外而一致之"。与陈虬类似，他也宣称西医的解剖学在中国古已有之："白种哲流，以解剖学鸣于时，然其术则固我中国所自有也。"[3]如此，接受解剖学就简单一些了。由于他并无别的著作行世，我们无法知道他到底如何会通阴阳五行与西医医理，但这两种

1　胡珠生辑：《陈虬集》，杭州：浙江人民出版社，1992 年，第 146 页。
2　胡珠生辑：《陈虬集》，杭州：浙江人民出版社，1992 年，第 146—147 页。
3　瑞安陈侠醉石：《疫治（下）》，《新世界学报》1902 年第 3 期，第 29—30 页。

医学传统持有迥然不同的疾病观和身体观，要把两者结合起来，谈何容易。

　　另一名医丁福保（1874—1952）就做了此是彼非的选择。丁福保幼时患肺病，"求医学于《本经》《素问》《灵枢》《难经》，以及汉之张长沙、晋之葛稚川、唐之孙思邈、金元之四大家，如是者又数年，而肺病日益加剧"，后"求解剖学、生理学、卫生学，以及医学、药物学于东西洋之典籍，而专注其意于肺痨，约年余而病果疗"。[1]至少对丁福保来说，其亲身经历足以"证明"西医比中医高明。1900年，丁福保出版《卫生学问答》一书，简明扼要地介绍了西方医学中的生理卫生知识。丁氏还专辟一章介绍微生物致病的知识，其内容与1892年礼敦根医生的演讲"人与微生物争战论"相去不远。该章一开头，就说微生物"终日与人相争战，血轮强则微虫败，血轮弱则微虫胜，微虫败则身安，微虫胜则人死"。[2]在论述白血球与微生物的斗争时，其描述甚为生动可喜：

　　印度医士罗肆为近今之格致名家，于己亥五月始查知白血轮有敌疫虫之功用。盖罗肆用大显微镜窥一病者血轮所至，见瘴毒微生物正在张牙舞爪，寻觅食物。忽见有白血轮行来，直侵瘴毒，似有噬之状。唯该病人瘴毒太重，微生物强而又众，故白血轮不能噬之，反为微生物所噬。其相持之久约至十五分钟。白血轮至末自知力弱难胜，决意逃去。瘴毒虫追之，走过两度显微镜所能照之地，卒不

1　丁福保：《丁氏医学丛书总序》，载安藤重次郎等：《内科学纲要》，丁福保译，上海：上海医学书局，1926年，第1页。
2　无锡丁福保辑稿：《卫生学问答》，太原：山西武备学堂，1900年，第68页。

能追及。忽遇别个血轮，该微生毒急弃旧敌，接应新敌。此新轮不及一分钟，便将该微生毒打败，转身而走，带着微生毒于其怀内。此时此瘴毒微生物难以支持，已至不能忍受之界限，竟疲倦而死。格致家将来特于此事留心，或能设法令白血轮强壮，则微生物无能为矣。[1]

　　相较于陈虬、陈侠，丁福保对建立在阴阳五行学说基础上的传统医学理论已不太感兴趣。该书长达 160 页的篇幅中讲的全是西医知识，阴阳五行之类的知识已经完全消失不见。书中以西方科学知识否定中医医理的例子俯拾即是。如论及伤寒时，他设定的问题是："张仲景论伤寒甚详，未闻有虫，今西人谓伤寒有虫，得毋误欤？"其回答是："伤寒症之病原，乃小肠发炎。重者渐至腐烂生疮，生疮处每有无数小虫聚会其间。此乃西人确有实证之语，断非臆说。"[2]一"实证"一"臆说"，西医和中医关于疾疫的解释高下立判。

　　中西解释的抵牾，不仅对医学专业人士发生影响，在非专业读者那里也会造成紧张。清末名士孙宝瑄参观过新式学堂中的人体解剖[3]，读过《卫生学问答》一类新式医书，既接受中医诊疗，也看西医，中西医的疾疫解释在他那里也渐渐变得紧张。1902 年，他在日记中记载："观《卫生学问答》，无锡丁君福保所著。西人近来考得脾胃不相连，脾于消食之事绝不相干，唯主生白血轮之功用，能杀

1　无锡丁福保辑稿：《卫生学问答》，太原：山西武备学堂，1900 年，第 73 页。
2　无锡丁福保辑稿：《卫生学问答》，太原：山西武备学堂，1900 年，第 76 页。
3　孙宝瑄：《忘山庐日记》，上海：上海古籍出版社，1983 年，第 584 页。

各种微生物。微生物能害人，白血轮能救人，白血轮与微生物互相吞噬，其胜负与身体之强弱有相关，此亦新理。"[1]同年另一则日记中又记载："京师数日内疫疾甚盛，死人无算，皆因霍乱，有顷刻死者，有半日亡者。西人考验传染之故，盖有虫在空气中，故能波及于人。"[2]在同年的日记中，孙宝瑄还谈道："我国人谓疫有神，故设法以驱之。西人谓疫有虫，故设法以防之。神不可见，而虫可见。"[3]一"不可见"一"可见"，隐隐透露出他似乎倾向于后者。在另一处，他则说得更为露骨："我国福建、上海、苏州、杭州驱疫之法，诵经礼佛；日本神户、东京、新泻驱疫之法，栅居毁屋。然而日本有效，而我国无效。盖我国以疫为有疫神，日本以疫为有疫虫。虫耶神耶，孰是孰非耶？"[4]孙宝瑄没有直接给出明确的回答，但一"有效"一"无效"，实际上已经作出了高下之分。"可见"与"不可见"，"有效"与"无效"，其实质是能否获得实证支持，这是现代实证科学在方法论上的核心要求。

虽有人尝试把中医医理和西医医理会通起来，如前引陈虬、陈侠等人[5]，但似乎无人大获成功。正如丁福保所述，"近世东西各国医学之发达，如万马之腾骧，如百川之汇萃，磅礴浩瀚，骎骎乎随

1 孙宝瑄：《忘山庐日记》，上海：上海古籍出版社，1983年，第481—482页。
2 孙宝瑄：《忘山庐日记》，上海：上海古籍出版社，1983年，第543页。
3 孙宝瑄：《忘山庐日记》，上海：上海古籍出版社，1983年，第481—482页。
4 孙宝瑄：《忘山庐日记》，上海：上海古籍出版社，1983年，第727页。
5 自明末清初西医逐渐传入中国以来，就一直有人尝试会通中西医学。马伯英等对此有详尽的论述，见马伯英、高晞、洪中立：《中外医学文化交流史》，上海：文汇出版社，1993年，第469—523页；还可参考皮国立：《近代中医的身体观与思想转型：唐宗海与中西医汇通时代》，北京：生活·读书·新知三联书店，2008年。

大西洋之潮流，渡黄海岸，注入亚东大陆"，[1]越来越多的现代医学知识，经由印刷传媒的广泛传播，再加上现代医疗实践的广泛开展，与现代医学扞格不入的中国医学传统从整体上遭到质疑，终究难以避免。吊诡的是，晚清最早提出要废除中医的人既不是科学家，也不是基督徒，甚至不是新式知识分子，而是传统儒家士人。1879 年，经学大师俞樾（1821—1907）发表《废医论》，其依据不是西方医学，而是儒学的道德原则。俞樾以古典文献为据，指出巫医本来同源，巫既可废，医也可废；中医以切脉为诊断之法，但中医对脉学莫衷一是，对治病之法也不知其所以然。这些批评颇像西方医学的论调，有学者曾指出，俞樾此论是因受西方医学的影响，因为他曾读过来华传教士、医生合信（Benjamin Hobson，1816—1873）的著作。[2]然而，俞樾并未以西方医学为依凭，也没有以西方医学为替代品，他竟然掉头回溯，以《周易》为据来倡导废除中医。他认为，根据《周易》中的乾坤阴阳法则，人心中也有善恶，而病由心生，心主气，气就是"人之所以生者也"。所以，心中常存善心，除恶念，气遂和调畅达，运行于人体之中，身体健康，足以抵御风雨寒暑之变化，人即不病，就算病了也不会伤及性命。如此，则知"医之不足恃，药石之无益"。[3]前文提及《避疫保身论》一文建议道德修省和食物（含药物）调养双管齐下，而今俞樾竟然主张抛弃药石治

1　丁福保：《丁氏医学丛书总序》，载安藤重次郎等：《内科学纲要》，丁福保译，上海：上海医学书局，1926 年，第 1 页。

2　马伯英、高晞、洪中立：《中外医学文化交流史》，上海：文汇出版社，1993 年，第 537 页。

3　俞樾：《废医论》，俞樾：《春在堂全书》，清光绪九年（1883）重订本，《俞楼杂纂》第 45 卷。

疗，相信仅凭道德修省即能确保健康不病。

俞樾虽主张废除中医，但他与中医站在同一战壕里。他本人所持的身体观，与他所抨击的中医的身体观一样，是以阴阳五行学说为核心的，并未与宇宙秩序（天[1]）割断联系，更不用说他理解的宇宙秩序，是充溢着善恶价值的，并非无意义、无道德属性的宇宙秩序。刚好相反，他之所以要废除中医，正是要废除中医无关道德的那一方面（药石治疗），而特别强调道德修省的方面。他以巫医同源作为倡导废除中医的重要理由，其矛头所向是中医的道德属性薄弱，这颇有类于具有浓厚道德色彩的宗教（如基督教）排斥巫术。所以我们看到，他也并无以西方医学来替代中医之意思，因为西医的道德属性可能更薄弱。要是俞樾能听到 11 年之后（1890 年）英国学者弗雷泽发表的"巫术是科学的假姐妹"的论断[1]，想必会引为同调吧。有学者痛斥该文"逻辑不通，医理不懂，考据混乱，是很不值的一篇文章"，[2]但是一篇如此不堪的文章之所以能在近代思想史上引起持续的反响，最重要的原因恐怕就是俞樾点出了巫医同源这个关键，即中医与巫术之间的密切关系，而中医与巫术的相似性，主要即在于它们共享了阴阳五行这一套宇宙秩序。俞樾自己并未超迈这套宇宙秩序。

后来主张废除中医的人虽引俞樾为同调，却无人像他一样主张以道德修省为替代。对西学更为熟悉的郑观应对中医的批评就呈现

---

1 弗雷泽：《金枝：巫术与宗教之研究》，徐育新等译，北京：大众文艺出版社，1998 年，第 76 页。

2 马伯英、高晞、洪中立：《中外医学文化交流史》，上海：文汇出版社，1993 年，第 537 页。

出别样的面相。他年轻时曾学习中医，在早年的《救时揭要》中，他批评庸医不认真研究中医典籍，"鲜识三关九候之妙、阴阳变化之奇"，"罔识岐伯之堂，莫睹张机之室"，唯知招摇撞骗，以图利益。[1] 其矛头所向是庸医的学识浅薄、医德不端，并未质疑中医理论的正确性，也未触及中医的身体观念。但在后来的《盛世危言》中，他以西医的知识和体制反衬中医之拙。他相信西医的医理和疗法与中医不同，虽不见得处处都比中医强，但西医"实事求是推详病源，慎重人命之心，胜于中国近世之漫无把握"。他指出中医不如西医的五个方面。第一，西方医学以科学研究为基础，"曰穷理，曰化学，曰解剖，曰生理，曰病理，曰药性，曰治疗"；针对不同疾病，疗法也多样化。第二，"西医论人身脏腑、筋络、骨节、膝理，如钟表轮机，非开拆细验，无以知其功用及致坏之由"，所以西医懂得脏腑、血脉之真正道理。第三，西医讲求实证，又有显微镜以洞察隐微，而中医"多模糊影响之谈，贵空言而罕实效"。第四，中医因为相信五行相生相克之理，所以要治疗肝病须先治疗脾胃，西医则何处治病即用何处之药；中药无定，而西药有定。第五，西医的器具、疗法都远较中医丰富。中医相对于西医的劣势，在郑观应这里再次以西学中源说来补偿，他相信西医"外治诸方，俨扁鹊、华佗之遗意，有中国失传而逸于西域者，有日久考验弥近弥精者。要其制药精良，用器灵妙，事有考核，医无妄人，实暗合中国古意，而远胜于时医"。[2] 他赞同西医把人的身体看作钟表轮机，相反，他指责中医缺乏

1　夏东元编：《郑观应集》，上海：上海人民出版社，1982 年，第 25—28 页。

2　郑观应著，辛俊玲评注：《盛世危言》，北京：华夏出版社，2002 年，第 165—168 页。

实证科学支撑，对人身结构不了解，空谈虚理，中医的理论基础——阴阳五行的宇宙秩序，在他看来不仅没能使中医成为精良的学问和技术，作为一种"虚理"反倒妨碍了对身体结构、医药性质进行深入而准确的实证研究。在郑观应这里，西医相对于中医几乎已是全面胜利，以至于他主张的中西医结合以及西医中源说就像是自欺欺人。一方是"实证科学""有定"，另一方则是"空言""虚理""模糊影响之谈""罕见实效"，以实证主义为基本特征的现代科学对中医医理的知识正当性的严峻挑战，于此可见一斑。

批评中医拘泥于阴阳五行，不事解剖，不懂身体，对病因不甚了了，在晚清的中医批评中极具代表性。来华传教士合信说："每见中土医书所载骨肉脏腑经络，多不知其体用，辄为掩卷叹惜。其医学一道，工夫甚巨，关系非轻，不知部位者，即不知病源；不知病源者，即不明治法。"[1]为此，他特著《全体新论》一书，详细介绍人体解剖学知识，对中国知识界产生了深远的影响。[2]与此相似，1888年，传教士刊物《画图新报》上一篇文章批评中医"徒讲阴阳生克，多属空谈之词"，而西医懂得人体构造，能准确考究病因，又懂得"化学之理"，因而可以对症下药。[3]该文以解剖学和化学等西医相关科学知识作为衡量标准，表明中医必须接受实证科学的检验。[4]纵观

---

1 合信：《全体新论》，北京：中华书局，1991年，序言第1页。
2 有关该书，可参张瑞嵘：《近代中国"西医东渐"的先声：合信医学著作〈全体新论〉译本探源》，《江汉论坛》2017年第8期。
3 宁波浸会务精子述：《西医精于华医论》，《画图新报》第9年第1卷，1888年5月。
4 关于生理学、解剖学在晚清的传播及其引起的回应，参见皮国立：《近代中医的身体观与思想转型：唐宗海与中西医汇通时代》，北京：生活·读书·新知三联书店，2008年，第73—95页；袁媛：《近代生理学在中国，1851—1926》，上海：上（转下页）

晚清对中医的批评，最为重要的思想资源正是解剖学、生理学、化学等实证科学。朱笏云说："吾中国之医，不知解剖，不辨物性，不谙生理及病理。"[1]丁福保曾前往日本考察，他注意到日本汉医"论病之原因、症候、病理、诊断等，皆已科学化，唯处方则用汉药。余回国后，详细调查国医最大之缺点，在于无解剖学、生理学、组织学、胎生学、细菌学、病理学等基础医学之智识，又无传染病及内科学等之世界新智识"[2]，相形之下，"吾国医学四千年来，谬种流传以迄今日，不能生人而适以杀人。肺五叶而医者以为六叶，肝五叶而医者以为七叶，肺居中而医者以为居左，肝居右而医者以为居左，心四房而医者以为有七孔，膀胱上通输尿管而医者以为无上口。此无他，古书误之也。欲正其误，宜讲解剖学……欲正其误，宜讲生理学……欲正其误，宜讲卫生学……欲正其误，宜讲药物学……欲正其误，宜讲病理学、内科学"[3]。曾科士也抨击中医"物理不解，化学不知，生理不明，病理不精"，"以五色五味五运之瞽说奉为名言"[4]。

（接上页）海人民出版社，2010 年，第 28—58、134—150 页；吴义雄：《从全体学到生理学：基督教传教士与晚清时期西方人体生理》，刘天路编：《身体·灵魂·自然：中国基督教与医疗、社会事业研究》，上海：上海人民出版社，2010 年，第 241—266 页；张大庆：《中国近代解剖学史略》，《中国科技史料》1994 年第 4 期；高晞：《"解剖学"中文译名的由来与确定——以德贞〈全体通考〉为中心》，《历史研究》2008 年第 6 期。

1 朱笏云：《中国急宜改良医学说》，《中西医学报》第 13 期，1911 年。

2 丁福保：《畴隐居士自传》，作者自印本，1948 年，第 19 页。

3 丁福保：《医学补习科讲义·绪言》，上海：文明书局，1906 年。转引自陈邦贤：《中国医学史》，北京：商务印书馆，1957 年，第 259—261 页。

4 转引自马伯英、高晞、洪中立：《中外医学文化交流史》，上海：文汇出版社，1993 年，第 539 页。

　　总之，面对西医的挑战和竞争，中医最关键的软肋就是其阴阳五行的理论基础，很难迈进实证科学的门槛。[1] 由于实证科学拥有极高的知识正当性，建立在阴阳五行基础上的中医遂难逃"迷信""谬说"的标签。丁福保说："吾国旧时医籍，大都言阴阳气化、五行五味、生克之理，迷乱恍惚，如蜃楼海市，不可测绘，支离缪辖，如鼹鼠之入郊牛之角，愈入愈深，而愈不可出。"举例来说："心属火，肝属木，脾属土，肺属金，肾属水，以五脏强配五行，凡稍知物理者，皆知其谬也。赤入心，青入肝，黄入脾，白入肺，黑入肾，以五脏强配五色，凡稍知化学者，皆能知其谬也。吾国医学之腐败，至此已达极点矣。"[2] 吴汝纶也质疑道："凡所谓阴阳五行之说果有把握乎？用寸口脉候视五脏果明确乎？《本草》药性果已考验不妄乎？五行分配五脏果不错谬乎？"[3] 他的答案很简单："中医所称阴阳五行等说，绝与病家无关，此尚至公理。"[4] 他感叹道："医学，西人精绝，读过西书，乃知吾国医家，殆自古妄说。"[5] 陈邦贤曾经指出，清末不仅医学家倡导医学革命，一般的学者也极力提倡新医学，他们往往说，"医学没有中西的分别，只有新旧的分别，只有玄学的医学和科

1　详参叶兴华、王慧：《实证主义思潮对近代中医学术研究的影响》，《南京中医药大学学报》（社会科学版）2012 年第 1 期。

2　丁福保：《内科学纲要序》，载安藤重次郎等：《内科学纲要》，丁福保译，上海：上海医学书局，1926 年，第 4 页。

3　吴汝纶：《与吴季白》，《吴汝纶全集》第 3 卷，合肥：黄山书社，2002 年，第 69 页。

4　吴汝纶：《答萧敬甫》，《吴汝纶全集》第 3 卷，合肥：黄山书社，2002 年，第 226 页。

5　吴汝纶：《答何豹丞》，《吴汝纶全集》第 3 卷，合肥：黄山书社，2002 年，第 164 页。

学的医学的分别"，陈邦贤认为，归根结底"都是因为阴阳五行生克之说，使人太不相信了"。[1]可谓一语中的。中医在晚清的遭遇，除了治疗上技不如人之外，最受诟病的就是阴阳五行的理论基础。后来护卫中医的人，不少就主张放弃阴阳五行的理论基础。[2]

陈邦贤曾经把中国的医学发展历程概括为"从神话的医学，到哲学的医学；从哲学的医学，到科学的医学"。[3]所谓"神话的医学"，是预设人格化的鬼神的，起自上古；而所谓"哲学的医学"，指的是秦汉以后以阴阳五行的宇宙秩序为基础的医学主流；而"科学的医学"指的则是晚清以来传入的现代医学以及"科学化"后的中医。

中医之所以被保留下来，除了因现代化进程存在地域差异、医疗资源严重匮乏、中医从业者为生计而抗争[4]等原因外，有一个重要原因是使中国医学"科学化"，大体而言就是一方面放弃阴阳五行的理论基础，另一方面以化学等实证科学来分析和验证中国药方和药材，研究其成分、功效和毒副作用等。简言之就是"废医存药"。所谓"存药"，即保留中国医药，以化学等实证科学分析其成分，研究其效用和功能；而"废医"则主要是放弃阴阳五

1　陈邦贤：《中国医学史》，北京：商务印书馆，1957年，第261页。
2　马伯英可能是个少有的例外。他坚持认为中医的理论追求一种"抽象的、宏观的规律"，即"气、阴阳、五行规律"，"具体些就是五运六气学说、脏腑经络理论等等，四诊八纲、辨证施治，是这些规律在临床上的运用"。他认为中医理论是一种"生态医学适应理论"，与天文学的宏观研究相似，都是科学。见马伯英：《中国医学文化史》，上海：上海人民出版社，1994年，第842页。
3　陈邦贤：《中国医学史》，北京：商务印书馆，1957年，第257页。
4　可参左玉河：《学理讨论还是生存抗争：1929年中医存废之争评析》，《南京大学学报》2004年第5期。

行的理论基础。吴汝纶曾建议友人"邀能化学者，将《伤寒》《金匮》中药品，一一化分，考其质性"，他认为这是"为功于中土甚大"之事。[1]曾大肆攻击中医的丁福保，后来成为中西医结合最知名的倡导者，他的中西医结合主要也是学习日本汉医，将中医科学化。[2]在中国语境中，"科学的医学"相较于"神话的医学"和"哲学的医学"，一个根本性的变化是大体上（并非全部，更非一蹴而就）放弃阴阳五行的宇宙秩序，脱离与神圣存在的关系。一方面，这是中医的创造性转化，但另一方面，放弃了阴阳五行秩序这一理论基础的中医在什么意义上仍然是中医，也颇费思量。正因如此，即便到了民国时期，仍有人坚持阴阳五行的宇宙秩序（"哲学的医学"），甚至不排除有人会坚持鬼神致役说（"神话的医学"），但恐怕已非主流；况且，不正视自身缺陷、不回应他者挑战的论述，注定是苍白无力的。

有学者曾指出，现代科学（西医）对中医的挑战，在晚清时期的重点是解剖学和生理学，到民国时期的重点是细菌学说。[3]若从医疗实践层面上讲，尤其是考虑到民国时期的国家政权一度试图废弃中医，这一判断是完全正确的；若从思想层面上讲，细菌致疫对鬼神致疫和疫气致疫的挑战、西医对中医的基础理论——阴阳五行的

1　吴汝纶：《与萧敬甫》，《吴汝纶全集》第 3 卷，合肥：黄山书社，2002 年，第 53 页。
2　丁福保：《畴隐居士自传》，作者自印本，1948 年，第 19 页。从一个宽泛的意义上说，屠呦呦因发现青蒿素而于 2015 年获诺贝尔奖，仍是"废医存药"这一应对策略的结果。相关讨论可参陈琦、张大庆：《存医验药：传统医学的现代价值——兼论屠呦呦因青蒿素获诺贝尔奖》，《自然辩证法通讯》2016 年第 1 期。
3　皮国立：《近代中西医的博弈：中医抗菌史》，北京：中华书局，2019 年，第18 页。

宇宙秩序——的挑战，在晚清时期已经有相当充分的表现。总而言之，传统中国关于疾疫和身体的认知，在晚清时期被西方解剖学、卫生学、医学、化学等实证科学的相关知识刷新。"科学的医学"不仅挑战"神话的医学"，也挑战"哲学的医学"。现代科学中包含的世俗的、实证的因果解释，不仅进一步取消鬼神致疫说的必要性，还一点一滴地剥离掉阴阳五行的宇宙秩序（天道）。对于那些有较多机会接触到现代科学并愿意去直面挑战的知识分子来说，现代科学提供的疾疫认知和身体观念既没有人格神的主宰和看顾，也没有宇宙秩序（天道）为背景，新的身体观念既不预设神圣存在，也不再认为身体具有任何道德属性。

晚清时期疾疫理解的更新，背后是身体观的祛魅，归根结底是世界的祛魅。倡议废除中医的代表性人物余岩有一段话很精准地指出了这一点。他说："人类文化之演进，以绝地天通为最大关键；考之历史，彰彰可按。所谓绝地天通者，抗天德而崇人事，黜虚玄而尚实际也。政府方以破除迷信、废毁偶像，以谋民众思想之科学化，而旧医乃日持其巫祝谶纬之道以惑民众；政府方以清洁消毒训导社会，使人知微虫细菌为疾病之原，而旧医乃日持其'冬伤于寒，春必病温；夏伤于暑，秋必痎疟'等说以教病家，提倡地天通，阻遏科学化。"[1]余岩说这话是在民国时期，但笔者以为这段话言简意赅地总结了中医在晚清以降所遭遇的危机，而且深刻地指出了"科学化"的内核是"绝地天通"，即把神圣存在（"天德"）从世俗世界（"人事"）中驱逐出去，甚至根本否定神圣存在的存在。

1　余岩：《废止旧医以扫除医事卫生之障碍案》，祖述宪编著：《余云岫中医研究与批判》，合肥：安徽大学出版社，2006 年，第 217 页。

建立在实证主义基础上的现代医学（现代西医），并不预设鬼神的存在，也不以鬼神来解释身体和疾病；它也不承认如阴阳五行理论中预设的那种人与宇宙之间的神秘感应力。疾病并非源于魔鬼作祟，疾疫也不由天时不正造成，而主要由微生物造成。微生物排挤了鬼神的位置，也排挤了阴阳五行理论中的神秘感应力。身体疾病不再与鬼神有关，也不再与宇宙秩序有关。现代科学提供的是一个新的身体观念，这是一个脱离了神圣存在的身体，祛除了神魅色彩的身体。从而，健康、疾病是与道德无涉的，疾病不是对人的道德罪恶的惩罚，以疾病为由来做道德修省只会显得荒唐可笑。一言以蔽之，身体的健康疾病与道德上的善恶是非无关。

第二节 灵　魂

一、传统中国的灵魂观念

"对个体来说死亡是否为一切事物的终结，我们的个体意识是随着肉体一起消失，还是存活一段时间或永存？这是所有生到这个世界上来的人所面临的难解之谜，是一扇被许多探求者徒劳地敲打过的门。从某种意义上说，这一问题确实为全世界所感兴趣：我们所知道的民族没有一个不去考虑这一奥秘，并且或多或少得到了引为自信的结论。"[1]这是宗教学奠基者弗雷泽（James George Frazer，1854—1941）在比较不同文化传统之后得出的看法。各种信仰和文化传统

---

[1] 弗雷泽：《永生的信仰和对死者的崇拜》，李新萍等译，北京：中国文联出版公司，1992年，第1页。

在回答这个问题的时候，答案固然各有不同，但是一个共同的观念就是灵魂，而灵魂观正是理解宗教信仰的核心观念之一。

另一宗教学先驱者爱德华·泰勒（Edward Burnett Tylor，1832—1917）曾经提出，古人对于生与死、清醒与睡梦的比较思考，是形成灵魂观念的肇因。他说："是什么构成生和死的肉体之间的差别，是什么引起清醒、梦、失神、疾病和死亡？……出现在梦幻中的人的形象究竟是怎么回事？看到这两类现象，古代的蒙昧人—哲学家们大概首先就自己做出了显而易见的推论，每个人都有生命，也有幽灵。"基于此，灵魂通常与心跳、呼吸、梦幻、影子等有着密切的联系。大多数宗教和文化传统中的灵魂观念都有着比较相似的特征："灵魂是不可捉摸的虚幻的人的影像，按其本质来说虚无得像蒸汽、薄雾或阴影；它是那赋予个体以生气的生命和思想之源；它独立地支配着肉体所有者过去和现在的个人意识和意志；它能够离开肉体并从一个地方迅速地转移到另一个地方；它大部分是摸不着看不到的，它同样也显示物质力量，尤其看起来好像醒着的或者睡着的人，一个离开肉体但跟肉体相似的幽灵；它继续存在和生活在死后的人的肉体上；它能进入另一个人的肉体中去，能够进入动物体内甚至物体内，支配它们，影响它们。"[1]灵魂一般表现为两种形式，在肉身死亡之前，即是人的生命力；在肉身死亡之后，它往往继续存在，并表现为鬼魂或精灵。它被用来理解人的死亡现象，并满足人们延续生命的心理需求。由于理解死亡和延续生命的心理需求是普遍性的，所以灵魂观念也是普遍性的，几乎所有的文化传统都有灵魂观

1　泰勒：《原始文化》，连树生译，桂林：广西师范大学出版社，2005 年，第 351 页。

念，中国也不例外。当然，尽管灵魂观念具有普遍的相似性，但也存在诸多歧异。

传统中国的灵魂观念纷繁复杂，在短短篇幅内难以备论，为集中而具体地呈现传统中国普通读书人如何理解灵魂和死后生命，本文选择晚清期刊《瀛寰琐纪》上两篇相关文章作为考察样本，并在此基础上适当延伸到相关知识。《瀛寰琐纪》是一份文学期刊，由申报馆创办于 1872 年，撰稿人主要是江浙一带的文人。该刊"于国家之政治、风俗之变迁、中外交涉之要务、商贾贸易之利弊、忠孝节义之宣传、西学之介绍、说神论鬼之志异、文人间之酬唱等等都有发表，只是或诉诸言论，或借助于笔记，或发之以诗词"。[1]从其内容大致可以看出，撰稿人的知识结构虽包含一些西学和新知，但大体是比较传统的知识。该刊所载谈魂论鬼的文字，在一定程度上可以代表普通传统读书人对灵魂（生命力）和鬼魂（死后生命）的理解。

第一篇是题为《说鬼》的笔记杂谈，发表于 1873 年，作者署名"东海闲人"，不知何许人也。作者首先指出，天地之间有各种各样的气，"有一物即有一气，总之谓之大气"。此"大气"并不等同于今天我们所理解的空气，而是构成万物的宇宙元质，人当然也是由气构成的。充塞于宇宙之中的气之所以又常被称为"精气""灵气"，是因为它自身内蕴能量、灵慧，遂可从中演化出生命、意识和智慧。在这种观念中，生命力并非像基督教中说的那样来自人格神的赋予，而是来自宇宙元质气的演化，并继续依靠它的沃灌和滋养

---

1 孙琴:《我国最早之文学期刊——〈瀛寰琐纪〉研究》，苏州大学博士学位论文，2010 年，第 26 页。

（呼吸和饮食）。正因如此，作者相信《搜神记》所讲的六畜之物、草木之属，只要年龄够久，皆能成精成怪。在此基础上他推断道："蠢然之物尚能聚气成精、聚精成形，岂人而物之不如乎？人为万物之灵，五官四肢，知觉言动，无一非灵气所为。一旦溘然，即如木石。其生也，灵气何来？其死也，灵气何往？噫，其为鬼矣。""灵气"主宰着人的知觉和言行，它一旦离开肉身，肉身就变得寂然不动，宛如木石。所谓"灵气"显然就是灵魂。人死后，灵气作为气，又复归宇宙之中。但是，脱离肉身的灵气有可能聚集为鬼。"鬼亦大气中之一气耳，散而为气，聚而为鬼，有所附丽焉则为人"。尽管如此，也不是人人死后都会变成鬼的，唯有某些人的灵魂才能聚而为鬼："忠烈之人死有鬼，刚气聚；勇力之人死有鬼，猛气聚；慈祥之人死有鬼，善气聚；险恶之人死有鬼，戾气聚；智慧之人死有鬼，灵气聚；修炼之人死有鬼，精气聚；横死之人死有鬼，怨气聚。外此则羁客劳人、情媛思妇，或怨抑未伸，或恩仇未了，心结者气凝，亦往往有鬼。余子碌碌醉生梦死，生抱余气以尸居，死随大气而渐灭，安能复有鬼？"[1]

　　这种看法可以追溯到先秦。《左传》记载，郑国贵族伯有被仇敌杀害之后，其世袭的职位被剥夺，其鬼魂受祭祀的权利也被剥夺，其鬼魂遂附着生者以复仇，引起人心骚动，整个国家都陷于恐慌之中。子产让其子继承了世袭职位，伯有的鬼魂就满意而去，不再滋扰。有人问子产，伯有死后到底能否变成鬼，他的回答是肯定的，原因如下：

---

[1]　东海闲人：《说鬼》，《瀛寰琐纪》第 4 期，1873 年。

人生始化曰魄。既生魄，阳曰魂。用物精多，则魂魄强，是以有精爽，至于神明。匹夫匹妇强死，其魂魄犹能冯依于人，以为淫厉。况良霄（即伯有——引注），我先君穆公之胄，子良之孙，子耳之子，敝邑之卿，从政三世矣。郑，虽无腆，抑谚曰"蕞尔国"，而三世执其政柄，其用物也弘矣，其取精也多矣，其族又大，所冯厚矣。而强死，能为鬼，不亦宜乎！[1]

根据子产的解释，一个人生前享受的物质条件越好，从天地之气中汲取的精华越多，他的生命力越旺盛，无论是精神状态，还是肉身的健壮程度，都更为生机勃勃，死后也更容易成为鬼；第二，伯有并非寿终正寝而是被政敌杀害，其生命力还没有完全衰竭，其灵魂也容易变为鬼；第三，伯有有冤屈在身，强烈的仇恨感是伯有的灵魂得以聚为鬼的重要原因。"东海闲人"的观点与子产的解释颇有相近之处，二者都认为生前生命力旺盛的人死后灵魂才可能聚而为鬼，而夭折、屈死者的灵魂具有强烈的报复心，往往游荡在世间，滋扰俗界之人。根据泰勒的研究可知，这种观念普遍存在于不同的文化传统中。[2]

中国人对鬼魂的理解有一大特色，即阴阳学说在其中发挥很重要的作用。作者指出，鬼属阴性，惧怕阳性事物。"目能见鬼者，阳不藏阴也，阴阳不偏胜，阳微则阴显也"，换言之，看到鬼的人都是阴性强而阳性弱的人。作者认为每个人都内涵阴阳二端，生者应该

1　杨伯峻编著：《春秋左传注》，北京：中华书局，1990年，第1292—1293页。
2　泰勒：《原始文化》，连树生译，桂林：广西师范大学出版社，2005年，第429—434页。

阳胜于阴。根据这个理论，作者相信妇女容易看到鬼，因为妇女本属阴类；儿童能见到鬼，因为儿童阳气不足；人做梦的时候能够见到鬼，因为人在睡眠时，阳气内敛；垂死之人能见到鬼，因为阳气将灭；生病的人能见到鬼，因为阳气衰弱。值得一提的是，作者还据此否定把疾病归因于鬼作祟，"风寒燥湿足以病人，病非鬼为之也"，"鬼固不能病人，病每足以召鬼"。同样根据这个道理，鬼害怕阳气盛的人，一丈之内都不能靠近，人的阳气一衰，鬼就不害怕人了；鬼害怕胆大的人，害怕喝醉酒的人，还害怕不信鬼的人，因为这三种人都蔑视鬼，阳气重、气焰旺，足以制鬼；而外强中干的人，鬼就不会害怕他。还是根据这个道理，鬼往往出没于阴气重而阳气弱的时间和地点。鬼无形质而自立，通常依附草木，可是风吹则散，所以怕风；鬼为阴性，日铄则销，因此很少在白昼出现。因此，亲人埋葬逝者，总是种植树木以成浓荫，一则使得鬼魂可以依附，二则可以遮挡风和阳光。此外，富贵宅邸在在皆鬼，因为富贵人家屋多人少，阳气甚微，贫贱人家居所局促，阳气太盛，鬼无置足之地；再说富贵人家酒肉充足，够鬼痛快享受，而贫贱人家实在无甚可吃。作者可能觉得这样的分类似乎还太粗糙了一点，他还做了进一步的细化："鬼有鬼之时。月明星稀之时，才鬼之时；愁云惨雾，怨鬼之时；风高月黑，厉鬼之时；光天化日之下，无有鬼焉。鬼有鬼之地。亭圮池湮，鬼之吟赏地；幽岩邃谷，鬼之游览地；梗断蓬黄，鬼之宴居地；人烟稠密之处无有焉。"他建议在鬼出没的时间和地点，人不要前往，并不是因为怕鬼，而是因为人鬼不并立，人不要去抢占属于鬼的生活场所，这才符合于恕道和仁道。作者自己的待鬼之道就相当符合这个原则。某日傍晚时分风雨大作，他与朋友在某寺楼上听到屋檐下和花木丛中到处有鬼啾啾发声，就像成千上万只雏鸭鸣叫，他对鬼笑道："诸君欲避雨耶？何不入楼？"接着他和友人退避楼下，鬼即避雨楼上。一个朋友秉烛登楼准备睡觉，鬼被惊吓大号。"我"坐楼下窗前，听到鬼经过楼梯一路呼啸而去。作者甚为体谅鬼的可怜处境，在室外怕雨淋，入室又怕人，难怪人人畏死。[1]

　　有趣的是，作者已经得知以磷火解释鬼火的新学知识，他在文中还专门加以辩驳，其用以作为依据的知识体系仍然是阴阳学说。"磷为鬼火，非也。鬼以夜为昼，曷用火为？……聚散无常，为无质，其色碧，而多见于旷野及幽邃之处，又为阴类，盖阴精之所凝结也。夫阳有光，阴也有光。阳精凝结则为电，为雷火，为地中琉火，其色赤，其气热，此属于日者也。阴精凝结则为萤，为磷，为海中阴火，其色碧，其气冷，此属于月者也。磷火之下往往有鬼，非真鬼之火也，刑人处及古战场往往有磷火，非真血所化也，同气相求而已。"这段话，表面上看起来他在否定鬼火的说法，实则正好相反。磷火是阴精凝结而成，其气属阴，而坟场埋骨处自然也是阴气极重之处。根据同气相求的道理，所以阴精会被引到这里来，凝聚而成火。所谓同气相求，就是阴阳学说预设的一种同类事物之间的神秘联系，不妨理解为一种特定形式的"感应"或"共振"。

　　作者谈鬼，颇有一些笔墨游戏的意思，我们无须认定他真的完全相信自己的描述。但他描述的鬼的形象并非向壁虚造，而是源自中国思想和信仰传统中对死后生命的通常理解。在作者的描述中，鬼显然是人格化的存在，有意志，有情感，有个性，有是

1　东海闲人：《说鬼》，《瀛寰琐纪》第 4 期，1873 年。

非道德心，乃至他说与其让鬼怕，不如让鬼敬。他说："存心忠厚，无时无地不具善念，屋漏无惭，神明可质，鬼将下拜之不暇，敢揶揄之乎？即遇顽梗无知之鬼，而恶为阴，善为阳，善气内凝，阳光外发，亦能使望而却步，此则是制鬼第一秘密咒。"之所以善念良行可以制鬼，显然是因为善为阳，而鬼为阴，阳可以制阴。这样亲切可爱又明晓是非的鬼，对于世俗人生来说，实在是一种温暖的慰藉。更不要说《聊斋志异》中美丽善良的狐仙和《白蛇传》中的白蛇，化为人形，来陪伴那坚持道德信条的落魄书生，何其温婉动人。而且，鬼在他们心目中的存在，还构成了一种道德修省的一种外在鞭策力量。

以气（宇宙元质）来解释灵魂和鬼魂，很可能推导出这样一个结论：人死之后即便能聚成鬼，也并非永远不灭的。"东海闲人"说，人的死亡就像木头被火烧一样，鬼就像烟，尸体就是灰烬；他又以烧水为喻，鬼就相当于蒸汽。鬼是人死亡之后短期存在的一个阶段和现象。灵气既来自宇宙之大气，终归也要重新消散为宇宙之大气，"烟与气之离质而去，不过归入大气而已，人死亦然"。[1]这种看法与子产的解释也是一致的，并不存在永远的死后生命。它既不像基督教灵魂观念那样强调其永远不灭，也不像无神论那样强调"灵魂"（无神论通常并不赞同使用"灵魂"这一概念，而倾向于使用"意识""心理"等表述）只是身体的机能，当然随肉体一起消逝。它介于两极之间，也可能趋近其中一极。

第二篇文章题为《谈鬼》，虽没有这么系统化的解释，但较为详

1　东海闲人：《说鬼》，《瀛寰琐纪》第 4 期，1873 年。

细地描述了死后世界，其中可以看出鬼魂、死后生命对于传统中国人来说意味着什么，有怎样的功能。作者说他曾遇到一人，自称曾到冥府充当过三年差役，与他纵谈三昼夜，"幽泉事历历如绘"，于是记录下来"以质世之作无鬼论者"。活人的灵魂暂时脱离现实世界，进入冥界，生活一段时间再返回，并为世间描述冥界情状，在中国的神话、文学中有甚多的案例，也是全世界各种文化中普遍存在的文学题材。[1]文章主要讲冥府的官制设置悉如阳世，实则是各种信仰系统混融一体，钦差大臣、酆都钦差、城隍神、灶神和谐共事，死后审判、轮回转世、以德取士等等都包含其中。这个世界虽然和人间很相似，但是比人间更公正，"人有顶上圆光。光之高低，禄位别焉；光之浓淡，品行区焉。富厚之人，其光黄；凶恶之人，其光黑；功名之人，其光白；翰墨之人，其光青；忠孝之人，其光红"，相应的赏罚也判然两途："人有善念则气通神明，死后必为神，转生亦不失人类；人有恶念，气通禽兽，死受五刑，转生则为畜类矣。"善恶的分辨绝不像在世俗世界那么难，伪善的恶人绝无可能逃过惩罚，作恶者不被惩罚反倒享受荣华富贵的情况也绝不会有了。总之，那是一个比现实世界公正得多的世界。不仅如此，那个世界对读书人还特别优待。虽然每个死后的人都要被引诱喝一种使之忘掉前世的汤，但是"有一学官最怜读书人，遇生前潦倒、来世当少年科甲者，必谆谆相戒，切勿沾唇，俾翰墨因缘，来生不昧"。[2]这个描述，我们也许可以视之为荒诞无稽，没有必要也没有可能去证明作者绝

1　泰勒：《原始文化》，连树生译，桂林：广西师范大学出版社，2005 年，第 442—492 页。

2　陈留树：《谈鬼》，《瀛寰琐纪》第 27 期，1874 年。

对相信，但是说他及其同侪在不同程度上相信，那个死后世界的确可以让他们有一个希望悬在将来，这有助于他们忍受现实世界的绝望、困窘与屈辱。而且，那个世界的存在，有助于诱使人们行善而恫吓企图作恶的人，同时缓解那些自认善良却命途多舛的人们对善恶果报的道德秩序的怀疑和动摇，使现实世界中存在着很多例外的道德信条得以被遵从。

　　死后受审并进入天堂或阴间的思想观念，在佛教传入中国前已经存在[1]，在佛教传入之后就更为系统而精致。离开人间进入阴曹地府的鬼魂，会遭遇阎罗王（也可能是泰山府君、酆都大帝、城隍爷）审判，以决定是被送往天堂享福还是送往地狱受刑。这样的设置，与基督教的死后审判、天堂地狱是同构的。死后生命所要经历的审判对于世俗道德秩序有一定的保障功能。在相信这一套观念的人看来，死后世界的审判者是明察秋毫而不可欺的，一个人可能侥幸逃脱世俗的审判和制裁，却无法逃脱死后审判。因此，有人因害怕死后受刑而不敢作恶；世俗的司法体系也常常利用这一观念来协助审讯犯罪嫌疑人。[2]这种观念在传统中国人的思想和信仰世界中甚有影响。有研究曾指出："明清以来的所有'善书'，都是建立在死后审判的观念上，都要面对'十殿阎王'的审判和'十八层地狱'的酷

1　余英时：《东汉生死观》，侯旭东等译，上海：上海古籍出版社，2005年，第152页。

2　陈登武：《从人间世到幽冥界——唐代的法制、社会与国家》，台北：五南图书出版公司，2006年，第285—367页；邹文海：《从冥律看我国的公道观念》，《东海学报》1963年第1期；瞿同祖：《中国法律与中国社会》，北京：中华书局，1981年，第250—269页。

刑。"[1]善书虽然以民间社会为对象，但真正的读者主要还是识字的读书人，所以在很大程度上反映的也是知识阶层的思想观念。

这两篇文章之间构成了一种张力。前者以"气"解释灵魂和鬼魂，并非人人死后均可以聚气为鬼，就算成鬼也终归要消散于宇宙之中，如此是否人人都要面临死后审判及相应的奖惩，未为可知。后一篇文章对死后审判及相应的奖惩却寄予厚望。这种窘境其实也是中国文化传统的内在困境，儒学也面临着这种内在的张力。既然认定万物都由气这种宇宙元质构成（气化宇宙观），在逻辑上必然得出这样一种观念——灵魂和鬼魂都为天地之气所凝聚（气化灵魂观），并进而推导出这样一种结论：在人死后，灵魂终归也要重新转变为气，消散到茫茫宇宙之中。问题在于，人死之后重归为气，是否即永远消散了？如果是，就无所谓死后生命的问题。但正如王夫之所说："使一死而消散无余，则谚所谓伯夷、盗跖同归一丘者，又何恤而不逞志纵欲，不亡以待尽乎？"[2]由此可见，气化灵魂观给道德维系造成了困境。

为了在气化灵魂观与祭祀礼仪、道德维系之间做出理论上的沟通，宋明理学诸子曾做出复杂的理论建构。[3]张载一方面批评佛教以"寂灭"言死亡是"往而不返"，一方面又批评道教物化成仙、长生不死的答案是"徇生执有"，他的答案是人在死亡之后，气虽散于无

1　陈登武：《从人间世到幽冥界——唐代的法制、社会与国家》，台北：五南图书出版公司，2006年，第288页。

2　王夫之：《张子正蒙注》，北京：中华书局，1975年，第8页。

3　可参张丽华：《张载的鬼神观》，《中国哲学史》2006年第2期；杜保瑞：《从朱熹鬼神观谈三教辨正问题的儒学理论建构》，《东吴哲学学报》2004年第10期；袁文春：《论朱熹建构鬼神理论的必然性》，《史学集刊》2012年第4期。

形，却并非永远寂灭，必将有重聚成形之日，"气不能不聚而为万物，万物不能不散为太虚。循是出入，是皆不得已而然也"，一言以蔽之，"死之不亡"。[1]朱熹批评张载的"既聚而散，散而复聚"是"大轮回"，意即走入了佛教的异端，而违背了儒家的正统。[2]王夫之又反过来批评朱熹之说近于佛教的"寂灭"说，而有悖于圣人之言，他盛赞张载的解决方案，并以"往来""屈伸""聚散""幽明"来说生死，斥佛教以"生灭"言生死为"陋说"。[3]

即便承认气散之后仍有重聚之时（"大轮回"），仍不足以解决问题。一个相当要紧的问题接踵而至：人在死后，其灵魂作为一种"气"，是否仍然像人一样具有意识、情感和意志，是否仍然像生者一样，可以作为一个理解、沟通的对象？如此，则引出人死后是否成为人格化的鬼的问题。儒学高度强调祖宗崇拜，对丧葬礼仪和祭祀礼仪尤为重视，既为了给失去亲人的人以情感慰藉，也为了维系孝道等道德原则。丧葬礼仪和祭祀传统恐怕都很难满足于把死后生命理解为一种非人格化的气。尽管作为宇宙元质的气蕴藏着能量和智慧，并不能简单等同于空气，但终究是看不见摸不着，无法沟通与对话，难以成为一个思念与缅怀的合适对象。更何况，一个鲜活的亲人去世了，其音容笑貌不仅留存于生者的记忆中，还时常潜入生者的梦境，又有多少人能接受死者的生命变成了不再具备形象、不再能发出话语和行为、不再能与生者进行情感沟通的宇宙元质，消散于茫茫宇宙之中呢？鬼与气不同，是因为它仍然有人的形象、

1　王夫之：《张子正蒙注》，北京：中华书局，1975 年，第 5 页。

2　黎靖德编，王星贤点校：《朱子语类》，北京：中华书局，1986 年，第 2537 页。

3　王夫之：《张子正蒙注》，北京：中华书局，1975 年，第 7 页。

言行，有人的理智、情感和意志。它虽来无影去无踪，无法把握，但毕竟与生者形象更为接近，较魂气、宇宙元质更适合作为缅怀和祭祀的对象。简而言之，儒家以丧葬祭祀等礼仪来强化孝道原则和宗法制度，以神道设教的道德用心，决定他们需要的不是面目模糊、若有若无的"气"，而是有形象、有意志、栩栩如生的"鬼"。正如有学者曾指出的那样："儒教中虽不断出现人死无鬼论，但始终不能成为主流的意见，而只是少数异端的一家之言，因为儒教需要鬼的存在。"[1]

总之，传统中国主流的气化灵魂观在逻辑上倾向于否定死后有知，容易导致否定死后生命的长期存在，而丧葬礼仪和祭祀礼仪等又需要设定人格化的死后生命（鬼）的长期存在，如此不免陷入进退维谷的逻辑困境之中。即便存在这样的缺陷，气化灵魂观（加上佛教的轮回观念），仍然是中国人回答生死问题、德福一致等终极性问题的思想资源，在漫长的岁月中抚慰了千千万万中国人。

二、基督徒对中国灵魂观念的批判

一般认为，基督教的灵魂观念是典型的灵魂不灭论，这也是其教义基础。早在明代基督教（天主教）入华时，基督教的灵魂观念就开始传入中国。利玛窦《天主实义》、艾儒略《性学觕述》、毕方济《灵言蠡勺》都介绍了典型的基督教的灵魂观，并批评中国本土的灵魂观，大体包含如下内容：柏拉图的生魂、觉魂与灵魂的三分

1　李申：《儒教的鬼神观念和祭祀原则》，《复旦学报》（社会科学版）2007 年第4 期。

法；灵魂为上帝所赋予，与肉身同时产生，但并不随肉身而一同消亡，也不会变为鬼。[1]

　　随着基督教（新教为主）在晚清卷土重来，基督教的灵魂观念与中国本土的灵魂观念之间的交流和碰撞又重新上演。1851 年，传教士、医生合信（Benjamin Hobson，1816—1873）在《全体新论》中专辟一节讲灵魂。作者以典型的儒学术语来解释基督教所理解的灵魂来自上帝的赋予："天命之谓性，是性也，即人之灵魂也。"肉身是灵魂的住所，灵魂是肉身的主宰。灵魂居于头脑之中，灵妙无质，借周身"脑气筋"以发挥作用。灵魂之功能分为两个方面：一是"觉悟"，即格物穷理、审察、分辨、思虑、记忆等；二是心性，即愿想、性情、道念、志意。以今天的话说，前者可以称为理智，后者则包含情感、道德感和意志。基督教理解的灵魂有始无终，永生不灭，肉身死亡之后，灵魂会从肉身中脱离出来，最终经受上帝绝对公正的审判和奖惩。生前为善者的灵魂会上升至天堂享永福，而作恶者的灵魂则会下地狱受永祸，因此人在生前就应该自我警惕。作者相信，人从"天命"（上帝意志）那里得来的灵魂是善良的，但是积习日深，灵魂就受到了恶的污染，就像肉身患了疾病必须治疗，被恶污染致病的灵魂也需治疗，治疗的方式就是信仰基督教，

---

[1] 利玛窦著，梅谦立注，谭杰校勘：《天主实义今注》，北京：商务印书馆，2014 年，第 103—144 页；艾儒略：《性学觕述》、毕方济：《灵言蠡勺》，载黄兴涛、王国荣编：《明清之际西学文本——50 种重要文献汇编》，北京：中华书局，2013 年，第 241—316 页、第 317—353 页。相关研究可参谢和耐：《中国与基督教：中西文化的首次撞击》，耿昇译，上海：上海古籍出版社，2003 年，第 129—132 页；张西平：《明清间西方灵魂论的输入及其意义》，载氏著：《传教士汉学研究》，郑州：大象出版社，2005 年，第 160—171 页。

"救世主基督，灵魂之医师也；新旧约圣书，灵魂之方药也"。[1]

前文曾论及，子产所解释的灵魂观念与物质条件有密切关系，鬼魂的强弱与人生前的饮食等物质条件的优劣成正相关关系。基督教理解的灵魂则是纯粹精神层面的，与物质没有任何关系，以合信的表述来说是"无质"的，它并不能理解为脑髓或者其他任何生物器官；灵魂不会随肉身而腐朽，一旦被上帝赋予，它就永远不灭，人死后灵魂必将遭遇审判及奖惩，而审判的依据就是生前的善恶。作者力图把儒学与基督教会通起来，因此不仅把灵魂解释为儒学中天命赋予的"性"，还宣称：一个人就算没有读过《圣经》，不懂得基督的道，但若"具有天良，果能尽其良心以行"，他的灵魂也是善良的，在死后审判中也将获得好的待遇。天命、天命之性、天良、良心，都是典型的儒学术语，天命之性、天良、良心，大体而言就是儒学所理解的从宇宙那里获致的善良禀赋。但儒学中的"性"并不能延伸到死后，也就是说不能理解为死后生命。

对基督徒的这种会通的努力，儒家士人似乎并不买账。1870年山东一名基督徒就提到，儒教中人每闻基督教的原罪说（即"上帝造人，元祖灵性纯洁无疵，后被魔诱，生命顿迁，代代相因，性非纯善"），则讥为异端。[2]实际上，别的基督徒也未必赞同把基督教与儒学的灵魂观念混为一谈。晚清基督教期刊在这个问题上，辩驳最多的，正是宋明理学对灵魂和心性的主流理解。这位山东基督徒就认为孟子及其后学把人性之恶完全归咎于外界环境之浸染，有失妥

1　合信：《全体新论》，上海：墨海书馆，1851年，第181—197页。

2　山东烟台浸会郑雨人：《圣教儒教异同辨》，《教会新报》第84期，1870年。

当。在他看来，自从人类始祖被魔鬼引诱之后，人性中就包含了善和不善，且代代相因，"恶性本寓于性中，原非习染而后有"。像儒学那样"欲恃己力以复其性"是徒托空言，"人之性唯上帝能造之，亦唯上帝能复之"，因此，人要克服心性之恶，需求助于上帝。[1]福建基督徒知非子更是认为基督教论人性"直指人性之恶"，而儒教论人性则"曲说人性之善"，他认为儒教的性善论总是易于把恶念恶行归咎于外界的引诱和污染，甚至自以为善而讳疾忌医、不思悔改，实际上"外诱之恶犹少，而中藏之恶实多也"。因此要虔事上帝，诚心悔罪。[2]《教会新报》上一篇短文则引出了"圣灵"这个重要概念，从而把这个道理说得更为透彻。该文针对儒学中的诚意、正心、修身提出批评，认为"人心不能自正，人意不能自诚，必借圣神感动其心，然后心可得正，拨转其意，然后意可得而诚"。[3]所谓圣神是天主教的译法，在新教中译为圣灵，是基督教三位一体理论中的重要概念，它是上帝的另一化身，它住在信徒的心中。[4]作者指出，要获得圣神的感化，必先信仰耶稣；"若夫闭户静坐，面壁心斋，徒恃方寸之灵、吾心之知，至于真上帝则不识，有耶稣而弗信，而欲圣神之感化，不亦难哉？"[5]总之，儒学把为善去恶的动力放置到人心自身，因此特别强调诚意正心、修身养性，而基督教对人性不那么乐

1　山东烟台浸会郑雨人：《圣教儒教异同辨》，《教会新报》第 84 期，1870 年。

2　知非子：《儒教辨谬论性》，《万国公报》第 498 期，1878 年。

3　《耶稣教或问：儒教言诚意正心修身与耶稣教异同》，《教会新报》第 84 期，1870 年。

4　三位一体理论认为圣父上帝、圣子基督、圣灵三位格为同一本质、同一属性。

5　《耶稣教或问：儒教言诚意正心修身与耶稣教异同》，《教会新报》第 84 期，1870 年。

观，故而强调外在的神圣存在即上帝的审判及奖惩。[1]

至于死后生命的问题，孔子所说的"未知生，焉知死"是一个比较主流的回答，而且儒家士人也常以此为据来抨击民间信仰。对此，基督教期刊《教会新报》上一篇文章认为儒教以生前伦理为重，而置死后灵魂于不问，是因为耶稣未尝降临中土，中国人以为死后生命渺茫无据，因而悬置不议。耶稣告知人们确切的死后生命，目的在于让人懂得"死重于生，生之富贵贫贱所系小，死之天堂地狱所关大"，从而在生年看淡世俗的富贵，以嘉德良行沃灌灵魂的纯洁，从而求得死后生命的永福。[2]针对孔子及宋儒重生轻死的观点，福建基督徒知非子一一加以辩驳。他认为孔子"未知生，焉知死"的说法，会鼓励人们重视生前富贵，即使为恶也在所不惜："富，人之所欲也，为恶可以富，亦即为恶矣，图生前之乐，遑计死后之诛乎；贵，亦人之所欲也，为恶可以贵，亦即为恶矣，幸生前之荣，安惜死后之辱乎？"因此他批判孔子的这种说法会鼓励人们无所敬畏："此其说也，启人无畏心也。"程子继承孔子的立场而论："昼夜者，死生之道也。知生之道，则知死之道；尽事人之道，则尽事鬼之道。死生人鬼，一而二，二而一者也。"知非子又批评程子把生死

---

1 中国固有的灵魂二元论（魂魄）与基督教的灵魂一元论之间，也有一些难以榫接之处。中国的魂与魄分别主宰人的精神和肉体，合起来才等同于基督教观念中的灵魂。魂与魄分别来自天和地，最后也分别归之于天和地。基督徒知非子就说："《春秋》传曰：人生始化为魄，既生魄，阳曰魂。疏谓：魂魄，神灵之名，附形之灵为魄，附气之神为魂。不知魄乃体，而非为灵；魂乃神，而非附气。人唯皆以为附气，故认为气散则魂亦灭也。"根据这个解释，"魄"就是肉体本身，而不是主宰肉身的一种超自然力，也不是灵魂的一个组成部分。知非子：《儒教辨谬论魂魄》，《万国公报》第 497 期，1878 年。
2 《耶稣教或问：儒教圣教论死异同》，《教会新报》第 127 期，1871 年。

混为一谈。[1]

　　与此相关的是生者对待死后生命的态度。正如前文所述，尽管儒家倡言敬鬼神而远之，但是儒家高度重视的祖宗崇拜就建立在人死后灵魂变为鬼这一前提之上。出于对家族血脉赓续的强调，儒家不赞成祭祀祖宗之外的鬼。《论语》有言："非其鬼而祭之，谄也。"意即祭祀非其祖宗的鬼，是为了谄媚它，从而获致幸福。不过在基督教徒看来，这还不够，连祖宗的鬼也不应该祭："凡鬼皆不当祭，无论是鬼非鬼，凡祭皆谄。"究其根源，是因为祖宗崇拜相对于基督教的上帝崇拜来说是异端："世之事鬼媚鬼者，亦以鬼能福人祸人耳。岂知上帝欲贫其人，即事鬼亦贫，未有事鬼致富者；上帝欲死其人，即媚鬼亦死，不媚鬼亦死，未有媚鬼得生者。况明明无鬼而谓能庇人祟人者乎？"总之，唯有上帝有权赐人祸福。而上帝赐人祸福，唯赖其善恶为据："人之灵魂，唯视人之善恶为报应。善人之灵魂，脱凡躯即登明宫；恶人之灵魂，离躯壳则落暗府。宁有魂之可招，而鬼之能馁哉？"[2]易言之，"敬上帝则可，敬鬼神则不可"，因为宇宙万物皆为上帝所主宰，而非为鬼神所操纵。[3]宁波一名本土牧师也说："盖唯真神无所不在，无所不知，无所不能。今随在而祭先，若以亲为无不在；启口陈词，若以亲为无不知；求其保佑，若以亲为无不能。岂不谬哉！究之祖先不必祭也，鬼神不足祭也。"[4]福建基

1　知非子：《儒教辨谬论生死》，《万国公报》第 496 期，1878 年。

2　《耶稣教或问：儒教圣教论祭鬼异同》，《教会新报》第 101 期，1870 年。

3　《耶稣教或问：儒教耶稣教异同》，《教会新报》第 160 期，1871 年。

4　浙宁浸会本地牧师周顺规：《辨敬鬼祀先之谬》，《万国公报》第 437 期，1877 年。

督徒知非子也说："祭不属于上帝，则祭入于邪矣。"[1]这种把祖宗崇拜视为异端加以禁绝的做法，对于中国人来说并不容易理解也不太能接受，对儒学重视祖宗崇拜的礼仪也构成针锋相对的挑战。

更重要的是，基督教并不认为人死后灵魂会变成鬼。1882 年《益闻录》刊载《人死为鬼辨》一文，对"人死为鬼"的观念特加批驳。作者相信"为祟厉，下殃祸，徒床结草，换帖盗箧，出奇大之力，作怪异之行，以炫人耳目者，断非人魂之所为"，原因是人的灵魂在离开肉身后，失去凭依，无法发力作祟人世；何况上帝造万物的原则是各因其用，没有用处就不会赋予它相应的才能，人死之后，灵魂与世间万物绝无相关，上帝不会赋予死后灵魂影响人间生活的能力；此外，死后世界赏罚分明，远较人间公正，绝不会有游魂不愿前往而留在人间作祟。总之，在人间作祟的绝非人死之后的鬼魂。这种推理当然是以上帝的旨意为前提。不过，作者仍然相信人间有鬼作祟，这些鬼大致可以等同于基督教教义中站在上帝对立面的"魔鬼"（邪神）。而且，因为万物皆为上帝所造，所以魔鬼也是上帝所造，而且上帝还赋予它们影响人间的能力，其目的就在于用它们所作之恶来试探和磨炼世人，"所以磨折困苦人，俾日进功德而弗倦"。[2]如此既肯定了基督教中"鬼"的存在，又否定了人死为"鬼"的中国传统观念。

人死为鬼的观念及相应的祖宗祭祀对基督教来说还只是异端而已；更重要的挑战却是中国气化灵魂观设定的灵魂最后会消散的观

1　知非子：《儒教辨谬论祭祀》，《万国公报》第 492 期，1878 年。

2　《人死为鬼辨》，《益闻录》第 189 期，1882 年。

念。气化灵魂观以及灵魂终究会消散的观点，在明清虽然占据主导地位，也并非没有异议。即便同为儒家士人者，也未必全都赞同。晚清今文经学家魏源在鸦片战争前夕撰写的《默觚》中就有所批评。他认为把鬼神理解为气，实质上就是认为人死后无鬼，他批评宋儒这种做法是矫枉过正，还违背儒家六经的立场。他举儒家早期经典中的例子，来证明儒家正统是相信死后鬼魂的存在的，儒家的立场是敬鬼神而远之，并非"辟鬼神而无之"。《诗经》中说"相在尔室，尚不愧于屋漏"，就是说一个人不做亏心事，面对先祖就不会有愧疚之心，这与汉儒所说的"天知，地知，你知，我知"是一样的道理。如果一个人死后灵魂会散灭的话，哪里还有祖宗会监督我们，孔子所说的"朝闻道夕死"又有何必要？总之，鬼神不可无，其原因是，鬼神的存在，有助于世俗道德秩序和法律秩序。世俗法律秩序的惩罚是有漏洞的，因而需要鬼神所掌控的秩序来加以补足和巩固：

> 鬼神之说，其有益于人心，阴辅王教者甚大，王法显诛所不及者，唯阴教足以慑之。[1]

　　基督教徒虽不赞同人死后会变成鬼，但是面对魂灭论，他们是与魏源站在一起的。一篇刊发于《万国公报》的未署名文章就极言魂灭论的现实危害。该文相信这种观点的坏处是使对死后生命的赏罚不复存在，"肉身一死，灵魂即散，即使有天堂地狱，焉能受赏

1　魏源：《魏源集》，北京：中华书局，1976年，第3页。

受罚"：

> 若说人死魂即散灭，何必行仁义道德，又何必修孝悌忠信耶？
> 况流芳遗臭，实启智者迁善之门；天堂地狱，可为愚者改过之铎。
> 果其人死魂散，则美名恶名无关损益，身后受赏罚可不惊羡；文武
> 与桀纣皆同，禹稷与羿奡无异。是以一语开小人侥幸之门，启恶党
> 自宽之念，将天下从此无一改恶从善之人矣。[1]

1879 到 1886 年间，基督教期刊《益闻录》刊发了 40 余篇文章
专论人的灵魂，其重心所在正是以基督教的灵魂学说来驳斥儒学气
化灵魂观，尤其是气化灵魂观可能导致的无神论倾向。这一系列文
章均不署名，主题和风格一致，内容前后相续，应出自一人之手。
作者对儒学的思想资源十分熟悉，应该受过很好的儒学基本训练，
行文中处处可见入室操戈之意味。[2]作者显然是一个中国本土的基督
徒，疑即该报主笔、上海牧师李杕。其中《人魂不灭论》说，如果
认为灵魂会随身体消亡，则毁誉、荣辱都无关紧要，闻道与否、立
名与否也无足轻重，那么儒家还斤斤计较什么闻道和立名呢？再说，
如果人死之后灵魂消亡，那些克己复礼、窒欲修省的人"忧勤惕励，

---

1 《论魂有三等》，《万国公报》第 499 期，1878 年。
2 "心性之道既漓，理学之儒遂兴……宋儒专讲性理，创为论说，一时附会者实繁有
徒，偏歧者亦属不少。"《人魂非气论一》，《益闻录》第 2 期，1879 年。"余尝读性理
书，见程子有云，聚为精气，散为游魂；《淮南子》有云，魂者阳之神，魄者阴之神。
所谓神者，以其主乎形气也。北溪陈氏亦云，阳为魂，阴为魄，魂者阳之灵而气之英
也。他如周子张子之说，类皆稍有歧异，不甚悬殊"。《人魂非气论三》，《益闻录》
第 4 期，1879 年。

亦不过徒自苦耳”，反倒是作恶的小人，怡然自得，高枕无忧。这样看来，盗贼倒是明白事理的人，而圣贤只是迂阔拘执之徒，功名为虚无，道德为赘疣，“奸宄淫邪、元恶大憝，皆可为而不必畏；仁智道德、忠孝节义，皆迂阔而不足为”。[1]如此一来，不仅恶人无惧死后的惩罚，则善人也不再相信道德，道德秩序就崩溃了。

有人也许会回答说，否定了死后的奖励，还有此世的回报，“有大德者，必有大禄，茫茫身后，何足计乎”。但是作者指出，现世永远不可能完全公正。颜回贤良却夭折，盗跖悖德却长寿，邓伯道至孝却绝了子嗣，王粲才德俱全却不仅早夭还被诛了子嗣，介之推忠诚侍奉公子重耳，功劳甚巨却到死都没有高官厚禄加之于身，反之，邓通一介船夫，无德无才，却靠着吮痈舐痔和汉文帝的梦而飞黄腾达，富甲天下。仅仅是例子还不能说明问题，他还从学理上证明世俗社会善人善报、恶人恶报是不可能完全实现的：

　　世福果足以劝惩否耶？夫所谓世福者，不过功名富贵已耳。一国之功名有限，一方之财帛无多。天下尽为善人，岂能尽天下之人而登诸朝右？[2]

更何况若人人都只记挂现世的幸福，哪里还有人愿意舍生取义：“况忠臣义士，每授命以竟其功；硕彦名流，多淬厉以成其德。是故比干亡身，申吟断臂，无忌握节以陨难，伯颜刎颈而不屈。使若而人者亦萦怀世福，不克致命以全忠，又安得流芳于百世。”总而言

1　《人魂不灭论三》，《益闻录》第 21 期，1879 年。
2　《人魂不灭论三》，《益闻录》第 21 期，1879 年。

之，以现世的幸福来回报善念良行，不仅不可行，且适得其反。[1]

同样，若是认为死后灵魂消散，恶人也可能逃过惩罚。针对有人认为善良的人死后灵魂才不灭，而恶人坏人的灵魂会消散的观点，作者也专门作文反驳，特论其害处。作者说，如果一生积恶，而一旦身死魂灭，贪官、盗贼、逆子、叛臣均一死了之，如此则等于鼓励人们作恶，反正"他人之物，盗之何伤；我与若仇，杀之何害。盖一死之后，我与人均无知矣"。信奉这种看法的人物欲更为膨胀，人人逞及时行乐之念，天下匪徒益多。[2]一言以蔽之，"欲驱人人于道义，而无身后之刑以怵之，是犹缘木以求鱼，敲针以钓兔，吾知其必不可也"。有人主张"现世自有报应"，但是作者指出现实社会常有不公，"为恶之小人，类多权位崇隆，气焰烜赫，似乎富贵福泽，造物独靳于贤人，而厚于庸人者"。[3]此即《益闻录》这份基督教报刊在这一系列文章中捍卫的宗教的道德保障功能。这种意见是极具洞见的，也是儒学比较薄弱的。儒学虽然也讲善恶果报，但其重心似乎主要是现世报。然而，现实世界永远不可能是绝对公正的。一个不够公正的现实世界需要一个绝对公正的神圣世界来补足。否则，恶人只要能逃得现世惩戒即无所畏惧，善良者也会失去对世俗道德秩序的信心。

认为灵魂在人死后会消散，还会造成另一重问题，即生命中不得不忍受的痛苦（尤其是自己和别人的疾病、死亡等）可能会变得毫无意义，没有理由，也不能在死后世界获得补偿，唯剩彻底的绝

1　《人魂不灭论三》，《益闻录》第 21 期，1879 年。

2　《人魂不灭论五》，《益闻录》第 23 期，1879 年。

3　《人魂不灭论五》，《益闻录》第 23 期，1879 年。

望，难以忍受。格尔兹曾指出：宗教一方面迫使人们直面人生充满苦恼的现实——他们生来要有许多烦恼；另一方面又赋予人们受苦以意义，从而使痛苦变得可以忍受。现实的痛苦可能无可逃遁，但宗教提供的一个神圣世界使人们继续保有希望，在那个世界中，"希望不会落空，渴望不会受欺"。换言之，宗教处理人生的痛苦问题，并不是避免痛苦，而是使之变得可以忍受："如何使肉体痛苦、个人损失、言词受挫，或不由自主地为他人之苦进行的忧思，变得可以忍受。"[1]《益闻录》上的《人魂不灭论》曾敏锐地指出，人一生必须要忍受许多痛苦："早岁昏蒙，老境颓唐。无贵无贱，胥劳劳兮毕世。农也终岁耕耘，士也而半生呫哔，工则忍昼夜之劳，商则蹈风波之险。处妇工愁，征夫致怨，淮阴胯下，伍相箫声。或途之穷也，无端而洒涕，或路之歧也，忽焉而兴悲。人生到此，能无慨然？"人生要经历如此种种的痛苦，简直还不如动物植物过得轻松自在。何况许多动物或植物还可以活上千百年，人生却不满百年，还朝不保夕，生就种种欲望却不能一一满足。造物主赋予种种痛苦给人类，为的是试探和锻炼人们，并在死后世界中加以补偿，"人之容量，今世不能充，后世必有以充之也"，"人不能满其志于今生，要必能副其愿于没世"，"人之安福不在此生，而吾所以谓神魂不灭，享安福于没世者，此也"。[2]作者的言外之意一目了然：若人死魂灭，生前所受种种痛苦，有何意义，有何理由，有何目的？答案只能是无，现世欢乐就成为顺理成章的选择。这就是他要讲灵魂不灭论的意旨所在。

1　克利福德·格尔兹：《文化的解释》，纳日碧力戈等译，王铭铭校，上海：上海人民出版社，1998 年，第 118—121 页。

2　《人魂不灭论二》，《益闻录》第 20 期，1879 年。

此外，正如前文所论，儒学强烈需要人格化的死后生命（鬼）的存在。宋明儒学以气解释灵魂，主张灵魂在人死后虽可暂时凝聚成鬼，但是终究会消散，这虽然勉强解决了丧葬仪式和近祖祭祀的理论问题，但是与儒家礼仪中对远古英雄和远祖的祭祀礼仪仍然构成了逻辑矛盾。宋儒又讲即使远祖灵魂已经消散为气，但是后人因为与他有同样的气，所以诚心祀奉和祭祀，仍能感召回来，此即所谓感格或感通。但是这种解释已经相当牵强，说服力甚弱。《人魂不灭论》就直言不讳斥之为荒谬。[1]该文还举儒家早期经典中的典故，来证明灵魂不会散灭：

> 盘庚曰："高后丕乃崇降罪疾。"祖伊曰："非先王不相我后人，唯王淫戏用自绝。"夫盘庚乃成汤九世孙也，相距四百祀，而犹谓其能降罪疾，则必以汤之魂为未灭矣。祖伊在盘庚之后，犹谓殷先王能相后人，则亦以先王之魂为未灭矣……[2]

并且直击儒家的软肋，如果人的灵魂在死后会散灭，那么祭祀何为呢？

---

[1] "程子之论魂曰，魂为精魂，其死也，魂归于天，消散之谓。夫既言归天，而复言消散，其说自歧。紫阳之论魂，则曰人之病而终者，其气散，若刑死、猝死与冤愤死者，气犹聚而未散，然亦终于一散。或问祭祀感通之理，则先祖世次远者，气之有无不可知，唯奉祭之子孙与先祖原属一气，故祭祀有感通之理。然已散者已不克复聚矣。其说愈多，其理愈谬。"《人魂不灭论一》，《益闻录》第 19 期，1879 年。

[2] 《人魂不灭论四》，《益闻录》第 22 期，1879 年。

儒释之仪，莫隆于葬祭……设先祖之神魂与俱殁，则此馨香之奉，甘旨之陈，果何为而设耶？尝闻孝子之祭祖也，慢见忾闻，声灵若接，设先祖之神魂已灭，其所谓慢见者何人？忾闻者又何人欤？[1]

追根溯源，则是直接批评气化灵魂观，并进而祛除作为宇宙元质的气的神魅色彩。福建基督徒知非子就批评宋儒以气聚气散来解释生死：宋儒论生死，往往以"理、气"二字打发，"虚诬甚矣"。宋儒真德秀以"气"论生死之道："气聚则生，气散则死。"知非子质疑他把生死归之于气："不知此气有何形象，抑有何异能，而竟可统理人之生死乎？"朱熹说：生死只是理，得生的道理，则死的道理也皆可知。知非子质疑："不知此理果何属？抑泛泛然而悬之天壤乎？"[2]宋儒之"理"（天[1]），指的是有神魅色彩的宇宙秩序，是非人格化的神圣存在，并非客观的、价值无涉的自然规律。相较于基督教把灵魂定义为不灭的精神生命，理学家以理、气来解释生命力和灵魂，其道德色彩和生命特性较为模糊。对此，基督徒不太能够接受。

《益闻录》论灵魂的系列文章也对气化灵魂观念抨击甚力。作者并非意在彻底否定儒学，虽然信奉基督教，而且对儒学有所批评，但他主要批评宋儒而不批评孔孟，他认为宋儒败坏了儒学传统。[3]朱熹、真德秀、蓝田吕氏诸子等宋儒均以气来解释灵魂，因此都在受

---

1 《人魂不灭论四》，《益闻录》第 22 期，1879 年。

2 知非子：《儒教辨谬论生死》，《万国公报》第 496 期，1878 年。

3 这是自利玛窦奠定的"合儒补儒"的传教路线的表现。可参张西平：《论明清间入华传教士对理学的解释》，载氏著：《传教士汉学研究》，郑州：大象出版社，2005 年，第 146—159 页。

批评之列。[1]作者相信人的灵魂，禀赋于"灵明之性、灵明之德"，非气可致，气不过如顽石，并非灵明之魂，[2]也"无内具之权衡"，气的运动必须由一个外在的神明来主宰。不仅气是如此，天地也是如此，"大象空濛，只属冥顽之品；地形博厚，仅成积块之区"，因此天地也不可能生出魂来，天地与父母一样，只能养育人的肉身，灵魂则"必受生于造物"。[3]气以及宇宙，在基督教这里并非有机的。相反，气和宇宙本身都不具灵性，不能演化出生命和灵慧。这与中国的有机宇宙观构成了强烈的对比。

至于古人常常说的一人之气感动天地阴阳之气，而造成异兆，如"狱下邹衍，飞霜六月；冤含齐妇，不雨三年；渐离击筑而风寒；鲁阳挥戈而日止；哭夫者崩颓城角；拔山者叱咤风云"等，作者也一一加以否定。对这些神迹，中国泛神论的解释是小宇宙（人）与大宇宙（天[1]）的感应，其前提正是气之有灵。对此，作者指出：

> 夫气之为物也无灵，气之为运也无常。以无灵之物，加以无常之运，呼之不来，叱之不去，收罗之无着，摇撼之无形。不特一妇之哀，不能致赤地之灾，一夫之怒，不能挽苍天之运，即使千万人群起而哀，群起而怒，亦安能感召天地，驱使阴阳哉？[4]

1　《人魂非气论一》，《益闻录》第 2 期，1879 年。
2　《人魂非气论二》，《益闻录》第 3 期，1879 年。
3　《论人魂由来》，《益闻录》第 17 期，1879 年。
4　《人魂非气论四》，《益闻录》第 5 期，1879 年。

　　他还举出历史上另外一些典故作为反例，说明一个人强烈的情绪不可能感应天地，造成灾异。否则无日不灾异，无年有丰登，"若谓以一人之气，能触天地阴阳之气，是犹以寸胶治黄河之浊，尺水却萧邱之热，断断其不可也"。[1]他进而以"偶然"来解释这些典故，即这些故事中个人的强烈情绪，与随后发生的灾难之间，仅仅是时间上的前后相续，这只是巧合，并无实际上存在的因果关系，"若夫偶然之事，则行一事而他事随之，既无相因之势，又无可必之情"，举例来说，孔子要出门与下雨之间就没有任何关系。[2]总之，人不可能通过气来感动天地，气是无灵的。显然，他所理解的气仅是客观物质，与气化宇宙观把气理解为内蕴能量和灵慧的宇宙元质，是迥然不同的。作者自认为是"以格致之学，发性理之蕴"，[3]他理解的气、宇宙与科学的确颇为类似，与儒学尤其是宋明理学的气、气化宇宙观有显著不同。

　　但是，作为基督徒的作者当然不是无神论者。他坚持气无灵，否定个人的强烈情绪与灾难之间有因果关系，要否定的只是以气为中介的这一种模式和机制，并未否定神迹的存在，"气化之变，或以时运不齐，而天和戾焉，或以世人之多恶，而灾害生焉。以故尧水九载，古帝刑及四凶，汤旱七年，圣主责以六事"。[4]灾异仍是神迹而不只是客观的自然灾害，"天和""圣主"表明灾难是天或上帝的旨意所致。但是这样的推理似乎有其内在的困难。自然灾害在中国传

1　《人魂非气论四》，《益闻录》第 5 期，1879 年。

2　《人魂非气论四》，《益闻录》第 5 期，1879 年。

3　《人魂非气论五》，《益闻录》第 6 期，1879 年。

4　《人魂非气论四》，《益闻录》第 5 期，1879 年。

统观念看来是个人的强烈情绪借助气的传递感动了非人格化的天（天¹），而在基督教这里是因为人类的普遍恶行触怒人格化的上帝而招致的惩罚。两种观念实际上是同构的，都预设了一个对人类有影响的神圣存在，都认为人类的行为可以引起神圣存在的回应，都认为自然灾害是神圣存在发动的，只是一个认为神圣存在是非人格化的，一个认为神圣存在是人格化的。

三、科学解释中的灵魂观念

对灵魂的理解，在科学勃兴时代又有一大变。号称"灵魂之科学"的心理学接管了灵魂，灵魂主要被解释为人的知觉、情感和意志等，是肉体的机能，因而也会随着身体的死亡而消亡。同时，区别于神学的比较宗教学、宗教人类学、宗教心理学等学科也渐次成立，通常认为传统理解中的灵魂乃是人的虚幻的想象，只是一种观念而非一个客观的存在。在这个意义上，现代科学的灵魂理解，与宋儒气化论的灵魂观念更为接近，而与传统中国重视祭祀和死后鬼魂的一脉相去甚远，与基督教坚持的灵魂不灭论更是南辕北辙。

心理学的建立，与现代宗教学的建立正好处在同一时期，其最初的目的就是以科学来理解灵魂。1871 年，爱德华·泰勒出版了宗教人类学的奠基之作《原始文化》，提出了他对于灵魂的界定，迄今也为宗教学界广泛接受。1873 年，麦克斯·缪勒（Friedrich Max Müller，1823—1900）发表《宗教学导论》，标志着宗教学的成立。缪勒认为"不论是从教会的观点还是从哲学的观点所写的一切关于神学的书籍文章，总有一天将会变得陈旧过时、古怪、毫无意义"，他主张以科学的方式来比较研究世界上一切宗教。[1] 1879 年，冯特（Wilhelm Wundt，1832—1920）建立了世界上第一个心理学实验室，标志着科学心理学的成立。他以心理学来解释宗教现象，将宗教的本质还原为人类的心理现象，认为"宗教和任何其他文化现象一样，是人类高级心理活动的产物"，宗教于是就失去了神圣的源头。[2] 这一波学术上的发展，发生在同一个年代，主流的预设是，宗教不是来自神圣存在的启示而是由人类出于自身需要而创造的，从而，人的灵魂、人的心理自身成了宗教的源头，曾经作为人类源头的神圣存在反而成了人类的创造物和派生物。简言之，不是神创造人类，而是人类创造神。因而，科学心理学、现代宗教学通常带有祛魅的趋向。

　　中国人接触心理学，最早是通过容闳等留学生；心理学在中国境内的传播则始自基督教开办的教会学校，如山东登州文会馆、上海圣约翰书院、通县潞河书院等。[3] 早期传播的心理学通常译为"心灵学"，主要是哲学家和神学家撰写的神学灵魂学和哲学心理学，还不是现代意义上的科学心理学。1889 年出版的第一部汉译心理学著作《心灵学》就是如此。该书原名 Mental Philosophy（《精神哲学》），作者是美国基督教牧师、心理学家约瑟·海文（Joseph Haven，1816—1874），英文原著初版于 1857 年。译者颜永京（1838—1898）是基督教（圣公会）牧师，上海圣约翰书院院长。海

1　麦克斯·缪勒：《宗教学导论》，陈观胜、李培莱译，上海：上海人民出版社，1989年，第 13 页。

2　陆丽青：《冯特的宗教心理学思想研究》，《世界宗教研究》2008 年第 3 期。

3　阎书昌：《中国近代心理学史：1872—1949》，上海：上海教育出版社，2015 年，第 10—17 页。

文原书多处明确称心理学为"科学"之一种，但全书内容却是服务于基督教神学的。它旨在理解人的理智、感觉与意志运行的机制，从而使神学更好地运用到生活实践中，这样的心理学虽号称"科学"，但还不是冯特式的科学心理学，而是基督教的神学灵魂学，海文原书标题虽为精神哲学，但书的内容却称心理学为精神科学（mental science）。书中多处明确称心理学为科学之一种，却是服务于基督教神学的，作者在书中说得很清楚：

　　我们对于神圣存在的理解，一定在某种程度上借鉴于我们关于人类心智和精神所在的原有想法；我们试图用以论证神圣存在实有的理由，确实也与人类思维中至善至重的法则密切相关；即便我们将这些都搁置不谈，在神学体系根基处也有比人的能力和自由意志（即对情感和欲望的管理）问题更为深入的问题，也就是人管理自我的能力，改变和改善自我的能力，以及践行上帝谕旨的能力。但这些都是纯粹的心理学问题。我们必须首先妥善解决了这些问题，才能谈到将神学应用到实际生活中去。不论得出的观点是粗浅还是精深，明了或是荒诞，此时，它就是你的科学，你的心灵哲学。[1]

1　原文是：Not to speak of the very idea which we form of the divine Being, borrowed as it must. be, in a sense, from our previous conception of the human mind, and our own spiritual existence, not to speak of the arguments by which we seek to establish the existence of the divine Being, involving as they do some of the nicest and most important of the laws of human thought, what problems, we may ask, go deeper into the groundwork of any theological system than those pertaining to human ability, and the freedom of the will —the government of the affections and desires— the power of a man over himself, to be other and better than he is, and to do what God requires. But these are questions purely psychological. You cannot stir a step in the application of theology to practical life, till you have settled in some （转下页）

颜永京将神学翻译为"天道学"，也可见他力图贯通儒学与基督教的用心。将译文与原文比较，可以发现他还做了一些增删，比如增加了"魂灵之真有""天道学之根基，是人性之善与恶"，删掉了"这些都是纯粹的心理学问题"，并删掉了最后一句话。[1]在这段话中，我们也可以看到另外一个倾向，即从人心出发去理解和论证神圣存在，而人心指的是人的心理，即理智、感觉和意志。颜永京说人性善恶是神学的根基，也恰可看出从人尤其是人心上推到神的这种上行路径。早先的神学讲灵魂，通常强调灵魂是神圣存在赋予给人的，这是下行路径。相较而言，从属于神学的心理学在一定程度上意味着神学的重心下移。尽管如此，从属于神学的心理学仍然预设灵魂与神圣存在有关。[2]

无独有偶，美国来华传教士丁韪良（William Alexander Parsons Martin，1827—1916）1898 年出版的《性学举隅》也是如此。一方面，该书系统地介绍了记忆、思索、学习、欲望等心理学知识，还

（接上页）way these questions, and that view, whatever it be, crude or profound, intelligible or absurd, is, for the time, your science, your philosophy of the mind. Joseph Haven, *Mental Philosophy: Including the Intellect, Sensibilities and will*, Boston & Newwork: Gould and Lincoln and Sheldon company, 1857, pp. 23—24.

[1] 颜译为："心灵学与天道学有何关涉。我必须先知我心灵之所以然，以及魂灵之真有，而后略能明晰造物主之为何。我须明思索之，凭何理以用，凭何理被感，然后能举此理为辨实之据，以证造物主之有。此二事犹属浅易，尚有深而要者在。天道学之根基，是人性之善与恶，意志之能否自主，情欲之能够约束，人之能自持与否，能增德与否，能遵守造物主之命令与否。此种深奥题目莫与为并，然而讲求此根基者，心灵学也。人若欲将天道学用之于言行，必须将此根基定稳而后可耳。"海文：《心灵学》，颜永京译，益智书会刻本，1889 年，第 6 页右—第 7 页左。

[2] 关于此书，可参阎书昌：《中国近代心理学史上的丁韪良及其〈性学举隅〉》，《心理学报》2011 年第 1 期。

认为梦并非灵魂旅行而是源于心之所思，"心之所思，醒时吾得主之，睡则无意无悟，而脑自运动，一如自行乐器，虽无人弹之，仍能发音，又如家主他适，仆婢乘机装扮奇形怪状而嬉戏焉"。另一方面，丁韪良又介绍柏拉图的生魂、觉魂、灵魂三分法，还坚持灵魂为上帝之赋予、灵魂为肉身之主宰、灵魂在肉体死亡之后仍能独立存在的看法。他说"身属外物，非我也，乃我所用之机、所居之庐而已"，"身体无心灵以主之，则如木石之呆质；心灵无身体以应之，即无以接外物"，"灵既为天神赋畀，既局于身，不能不用体骨，将来脱壳，焉知不能如天神知自在也"，"灵魂与身并出，而不必与身俱尽"。[1]丁韪良仍然是把灵魂视为独立的实体，坚持灵魂来自"天神"的赋予，且可以脱离肉身而独立存在。

晚清知识界接受西学，最初很依赖基督教出版物；甲午战败后，随着越来越多的人留学日本和欧美，外国人受聘至中国担任教习、顾问等职务者也剧增，中国知识分子接受西学的途径变得多样化，基督教在西学输入上的重要性逐渐削弱，越来越多非基督教背景的心理学知识传入中国。一个明显的变化是这些心理学知识分子不再以基督教神学为服务对象，人的"灵魂"与神圣存在的关系往往变得暗昧不明。

1897 年，康有为、梁启超等人创办的《知新报》刊载了一篇长文，介绍美国一位医生对梦的新解释，主要观点为梦是人在入睡后意识仍然活动的结果。其中谈到一个事例，一位名叫他天尼的人想

---

[1] 丁韪良：《性学举隅》，上海：上海广学会藏版，美华书馆摆印，1898 年，第 2 叶左至第 4 叶左、第 56 页左至第 57 叶右、第 70 叶右。关于该书，可参阅书昌：《中国近代心理学史上的丁韪良及其〈性学举隅〉》，《心理学报》2011 年第 1 期。

要谱一首曲子，久而不成，疲倦而睡，梦见一"鬼"行近，教给他一首曲子。他喜极而醒，赶紧记录下鬼教给他的曲调。这位美国医生的解释是，该人入睡之后，身体内部的知觉仍思索不已，"所见之鬼，或是平日于读书中得其形象于心目中也"。[1] 如此，则梦中景象及鬼的形象，均是人自身心理现象的产物。1903 年梁启超主办的《新民丛报》刊载了一篇说梦的长文，把这个道理说得更清楚明白。文章谈到古人对梦的三种解释。第一种解释以为梦是一个不同于人间的实在世界，人在入睡之后，灵魂从身体脱出前往那个世界旅行，并遇到逝者的灵魂，遇到仙佛，得知因缘果报之事。作者指出，这种看法表明，古人相信"人体内有一种精灵，名为灵魂，其灵魂旅行之时，即成梦之时也"。第二种看法是认为梦中世界乃神为警示梦者而设置。第三种看法则认为梦是人的精神和肉体活动的结果，这种看法如今得到了科学的证实："近世以来，以生理学与心理学之进步，心身之关系，日益明了，以想象上之事与梦中之事比较研究，于从来不可思议之点，涣然消释。所谓梦中之世界者，知其于昼间之经历，固有密接之关系者也。"一言以蔽之，现代生理学和心理学的研究证实，梦中人物和景象，都是人的心理活动的产物，鬼神亦然，"人间外之人间，非人间，非非人间，于睡梦之中特开此新境界"。[2] 至于灵魂旅行的说法，自然也在否定之列；连人体内有灵魂的看法，作者也不认可。

　　1902 年杜亚泉（1873—1933）发表长文《心理学略述》，借助来自日本的心理学知识阐述他对"灵魂"的看法。文章开篇就说：

1　《梦理精说》，《知新报》第 28 期，1897 年。
2　观云：《说梦》，《新民丛报》第 34 期，1903 年。

"心理学者，论灵魂之状态者也。"他指出，灵魂与精神、心灵是同一个东西，只是不同的称呼而已，因为它存在于物体之中，又可称之为"性"。它是相对于肉体而言的，它存在于肉体之中，但不同于肉体。人的知觉、情感和意志不可能是肉体发出的，而是另有来源，也就是灵魂或谓精神。把灵魂等同于精神、心灵、性，并认为灵魂主宰人的知觉、情感、意志，相较于传统灵魂观念，已经少了许多神魅色彩，它不强调灵魂来源于神圣存在，也不强调灵魂不灭，也不强调死后生命所要经历的公正审判和奖惩。杜亚泉接着说，灵魂没有形状，没有色彩，没有大小，不占空间，但人对外界的感知、愉快和痛苦的情感、想要获取或行动的欲念都来自灵魂。他以大海和波浪做比喻，人的灵魂就像大海，而人的念头（含知觉、情感和意志）就像是波浪，波浪是大海发出的动作。[1]他把灵魂比喻为大海，似乎是把灵魂当作一个实体了。但是在介绍西方心理学的流派时，他明确指出"灵魂本无实体"。而实体心理学把灵魂当作一个实体来讨论它的起源和结果，这只是哲学家的"假设"而已。字里行间可见他推崇的是科学心理学，研究光线之变化如何刺激视网膜上的视神经，又怎样经过神经纤维而传达到头脑中枢，从而引起人对于光线的感觉；再如人的触觉与所受压力大小之间的关系，借助实验仪器加以研究。科学心理学中理解的灵魂被置换为心灵和精神，并具体落实到神经系统上，而神经系统实则仅是肉身之一部分。[2]作者还以人的昏迷为例，来讲心理现象最核心的特征就是人的"意识"。有

---

1 亚泉：《心理学略述》，《普通学报》第 5 期，1902 年。
2 关于脑与神经，此一时期《新民丛报》有文详述，见内明：《心理学纲要》（下），《新民丛报》第 46—48 期合刊，1903 年。

人突然倒地，唤之不闻，触之不觉，手足寂然不动，此时他毫无意识。在医生的救护之后，他睁开眼帘，看到周围人群聚集，感谢各人之帮助，此时他的意识就已经完全醒来，"意识即心界现象之特性也"。[1]古人理解的灵魂出窍而今变为意识缺乏，招魂术也被现代医术所取代，而"灵魂"在科学心理学中已经变为"意识"。

作为身体机能的"意识"，在肉身死亡之后当然不能永生不灭。1903 年留日学生陈榥（1872—1931）发表的《续无鬼论》一文，把这个道理说得清楚至极。他说，人之"灵能"（即灵魂、意识）出自人的头脑，脑又分为大脑和小脑，大脑管理知觉，小脑管理运动，而神经是传达知觉和运动的媒介。灵能之于脑，就像电之于电池，声音之于振动体，光热之于燃烧体。人的死亡，就像电量耗尽，振动停止，燃烧完成，再也不会有灵能。人死后，视觉神经、嗅觉神经、听觉神经、语言神经、肢体神经全部熄灭，就是因为灵能已寂。由此可见，

生前有灵能，死后无灵魂也。

而人的身体，为磷、炭、养、轻、淡各元素组合而成，在人死后都会发生化合反应，唯剩一把枯骨，"化合之物有公理，墓内之物有定名"，"夫死后无魂魄，则夜间无鬼物可知也"。[2]

1　内明：《心理学纲要》（上），《新民丛报》第 37 期，1903 年。
2　陈榥：《续无鬼论》，《浙江潮》第 1—3 期连载，1903 年。1909 年，年仅 18 岁的胡适编辑《竞业旬报》，特转载此文，见《续新无鬼论（录浙江潮）》，《竞业旬报》第 39 期，1909 年。

稍后，陈榥辑译日文和英文心理学著作而成的《心理易解》一书，系统化地解释了神经、感觉、记忆、想象、幻想、推理、喜怒哀乐等现象，在论及"幻想"之时指出"鬼神"只是人们的幻想，"良以吾国鬼谈之多，父兄亲友，靡靡皆是，而稗野之狐谐，经史之鬼案，尤复佐之，故耳熟能详者，早已具富足之扰机，加以平日焚香叩佛，两廊地狱，尤复亲习其模型，是则学理、实验，兼而有之，而其念端实储能动之机械以纷然待辟，一旦精神恍惚，遂为此等念端能动最良之机会"。总之，"幻想不起于外因而生于内念，乃心之妄想，而宛以为外界之真象也"，鬼神也只是人的幻想而已，并非实有其物。[1]

另一留日学生汪行恕（？—1913）1907 年发表在《医药学报》上的文章《生死问题》，则更为清楚地表现出，现代科学对"灵魂"的理解与传统的理解迥然不同。在该文中，作者首先简要介绍并批评了儒家、道家、佛教关于生死和灵魂的观点，认为儒、道、佛"俱不足与论生死"，接着介绍了西方"哲学家"关于灵魂的看法（主要是柏拉图关于生魂、觉魂和灵魂的区分），认为"哲学家灵魂之说较为精当"。传统的灵魂观念尽管有诸多不同，但作者认为，其共同的核心内容为"视无形，听无声，其势力大莫与京，其奇妙渺不可测，吾人之肉体要莫非为其所支配"。作者指出：

世界自科学发明以来，反对此学说者，盖已不知凡几，其从实验上证明，已确信此肉体之作用，为所自生之一种能力，初无所谓

1　陈榥编译：《心理易解》，东京：教科书译辑社，1905 年，第 83—84 页。

灵魂。

　　具体而言，"从医学上之方面言之，世界万物以分子集成分体，分体又合为全体，分子与分体俱有简单作用，成全体而复杂之作用斯起，及其分解仍为分子；譬如机械，以种种物质造种种机轴，机轴错综而复杂之运动斯起，离而析之，运动以息"。在生理学、解剖学、病理学等现代医学知识看来，"精神"是"大脑皮部之一种物质的灵性是也"，"无大脑皮部物质的机转，即无精神"，"使无大脑之物质，则目不辨色，耳不辨声，口不辨味，鼻不辨臭，肤不辨触"。在这样的解释中，人的"精神"只是肉体"物质"的机能，精神是物质的派生物，既不可能先于物质而存在，也不可能独立于物质而存在。作者明确指出，"精神与灵魂二而一者也，自人之生言之，谓为精神，自人之死言之，谓为灵魂，不过名称上之殊异而已"，既然如此，"灵魂"作为肉身的派生物，当然不可能在死后继续存在，人死为鬼的观念自然也不能成立。作者总结道："要之，前者（指传统的灵魂观念）非有至高尚之理想，不可得而喻；后者（现代医学）崇实地之研究，随在有迹象之可寻。此后之是非得失不可知，就今日论之，后者自较占优胜之位置。"作者作为医学学生，在传统灵魂观念和现代医学解释之间做出了明确的选择，他在文末宣称道："医者知生死者也，而生死问题必需乎医学而后能解决也。然则举数千年儒、哲、释、老百家之言，而不得一当也，固宜。"[1]

　　在晚清的时代背景下，"迷信鬼神"不仅仅是一个知识问题，还

---

[1]　汪行恕：《生死问题》，《医药学报》1907 年第 4 期。

是一个跟救亡图存密切相关的问题。"由于义和团和八国联军造成的前所未有的危局，使得'开民智'的主张一下子变成知识分子的新论域，'开民智'三个字也一下子变成清末十年间最流行的口头禅"，[1]而破除民众对鬼神的"迷信"正是开民智的一个重要方面。1904 年发表在《觉民》杂志上的一篇《无鬼说》，除用科学知识来证明"鬼火者磷质之误认物也；磷质者鬼火之真相也"，还大谈"迷信鬼神"之代价：许多病人因迷信鬼神而耽误治疗；"开矿、运河、筑铁路之大利皆不能兴，国日以贫，交通因之不便，此信鬼之害全国也"。文章还举印度和埃及迷信鬼神却沦为殖民地的命运为例，批评"信鬼神则舍鬼神以外无崇拜，舍祈祷鬼神以外无事业，责望于偶像者重，则所以自待者轻，人心昏昏，国事不理"。[2]同年，《江苏》杂志刊登一篇《江苏人之信鬼》，批评"充中国而人人信鬼，则四百万方里之地，四百兆黄族之民，说鬼话，拜鬼像，祭鬼食，施鬼钱，畏鬼祸，求鬼福，无时无鬼，无地无鬼，无人心目中无鬼，欲其与世界竞争为黄种吐气以免分割之祸，以伸国民之权，更无望矣"。[3]在救亡图存的时代语境中，国家富强与科学（实则主要表现为技术）之间常相伴随，而贫弱则往往被归因于"迷信"。救亡压力越大，与现代科学关系更密切的"无鬼论"就享有越高的正当性。

　　灵魂观念的祛魅，是一个长期持续的过程，即便可以找到一个时间上限，也很难找到一个准确的时间下限。心理学在中国的

1　李孝悌：《清末的下层社会启蒙运动：1901～1911》，石家庄：河北教育出版社，2001 年，第 15 页。

2　导迷：《无鬼说》，《觉民》第 1—5 期合刊，1904 年。

3　《江苏人之信鬼》，《江苏》1904 年第 9、10 期合刊。

传播，始自明末清初的天主教入华，本书研究的重点则是晚清时期，更大规模的输入则在民国时期。1917 年，陈大齐在蔡元培的支持下在北京大学设立了心理学实验室，标志着科学心理学在建制上建立起来；1920 年，陈大齐出版《迷信与心理》[1]等著作，更是成为新文化运动时期用科学心理学来挑战传统灵魂观和鬼神信仰的代表性人物。

从思想史层面来看，科学心理学对传统灵魂观和基督教灵魂观的挑战，在晚清已经展现出其完整而清晰的面貌，因此单论晚清仍有可以成立的理由。晚清时期，除此处述及的文献之外，日本和欧美的多种心理学教材的迻译，新式学校尤其是师范学校开设心理学课程，都是心理学知识传入的重要渠道。

随着科学心理学在中国知识界的传播越来越广泛、越来越深入，传统中国的灵魂观念，以及基督教的灵魂观，在很大程度上都被心理学的相关知识所覆盖和遮蔽。这不是说传统的灵魂观念和基督教的灵魂观就无人信仰了，而是说在科学获得最高正当性的时代，与科学相悖的知识的正当性变得可疑，不得不做自我辩护。

科学的灵魂观的胜出，对某些敏锐的心灵还可能构成这样的困惑：死后无魂也无鬼，那么对祖先魂灵的祭祀，又作何解释？生者又如何去怀想逝者？去哪里寻求逝者的指引与慰勉？不再有死后生命和公正的奖惩，对命运不公的哀怨、对绝对正义的渴求又怎样获得补偿？1912 年，《申报》一读者对此极感困惑，投书向编辑求教。兹录全信如下：

1　详参陈大齐：《迷信与心理》，北京：北京大学出版部，1920 年。

　　明达先生阁下：鄙人闻佛教自入中华以来，天堂地狱、阎王鬼卒之言，喧腾郊野，成仙作祖、投胎转世之语，充盈耳际。且有世传张天师者，能镇妖魔鬼怪，故万民信仰，历代尊崇，虽至圣如孔子亦言鬼神之德盛。由此观之，纸锭可作冥资，符咒可役鬼使；设坛拜祷，甘霖可求；诵经讽忏，幽魂得度。是冥冥之中，固俨然有鬼神在也。故每届七月中旬，多招僧道打醮，广购纸箱、纸衣、纸裤、纸钱，俱付祝融，谓即可供鬼国之用者也。及西人入中国，倡破除迷信之说，谓天系空气，决无神灵；地为星球，断无阴司；并谓所焚纸锭，悉属子虚。鄙人习闻斯言，心中疑团莫释。为此请教明达先生，阴司投胎之语，究属有否，纸锭作镪之事，究属确否。务祈不吝珠玉，切实赐复，俾得茅塞顿开，是为至幸。[1]

　　编辑并未作答，仅将来信照登，或许这也是编辑的困惑甚至是时代的困惑。

　　大体而言，传统中国主流的灵魂观念是以气化宇宙观为基础的，即所谓气化灵魂观。关于死后生命的问题就是，人死后灵魂之气是否会消散，能否凝聚成人格化的鬼。中国思想和信仰传统中，对灵魂的主流看法包含着内在的张力：一方面，儒学对人性有较乐观的看法，把重心放在世俗努力上，对死后生命存而不论，敬鬼神而远之，从而对死后生命、人死后是否有知觉和意识等问题有倾向于无鬼论的回答；另一方面，儒家高度重视祖宗崇拜，把丧葬和祭祀的礼仪视为政治制度的基础，这又让他们对死后生命的问题倾向于有鬼论

1　迷信人：《迷信人质疑于明达先生书》，《申报》1912 年 8 月 10 日。

的一端, 佛教的轮回说更是强化了这种思想倾向。这两者之间的紧张一直得不到圆满的解决。即便如此, 传统思想主流大体还是承认, 死后生命在一定时间内是存在的, 部分死后生命还有可能变成人格化的鬼。传统道德秩序在一定程度上也建立在这种观念基础之上。

这种内在紧张, 在晚清时代面对基督教和科学的两端撕扯之时, 更为显明。相较而言, 基督教对人性之恶有更多的警惕, 对外在监督力量有更高的期许, 对死后生命之有无这个问题的回答是典型的灵魂不灭论。基于这种立场, 基督教对儒家的气化灵魂观念作了系统而深入的批评, 归根结底是对构成灵魂的元质——气的别样的解释, 视气为纯粹物质意义上的空气, 是无灵慧的, 无自动能力的, 不可能产生生命和智慧。不过, 当神学的 "心灵学" 转向科学的 "心理学" 时, 对灵魂的理解还是脱离了神圣存在, 而成为肉身的一种功能。现代心理学通常认为, 人的理智、情感和意志 (灵魂) 是肉身的机能, 其逻辑终点则是人死魂灭论。它研究人之 "灵魂" (更准确地说是 "心理"), 却并不认为灵魂是神圣存在的赋予。相对而言, 科学解释中的灵魂与儒学的气化灵魂观更为接近, 在思想传统和科学威力的合力下, 在科学救国的巨大压力下, 中国知识分子更容易走向魂灭论和无鬼论。

本 章 小 结

对疾病和生命力的解释, 关涉到身体观念和灵魂观念。在传统中国, 这两种观念都与神圣存在 (人格神或非人格神) 密切相关, 也或多或少与道德秩序有关。

　　传统中国的疾病成因主要有人格化的鬼神（善恶均有）、非人格
化的宇宙秩序（阴阳五行）两类。相应的处理方式也可分为两大类
型，一是以种种方式取悦或驱逐致病的人格神，二是以种种方式使
人身的阴阳二气恢复到应有的状态，以与宇宙秩序相吻合。这两种
方式在传统中国人的生活实践中是并存的，但后者是最为主流的方
式，也是中国医学的主要原理。这两类治疗方式，都或多或少与人
的道德状态相关。这样的身体观、疾病观在一定程度上有助于保障
道德秩序。

　　在晚清时代，卫生学、解剖学、医学等现代科学知识，提供了
甚为不同的疾病观和身体观。人的健康与否既不受人格神主宰，也
不遵循阴阳五行的宇宙秩序。宇宙（自然、环境，主要是天^{2}减去人
这一部分）与人的健康与否仍然有因果关系，仍然值得认真对待，
却不再像原来那样具有神圣性和可敬畏性，它不再神秘，不再具有
神魅色彩。祛除了神魅色彩的疾病也不再与道德善恶有任何意义上
的因果关系。

　　大体而言，传统中国主流的灵魂观是气化灵魂观，是以气化宇
宙观为基础的。因而死后生命的问题就是人死后气是否会消散，以
及灵魂能否凝聚成人格化的鬼。对这些问题的回答，中国文化传统
包含着内在的紧张。即便如此，中国思想主流大体还是承认人至少
在一定时间内是有死后生命存在的，传统道德秩序在一定程度上也
建立在这种观念基础之上。对于基督教来说，灵魂不灭论是至关重
要的神学基础，所以基督教绝不愿放弃这一基本看法，并持续抨击
中国气化灵魂观。但当神学的"心灵学"转向科学的"心理学"
时，对灵魂的看法到底还是脱离了神圣存在。相较于基督教的灵魂

观，中国思想和信仰传统中的灵魂观念更近于科学的解释，中国知识分子更容易走向魂灭论和无鬼论。由于科学具有极大的威力，科学解释中的无鬼论也获得了更为强大的说服力，从而给中国人中相当一部分人的宗教生活和精神生活造成困扰。

　　总而言之，晚清身体观念和灵魂观念转变的结果是，身体被祛除了神魅色彩，死后生命也得不到科学的支持。人的健康与疾病、生与死，都与道德善恶无关。这一切转变，本质上是宇宙及其秩序的祛魅。

第五章 机械宇宙观之于基督教和
中国宗教的不同意义

在自然科学中，如同在经济学或伦理学或法学中一样，人们是从具体开始的，他们总是从抓住出现的个别问题入手。只有当具体聚集到了相当数量时，他们才开始反思他们已经做的工作，并发现这些工作都是按照迄今一直未被意识到的原理有条不紊地进行的。[1]

柯林武德的意思是，自然科学的具体研究是以自然的观念为基础的，尽管一开始他们并没有意识到。当具体研究累积到一定程度，他们会回过头去反思具体研究背后的自然观（宇宙观）。这种看法同样适用于晚清的科学接受过程。在传统中国的宇宙观念和宗教信仰中，人们仰观苍穹星宿，俯察风土百物，检讨人事变迁，从中体悟万物之所以然、所当然——"宇宙秩序"（天[1]）。习惯于经"格物"而"穷理"的中国知识分子，也经"格物"而"穷新理"。晚清出版物中，现代科学对具体事务的新解释可谓无孔不入，在上有风雨雷电、彗孛流陨、日蚀月蚀、阴晴圆缺，在地有潮起潮落、火山地

1　柯林武德:《自然的观念》，吴国盛、柯映红译，北京：华夏出版社，1998年，第2页。

震、山形水势、花草树木、飞禽走兽，在人则有生老病死，以及梦境、疯癫等等。这些知识进入中国人的头脑，并不是一个有组织、有计划的进程，但铺天盖地的新解释却可以拼接成一个新的宇宙图景，一种新的解释范式。

1903 年，《浙江潮》上连载了一篇题为《续无鬼论》的长篇论文，逐一扫荡偶像、魂魄、妖怪、符咒、方位、谶兆，把整个神魅世界一网打尽，其结果是作为一个整体的有机宇宙也被拆得七零八落。作者所用论证资源与范缜《神灭论》、王充《论衡》等传统无神论、无鬼论大不相同，他不是通过论证求神拜佛、风水谶纬不能奏效而否定鬼神的存在，他的知识资源是现代科学知识。他用生物学知识颠覆城隍信仰；用化学知识否定死后灵魂的存在；用光学知识取缔妖怪的存在；用声学和化学知识论证即使有鬼神，人神也不可能实现交流沟通；用天文学、地理学和物理学知识颠覆风水信仰；用天文学知识否定谶纬占卜等。[1]

另一个有代表性的案例是，日本的"妖怪博士"井上圆了的著作在清朝末年被大量引进中国。据邹振环的研究，从 1899 至 1911 年的十一二年间，井上圆了的 14 种著作先后译成中文，并有许多模仿之作。[2]其中，蔡元培翻译了井上圆了的《妖怪学讲义录》皇皇六大卷（原书总共八卷），第一卷《总论》于 1906 年在《雁来红丛报》上连载。亚泉学馆购买了该书译稿准备出版发行，但译稿因火灾被焚，仅余第一卷于 1906 年出版行世。该书销量甚好，曾五

1　陈櫵：《续无鬼论》，《浙江潮》第 1—3 期，1903 年。

2　邹振环：《影响中国近代社会的一百种译作》，北京：中国对外翻译出版公司，1994 年，第 210 页。

次重印。[1]一本题为"妖怪学"的书，何以值得翰林院编修、光复会创立人蔡元培，花那么大精力亲自来翻译？何以会受到读者的普遍欢迎？蔡元培没有文字直接谈及其动机，不过且看这本书讲些什么，就能略知其中奥秘了。有学者曾介绍该书内容，兹录如下：

> 井上圆了的讲义共分八类：总论、理学、医学、哲学、心理学、宗教学、教育学、杂学。每类门下又分七八篇，如理学门下分为八篇：天变、地妖、草木、鸟兽、异人、怪火、异物、变事。每篇之中又分许多细目，如地妖篇中有地震、地陷、山崩、潮汐、龙宫等；鸟兽篇中则有妖鸟、怪兽、白狐、火鸟、妖獭、天狗等；而把源发于我国的阴阳之道、河图、洛书、八卦、五行、干支等列入哲学门类的阴阳篇；相法、测字、风水等，列入哲学门类的相法篇；而占星、鸦鸣、犬吠等，则属于占考篇。把一切怪异现象都纳入科学的轨道，加以探测、实证和分析。分别从偶合、天气与动物习性、天气与病患、乌鸦嗅觉与病人排泄物等方面，从病理学、心理学、动物学、化学方面去分析，得出了乌鸦与死人确有一定关系的结论，久而久之，便形成了一种民俗心理。而今科学昌明，这种心理又逐渐淡化了。[2]

从这个简短的介绍，我们已经可以大致了解蔡元培何以要花费如此精力翻译该书了。其目的与之前大量破除迷信的启蒙作品是一

1　邹振环：《影响中国近代社会的一百种译作》，北京：中国对外翻译出版公司，1994年，第210页。

2　叶春生：《日本的妖怪学》，《民俗研究》2004年第1期。

致的，都在于用科学知识重新解释万物。

而"亚泉学馆"所写的序，也可看出这本书对国内读者的意义之所在："余自初知学问，涉略理科，常以天下事物，有果者必有因，有象者必有体，无不可以常理推之，无所谓妖怪也。于是将幼年所闻怪妖之谈论，所受妖怪之教育，洗濯净尽。又悯家庭之内，社会之间，常窟穴无数之妖怪，思一切扫除之。唯自知学力未足，他人之所谓妖怪者，吾虽常决言其非妖怪，而不能确言其非妖怪之所以然，又不能证明他人所以误为妖怪之故，唯觉妖雾漫空，使人迷眩而不知方向耳。闻日人井上圆了氏，有《妖怪学讲义》之著，甚见重于其国人，甚有意于其民俗，购而读之，煌煌巨册，其静思名论，令余钦佩崇拜，不可名状。"[1]从这段话看来，井上圆了的"妖怪学"的价值就在于，它能用更高水平的科学知识证明妖魔鬼怪之乌有。在一定程度上，"妖怪学"的引进，可以看作是晚清宇宙观祛魅的一个集中表现。

晚清传入的自然科学知识不仅本身范围广阔，普及面也非常宽广。现代期刊和出版物大量涌现，再加上学会和学堂的建立，知识传播的普及面和纵深度都更大，这些新知识的影响对象不仅限于极少数顶尖知识精英，还推及愿意阅读新式书报、上新式学堂的中下层读书人，[2]乃至于不识字的普通民众（因有演讲、戏曲之类的知识

1　亚泉学馆：《初印总论序》，《蔡元培全集》（第一卷），北京：中华书局，1984 年，第 245—246 页。

2　张灏在《中国近代思想史的转型时代》中曾指出："根据布里滕（Roswell S. Britton）的统计，1895 年中国报刊共有 15 家，1895—98 三年间，数目增加到 60 家（我个人的统计是 64 家），1913 年是 487 家。五四时代数量更为激增，根据当时《中国年鉴》（China Year Book）的估计是 840 家，《申报》认为有 1134 家，而（转下页）

传播渠道）。[1]义和团运动之后，知识阶层针对下层民众的白话报刊大量涌现，许多报刊都志在"启蒙"，养成具有基本知识的国民。其中，最为重要的一项内容，即是用科学来颠覆传统的鬼神信仰和神魅世界。许多论述都以科学知识为据，描述和抨击普遍存在于中国人公共生活和私人生活中的各色信仰，不仅抨击佛教、道教，也抨击基督教信仰，鬼神、风水、占卜等等都在抨击之列。这些启蒙读物的预设对象是下层民众，但实际上发生影响的对象恐怕还是识字的读书人，尤其是学堂学生。后来引领中国人精神生活的新一代知识精英就将从他们中间产生。

广泛的新知识、广泛的受众，足以产生范式的转移，理解宇宙的思维方式也将发生改变。传教士带来的有关彗星、降雨、地震、地理、疾疫、灵魂等问题的新知识、新解释，中国知识分子一开始可能还意识不到其背后的自然观和宇宙观的差异和冲击，遂能欣然接受具体的科学知识。当新的自然科学知识重新解释了无数的现象和事物之后，人们势必会注意到，这些知识背后的宇宙观念（自然观念）与中国本土的宇宙观甚有不同。新的宇宙观念，对中国固有

———————

（接上页）1917 年美国人伍德布里奇（Samuel I. Woodbridge）在《中国百科全书》（Encyclopedia Sinica）给的数字是 2000 家。据胡适的估计，仅是 1919 年，全国新创办的报刊大约就有 400 种。"由 1895 年至 1930 年代，全国共设立 87 所大专院校"，而仅仅是 1895—1898 年间，就建立了至少 76 个学会组织。见张灏：《幽暗意识与民主传统》，北京：新星出版社，2006 年，第 135—137 页。张灏的论述重心是 1895—1925 年间。这里的论述重心则主要是 1840 到 1911 年之间，因此有重叠也有时间上的落差。但这无损于这里的立论：相较于明末，晚清西来知识的传播广度和纵深度大为增加，公共传媒和新式学堂都是晚清才出现的。

1　李孝悌：《清末的下层社会启蒙运动：1901～1911》，石家庄：河北教育出版社，2001 年。

的思想和信仰传统构成了怎样的挑战？

　　要回答这个问题，我们需要先回答另一个问题：基督教是如何把科普与传教结合起来的？换言之，19 世纪的基督教如何让当时的科学为上帝服务？然后回到我们需要重点回答的问题：既然基督教可以比较有效地把宗教与科学结合起来，那么中国的信仰传统又能否合乎逻辑地结合科学与宗教信仰呢？

第一节　机械宇宙观之于基督教的意义

一、自然神学在西方

　　要了解晚清基督教传教士如何处理宗教与科学的关系，就须先了解基督教如何理解上帝与宇宙的关系。长期以来，我们受制于科学与宗教二元对立的思想预设，认为科学对宗教是致命的打击，科学越发达，宗教就会相应衰落，乃至衰亡。但是，让人困惑的是，如果科学与宗教之间的关系如此紧张，乃至于非此即彼的话，那么志在传教的基督教传教士为什么要在中国传播科学知识？他们如何把二者结合起来？唯有超越宗教与科学的二元对立框架，才能就此问题提出更具说服力的解释。近年的一些研究已经体现出这种发展方向。熊月之在论及《格物探原》时，曾以"宗教为体，科学为用"来概括晚清传教士对科学与宗教的关系的理解和处理。[1]日本学者八耳俊文在一篇论文中曾简要指出，威廉·佩里的自然神学在晚

1　熊月之：《西学东渐与晚清社会》，上海：上海人民出版社，1994 年，第 397 页。

清传教士中影响甚大，丁韪良《天道溯原》，韦廉臣《植物学》《格物探原》，以及分期刊载于《六合丛谈》的《真道实证》等文献，均渗透着自然神学的精神，但是作者并未展开论述，也没有做详细的文本分析。[1]孙邦华也曾简要论及晚清传教士的自然神学，但基本还是停留于描述的阶段而缺乏深入的分析，而且作者太强的后设立场也使他高度赞扬中国知识分子把科学知识从自然神学中剥离出来的努力，对基督教传教士的做法缺乏同情之了解。[2]王文兵《丁韪良与中国》一书有较大篇幅涉及丁韪良的自然神学思想，其中着重介绍了丁韪良《天道溯原》一书的自然神学思想和影响。[3]晚清传教士如何处理宗教与科学的关系，分析最深入的是胡卫清所著《普遍主义的挑战：近代中国基督教教育研究，1877—1927》。[4]刘华杰在一篇专门考察韦廉臣编译的《植物学》一书中的自然神学思想的论文中，从哲学的高度提出了相当有启发意义的看法。他批评我们今天往往以后设的科学观念去理解历史上的科学观念，因而许多科学史研究总是力图打捞历史文献中的"科学价值""科学含金量"，而同时力图"去伪存真"，对其中的宗教、"迷信"的内容，视而不见。他指出："传教士从来都有自己的目的，这一点无须多说。我们不能因为今天人们喜爱科学，在他们的活动和作品中就只看到科学，不能因

1　八耳俊文：《在自然神学与自然科学之间——〈六合丛谈〉的科学传道》，季忠平译，载沈国威编著：《六合丛谈：附解题・索引》，上海：上海辞书出版社，2006年，第117—138页。

2　孙邦华：《从〈万国公报〉看自然神学在近代中国的传播》，载卓新平、许志伟主编：《基督宗教研究》（第五辑），北京：宗教文化出版社，2002年，第490—506页。

3　王文兵：《丁韪良与中国》，北京：外语教学与研究出版社，2008年。

4　胡卫清：《普遍主义的挑战：近代中国基督教教育研究，1877—1927》，上海：上海人民出版社，2000年，第143—188页。

为不喜欢宗教而想从其中简单地把它分离出去。”他提出，类似于《植物学》这样的历史文献的定位，与其说是自然科学著作，不如说是“科学—自然神学”作品，因为“在 1859 年达尔文《物种起源》出版之前，在西方国家，自然科学与自然神学结合在一起是正常状态，分离反而是反常”。更为重要的是，该文认为，“自然神学在科学史上曾经扮演了重要角色，在今天以及未来，它仍然可能与科学相结合，一方面为科学提供价值来源，另一份为神学的发展提供机会”，“科学作品负载了某种价值，未必都是坏事”，“当今的科学发展未必一定要与自然神学再次捆绑，但它终究离不开某些价值理性的介入”。[1]这样的认知框架，在笔者看来更贴近历史真实。

　　问题的关键是基督教神学中的上帝与宇宙之间的关系。基督教的上帝观念主要有如下特点：第一，它是绝对唯一神，基于这个立场，基督教视所有的多神宗教为异端和迷信；第二，它是人格神，有理智、意志和情感，会言语和行动，人就是上帝按照它自己的形象来创造的，此即所谓神人同形同性；第三，它是世界的创造者，宇宙万物，包括所有的生命都是它创造的，“所有的被造物都依赖于作为其创造者及其继续存在之根源的上帝”；第四，作为造物主的上帝与被造物是严格区分的，它是超越于宇宙万物的，是无限的、是独立自存的，它的存在不依赖于任何他者，它不是另一实在创造出来的，也不是由另一实在演变而来的，没有任何东西能够构成它或毁灭它；第五，它是全智全能、至善至美的，是永恒的，无始无终的，“它正是作为终极的、不受限制的、限制一切的实在而存在的，

1　刘华杰：《〈植物学〉中的自然神学》，《自然科学史研究》2008 年第 2 期。

它的存在是无限丰富圆满的，它就是它所是者"，也就是说"上帝有着绝对的本体论上的独立性"；第六，它对被造物尤其是人类充满仁爱。[1]

这种上帝观念同时就设定了基督教的宇宙观念。宇宙万物都是上帝的"造物"，上帝与宇宙的关系是造物主与被造物的关系。在《圣经》的创世神话中，上帝无需任何已有的材料和工具，仅用其话语和意志就创造了宇宙，也就是说上帝创世不受任何他者的限制。而宇宙的起源则完全依赖于上帝。[2]依据正统基督教的观点，上帝创造宇宙万物之后，宇宙仍然完全依赖于上帝，并不具有丝毫独立性和自我维持的能力，因而任何时候都需要上帝意志的维持。如果上帝不想要宇宙继续存在，宇宙就不再存在。因而，在基督教的观念体系中，宇宙及万物并不分享上帝的神圣性。除上帝之外，没有任何事物是神圣的，即便是它的使者也是如此。在宇宙之内，除人之外的万物皆是上帝创造出来以服务于人类的。这样一个没有神圣性、不能作为崇拜对象的宇宙（自然），易于成为理性研究的对象。[3]

从这个简单的介绍也可以看出，基督教的上帝是一个外在于宇宙、不依赖于宇宙的神圣存在，此即所谓超越的（transcendent）上帝。不过，上帝又不能完全隔绝于宇宙之外，否则人类关于上帝的知识都无从推导出来，何况一个完全超绝于世界的上帝对人类并不

---

1 参见约翰·希克：《宗教哲学》，何光沪译，高师宁校，北京：生活·读书·新知三联书店，1988 年，第 12—35 页。

2 何光沪、许志伟主编：《对话：儒释道与基督教》，北京：社会科学文献出版社，1998 年，第 192—198 页。

3 霍伊卡：《宗教与现代科学的兴起》，丘仲辉、钱福庭、许列民译，成都：四川人民出版社，2003 年，第 14—16 页。

构成道德约束和情感慰藉，因而基督教仍需要上帝以种种方式临现于宇宙之中。所以，在传统基督教中，神迹作为上帝神奇力量在世俗世界中的表现，就是相当重要的一环。《圣经》记载，上帝道成肉身，化身耶稣，用五个饼、两条鱼喂饱了五千人；驱魔治病，使死者复活；大声斥责风浪，使之平静下来。这些神迹，是传统基督教信仰的重要基础。正如前文所述，在晚清的传教士期刊中，仍有一些材料显示基督教把彗星、彩虹、雨露霜雹、地震等现象视为上帝作为的结果，是上帝对人世道德秩序的回应。但是这些材料主要体现在《东西洋考每月统记传》等早期刊物中，时间越往后，这种材料越为少见。总之，在传统基督教的启示神学中，证明上帝存在的一个重要论据就是神迹。

随着人类对宇宙、自然界的认识逐渐拓展和深化，一些曾经被认为是神迹／巫术的事物，转而可以用常识理性、科学理性来加以解释。比如日月星辰的起伏圆缺、雨雪虹霓的隐现、地震之发生、瘟疫之流行等现象曾被解释为上帝的作为（神迹），或者是其对立面——魔鬼的作为。在理性解释中，它们的发生机制是自然规律，而不再是上帝或魔鬼的行为。而且由于这些新解释的说服力更强，基督教也往往不得不承认新解释的效力。但是接下来的问题是，自然规律与上帝之间又是怎样的关系，是否有自然规律就没有上帝？换言之，自然规律的存在是否就否定了上帝的存在？

基督教对此挑战的主要回应方式是努力把科学理性纳入宗教之中，亦即使宗教理性化。最为重要的回应方案就是自然神学（natural theology）。自然神学主要是相对于高度依赖神迹的启示神学

(revealed theology）而言的。[1]自然神学的思想源头通常被追溯到古希腊的柏拉图和亚里士多德等人所讲的宇宙的和谐秩序。[2]古罗马奥古斯丁的《上帝之城》也在启示神学的框架中纳入了一些自然神学的内容，而中世纪神学家托马斯·阿奎那（Thomas Aquinas，约1225—1274）更是启蒙运动前自然神学的集大成者。在阿奎那的自然神学中，"无论是对上帝存在和本质属性的说明，还是关于世界万物和人类与上帝关系的阐发，都是从可感觉的自然事物出发，经过理性的论证而形成的"。[3]在阿奎那提出的证明上帝存在的五条路径中，最后一个目的论的证明，对后来的自然神学、自然神论影响极大。

　　自然神学在近代大放异彩，与新教改革也有很大的关联。在启蒙运动前，基督教改革的旗手加尔文（John Calvin，1509—1564）就主张，理解《圣经》不能拘泥于字面意思，不能把《圣经》当作天文、地理或生物学教科书来阅读。上帝之所以在《圣经》中以创世神话等幼稚的形式来向我们解释世界的起源，是为了适应人类幼稚的理解能力而降低了水准。另一方面，他说宇宙作为上帝的造物，无处不显示着上帝的智慧，因此，研究宇宙、自然界的科学，可以发现更多的创造秩序和创造者智慧的证据。他说："他（引注：指上

1　这不是说启示神学不包含理性成分，只是理性论证还不是最为主要的组成部分。参见陈仁仁：《从启示神学到自然神学——以信仰与理性的关系为视角》，《南方论丛》2010 年第 1 期。

2　详参 L. P. Gerson, *God and Greek Philosophy: Studies in the Early History of Natural Theology*, London：Routledge, 1990.

3　翟志宏：《阿奎那理性神学基本特征论析》，《武汉大学学报》（人文科学版）2007 年第 3 期；翟志宏：《阿奎那自然神学思想研究》，北京：人民出版社，2007 年，第 341 页。

帝）天天都把自己置入我们的视野，这样一种方式使得我们只要一睁开眼睛就必然看到他……为了显示他的高超智慧，上天和地面都向我们提供了无数的证据，这不仅仅有用颇为发达的天文学、医学和其他自然科学加以说明的证据，而且还有那些一个文盲农夫也会去注意的证据，他只要一睁开眼就必然看到这些证据。"[1]以这种方式，加尔文确定了科学探究与宗教信仰不是非此即彼的对立关系，而是手段与目的的关系，在一定程度上缓和了二者之间的紧张关系。加尔文定下的这种基调对 17 世纪有很大的影响。[2]许多研究都曾指出，近代欧洲许多科学家都是新教徒。[3]这恐怕得益于新教如此处理基督宗教与科学的关系。

　　更为重要的原因，恐怕是近代天文学等自然科学的一个主流观念，即认定宇宙就像一个复杂的机械，其中存在着一种完美的秩序。而这种完美的秩序的存在，若不追溯到上帝的创造就无法加以圆满解释。机械宇宙观的集大成者牛顿（Isaac Newton，1643—1727）就曾说："这个由太阳、行星和彗星构成的最美满的体系，只能来自一个全智全能的主宰者的督促和统治。"[4]在牛顿的时代，持这样的观点

1　转引自麦克格拉思：《科学与宗教引论》，王毅译，上海：上海人民出版社，2007年，第 9 页。

2　麦克格拉思：《科学与宗教引论》，王毅译，上海：上海人民出版社，2007 年，第10 页。

3　霍伊卡：《宗教与现代科学的兴起》，丘仲辉、钱福庭、许列民译，成都：四川人民出版社，2003 年，第 118—119 页。

4　赵林：《西方宗教文化》，武汉：武汉大学出版社，2005 年，第 379—392 页；赵林：《英国自然神论初探》，《世界哲学》2004 年第 5 期；袁江洋、王克迪：《论牛顿的宇宙论思想》，《自然辩证法通讯》2001 年第 5 期。牛顿本人对创世说的态度有一些细微的变化，早先不置可否，晚年较为肯定，参 E. W. Strong，"Newton and God"，*Journal of the History of Ideas*，Vol. 13，No. 2（Apr.，1952），pp. 147—167.

的人非常普遍。[1]在那个时代，自然神学往往还有另外一个名字——物理神学（physico-theology），它大约从 1690 年起就主导着英国思想界。

　　自然神学在 17 至 19 世纪的基督教传统中扮演了极为重要的角色，作为一种思维框架，它使得基督信仰与自然科学的联姻成为可能。[2]其中最具代表性的是威廉·佩里（William Paley，1743—1805）的自然神学，其著作在 18 世纪后半期和 19 世纪甚为流行。他的作品原创性不强，但清晰通晓，在举证方面注重选取时人熟悉的例证，因而流传极广，影响甚大，在一定程度上代表了时代潮流。其代表作《自然神学》初版于 1802 年，在接下来的 100 余年中有无数个版本，仅在英国就有 50 多个版本。[3]在面世后的数十年中，它不仅是基督教培养牧师的必读书，在一般的大学教育中也是基本读物。有学者指出，该书是英文自然神学著作中的地标性作品，为一个时代的人设定了标准，塑造了至少那个时代的人们的观念。[4] 19 世纪来华的基督教传教士大都读过该书，佩里式的自然神学是他们处理自然科学与宗教信仰的关系的主要方法。[5]

――――――――――

1　详参 Alister McGrath, *Darwinism and the divine: Evolutionary Thought and Natural Theology*, Oxford：Wiley—Blackwell, 2011, pp. 53—61.

2　Alister McGrath, *Darwinism and the divine: Evolutionary Thought and Natural Theology*, Oxford：Wiley—Blackwell, 2011, p. 85.

3　Alister McGrath, *Darwinism and the divine: Evolutionary Thought and Natural Theology*, Oxford：Wiley—Blackwell, 2011, p. 86.

4　Alister McGrath, *Darwinism and the divine: Evolutionary Thought and Natural Theology*, Oxford：Wiley—Blackwell, 2011, p. 107.

5　八耳俊文：《在自然神学与自然科学之间——〈六合丛谈〉的科学传道》，季忠平译，载沈国威编著：《六合丛谈：附解题·索引》，上海：上海辞书出版社，2006 年，第 117—138 页。

在佩里的自然神学中，阿奎那以来的目的论证明仍然是最为核心的论证策略。相对于牛顿的时代，机械已经成为佩里所在时代的人们每天都在接触的事物，因而佩里使用了大量的机械如钟表、蒸汽机来做类比，因此从机械追溯设计和制造者的论证路径更具说服力。[1]他用得最多的是钟表的比喻。每个人都可以发现，一个钟表内部有极为复杂的部件，每一个部件都各有其目的，并以极其精妙的方式组合在一起，无论谁看到一个以如此复杂、精妙的机制运行的钟表，都必定会相信它是由非常聪慧的钟表匠设计并组装起来的。鉴于当时博物学、医学的发展，他又使用植物和动物以及人体为例子，动植物也有复杂的部件，每个部件都各有其功能，并以精妙的方式组合在一起，形成一个完美的整体，如此完美而复杂的秩序也不可能是自我形成的，而必然是一个有着绝大智慧的上帝设计并制造出来的。这就是他的、也是当时自然神学的主要论证思路。[2]

机械宇宙观也可能导向另一种危险的结论。机器造成之后，是否具有独立运转的能力？也就是说，上帝完成了宇宙万物的创造之后，宇宙的存在和运转是否仍然时刻需要上帝的意志来维持？在这个问题上，在17、18世纪中颇有影响的自然神论（deism）与自然神学就分道扬镳了。自然神论者同样经常使用钟表匠的比喻：一只复杂精美的钟表必定出自手艺精湛的钟表匠之手；而宇宙远比钟表复杂奇妙，因此唯有全智全能的造物主／上帝才能制造得出。但是，自然

---

1 Alister McGrath, *Darwinism and the divine: Evolutionary Thought and Natural Theology*, Oxford：Wiley—Blackwell, 2011, p. 92.

2 William Paley, *Natural Theology: Or, Evidences of the Existence and Attributes of the Deity Collected from the Appearances of Nature*, Newyork：Oxford University Press, 2006.

神论坚持认为，上帝创造了宇宙之后，就不再直接干预宇宙的运行，而让宇宙根据自然法则自行运转，这种理解中的上帝是一个"不在场"的上帝。[1]它造好世界之后就撒手不管，不再监管人间的善恶，不会对人们的道德状态做出回应，不会用现世的祸福、收成的丰歉、健康与病痛、长寿与夭折等等来对人的道德品质做出奖惩。这样一个造好世界就撒手不管的"不在场"的上帝，它只是造物主，而非主宰者，其道德约束力和情感慰藉功能就能无处生根，"要将这样一个冷漠的上帝作为一种道德规范的基础，那是很困难的"。[2]正因如此，近代基督教的自然神学对自然神论是排斥的。

　　相对于依赖神迹的传统基督教（启示宗教），自然神学与自然神论的共同特征都是把自然法则、科学理性等同于上帝意旨，以此回应科学理性对神迹的解构。在自然神学和自然神论中，宇宙的运转是符合科学理性的，也就是符合上帝的意旨的，因为科学理性、自然规律就是上帝设定的，就是上帝的意旨。如此，则科学研究宇宙运行机制，理解自然法则，就是在理解上帝的意志。科学探究成为了解和接近造物主/上帝的手段和途径，而不是排斥上帝、否定上帝的工具。正是在这样的阐释中，科学与宗教得以融洽地结合起来。

　　但这种路径必然遭遇到的困境是：既然认定上帝是正义的，自然现象、自然法则、科学理性又都是上帝的作为，那么自然现象、

1　约翰·希克：《宗教哲学》，何光沪译，高师宁校，北京：生活·读书·新知三联书店，1988年，第13页。有关自然神论的概况，可参见约翰·奥尔：《英国自然神论：起源和结果》，周玄毅译，武汉：武汉大学出版社，2008年；格雷汉姆·沃林编：《自然神论和自然宗教原著选读》，李斯、许敏译，武汉：武汉大学出版社，2007年。

2　布朗主编：《劳特利奇哲学史·第五卷　英国哲学和启蒙时代》，高新民等译，北京：中国人民大学出版社，2009年，第294页。

自然法则、科学理性在道德上就应该是善的，此即所谓神义论（theodicy，又译神正论）；否则，就只有承认上帝是不对人类的善恶做出回应的。其困境在于，自然法则在现实中的显现总是少不了恶，并不总是符合人们所理解的善，比如无辜的婴儿遭受灾难死亡，比如同类相残的历史事实。一个极端的案例是 1755 年葡萄牙里斯本大地震，造成了严重的损失。人们很难相信每个遭难的人都是罪有应得的。因而这场灾难当时就引发了欧洲哲人的争论。[1]

自然神学的设计论、目的论证明遭到休谟（David Hume，1711—1776）的沉重打击。他认为从动物、植物、人类等有限的事物并不能推导出一个全知全能的、无限的上帝，一个设计者并不一定是上帝，而一个设计者又是被谁设计的？[2]休谟的著作出版之后，并未立即产生很大的影响。对自然神学更为沉重的打击，则来自达尔文，后文将专门论及，此不赘述。

二、自然神学在中国

接下来，我们回到中国的思想语境中，来考察晚清基督教如何处理科学与宗教之间的关系。

1　关于里斯本地震引发的神学和哲学思辨，可参 Brightman, Edgar S. "The Lisbon Earthquake: A Study in Religious Valuation." *The American Journal of Theology* (1919), pp. 500—518. 中文介绍可参见范艾：《地震动摇了神正论——记人类思想史之一页》，《读书》1990 年第 3 期；克里斯提安娜·埃菲尔特：《1755 年里斯本大地震：论一场自然灾害的历史影响力》，景德祥译，《史学理论研究》2005 年第 2 期；吴飞：《伏尔泰与里斯本地震》，《读书》2009 年第 3 期。

2　赵林：《休谟对自然神论和传统理性神学的批判》，《云南大学学报》2005 年第 5 期；麦克格拉思：《科学与宗教引论》，王毅译，上海：上海人民出版社，2007 年，第 92 页。

在前边几章中，我们已经注意到，晚清基督教传教士在稍早的时候曾把地震等自然现象视为神迹，也即上帝对人世道德状况的具体回应。不过，在晚清的基督教论述中，这种解释越来越少见，现代自然科学的解释要占据更大的比重。这些论述的思路一般是，世界万物及其运行法则为上帝所造，所以去理解自然法则，有助于理解上帝的意志，亦即前文所讲的自然神学。在晚清的传教士论述中，自然神学是处理宗教与科学的关系的最为主流的——甚至可以说是唯一的——思维框架。唯有注意到这一点，我们才能理解传教士为何会大量传播自然科学知识。

有关晚清传教士以自然神学来处理基督教与科学关系的概况，胡卫清在《普遍主义的挑战》一书中已经做过较为周全而扼要的概述。[1]为了尽可能深入分析自然神学在晚清思想界的表现形式，本书在这里选择以韦廉臣的《格物探原》作为核心文本加以分析[2]。韦廉臣（Alexander Williamson，1829—1890）是英国新教传教士，1855 年受伦敦布道会派遣来华传教，主要在上海从事传教活动，1858 年返回苏格兰，1863 年受苏格兰圣经会和美国联合长老会派遣再度来华，在山东烟台传教，曾创设圣教书会，1884 年在上海创立同文书会，后改名广学会。1890 年病逝于山东烟台。[3]

1857 年，韦廉臣在《六合丛谈》上连载《真道实证》，后来又

1　对晚清传教士以自然神学来处理基督教与科学关系的概括性考察，可参见胡卫清：《普遍主义的挑战：近代中国基督教教育研究，1877—1927》，上海：上海人民出版社，2000 年，第 143—160 页。

2　作者"源"与"原"混用，因而有时候标题又注为《格物探源》。

3　丁光训、金鲁贤主编：《基督教大辞典》，上海：上海辞书出版社，2010 年，第 656 页；张岱年主编：《孔子百科辞典》，上海：上海辞书出版社，2010 年，第 770 页。

在此基础上扩充为《格物探原》，在1873—1876年间连载于《教会新报》及《万国公报》。[1]迄今所知该书最早的单行本是1876年上海美华书馆的三卷本，1899年墨海书馆又出版了六卷本，随后在日本也有多个版本。该书在当时流传甚广，影响甚大。[2]由于美华书馆和墨海书馆的版本均未能找到，而《教会新报》和《万国公报》连载的版本又不够完整，本书遂退而求其次，以连载版为主，以日本明治十一年版为补充。明治十一年（1878），该书在日本东京十字屋出版了五卷木刻本。该版本为中文，由熊野与训点，奥野昌纲校订，附有中村正直、竹溪山内贲的两篇序言。

在该书第一卷第一章，作者就从总体上论述"世间凡物内，各有意义存焉。有意义必有无量无限之主宰创造之，措置之，则上帝是也"。[3]他举轮船为例说，人们看到精巧复杂的轮船，一定会认为轮船不可能是"自然而有"，它既不是从海里长出来的，也不会是天上掉下来的，一定是有人造出来的。轮船的机械装置、救生器具都有其目的和功能，由此可看出造船者的聪慧、仁爱。与此类似，

　　吾人生于斯世，居止甚宜。五谷百果，可以足食；丝棉布帛毛皮，可以足衣；五金可以足用；马牛驴驼可以服役；石可筑室；木可为舟；时序有常，寒暑不紊，昼有日，照临化生，夜有星月，灿

1　首尾分见于韦廉臣：《格物探原·论天地第一》，《教会新报》第220期，1873年；韦廉臣：《续格物探原：昆虫类分第四》，《万国公报》第383期，1876年。

2　田勇：《韦廉臣在华的西学传播与传教》，首都师范大学硕士学位论文，2006年，第24—25页。《格物探原》的影响可参见田勇论文，第38页。

3　韦廉臣：《格物探原·论天地第一》，《教会新报》第220期，1873年；韦廉臣：《格物探原（1）·论天地第一章》，东京：十字屋，1878年，第1页。

布森列。外此可观者，山海树木花草等。花有香有色，木亦有香，鸟有好音，各极宜人。人患疾病，有脉足以示人。不唯如此，吾人身内各具才能，自行医治，勿药而效。观此可知世界，早有一聪明爱人之主宰，为之创造之。倘非主宰之爱人，则世可以无乐土，花草可以无香色，饮食谷果可以臭恶，为其俱属格外也。今俱无此，谓非主宰爱人之至意乎？[1]

万物均为上帝所造，万物各有其目的。这是基督教自然神学一个根深蒂固的基本预设。基督教教义还规定，动物、植物等自然物存在的目的是服务于人。当然，万物的目的都是上帝设定的。正因这种预设，才可能从万物中透露出来的秩序追溯至造物主的存在及其聪明、爱人的特性。这种论证无疑是一种循环论证，上帝创造世界和万物既是论述的起点，又是论证的结论。

自然神学中包含了一种基本预设：每一件事物都"应该"指向其被赋予的目的，赋予者和设定者当然即是上帝。在第二卷第一章，作者又讲了一个寓言故事。一个儿童见到田野中生长的花苗排列成为自己的姓名，大为惊奇。于是问其父亲，是何原因。其父告知，此乃自然而成，不足惊异。该儿童无论如何也不肯信。其父最后告诉他，这是生这个孩子时自己有意种植下的。由此引申出来，"儿见花苗成姓名，即知惊异，不知汝身脏腑、血脉、肌肤、耳目、口鼻、手足，无一不可惊可异也"。如果说这些都是自然而成，而不是全智全能的上帝经营的话，那么人的眼睛可能就会长在背上，耳朵就会

1　韦廉臣：《格物探原·论天地第一》，《教会新报》第 220 期，1873 年；韦廉臣：《格物探原（1）·论天地第一章》，东京：十字屋，1878 年，第 2 页。

长在腹中，手足等的位置也会"失宜"。[1]与"失宜"相对的当然就是
"宜"，也就是身体各部分之间的完美配合，即一种恰到好处的秩序。
体现在人体之中的自然秩序，不可能是偶然出现的，不可能是自然
而然形成的，只能是出自一位有着极高智慧的造物主。显然，万物
均各有其目的这一思维预设，是自然神学论证的重要起点。

　　这种自然神学的目的论证明，贯穿于该书各节。再比如某些动
物长有毛皮，是因为"上帝欲令其暖，又皆令其皮肤内生脂，脂所
以护内之暖气，令不外出"，而人没有长那么厚的皮毛，是因为上帝
为了让人可以在炎热地带生活。[2]骆驼长有驼峰是因为上帝使它可以
蓄水，驼峰内有许多脂肪是因为上帝使骆驼在沙漠中无须太多进食，
可以依靠驼峰内的脂肪和水来维持生命，他进而反问道："此岂非上
帝极为经营妥协，令行沙漠无人之境？"[3]人和动物的眼睛，更是精微
奇妙，比望远镜、显微镜更甚，"岂不可悟上帝之为神奇，无可测，
无可量，敢不敬恭乎？"[4]又如，人的鼻子与气管连通，是因为上帝想
要人呼吸顺畅，嗅觉灵敏，假如生在额头上，则臭味就分辨不清，
就容易中毒。[5]总而言之，上帝造世界万物，也造人，一切都有目的，
一切都有意义所在。我们去理解这些事物的目的和秩序，就能够证
实上帝的存在，并可体验到上帝的全智全能，至仁爱人。总之，世
界万物的实然状态是与应然状态相一致的，万物均适其"宜"，共同

1　韦廉臣：《格物探原（2）·上帝必有第一章》，东京：十字屋，1878 年，第 1 页。
2　韦廉臣：《格物探源·论皮相第八》，《教会新报》第 226 期，1873 年。在不同版本
　　中，"原""源"均有使用，本书一仍其旧。
3　韦廉臣：《格物探源·论咽喉胃肠第十一》，《教会新报》第 229 期，1873 年。
4　韦廉臣：《格物探源·论目第二十》，《教会新报》第 238 期，1873 年。
5　韦廉臣：《格物探源·论鼻口手第二十二》，《教会新报》第 241 期，1873 年。

组成一个秩序井然的实然世界，让人赞叹的宇宙，唯有一个全智全能的上帝能够造作得出。

在基督教自然神学的设定中，虽然可以透过观察和研究受造物而体会造物主之伟大品性，受造物却并无神圣性。受造物与造物主之间是泾渭分明的，受造物并不分享上帝的任何神圣特性。正是因为这个原因，基督教是非常严格的一神论宗教。上帝的使徒不是神圣存在，世俗之人也不可能变成神圣存在（耶稣之所以神圣，不是因为他是一个可敬的人，而是因为他是上帝的化身），日月星辰、山形水势、动物植物等更没有资格扮演神圣存在的角色。在上帝创造的万物之中，除人之外的自然万物的存在目的都是服务于人类，因而，"自然不是令人畏惧和让人顶礼膜拜的神，而是让人类去珍惜、去研究、去管理的一件上帝的作品"。[1]在这种理解中，自然科学服务于上帝信仰。

基督教理解的宇宙（自然），一般不可能具备自我发生、自我运转的能力，它每一时刻都需要上帝赋予其动力、方向，否则将不复存在。自然神学（natural theology）坚持，上帝造好了世界之后，还继续主宰和维系世界的运转。这与自然神论（deism）有所不同。自然神论同样把宇宙比喻为一架精巧的机器，同样认为有着精巧秩序的宇宙／自然不具备自我发生的能力和可能性，因而必然来自上帝的创造。但是，自然神论却认为，宇宙这架机器一旦被创造出来之后，就获得了某种独立性，它根据上帝设定的轨道（自然秩序）自我运转，不再需要上帝来推动、维系或干预它。自然神论所理解的这种

1　霍伊卡：《宗教与现代科学的兴起》，丘仲辉、钱福庭、许列民译，成都：四川人民出版社，2003 年，第 16 页。

没有自我发生能力，却有自我运行能力的宇宙观念，推导出来的上帝观念是，一个造好世界就撒手不管的上帝。其唯一的存在价值是从逻辑上解释宇宙万物的起源，而道德约束和情感慰藉功能都无从推导出来，在宗教上是很难具有吸引力的。因此，与自然神学形同姊妹的自然神论，却并不为基督教正统所接受。

在《格物探原》一书中，韦廉臣也对自然神论的这种理解做出了批评。他说："或谓上帝造成万物，咸各令其自为运动。有格物先生，潜心稽时，百计图维，欲验世宙之物有能自动者否。实无之。马不牵车，车立停。司火舟者不加煤，舟必不行。钟表不上其弦，亦莫走时刻。屋无梁柱，莫或不倾。故上帝非时恒发力眷顾，世宙万物皆休矣。唯上帝无不在，故念发于心，言出于口，行着于事，皆当检点，不可稍涉于恶，上干帝怒。当本真心以事上帝，毋邻于伪。当知任何处，上帝恒与我偕，有祸患可求其救援，行匪僻必遭其谴责也。"[1]作者清楚地意识到，自然神论所理解的不在场的上帝，基本不具有道德约束力。

在一个科学高歌猛进的时代，留给神迹解释的空间日益狭窄。自然神学选择了理性化，尽可能排除违背科学理性的神迹，从而与自然科学保持了一种比较和谐的关系。但是，由于基督教神学必然需要一个能够对世间言行做出回应的上帝，就势必需要上帝继续监观世俗世界并作出奖惩，因而必然继续保留一定程度的神迹。所以，我们可以看到，就在这本力图以理性证据证明上帝存在的自然神学著作中，作者仍花了大量篇幅来阐述上帝监观人事并施以奖惩。比

---

1 韦廉臣：《格物探原（3）·上帝无所不在第一章》，东京：十字屋，1878 年，第12 页。

如，中国东南地区某海角停泊了许多商船，贼人欲驾船靠近以行劫夺。万事俱备却突有大雾降临，贼人迷路不能前行。在韦廉臣的解释中，这是"上帝以此云雾之力，废此贸易风力"。[1] 贸易风即信风，是随时令变化、定期定向而至的风。本来这个时节的风向是确定的，贼人也企图借此行恶。但是上帝为了阻止贼人行恶，降雾使之迷路。韦廉臣对这个事件的解释中，大雾突降是一种神迹，是上帝对人事行为的干预和主宰。再如，韦廉臣还谈到中国发生自然灾害是因为中国人不信仰上帝，触怒上帝。他说："中国人久忘上帝而不事。今旱蝗频见，兵革四起，民不聊生，皆上帝降祸。所望勿事偶像，悔改前非，专奉上帝，庶天心克享尔。"[2] 总之，自然神学作为一种理性神学，旨在回应科学对神迹的消解，但是神学的根本目的决定了自然神学不可能完全放弃神迹，因为上帝必须监观世人，临现世界。它不可能像自然神论一样放弃上帝的主宰者角色。这是自然神学的一个根本立场，也是其内在的困境。

　　无论是自然神学还是自然神论，都是从和谐的自然秩序出发来推论上帝的存在。以严格的逻辑标准来看，这种论证是有很多漏洞的。首先，自然秩序并不总是那么完美，生来就残障的人或物所在皆是，灾难也并不只发生在恶人身上。对此，自然神学是绝口不提的。其次，自然神学的目的论证明在逻辑上难逃循环论证的宿命，它既以神创论为前提，又以神创论为论证目标。第三，正如休谟所指出的，就算承认自然秩序是完美的，也还有可能推出造物主是多

<hr>

1　韦廉臣：《格物探原（4）・上帝主理人事第六章》，东京：十字屋，1878 年，第18 页。
2　韦廉臣：《格物探原（2）・上帝唯一第二章》，东京：十字屋，1878 年，第 5 页。

个的结论，而且未必是全知全能的。这是自然神学的缺陷之所在。

但我们也许应该意识到，像休谟等人那样拥有强大逻辑思辨能力的人恐属凤毛麟角，所以我们看到自然神学在基督教中曾风靡一时。在晚清时代来华的传教士大体只是西方神学训练中的平凡之辈，因此我们可以相信，他们中的许多人是真诚相信这一套论证的有效性的。换言之，在信奉自然神学的晚清传教士看来，二者不是矛盾的，而是手段与目的的关系。如此，他们才能心安理得地以传教士身份传播自然科学知识。

自然神学在晚清基督徒中虽然是笼罩性的理解框架，在基督教外的中国知识分子那里却没有多少吸引力。究其原因，一是中国知识分子深受泛神论影响，把上帝等同于宇宙和自然，本来就倾向于否定创世人格神的存在。第二，泛神论得以成立的一个前提是，中国传统思想中的宇宙观基本都是有机宇宙观，即宇宙（天^1）自身内蕴动力、规律、生机，无须假手他者即可化生出万物（天^2）。因此没有必要接受神创宇宙和超越于宇宙的上帝。第三，神创宇宙观的前提是外在超越的上帝观，也就是说上帝是外在超越于宇宙的，并不受限于宇宙。内在于宇宙、受限于宇宙的神是不可能成为宇宙起源的终极起点的。中国宗教中的人格神，基本都是内在于宇宙、受限于宇宙的内在神，中国知识分子即便承认人格神的存在，通常也只能想象内在于宇宙的人格神，把宇宙起源追溯到人格神创造的神创论就不太可能发生在中国知识分子的思维中。以神创宇宙观为基本预设的自然神学和自然神论在晚清中国知识分子那里就少有接受者。总之，深受泛神论和多神论影响的中国知识分子很难接受神创宇宙观。职是之故，尽管来华传教士采取种种手段争取中国士人，企图使他们皈依基督教，其结果却不太理想，中国知识分子似乎还是不太容易成为基督徒。晚清儒生"痴道人"有一段描述，可资佐证：

> 西洋之教流入中国，几三百年矣。创为天主、耶稣等名，各立门户，劳心焦思，冀人信从。虽浸淫沉溺，入其教者，愚夫愚妇而外，稍知文墨者亦间有之。此盖无可如何，或为饥所驱，或为势所迫，不得不尔。[1]

"痴道人"认为，基督教入华以来，获得的信徒主要是下层民众以及少量下层知识分子；其中知识分子皈依基督教的动机，也并非出于对教义的信仰，而是为利和势所迫使。这种判断当然不难找到反面案例，但是由于基督教教义与中国宗教的一些基本预设的扞格不通，这种判断恐怕也有一定的参考价值。

第二节　机械宇宙观之于中国宗教的意义

一、基督徒对中国有机宇宙观的批判

对基督徒来说，上帝超越于宇宙，因此宇宙的祛魅，并不能否定上帝的存在。借助自然神学，基督教仍能在相当长的一段时间内保持与机械宇宙观的合作关系。可是，对于把上帝等同于宇宙的中

1　痴道人：《宁波寄来痴道人稿》，《万国公报》第 349 期，1875 年。

国泛神论传统，以及把人格神视为内在神的多神论传统来说，情况就有所不同。

前文曾提到，中国宗教中最核心的神圣存在——"天"，分析起来有两种类型。一种是作为人格神的天，通常还有天帝、上帝、玉皇大帝等称谓，与基督教的上帝更为接近。但大多数中国人最多可以接受一个作为人格神的上帝/天居住在宇宙之中（内在神论），却很难接受一个创造世界又超越于世界的人格神的上帝（超越神论）。另一种则是泛神论意义上的天，亦即等同于宇宙的上帝，等同于上帝的宇宙，往往又被称为道、天道、理、太极等。

基督教在明清时代进入中国，为了使中国人能够比较顺畅地接受基督教，往往借儒学之尊天传统来衔接基督教之上帝崇拜，把基督教的上帝与中国先秦时代儒家经典中的人格神的天/上帝/天帝等同起来。但是，对中国多神论系统中的其他下位神，基督教则一概不认可，并视为异端和迷信。这是因为基督教的唯一神观念，使基督教徒把上帝之外的其他人格神一概视为魔鬼，对魔鬼的崇拜当然即是异端。因而，中国人的龙、雷神、风神、灶神等，佛教的菩萨，道教的仙人，以及由人死后变成的神如关帝、祖先魂灵等等人格神，俱为魔鬼，相应的崇拜也被视为异端和迷信。1891 年的一份反教揭帖中就控诉了基督教书籍对中国神祇的侮辱：

中国圣贤仙佛只有尧、舜、禹、汤、文、武、周公、孔、孟暂时鬼书还不敢骂，日后骂不骂还未可知。此外文昌帝君、关圣帝君、太上老君、释迦佛、观音菩萨、皂君司命、财神老爷及一切大小正神，鬼书都骂尽了。总之，说天上地下古往今来只有他拜的耶稣邪鬼为大。[1]

类似于此的控诉所在皆是。[2]

这样的亵渎不仅体现在书籍和宣道话语之中，还体现在行动上。许多文献表明，基督教传教士要求中国信徒一旦入教，就要放弃崇拜龙神，因而不能参加地方社群的求雨仪式；也禁止教徒崇拜佛道的菩萨和仙人；乃至要求教徒毁弃祖宗牌位，自然也不参加宗族的祖先祭祀仪式。1888 年，山东兖州士民的反教揭帖中就控诉基督教传教士"令教民将祖先神牌送教堂劈坏，所有天地灶君等神呼为魔鬼，均不许供"，[3]如此，则基督教挑战了中国信仰传统中的绝大多数神祇，得罪了许多中国人。这是晚清教案频发的重要原因之一。

更为严重的挑战，则是对泛神论意义上的天/天道（天[1]）的挑战。前文曾反复论及，在中国历史上，人格化的天渐渐削弱，而泛神论意义上的天则越来越流行。尤其是从宋明理学以来，知识阶层对天更为主流的理解，并非人格化的天帝，而是泛神论意义上的天，亦即等同于宇宙的上帝。基督徒总体上排斥泛神论意义上的非人格神，强烈排斥太极、道、理、气、阴阳五行等概念。这是利玛窦定下的基调，在晚清的基督教论说中也屡见不鲜。

谢和耐在研究明末天主教传教士利玛窦时曾指出："基督教信仰与一个人格化和超越一切的上帝有关，纯粹是一种神灵。它把人类

1　王明伦选编：《反洋教书文揭帖选》，济南：齐鲁书社，1984 年，第 197 页。

2　王明伦选编：《反洋教书文揭帖选》，济南：齐鲁书社，1984 年，第 175、179、188、190、193 页。

3　王明伦选编：《反洋教书文揭帖选》，济南：齐鲁书社，1984 年，第 158 页。

误认为会有永久命运的本世以及与本世没有共同之处的彼世对立起来了。中国人的天则完全相反，它是一种把世俗和宗教表现形式融为一体的观念。在基督徒们看来，'天'字仅为一种指上帝及其天使、天堂及'上帝选民'的隐喻。而中国人则认为该词具有实际意义，它同时是神和自然、社会和宇宙秩序的表现。"[1]谢和耐在这里所讲的"同时是神和自然、社会和宇宙秩序的表现"的"中国人的天"，笔者以为指的正是泛神论意义上的天（天¹）。泛神论的天，最为典型的表述，是宋儒程颐所讲的一段话：

> 又曰："天与上帝之说如何？"曰："以形体言之谓之天，以主宰谓之帝，以功用谓之鬼神，以妙用谓之神，以性情谓之乾。"[2]

所谓形体之天即宇宙，所谓主宰之天即上帝，二者名称虽异，所指却一。而且，这两个词与"道"（宇宙秩序）又是一致的。这种把上帝等同于宇宙的观念，正是泛神论的核心内容。宋明儒学的集大成者朱熹，对程颐的这种理解大为赞赏，并曾做过详细的阐释。[3]而朱熹在宋代以降的数百年中的士人思想中影响之大，已无需赘言。自明末以降，涉及中国的天和基督教的上帝的争论，往往就是中国泛神论与基督教人格神论的争论。

这种泛神论意义上的天被基督教强烈排斥。明末来华传教士龙

1　谢和耐：《中国与基督教：中西文化的首次撞击》，耿昇译，上海：上海古籍出版社，2003年，第175—176页。

2　程颢、程颐著，王孝鱼点校：《二程集》，北京：中华书局，1981年，第288页。

3　黎靖德编，王星贤点校：《朱子语类》，北京：中华书局，1986年，第1684—1688页。

华民就嘲笑把宇宙与上帝（神）等同起来，他说："使天与其神同为一活体，岂非甚可笑讶者也。"[1]基督教传教士常利用儒学中对上古三代的追怀和景仰，批评儒家士人尤其是宋儒背弃了儒家原典中的人格化的天（上帝），指责他们受佛道异端的蛊惑而相信无意志、无主张的天（天^{2}或天^3），是为数典忘祖。

福建基督徒知非子在《儒教辨谬》一书第一章中也说，《尚书》中的上帝"统理万物，赏善罚恶，降衷下民"，"其说与《圣经》适合"；到《诗经》中的上帝就已经掺杂了一些不纯的因素，比如曾用上帝来指贤君、天子；大贤如孔子竟然也忘了上帝之名，而以"天"字代之；孟子把上帝视为众多神祇之一；而到了宋儒，竟发展到"以无生活之理误认为至尊"。[2]宋明理学中等同于上帝的"理"（天^1），在基督徒知非子看来，是"无生活"的，也就是无生机、无主动能力的蠢然之物。

同一时段，传教士韦廉臣在《格物探原》中，更直截了当地痛批儒家士人数典忘祖，背离了上古圣人崇奉上帝（人格神的天）的传统。他说：

> 上古之世，中国圣人咸识上帝之荣耀。《诗》《书》所载如"昭事上帝""明昭上帝"及"荡荡上帝"等，不能枚举。后之学者，数典而忘其祖，或以太极当之，又或信道家者流，以玉皇为上帝，则尤荒谬之甚矣。是书所云，正尧、舜、禹、汤、文、武、周、孔

1　谢和耐：《中国与基督教：中西文化的首次撞击》，耿昇译，上海：上海古籍出版社，2003年，第183页。
2　知非子：《儒教辨谬·论儒者所称之上帝》，《万国公报》第481期，1878年。

所称之上帝，非但为西国上帝也。[1]

基督教批评以玉皇大帝为上帝，当然是出于排斥道教的原因；而批评以太极为上帝，矛头所向就是宋明理学的泛神论的上帝观。此种论调，并非独一无二。[2]在《格物探原》一书中，韦廉臣花费了大量篇幅来批驳中国人的作为宇宙终极起点的天、道、天道、理、太极等观念（天[1]）。因为他坚持，作为宇宙终极起点的那个位置独属于一个人格化的上帝。在该书的凡例中，他首先澄清上帝不同于"天"（宇宙）。他说：

> 自《易》言"大哉乾元，万物资始"，又云"乾，天也"，世之儒者遂以为天为上帝，不知非也。[3]

《易》学传统把天（天[1]）等同于上帝，上帝不是外在超越于宇宙的另一种存在，它不是区别于宇宙的一个人格神，上帝和宇宙是同一的，上帝就是宇宙，这正是泛神论意义上的"天"。韦廉臣无法容许把上帝和宇宙混为一谈。

正如程颐所讲，"天"与"道"也是异名同指的。韦廉臣既不赞同把天作为最高的神圣存在，也不会同意把"道"作为宇宙万物

---

1 韦廉臣：《格物探原（1）·凡例》，东京：十字屋，1878 年，第 1 页。
2 详参孙尚扬、钟鸣旦：《1840 年前的中国基督教》，北京：学苑出版社，2004 年，第 169—177 页；姚兴富：《19 世纪新教传教士对太极说的批评与吸收》，《江海学刊》2005 年第 6 期。
3 韦廉臣：《格物探原（1）·凡例》，东京：十字屋，1878 年，第 1 页。

的根源。《老子》中有"道生一，一生二，二生三，三生万物"，讲的就是宇宙万物的发生、起源。关于道为何物，老子所讲并不确定明晰。韦廉臣抓住《老子》中的"静极乃道也"作为靶子，加以批驳。他说，道家的"道"显然是寂然不动的意思，而寂然不动之物，何以能生天地万物，能激荡大气使为飙风，又能令海水涨落而为潮汐，又能令日月绕地球运行（作者似乎仍未接受日心说）？[1] 这当然是认为道不具有自动能力，也就是否认了老子所言的天道的自我展开能力，这样的"道"遂不能成为万物发生发展的终极起点。

同样，基本等同于道的"太极"和"理"也不能作为宇宙万物的终极起点。周敦颐讲"太极动而生阳，动极而静，静而生阴，静极复动"，韦廉臣的批驳是："太极既无知觉，安得有动静？"又说："周子、朱子皆不明言太极有知觉灵慧……无知觉灵慧即成顽物，乌能生人物？"因为"人物有知觉灵慧，则生之者不能不有知觉灵慧"，所以周子、朱子所讲的太极不能等同于上帝。[2] 朱熹讲"太极只是一个实理"，"无情意、无计度、无造作，只是个洁净空阔的世界"，换言之，太极/理无形象，无意志，无智慧，并不是一个人格神，却是"生生之本"，也就是说，太极/理是宇宙万物的根源，万物均为理所化生。韦廉臣的批驳同样是，理无意志无智慧，无自我运行能力，

1　韦廉臣：《格物探源次卷第十二章：上帝非太极》，《教会新报》第 279 期，1874 年；韦廉臣：《格物探原（3）·上帝非太极第六章》，东京：十字屋，1878 年，第 35 页。

2　韦廉臣：《格物探源次卷第十二章：上帝非太极》，《教会新报》第 279 期，1874 年；韦廉臣：《格物探原（3）·上帝非太极第六章》，东京：十字屋，1878 年，第 35—36 页。

并不会自主生成，宇宙万物必须来自上帝的设定和推动。[1]

周敦颐《太极图说》中所讲阴阳生成论，其内容是："无极而太极。太极动而生阳……静而生阴……一动一静，互为其根……阳变阴合，而生水火木金土……二气交感，化生万物。"这是宋明理学中宇宙生成论的一个集中表述。在韦廉臣看来，周敦颐的这个看法都是臆造，绝无凭证。针对五行说，他调用了现代科学知识来加以批驳，指出世界并不是由五种元素组成的，而且火是电气所生，水是氧气与氢气合成的，木由碳与氢等合成，金包含了二十五种元素，土包含了九种元素，"名为五行，殊非确论"。且五行相生相克的关系法则，也是"术家悠谬之说"，并无实据。[2]总之，韦廉臣断定，太极不能作为宇宙万物的终极起点，因为太极并无内在动力，也无自我展开的能力。

对于把天/道/理/太极（天[1]）作为宇宙终极起点的中国思想传统，韦廉臣在《格物探原》中批驳甚多。在该书第一卷第一章中，作者用自然神学的设计论来证明上帝存在时就说："或谓无极生太极，一动一静，化生万物。此实不然。假如有人谓'吾不能造此轮船，吾亦未见有造之者，是殆自然而言有者'，言诚然乎？"[3]再如，

1　韦廉臣：《格物探源次卷第十二章：上帝非太极》，《教会新报》第 279 期，1874年；韦廉臣：《格物探源（3）·上帝非太极第六章》，东京：十字屋，1878 年，第 36 页。

2　韦廉臣：《格物探源次卷第十二章：上帝非太极》，《教会新报》第 279 期，1874年；韦廉臣：《格物探源（3）·上帝非太极第六章》，东京：十字屋，1878 年，第 38 页。

3　韦廉臣：《格物探源一卷·论天地第一》，《教会新报》第 220 期，1873 年；韦廉臣：《格物探源（1）·论天地第一章》，东京：十字屋，1878 年，第 2 页。

在论及世界万物由六十二元素组成时，他又问："六十二原质，非有极具智慧者配成之，焉能成世界万物？朱子云：'理与气合，便能知觉。'此不可解。理是死物，亦属空虚，焉能作为？无人不能成一卷书，无上帝讵能成世界一物？"[1]在以人的血脉的复杂性为据来证明上帝存在之时，作者也说："彼无极太极，与理与气，与动与静之绝无知识者，奚以作此身体？"[2]

　　与韦廉臣做出同样工作的，还有一些本土基督徒。[3]福建基督徒知非子就看到，许多中国人认为元气是"万物根源"，乃至"认元气为宇宙之大主宰"。他批驳的理由与韦廉臣如出一辙：根据朱熹的看法，元气"无情意，无计度造作"，也就是"无知觉材能"，如此则"必不能生人生物生阴阳"；周敦颐《太极图说》却说元气可以生人生物生阴阳，在作者看来逻辑不通。作者还进一步追问元气何来，从而追问到"理"。正如前文论及，宋儒对这个问题的一种回答是元气来自太极，而太极就是理。知非子指出，元气既然源自太极，则"元气终非第一着"，因而也就不是"至尊无对"的，换言之，元气既然不是终极起点，就不能是唯一的最高存在。既然如此，太极和

1　韦廉臣：《格物探源一卷·论物质第二》，《教会新报》第 221 期，1873 年；韦廉臣：《格物探源（1）·论物质第二章》，东京：十字屋，1878 年，第 3 页。

2　韦廉臣：《格物探源卷一·论血第十七》，《教会新报》第 235 期，1873 年；韦廉臣：《格物探源（1）·论血第十七章》，东京：十字屋，1878 年，第 35 页。韦廉臣的相关论述还可参见韦廉臣：《造物非太极非理气亦非道》，《万国公报》第 648 期，1881 年。

3　如，1880 年，一个署名"觉梦居士"的中国人，在《万国公报》发表文章，论气和理都不是上帝。因为"气由上帝而生，殊不得窃上帝之号；理从上帝而出，万不能操上帝之权"。觉梦居士：《上帝不是气与理》，《万国公报》第 606 期，1880 年；《万国公报》第 629 期，1881 年重刊。

理才是终极起点。但是作者对此也不予以承认，他说："理本无生活，如何能动生活之气乎？"因为有人把元气等同于太极，等同于理，那么作者又追问到："无极而太极"指的是什么？如果根据朱熹的看法，无极是用来形容太极（理）而非先于太极（理）的一种状态或存在，那么无极之理又从何而来？作者说："如以两大之区谓为一气所默运，且谓气自能生物，则试问人无父精母血交媾而成，岂能成为人耶？"[1]显然，作为基督徒的知非子不接受太极、理、道等概念（天[1]）有免于起源追问的豁免权。

总之，基督教传统坚信，奇妙的、复杂的东西只能是出自有智慧者的创造，这就是基督教长期坚持上帝是人格神、坚持创世论的重要原因。与此同时，他们对于中国思想中作为世界本源的天、道、理、气、太极等概念均不能接受，因为他们相信这些存在都是死物，无智慧，无意志，无自我行动能力，不可能化生出万物，不能作为万物的终极起点。

二、中国知识分子的回应

深受泛神论传统影响的中国知识分子正相反，很难接受一个不同于宇宙、超越于宇宙的人格化的上帝。

一方面，由于内在人格神的思维预设，晚清许多中国知识分子在理解基督教的上帝观时，倾向于把基督教的上帝落实到耶稣这个世俗化身之上。在基督教的教义中，上帝（圣父）化成肉身，借处女玛利亚之身体而降生为耶稣（圣子），在世间行走，行善事，医疾疫，拯救

1　知非子：《儒教辨谬·论元气》，《万国公报》第 482 期，1878 年。

世人。在基督教的三位一体教义中，耶稣并非上帝的造物，也非其使者，而正是上帝的化身。1875 年，中国读书人"痴道人"投给《万国公报》的一篇论辩文章在理解基督教的上帝时，就把重心放置到耶稣上，并认定耶稣只是一个降生于快两千年前的人。作者认为，耶稣因其德行而受人尊敬，只能被视为类似于孔孟的圣人。故而他质问道："耶稣明明是人也，何得谓为神？"[1] 如此他才能断言："虽齐东之野人邹衍、蒙庄之怪诞不经，亦未有指天所生之人以为能踞乎天之上，操之纵之于清虚广漠之中也。"[2] 在他看来，耶稣无疑就是"天所生之人"，是一个世俗之人，他有母亲就一定有父亲，也绝不可能是处女所生，耶稣即便死后可以成神，也是晚于宇宙之存在的，所以耶稣不可能是创造天地的神。[3] 晚清与"痴道人"有类似看法的知识分子不在少数。许多知识分子在理解基督教的上帝时，也往往只裁取了耶稣这个世俗身份，而淡化乃至拒绝同意耶稣是上帝的化身。如湖南儒生崔暕就驳斥道："（基督教说）耶稣降生，乃上帝大显其妙化之功，感童女马利亚有娠而生焉。试问上帝既如此大费周旋，何必另自降生，而不现身说法，使大家共见共闻犹为便捷耶？"[4] 再如：

1　痴道人：《宁波寄来痴道人稿》，《万国公报》第 349 期，1875 年。

2　痴道人：《宁波寄来痴道人稿》，《万国公报》第 349 期，1875 年。

3　痴道人：《宁波寄来痴道人稿》，《万国公报》第 349 期，1875 年。

4　天下第一伤心人：《辟邪纪实》，同治辛未（1871）季夏重刻本，《批驳邪说》第 16 页。"崔暕（？—1902），字晦贞，湖南宁乡人。早年投身张亮基、胡林翼幕，参与镇压太平军。因愤外来宗教侵略，清咸丰十一年（1861）以'天下第一伤心人'笔名撰刊《辟邪纪实》一书，鼓吹反洋教。同治元年（1862）中恩科举人，历任永宁、黄平、怀仁知县，被谗去官。后至陕西佐左宗棠幕，保运同衔。晚年客居常德，著有《三边纪实》《论语参注》《楹联随笔》等。光绪二十八年（1902）病卒。"长沙市地方志办公室编：《长沙市志》（第 16 卷），长沙：湖南人民出版社，2002 年，第533—534 页。

"耶稣生于宣穆之间，德亚国之人，立有善行十条，教导斯民。耶稣没后，其教误传，遂谓耶稣即天，天即耶稣。"[1]言外之意很明确：根本不承认耶稣是上帝的化身。既然如此，耶稣即便死后升为神，怎么可能是创造宇宙之神？即便是作为主宰宇宙的神，也甚为可疑，崔暕就质疑道："耶稣未生前，宇宙权果操自何人？"他还据此质疑道，既然说耶稣生于汉哀帝年间，基督教书籍中记载春秋时就有二圣王造了天主堂，他说："岂人未生而堂先造耶？"[2]显然，他拒绝承认基督教教义中上帝化身为耶稣的教义设定，坚持以中国固有的贤德之人死后变成神的观念来理解耶稣，至多可以接受耶稣死后变成了神。中国知识分子虽然认为伏羲这样的圣人从宇宙万物中发现了天道、天理（天[1]），并通过创作八卦系统、创作经书、制礼作乐，制定吻合于天道的人道（世俗秩序），但从无人认为伏羲就是天、天道、天理（天[1]）本身。一言以蔽之，因为内在神的思维预设，即便相信人格神的存在，中国知识分子也很难接受人格神无中生有创造宇宙这种学说。

另一方面，由于受泛神论的影响，许多知识分子坚持，上帝就是天（宇宙），天（宇宙）就是上帝。明末来华传教士龙华民曾与一名中国进士施莫鉴（Che Mo Kien）讨论天主。这位中国士人对基督教的人格化的天主/上帝不以为然，他相信"天主或上帝肯定不会像一个活人一般坐在天上（天[3]）。他仅仅是控制和管理天（天[2]）的一种道德（天[1]），存在于一切事物和我们自身之中。所以，我们可

1　王明伦选编：《反洋教书文揭帖选》，济南：齐鲁书社，1984年，第219页。
2　天下第一伤心人：《辟邪纪实》，同治辛未（1871）季夏重刻本，《杂引》第1、7页。

以说，我们的心就与天主和上帝一样"。[1]这位中国进士大概比较倾心于心学，所以他不仅把天理解为一种道德规则，还把它与人心密切结合在一起。明末清初更为突出的一个案例则是杨光先。在《辟邪论》中，他引经据典指出，"天（天^{2}或天^3）为有形之理（天^1），理（天^1）为无形之天，形极而理见焉，此天之所以即理也"，又证明"人举头见天（天^3），故以上帝称天焉，非天之上又有一帝也……非天自天，而上帝自上帝也"。[2]总之，他坚信天、理、太极、上帝是同一事物的不同称谓，并不存在一个不同于天（宇宙）的上帝。1875年，"痴道人"就以中国泛神论意义上的天（天^1）批驳基督教的上帝。他说：

　　吾华古昔圣人之言天者，理与数二者而已（天^1）。太极生两仪，五气顺布，四时行焉，此言理也；日月星辰，躔度次舍，此言数也。至于苍苍者，则积气为之，地之上即天（天^3）。一言尽之矣。《易》云"云行雨施，品物流形"，如此其盛，此非谓天之上复有施行此云雨者。《书》曰"天视自我民视，天听自我民听"，言天无视听，就群黎百姓而寄此善恶是非之理，非谓天上真有具耳目之质而司此视听者。[3]

　　"痴道人"认为，天（天^3）即气所化生，而气又是太极（天^1）

1　谢和耐：《中国与基督教：中西文化的首次撞击》，耿昇译，上海：上海古籍出版社，2003年，第181页。
2　杨光先等撰，陈占山校注：《不得已·附二种》，合肥：黄山书社，2000年，第24—25页。
3　痴道人：《宁波寄来痴道人稿》，《万国公报》第349期，1875年。

化生而成。如此则天地万物不是一个人格神所创造出来的。又，万物的发生发展，都是按照天道（天¹）而自我发生发展的；与此相似，天视天听落实到民视民听，并非真有一个有耳目的人格神在天上监视人间，"天"实则是一种贯穿于宇宙万物之中的法则（天¹），它借助民心民意来表现它对是非善恶秩序的保障。大体而言，作者是不相信人格神的存在的，这基本上是宋明理学以来知识分子的一个正统观念。正因为这种思想预设，"痴道人"对基督教"天父"的说法甚不以为然。在他看来，把"天"比拟为"上帝"尚可，但是不能有"天父"的说法：

　　至以天为上帝，吾华经文屡见之矣。上帝即天，天即上帝。天为上帝，比之拟之可也。特不可于天字下加一父字。加一父字，即有一母在。试问地可谓之为母乎？地不得称为母，天独可称为父乎？[1]

　　上帝即天，天即上帝。把上帝和宇宙（天¹）等同起来，并事实上不承认人格化的上帝，是典型的泛神论。基督教的"天父"一词，原本是偏正结构"天的父亲"，指的是宇宙的创造者；而痴道人却把"天"与"父"理解为同位语，意即"天是父亲"，所以他才会追问"地"是否可以称为"母"这个令基督徒啼笑皆非的问题。在晚清反教揭帖中也有"以天为主，故名天主教"的说法。[2]这种误读，适足以表现中国泛神论是如何根深蒂固地影响了晚清知识分子对基督

1　痴道人：《宁波寄来痴道人稿》，《万国公报》第349期，1875年。
2　王明伦选编：《反洋教书文揭帖选》，济南：齐鲁书社，1984年，第219页。

教上帝观念的认识。

这种看法，同时期的一位广东生员讲得更为详尽。1881 年，传教士林乐知所主持的林华书院在《万国公报》上发起征稿活动，请中国读书人将儒家典籍中出现的"天"和"上帝"罗列出来，分析两者有何区别。[1]广东番禺的生员黄涛以一篇洋洋上万言的《天与上帝考》拔得头筹。作者广泛搜罗儒家典籍，予以考辨，其大意是儒学认为天与上帝是一而二，二而一的，并没有一个不同于天的人格化的上帝。他说：

　　天，本穹窿在上，日月星辰之外，一无所有。郑康成所谓：天者，纯阳、清明、无形是也，以其至高无上则曰天。天者，颠也。《说文》："天，颠也。"颠即高也。尊而君之则称皇天。据远视之，其色苍苍，则称苍天。以其元气广大，则称昊天。昊者，元气博大之貌也。以其仁覆闵下，则或称旻天。旻，闵也。以其自上监临，则称上天。此天之名义也。以其在上则称上帝。其连文则或称昊天上帝，或称皇天上帝，或称皇天大帝，其实一也。郑康成《周礼注》谓：天及昊天上帝为皇天大帝。要之，天本空虚无有形体，特自人称之如此耳。然则何以谓之神而祭之也？曰：古圣人以山林、川谷、丘陵能出风雨云露者，皆曰神。有天下者祭百神，况天之生养万物，功德之大者乎？是祭之者，祭其有功于人耳，非谓天别有一上帝，

1　林华书院：《请问儒书所称天所称上帝有何分别》，《万国公报》第 648、651、652 期，1881 年。

因谓之为神而祭之。[1]

与"痴道人"一样，黄涛同样认为上帝就是宇宙，宇宙就是上帝，二者是等同的。他同样不认为存在一个不同于宇宙的人格神上帝。他认为作为人们祭祀对象的天／上帝，只是人们的一种虚拟的称谓而已。这样的宇宙，显然不可能是一个机械的死物，它必然包含着自动能力，以生发万物并主宰万物。这样一个充满活力的天，这样一个赋予人生命和衣食住行的宇宙，就像上帝一样，对中国人来说是值得感恩和崇敬的。

基督徒所理解的宇宙却宛如一架机器，没有自动能力，也没有生发能力，必须有一个上帝来创造它，乃至持续不断地推动它，它才可以运转。如此的一个宇宙，有何可敬之处呢？因而，基督教在中国劝诫世人不要祭拜天地，对于中国人来说构成了一个重大的挑战和侮辱。明代士人杨光先就曾说：

> 苍苍之天，乃上帝之所役使者也，或东或西，无头无腹，无手无足，未可为尊。况于下地，乃众足之所践踏，污秽之所归，安有可尊之势？是天地皆不足尊矣。如斯立论，岂非能人言之禽兽哉？[2]

杨光先这段话，出自他专门批驳基督教的《辟邪论》。1861 年，

---

1 黄涛：《儒书所称天所称上帝如何分别：天与上帝考》，《万国公报》第 648、651、652 期，1881 年。

2 杨光先等撰，陈占山校注：《不得已·附二种》，合肥：黄山书社，2000 年，第 24 页。

湖南儒士崔暕以"天下第一伤心人"为笔名编著《辟邪纪实》，反击基督教之教义，就把杨光先的《辟邪论》收入其中。英国来华传教士杨格非（Griffith John，1831—1912）在其著作《天路指明》中批评中国人认佛为上帝，或认玉皇为上帝，或认天地为上帝，或认为上帝只是一个理。崔暕则反过来批评杨格非所讲的"上帝为造化之主，天地为受造之物，譬屋宇为工师所造者然"。[1]杨格非批评朱熹讲"天"，一会说是"苍苍者"，一会说是"主宰者"，一会又说是"理"，一无定论，只因朱熹没有听闻过上帝的"真道"。[2]崔暕则反过来质疑，基督教既然认为天为天主的造物，本身无足轻重，为何又借儒家经典之"敬天""道之大原出于天"等，以至于自相乖舛。[3]

　　传教士传播的机械宇宙观，对于把宇宙视为上帝的泛神论者来讲，显然构成一种挑战，乃至是严重的侮辱。至少，崔暕是被深深激怒了。作为反击，他在《辟邪纪实》一书中收罗了（也许也创作了）传教士采生折割、淫秽乱伦的许多传闻，号召士民围攻基督徒。《辟邪纪实》一书在晚清流传甚广，在士民的反教运动中发挥过非常重要的动员作用。在湖南、河南反基督教的许多文书和揭帖中，都出现了这样一段话，措辞略有不同而已：

　　天一而已，以主宰言之，则曰上帝。乃彼教变其名曰天主，举

1　天下第一伤心人：《辟邪纪实》，同治辛未（1871）季夏重刻本，《批驳邪说》第14页。

2　天下第一伤心人：《辟邪纪实》，同治辛未（1871）季夏重刻本，《批驳邪说》第15页。

3　天下第一伤心人：《辟邪纪实》，同治辛未（1871）季夏重刻本，《天主邪教集说》第5页、《杂引》第6页、《批驳邪说》第28页。

耶稣以实之。[1]

　　这些具名或匿名的揭帖，都认定天只有一个，其另一个名字就是上帝。显见传统泛神论的影响，不仅及于上层士人，也普及到了中下层士子。传教士认定天（宇宙）为天主所造之器物或机械，对于把天当作上帝来崇拜的中国人来说，是直接的冒犯和挑战。湖南宁乡士子周汉（1843—1911）痛陈基督教"吠天地三光为邪鬼所造之器物"。[2]在一篇题为《鬼叫该死》的揭帖中，不知名的作者还指出："其实太上老君、释迦佛传下的经书，虽比尧舜各位圣人的小有不同，大道理还是一样。总之不离这五伦。道人和尚虽然不做官，虽然出了家，那经书上还是教忠教孝的。所以道人和尚都离不了拜万岁爷龙牌，拜祖宗父母。总之以报答天地君亲师的大恩为主。"[3]佛道两家，虽常被儒家视为异端，但是之所以见容于儒，三教合流之所以可能，不仅因为其道德秩序的指向比较一致，而且其神祇系统是可兼容通兑的，敬天地就是共同的倾向。但是，基督教偏就不敬天地，是因为：

1　王明伦选编：《反洋教书文揭帖选》，济南：齐鲁书社，1984 年，第 1、96、143 页。

2　王明伦选编：《反洋教书文揭帖选》，济南：齐鲁书社，1984 年，第 175、179、188 页。"周汉（1843—1911），字铁真，笔署周孔徒，湖南宁乡人。1860 年，他以诸生投军，参与镇压人民起义。左宗棠督师新疆，他在刘锦堂军中帮办营务，积功升至陕西候补道。1884 年，他离营返湘，在长沙参加经理宝善堂。中法战争后，他和宝善堂的同事文武官绅们撰写反洋教文件，用各种不同的名义和形式刊印传布。1889—1898年间，在其领导下散布的反教宣传品不下数百种。"同书第 174 页。

3　王明伦选编：《反洋教书文揭帖选》，济南：齐鲁书社，1984 年，第 175 页。

他说中国人都敬天地日月星辰，错了错了。那天地日月星辰是耶稣做成的几件器皿，为什么要敬？[1]

认为宇宙是上帝的造物，并无神圣可言，对于"个个都敬天地日月星辰"的"士农工商老幼妇女，以及道人和尚道姑尼姑"来说，无疑是在亵渎神圣；[2]"就是不读书一字不识的人，决无一日不受天地日月星辰覆载照临之恩的"，[3]对他们来说，斥宇宙为无知无灵的被造物，当然也是极大的冒犯。在晚清针对基督教的许多揭帖文告中，都可以看到这种被冒犯感，还可以看出许多教案冲突实由此而致。

在一份由反教士人伪造的文书中，总理衙门授令民众此后遇到"一切伤毁天地三光、古圣先贤、祖宗父母之邪书，无论捏称何国何项名目，立即焚毁，不准只字留藏"。[4]另一份伪造的文书中，总理衙门向各国发出公函，说中华儒道释三教"总之不离五伦五常之道"，而西方传来的基督教"多与中华三教诸经不合，甚至毁伤中华圣贤仙佛，与中外蒙覆载照临之天地三光，及人人各有之祖宗父母"，因而认定这些宗教著作"为伪撰与译讹无疑"，进而要求各国"或截止传教，或订正教书，或撤毁教堂，或严教士"。托名各国公使的回复则说：西方基督教教义本来就不同于中国宗教，总理衙门不应该称这些书籍为"邪书"，并说："何以谓邪？何以若是其辟？实属冤屈无伸。"[5]这些文书，

1　王明伦选编：《反洋教书文揭帖选》，济南：齐鲁书社，1984年，第196页。

2　王明伦选编：《反洋教书文揭帖选》，济南：齐鲁书社，1984年，第199页。

3　王明伦选编：《反洋教书文揭帖选》，济南：齐鲁书社，1984年，第199页。

4　王明伦选编：《反洋教书文揭帖选》，济南：齐鲁书社，1984年，第212页。

5　王明伦选编：《反洋教书文揭帖选》，济南：齐鲁书社，1984年，第213—215页。

吕实强认为均系伪造。[1]这些托名伪造的公文反映出反教知识分子对官方的期望，他们也很清楚地知道，这样的诉求有悖条约，显然是得不到支持的。反教士人的无可奈何和愤懑，由此可见一斑。

这种被冒犯却无可奈何的感觉在士人阶层中想必甚为普遍。从《反洋教书文揭帖选》许多文献中都可以见到，许多士人都懂得西人在华传教的权利已经被列入条约，国人不得不遵守，言谈之间流露出甚多的无可奈何。不得已，他们往往退而求其次，出谋划策，力求在不违背条约的情况下限制基督教的传播，比如限制传教士人数，禁止华人传教，把传教士限制在通商口岸，禁止当地民众把土地卖给传教士建教堂。这种无奈感，恐怕即是士人阶层以及政治上层支持和纵容义和团反洋教运动的重要原因之一。

这种无可奈何的感觉，恐怕不仅来自基督教倚仗武力和不平等条约来传教，更多源于西人带来的科学技术的说服力。正如蒋梦麟所说："我们吃过炮弹的苦头，因而也就对炮弹发生兴趣。"[2]对晚清知识分子来说，要学习西方的仅仅是其技术，是如何制造坚船利炮，是如何达致富国强兵，此即所谓"师夷长技以制夷"。但问题在于，这些"技"背后自有其"道"，这些"用"背后自有其"体"。要学会制造炮弹，就得研究炮弹的原理；要学会如何准确地推算日月星辰之出没，就得了解日月星辰均为球体、各有其运行的速率和轨道，同时就要放弃星象灾异之说；要学会如何更为有效地治病，就需懂得诸如人身有206块骨头这样的解剖学知识以及微生物致疫这样的

---

1 吕实强：《近代中国知识分子反基督教问题论文选集》，桂林：广西师范大学出版社，2011年，第177—185页。
2 蒋梦麟：《西潮·新潮》，长沙：岳麓书社，2000年，第13页。

病因，同时放弃病魔致病、阴阳失调等病因解释。总而言之，要真正掌握西方的技术，就得接受西方技术背后的原理。而西方技术背后的原理与中国所理解的道是不同的，所以这往往就意味着同时需要否弃对这些事物的旧有理解。

正因如此，大量西方科学知识借助基督教传教士和中国新式知识分子的努力而逐渐传播开来，点点滴滴地改变人们尤其是知识分子对于自然、宇宙的理解。当日常生活中的大量自然现象都被新的科学知识重新解释之后，晚清知识分子势必会发现，宇宙万物既不是受鬼神的驱使，也不是按照阴阳互动、五行生克、乾坤坎离的规则来运转的，天道（宇宙运行之道）不是像圣人所讲的"一阴一阳之谓道"，也不是五行相生相克，而是物质在力量的推动下运转，以及物质之间的化合与分离。

所以，问题的重要性不在于自然科学的客观知识的更新，而在于一旦接受基督教和现代科学所理解的宇宙观念（天/天道），中国人的世俗道德秩序（人道）就失去了神圣根基。董仲舒讲"天不变，道亦不变"，原因是"道之大原出于天"，意思是说人间的道德秩序（道、人道）是从宇宙秩序（天、天道）推导出来的。晚清的问题是，人们对宇宙（天）和宇宙秩序（天道）的认识发生了变化，建基其上的世俗道德秩序（人道）又岂能幸免？

这一点，晚清进士宋育仁（1857—1931）在《采风记》中说得十分透彻，也十分沉痛：

其（指西学）用心尤在破中国祖先之言，为以彼教易名教之助。天为无物，地与诸星同为地球，俱由引力相引。则天尊地卑之说为

诬，肇造天地之主可信，乾坤不成两大，阴阳无分贵贱，日月星不
为三光，五星不配五行，七曜显于不伦，上祀诬为无理，六经皆虚
言，圣人为妄作。据此为本，则人身无上下，推之则家无上下，国
无上下，从发源处决去天尊地卑。则一切平等，男女决有自由之权，
妇不统于夫，子不制于父，祖性无别，人伦无处立根。举宪天法地，
顺阴阳，陈五行诸大义，一扫而空……夫人受中天地，秉秀五行，
其降曰命，人与天息之相通。天垂象见吉凶，儆人改过迁善。故谈
天之学，以推天象知人事为考验，以畏天命修人事为根本，以阴阳
消长五行胜建皇极，敬五事为作用。如彼学所云，则一部《周易》
全无用处；《洪范》五行、《春秋》灾异，皆成瞽说；中国所谓圣人
者，亦无知妄人耳。学术日微，为异端所劫。学者以耳为心，视为
无关要义，从而雷同附和。人欲塞其源，而我为操备，可不重视
之乎?[1]

　　宋育仁清楚地看到西学既讲上帝创世的神话（"肇造天地之主可
信"），又讲现代科学知识。字里行间可见，上帝创世的神话于他既
无吸引力，也无冲击力。但他仍然对基督教传教士传来的西学忧心
忡忡。其原因是，对中国固有宇宙观念的冲击，主要即来自现代科
学。正是现代科学使得"天尊地卑为诬"，使得灾异论沦为荒唐的
"迷信"，进而使得世俗道德秩序丧失形上依据。

　　宋育仁的这种危机感并非孤例，也非首例。早在1878年，他的
四川老乡、举人吕调阳（1832—1892）就看到，西方的机械宇宙观

1　宋育仁：《采风记》，清光绪丁酉年（1897）刻本，卷三《礼俗》第9—10页。

对中国的天道信仰构成了极大的挑战。[1]他说，自从开普勒（Johannes Kepler，1571—1630）地球绕日之说流入中国，儒士多以为其学说荒诞无稽，而聪明才智出类拔萃的人又往往沉溺其中。以开普勒的学说来看，中国数千年对天道的解释都是昏庸糊涂，中国圣人所讲的"阴阳动静之理、尊天亲地之义"都是臆说，不符合天的实际情况。于是，国人鄙薄《易经》而崇奉《周髀算经》，舍弃圣人之经书而信从西人"漫衍闳肆之说"。他悲叹"天道之不明，圣教其将绝"。[2]他认为，西方人虽然精于测算，但他们推算出来地球为绕日运行的行星之一，故不足以配天，而月绕地球运行，故不足以配日，以及太阳为众多恒星之一的学说却是错误的，原因即在于他们不懂得易学的阴阳五行之理。他相信："言天不本于实测，则悬揣而无凭；不折衷以圣人之理，则穿凿而不经。"[3]因此，他所著《谈天正议》的主旨，竭力把来自西方的现代天文学知识装进易学传统的阴阳五行的理论框架之中，以维系中国之天道。相对而言，其天文学知识远超同时代的大多数儒生。他用他出类拔萃的天文学知识来驳斥日心说，力图证明地仍可以配天，月仍可以配日，阴阳五行、乾坤坎离的天道仍然

1　吕调阳生平："吕调阳（1832—1892），字晴笠，号竹庐，清四川彭县人。同治三年（1864）举人。绝意仕途，自甘淡泊。光绪间先后主讲乡里九峰、敖家场凤楼、潼南集义诸书院。以经世致用之学及历史、舆地、训诂、考据等教授生徒。自著《论孟疑义》《足财书》为教材。鼓励生徒自学经史诗文，尝带领生徒游览山川名胜，考察风物民情。光绪四年（1878）助张龙甲重修《彭县志》。著作辑入《观象庐丛书》。"季啸风主编：《中国书院辞典》，杭州：浙江教育出版社，1996年，第392页。

2　吕调阳：《重订谈天正议·序》，载氏著《观象庐丛书》，光绪戊寅年（1878）刻本，《谈天正义》第1页。

3　吕调阳：《重订谈天正议·序》，载氏著《观象庐丛书》，光绪戊寅年（1878）刻本，《谈天正义》第1页。

不变。但是，他的工作似乎并不成功，也没有造成较大的反响。

　　这样迂阔的努力，在急剧变动的时代，不仅难以成功，连引起人们的注意都难。现代科学已经说服了许多中国人，尤其是对西学了解更多的中国读书人。1906 年，严复就热情洋溢地赞美了现代科学知识带来的道德秩序的更新。他指出，自从哥白尼的学说推翻了以前的地静天动之旧说，证明了太阳并非静止不动的，地只是太阳系中的一个行星，围绕太阳运行，与彗星等星体一样都有固定的轨道和运转周期，这些星体瞬息之间就移动数千万里。他清楚地看到，这些科学知识给世俗道德秩序和政治秩序带来的影响是深远的：

　　盖自古人群之为制，其始莫不法于自然。故《易》曰："天尊地卑，乾坤定矣。"有其至高者在上以为吾覆，有其至卑者居下以为吾践。此贵贱之所由分，而天泽之所以位也。乃自歌白尼之说确然不诬，民知向所对举而严分者，其于物为无所属也。苍苍然高者，绝远而已，积虚而已，无所谓上下也。无所谓上下，故向之名天者亡。名天者亡，故随地皆可以为极高，高下存乎人心，而彼自然断断乎无此别也。此贵贱之所以不分，而天泽之所以无取也。三百数十年之间，欧之事变，平等自由之说，所以日张而不可遏者，溯其发端，作由此乎？且天演者，时进之义也。古之人发此者二三千年，中西载籍，莫不有考，然而最后百年，其学乃大盛，得此以与向之平等自由者合，故五洲人事，一切皆主于谋新，而率旧之思少矣。呜乎！世变之成，虽曰天运，岂非学术也哉！[1]

────────────

1　王栻编：《严复集》，北京：中华书局，1986 年，第 1241 页。

这段话与前引宋育仁的那段话，内容若合符节，指归却南辕北辙。同样是论及科学宇宙观对世俗道德秩序的影响，宋育仁忧心忡忡，呼吁国人重视；而严复却大为赞赏："伟哉科学！五洲政治之变，基于此矣。"[1]

在这段话中，严复还仍然从宇宙秩序、自然秩序（天、天道）推导出人世道德秩序、政治秩序（人道）。改变的是天道和人道的具体内容，天人的关系结构并未发生改变，人道仍以天道为基础。同一时代，更为激进的方案则是干脆抛弃天。1906 年，一位留日知识分子说得十分露骨：

天是什么东西？是一股气，气之轻清上浮者就是天。地是什么东西，地是一个星球，八行星中之地球就是地。天既是一股气，敬他做甚？地既是一个行星，敬他何来？[2]

这是一个被剥除了神性内涵的天，而降格为纯粹物质意义上的宇宙。这样的天，怎能回应人的敬拜和祈求，怎能继续指导中国人？敬天因而不过是一种"迷信"。1904 年《国民日日报》上发表了一篇题为《革天》的社说。作者明知"中国数千年来之学子，莫不以天为最大之指归"，但是仍然视其为"迷信"，他说"天意果在耶？余意以为天者，冥冥而无足凭者"，因而"天不可以不革也"。[3] 1907 年，一篇题为《辟天》的文章更激烈地声称，"吾侪今日而欲救国，

1 王栻编：《严复集》，北京：中华书局，1986 年，第 1241 页。
2 磨厉：《俗弊六则·敬天地》，《滇话报》第 5 号，1906 年，第 53—54 页。
3 《社说：革天》，《国民日日报汇编》1904 年第 1 期，第 60—68 页。

则一切改革者皆次也，当先自革天始"，"革天者，乃救吾国之不二法门也"。[1]

本 章 小 结

同样是面对牛顿范式的机械宇宙观，中国宗教和基督教的反应截然不同。归根结底，是因为两种宗教传统中的神圣存在与宇宙的关系甚为不同。

基督教虽然在科学的冲击下被迫放弃大多数神迹，但是上帝外在、超越于宇宙的这种关系（超越神论），却使得机械宇宙观可以被用来论证上帝的存在及其伟大特性，从而使得牛顿成为上帝的仆人。在晚清传教士中占据统治地位的自然神学，其主要论证路径就是透过上帝的作品（宇宙、自然）去证明上帝的存在及其特性。这种言说框架使基督教传教士能够把科学普及与传教事业结合起来，而不是对立起来。

而中国宗教在面对牛顿范式的机械宇宙观的挑战时，却倍感艰难，因为中国宗教的神圣存在是等同于宇宙、内在于宇宙的（内在神论）。中国宗教中最重要的信仰对象"天"，一方面是内在于宇宙的人格神，是多神论体系中的至上神；另一方面是泛神论意义上的神圣存在，是内在于宇宙万物的。基督教乐于把作为人格神的天等同于基督教的上帝，但是对其下位神却一概视为异端和偶像并予以排斥，这引起晚清国人的强烈愤慨。

---

1 《辟天》，《神州日报》1907 年 5 月 28 日。《东方杂志》曾全文转载。见《东方杂志》第 4 卷第 7 期，1907 年，第 122—127 页。

更为严重的危机则是机械宇宙观对泛神论意义上的天的挑战。基督教教义和机械宇宙观都认为天（宇宙／自然）本身并无意志、情感，无生机和活力，无自动能力，也无对人世状况进行鉴别和回应的能力，因而没有资格扮演神圣存在的角色，不能成为信仰对象。正因如此，基督教借助牛顿范式的机械宇宙观，强烈排斥泛神论意义上的天（或称道、理、气、太极）。在这个问题上，中国宗教与科学存在着尖锐的对立。晚清知识分子对此虽有所觉察，却无力抵抗。

第六章 天演论之于中国宗教和 基督教的不同意义

　　中国泛神论的"天"（天[1]）在面对自然神学框架下的机械宇宙观时，岌岌可危。科学技术的威力迫使中国知识分子接受科学知识，而当时科学知识的前提是牛顿范式的机械宇宙观。如果完全接受机械宇宙观（即认为宇宙本身无法自我生成、自我运转），在逻辑上就有两个严重的后果：一是放弃传统的泛神论，因为宇宙是个死物，无法成为信仰对象；二是接受基督教的上帝创世说，因为要解释一个无法自我生成的宇宙从何而来，最具说服力的答案就只剩来自先在于宇宙、外在于宇宙的神圣存在的创造。

　　要抵抗这种宇宙观和上帝观，仅仅依靠传统的有机宇宙观可能还不够。本章将论证，天演论作为当时最有影响的科学宇宙观，与中国本土的有机宇宙观有着高度的一致性。因而，借助天演论，中国知识分子有了更强的底气来对抗基督教的神创论。这是广大中国知识分子异常迅速地接受天演论的原因之一。中国传统有机宇宙观中的一些基本预设——宇宙生成论而非神创宇宙观、泛神论的上帝观而非人格化的上帝观——帮助接受了天演论。反过来说，进化论这一最先进的思想学说、科学理论，被中国知识分子用来支持中国固有的有机宇宙观，至少在客观上有力地对抗了基督教自然神学中的机械宇宙观。为了更深入地理解天演论对中国宗教传统意味着什么，本章还将借助晚清两位本土基督徒对天演论的反驳，考察基督教教义与天演论的关系。

天演论虽有利于中国知识分子抗拒神创宇宙观，却无助于中国人继续把天当作一个惩恶扬善的神圣存在来信仰和崇奉。天演论与传统有机宇宙观虽有类似之处，却有本质的不同：宇宙的规律和法则（天^1）仍在，但已经转变为客观规律，与人世道德无关，也不再承诺保障福善祸淫的道德秩序。

需要说明的是，进化论（evolution, evolutionism）是个很宽泛的概念，不仅包含各种各样的生物进化论（biological evolution, organic evolution），也包含其他领域的种种进化学说，诸如地理进化论、心理进化论、文化进化论、社会进化论、宇宙进化论等。达尔文主义（Darwinism）是生物进化论之一，而斯宾塞和赫胥黎的进化论虽在后来被称为社会进化论、社会达尔文主义（social Darwinism），其论述重心也确实放在人类社会上，但是因为他们都坚称宇宙万物莫不遵循达尔文主义的原则，所以更准确地应该称为宇宙进化论（cosmic evolutionism），社会进化论只是宇宙进化论的一个构成部分。严复的天演论（the Cosmic Evolutionism）是斯宾塞和赫胥黎的宇宙进化论的一个中国版本。

第一节　天演论之于中国宗教的意义

在严复之前，来华传教士仅有少数几处文字介绍达尔文和进化论，这是他们刻意屏蔽所致。即便如此，达尔文主义和社会达尔文主义在晚清士人中也有一定的传播和接受。据 1890 年传教士韦廉臣的记载，清朝有高级官员举办题为"达尔文与斯宾塞的哲学"的有奖征文。[1]

真正造成巨大影响的还是严复的译介。1895 年，严复在《原强》一文中简要介绍达尔文的《物种起源》，并介绍斯宾塞的社会达尔文主义。[2]同年他翻译的《天演论》手稿在小圈子传播。1898 年该书正式出版，迅速流行起来，并不断再版，仅在清末十余年中就有30 多个版本。[3]此外，清末十余年中，《新民丛报》《经济丛编》《东方杂志》等刊物先后刊登了大量文章介绍进化论。胡适在《四十自述》中回忆说：

> 《天演论》出版之后，不上几年，便风行全国，竟做了中学生的读物了……几年之中，这种思想像野火一样，延烧着许多少年人的心和血。"天演""物竞""淘汰""天择"等等术语，都渐渐成了报纸文章的熟语，渐渐成了一班爱国志士的"口头禅"。[4]

天演论的影响，由此可见一斑。我们的问题是，在西方世界迄今为止还争议不断、常遭宗教界排斥的一种思想学说，为什么在短

1　胡卫清：《近代来华传教士与进化论》，《世界宗教研究》2001 年第 3 期。

2　王栻编：《严复集·序》，北京：中华书局，1986 年，第 5、15 页。

3　王栻编：《严复集·序》，北京：中华书局，1986 年，第 3 页。关于《天演论》的版本，详参王天根：《〈天演论〉传播与清末民初的社会动员》，合肥：合肥工业大学出版社，2006 年，第 45—55 页。

4　欧阳哲生编：《胡适文集》(1)，北京：北京大学出版社，1998 年，第 70 页。

短几年之内就风靡中国知识界？胡适曾提出一个解释：在中国屡次战败之后，在庚子辛丑大耻辱之后，天演论"优胜劣败，适者生存"的公式确是一种当头棒喝，给了无数人一种绝大的刺激。[1]这当然是一个很有说服力的解释，也为学界普遍承认。[2]但这只是一个外缘因素。是否也有什么思想脉络的内部因素，是天演论被广泛接受的原因呢？笔者认为：作为一种宇宙观的天演论，与中国传统的有机宇宙观有着高度相似之处，因而有助于支援后者对抗基督教的神创宇宙观。[3]

一、传统有机宇宙观与天演论的相似性

明清士人阶层的思想和知识系统是以宋明理学为骨干的，而宋明理学的宇宙观是典型的有机宇宙观。这种根深蒂固的有机宇宙观，与作为宇宙观的天演论有诸多类似之处。这是天演论迅速风靡中国知识界的一个重要原因。

达尔文主义作为一种生物进化论，针对的是当时博物学家的一个基本观念：物种是不变的，是由上帝分别创造出来的。[4]这种观念同时也是基督教的正统教义。达尔文在前人基础之上，利用众多博物

1　欧阳哲生编：《胡适文集》(1)，北京：北京大学出版社，1998年，第70页。

2　史华兹：《寻求富强：严复与西方》，叶凤美译，南京：江苏人民出版社，2005年，第67页；浦嘉珉：《中国与达尔文》，钟永强译，南京：江苏人民出版社，2008年，第56页；王中江：《进化主义在中国的兴起：一个新的全能式世界观》（增补版），北京：中国人民大学出版社，2010年，第56页。

3　吴展良也有类似的看法。吴展良：《严复〈天演论〉作意与内涵新诠》，《台大历史学报》第24期，1999年12月。

4　达尔文：《物种起源》，周建人、叶笃庄、方宗熙译，北京：商务印书馆，1997年，第1页。

学家搜集的大量动植物材料，以及自己的观察和研究来证明："物种不是被独立创造出来的，而和变种一样，是从其他物种传下来的。"[1] 达尔文的主要贡献是较为完备地提出了物种变异、新物种起源的机制：一是生物为了争夺生存的资源，以及为了适应生存环境而发生变异，这就是生存斗争（the struggle for life），也就是严复翻译的"物竞"；二是某些物种的变异较好地适应了环境，于是存活下来，不能适应者则被淘汰，这就是自然选择（natural selection），严复译为"天择"。自然选择的根本原则就是"适者生存"。作为一种生物进化论，它对基督教的挑战主要是，人类由低等动物如猿猴变异而来这种学说，取消了人类相较于其他物种的高贵性和优越性，也取消了上帝与人类的直接关系。但它并未取缔神创宇宙观，甚至没有否定上帝至少创造一种生物的可能性。

斯宾塞和赫胥黎的宇宙进化论，实际上由达尔文主义及康德、拉普拉斯的星云说构成。它既说明宇宙的起源，又解释生物物种的变异和起源，还从中推导出人类社会的伦理法则。赫胥黎就断言"不仅植物界，而且动物界；不仅生物，而且地球的整个结构；不仅我们的行星，而且整个太阳系；不仅我们的恒星及其卫星，而且作为那种遍及于无限空间并持续了无限时间的秩序的证据的亿万个类似星体，都在努力完成它们进化的预定过程"，总之，宇宙万物都在这个进化过程之中，所以他又把进化称为"宇宙过程"。[2]

1　达尔文：《物种起源》，周建人、叶笃庄、方宗熙译，北京：商务印书馆，1997年，第17页。

2　赫胥黎：《进化论与伦理学》，《进化论与伦理学》翻译组译，北京：科学出版社，1971年，第5页；Thomas H. Huxley, *Evolution and ethics and Other Essays*, London：Macmillan and CO., 1895, p. 7.

晚清知识分子主要不是把进化论作为一种生物学说来接受的，而是把它当作一种宇宙观来理解和接受的。严复选择翻译赫胥黎的《进化论与伦理学》而非达尔文的《物种起源》，主要就是因为他在意的不是一种纯粹的自然科学学说，而是一种新的宇宙观念和社会思想。严复把赫胥黎的宇宙进化论翻译为"天演论"，其"天"字更明白无误地表现出他把进化论理解为一种宇宙观。此外，他对斯宾塞"以天演言宇宙一切法"推崇备至，也足资佐证。[1]在《天演论》的译文手稿中，他把前引赫胥黎的话翻译为：

> 假由今日所见一草，远迹始初，将见逐代变体，皆有可寻。迨至最初一形，乃莫定其为动为植。凡兹运行之理，乃化机所以不息之精，苟能静观，在在可察。小之极于跂行倒生，大之放乎日星天地；微之则思虑智识之无形，显之则国政民风之沿革。[2]

赫胥黎的"宇宙过程"（cosmic process）指的是宇宙万物的演化，所以进化论对于赫胥黎来说首先也是一种宇宙观。而严复把赫胥黎的宇宙进化论翻译为"天演论"，是十分传神的。"天演"之"天"与传统中国"天道"之"天"一样，指的是整个宇宙（自然）。总之，进化论被译为天演论传入中国，从一开始就是作为一种宇宙观来接受的。不仅严复如此，对于清末民初的大多数中国知识

1　孙应祥、皮后锋编：《〈严复集〉补编》，福州：福建人民出版社，2004 年，第135 页。

2　王栻编：《严复集》，北京：中华书局，1986 年，第 1415 页。

分子来说，进化论都是一种宇宙观。[1]

　　中国的传统有机宇宙观与作为一种宇宙观的天演论有着诸多的相似之处。

　　第一，中国传统有机宇宙观与天演论都主张，万物源于某一非人格化的终极起点。在中国古代的有机宇宙观中，万物都源自一个非人格化的终极起点，即气、道、太极、理、太乙、太一等概念。天演论则倾向于认为宇宙的终极起源是星云（Nebulas）。所谓星云，是康德（Immanuel Kant，1724—1804）、拉普拉斯（Pierre-Simon Laplace，1749—1827）等人提出的太阳系起源假说。星云说版本多样，但其共同点是认为太阳系起源于一种混沌的原始物质。[2]康德的说法是："组成万物的原始物质是和某些规律相联系的，而物质在这些规律的支配下必定会自然而然地产生出美好的结合来。"[3]他甚至宣称："给我物质，我就用它造出一个宇宙来！这就是说，给我物质，我将给你们指出，宇宙是怎样由此形成的。因为如果有了在本质上具有引力的物质，那末大体上就不难找出形成宇宙体系的原因。"[4]赫胥黎在《进化论与伦理学》中曾说："我们的地球可能曾经一度是构成星云状的宇宙岩浆的一部分。这种假设确实是

1　史华兹：《寻求富强：严复与西方》，叶凤美译，南京：江苏人民出版社，2005年，第65页；王中江：《进化主义在中国的兴起：一个新的全能式世界观》（增补版），北京：中国人民大学出版社，2010年，第343页。

2　颜一谦：《康德创立星云说时的科学竞争意识和方法》，《浙江大学学报》1993年第3期。

3　康德：《宇宙发展史概论》，上海外国自然科学哲学著作编译组译，上海：上海人民出版社，1972年，第14页。

4　康德：《宇宙发展史概论》，上海外国自然科学哲学著作编译组译，上海：上海人民出版社，1972年，第17页。

可能的，而且确实具有高度的或然性。"[1]这无疑正是星云说。星云说在达尔文进化论问世之前已经甚为流行，一直到20世纪中叶为宇宙大爆炸理论所替代。作为一种前达尔文时代的"进化论"，星云说解释了太阳系的起源，而达尔文更为精致和严密的生物进化论，为先前各种版本的进化论提供了一个强力的支撑。星云说和达尔文的生物进化论一起，构成了斯宾塞和赫胥黎等人的宇宙进化论。

与赫胥黎一样，严复把星云说和达尔文主义整合在一起，从而把进化论泛化为一种宇宙观。严复以很长的案语来介绍星云说。太阳系在最初是星云，逐渐凝聚而成太阳系，再演化出植物、动物等有机物、生命体：

其（指斯宾塞——引注）所谓"翕以聚质"者，即如日局太始，乃为星气，名涅菩剌斯，布濩六合，其质点本热至大，其抵力亦多，过于吸力。继乃由通吸力收摄成珠，太阳居中，八纬外绕，各各聚质，如今是也。所谓"辟以散力"者，质聚而为热、为光、为声、为动，未有不耗本力者，此所以今日不如古日之热。地球则日缩，彗星则渐迟，八纬之周天皆日缓，久将进入而与太阳合体。又地入流星轨中，则见陨石。然则居今之时，日局不徒散力，即合质之事，亦方未艾也。余如动植之长，国种之成，虽为物悬殊，皆循此例矣。所谓由纯之杂者，万化皆始于简易，终于错综。日局始

1　赫胥黎：《进化论与伦理学》，《进化论与伦理学》翻译组译，北京：科学出版社，1971年，第6页。

乃一气, 地球本为流质。动植类胚胎萌芽, 分官最简; 国种之始,
无尊卑、上下、君子小人之分, 亦无通力合作之事。[1]

所谓"涅菩剌斯", 即 Nebulas 的音译。严复又译为"星气",
让人不由自主地联想到传统有机宇宙观中天地未分前混沌一团之元
气。[2]在这两种思想观念中, 作为万物之终极起点的, 无论是"星
气", 还是气、理、道、太极等概念, 都可以自我演变出万物, 都是
非人格化的, 都不是外在于宇宙万物的事物。

第二, 中国传统有机宇宙观与天演论都认为, 从终极起点到纷
繁复杂的万物之间, 存在着演变、发展的过程。在严复看来, "天
演"之"演"与《周易》之"易"是一致的:

此其道在中国谓之易, 在西学谓之天演。[3]

有学者曾指出: "进化论是从西方引进的舶来品, 要想在中国扎
根, 必须有一个立足点, 这个立足点, 在政治上, 就是中国人民的

1　王栻编:《严复集》, 北京: 中华书局, 1986 年, 第 1327 页。
2　李约瑟曾指出, 王充提出的一种离心宇宙生成论与星云说甚为接近。他说:"这种
理论并非始自王充, 也不是到王充而结束。这种观念——即地球是由一种旋转物质中
心的凝固而形成的——和近代的星云说以及环绕太阳 (恒星) 的行星系的形成的宇
宙学观点是如此之相似。"李约瑟:《中国科学技术史》(2), 北京: 科学出版社, 上
海: 上海古籍出版社, 1990 年, 第 399 页。一个近期的例证是, 2004 年的一篇史学论
文称"我国古代这种宇宙起源混沌元气说, 与近代康德、拉普拉斯太阳系起源'星云
说'是比较接近的", 并径直把传统中国的从元气生成宇宙的学说称为中国版的"星
云说"。见王晖:《论中国古代宇宙起源论"星云说"》,《陕西师范大学学报》(哲学
社会科学版) 2004 年第 7 期。
3　王栻编:《严复集》, 北京: 中华书局, 1986 年, 第 1415 页。

社会变革要求；思想上，就是变易观念的存在。"[1]

第三，中国传统有机宇宙观与天演论都认为，演变、发展过程是有规律的，即从少到多，从简单到复杂。在中国的传统有机宇宙观中，变易的程式可能是《周易》中的"太极—两仪—四象—八卦—万物"，也可能是《老子》中的"道生一，一生二，二生三，三生万物"，变易的规律被称为道、理、天道、天理等。在达尔文生物进化论中，物种增加的规则也是某一种物种经过变异衍生出新物种，递增至无数品种，这种变异和发展的规则，达尔文称之为"自然法则"。在赫胥黎那里，"宇宙过程"中存在着"固定秩序"（fixed order）、"必然规律"（definite rules）。[2]赫胥黎说："作为一种固定秩序的体现，其每一阶段都是依据一定规律而起作用的一些原因造成的结果，进化这个概念也同样排除了偶然性的概念。"[3]严复的典雅翻译是"有一不易不离之理，行乎其内。有因无创，有常无奇"。[4]"理"这个词，与中国传统有机宇宙观中常见的"理""天理"的相似性，可谓一目了然，所指均为宇宙秩序或自然秩序。在译著《穆勒名学》中加的一条案语中，他更明确把"自然公例"（Laws of Nature，即自然规律、自然法则）与中国传统思想中的天

1　陈庆坤：《从阴阳化生论到进化论》，载汤一介主编：《中国文化与中国哲学》，北京：生活·读书·新知三联书店，1990 年，第 380 页。

2　赫胥黎：《进化论与伦理学》，《进化论与伦理学》翻译组译，北京：科学出版社，1971 年，第 4 页；Thomas H. Huxley, *Evolution and ethics and Other Essays*, London: Macmillan and Co., 1895, p. 6.

3　赫胥黎：《进化论与伦理学》，《进化论与伦理学》翻译组译，北京：科学出版社，1971 年，第 4 页；Thomas H. Huxley, *Evolution and ethics and Other Essays*, London: Macmillan and Co., 1895, p. 6.

4　王栻编：《严复集》，北京：中华书局，1986 年，第 1326 页。

道、天理、太极等同起来：

> 此段所指之"自然公例"，即道家所谓"道"，儒先所谓"理"，《易》之"太极"，释子所谓"不二法门"。[1]

第四，中国传统有机宇宙观与天演论都认为，变异/变易的动力和规则都来自内部，而非外在力量的干预。在传统有机宇宙观中，终极起点（气、太极、道、理等）内涵了变易的动力和规则，因而可以自我变易，自我发展，无须依赖于外在的人格神的推动或干预。进化论也倾向于排除上帝或其他神灵的干预。在达尔文自己的进化论中，物种为了生存而发生变异，变异的结果被自然环境所筛选（即适者生存）。两者交互作用，共同导致生物物种的变异，导致新物种的产生。这个解释中，物种变异的动力来自物种的求生本性以及自然环境的选择，这种内在的自足性排挤了上帝或其他人格神的干预。所以，达尔文在《物种起源》导言中盛赞先前的进化论者拉马克（Chevalier de Lamarck，1744—1829）的一个创见："有机界的一切变化都是根据法则发生的，而不是神灵干预的结果。"[2]从逻辑上推导出一种自然神论式的结论：上帝只是某一原初物种的创造者，但它并不再主宰物种的发展变异。但是达尔文和拉马克的这一判定，界线很清楚地划在有机界（生物界）。而一旦把适用范围从生物界拓展到宇宙万物，就产生一种典型的自然神论式的宇宙观念。号称

1　约翰·穆勒：《穆勒名学》，严复译，北京：商务印书馆，1981年，第276页。
2　达尔文：《物种起源》，周建人、叶笃庄、方宗熙译，北京：商务印书馆，1997年，第2页。

"达尔文的斗犬"的赫胥黎就宣称："如果有证据表明宇宙过程是由什么动力推动的话，那末这种动力就会是它及它的一切产物的创造者，虽然超自然的干涉仍然可以严格地被排除在其以后的进程之外。"[1]这种理解并未否定上帝作为创世者、万物第一因的角色，但是已经剥夺了它干涉此后的"宇宙过程"的权利和可能性。

在严复看来，天演论与老庄的"自然"是一样的道理，都是放任，都是"使其自己"，任由万物遵循"天理"（宇宙秩序、自然法则）自动运转，无偏爱，不干预。

> 天演学说滥觞于周秦之间，中土则有老、庄学者所谓明自然。自然者，天演之原也。征之于老，如云"天地不仁，以万物为刍狗"。征之于庄，若《齐物论》所谓"寓庸因明"，所谓"吹万不同，使其自己"；《养生主》所谓"依乎天理""薪尽火传"。谛而观之，皆天演之精义。而最为深切著名者，尤莫若《周易》之始以乾、坤，而终于既济、未济。[2]

第五，中国传统有机宇宙观与天演论都倾向于否定神创宇宙观，从而否定人格化上帝的存在。达尔文着意解释的是生物的变异和新物种的起源，并非生物物种的最终起源，更不用说宇宙的终极起源。对他而言，有机物与无机物之间仍有着深刻的鸿沟，不能轻易跨越，

1　赫胥黎:《进化论与伦理学》,《进化论与伦理学》翻译组译, 北京: 科学出版社, 1971 年, 第4—5 页。
2　孙应祥、皮后锋编:《〈严复集〉补编》, 福州: 福建人民出版社, 2004 年, 第135 页。

所以他并未从生物进化论扩展到宇宙万物的起源问题上去。因而达尔文自己的学说似乎止步于自然神论式的结论，并未触及宇宙的终极起源问题，并未排除上帝创造宇宙、创造至少一种物种的可能性。

但是达尔文的严谨和克制，并不能阻止他人如此推论。把康德、拉普拉斯的星云说和达尔文的生物进化论结合起来之后，创造宇宙万物的人格神就更显得没有必要。李约瑟曾指出："近代科学自从拉普拉斯的时候起，就已经发现有可能完全不需要上帝这一假设来作为自然法则的基础。"[1]赫胥黎并不甘止步于自然神论式的结论，在他看来，"进化排除了创世及其他各种超自然的干涉"。[2]他不仅取缔了上帝（或其他神圣存在）作为主宰者的角色，还根本否定了其创世者的角色。

无机物与有机物的界线，对达尔文来说尚构成一个制约，对于严复来说，这两者之间本来就不存在多么清晰的界线。因为在中国的有机宇宙观传统中，无机物与有机物都由宇宙元质——气构成，并非壁垒森严，遂可以轻易跨越。朱熹曾如此解释世界上第一个人的起源："以气化。二五之精合而成形，释家谓之化生。如今物之化生甚多，如虱然。"[3]在微生物被发现之前，认为虱子无须以有机物为前提即可生长出来，算得上是合情合理。认为所有有机物是从无机物化生而来，世界上第一个人是从别的物种乃至是直接从气化生而

1　李约瑟:《中国科学技术史》（2），北京：科学出版社，上海：上海古籍出版社，1990年，第618页。

2　赫胥黎:《进化论与伦理学》，《进化论与伦理学》翻译组译，北京：科学出版社，1971年，第4页。

3　黎靖德编，王星贤点校:《朱子语类》，北京：中华书局，1986年，第7页；金永植:《朱熹的自然哲学》，潘文国译，上海：华东师范大学出版社，2003年，第197页。

来，无疑也甚有说服力。归根结底是因为气与理一样，自身内涵生机，并非被动的、无生机的、纯粹物质意义上的气。人与蠢然之顽石都由气化生而成，只是人获得的气比顽石获得的气，更为精纯，质量更佳而已。以朱熹在《西铭解》中的话来说，"人、物并生于天地之间，其所资以为体者，皆天地之塞；其所得以为性者，皆天地之帅也……唯人也，得其形气之正，是以其心最灵……物则得夫形气之偏，而不能通乎性命之全"。[1]也正因如此，传统中国人普遍相信，顽石经历了足够久的岁月，汲取了足够多的天地精气，也可以变换出有生命的有机体，乃至变幻出神灵。[2]缺乏无机物与有机物的清晰区隔，要把生物进化论扩展为宇宙进化论，就轻松得多。

如果说赫胥黎对神创宇宙观的否定只是一笔带过的话，在严复的"翻译"中则被大加发挥：

如或谓开辟以前，世为混沌，溷溷胶葛，待剖判而后轻清上举，重浊下凝；又或言抟土为人，呪日作昼，降及一花一草，蠕动蠉飞，

1　朱熹：《朱子全书》(13)，上海：上海古籍出版社，合肥：安徽教育出版社，2002年，第142页。

2　《西游记》第一回中说："盖自开辟以来，每受天真地秀，日精月华，感之既久，遂有灵通之意。内育仙胞，一日迸裂，产一石卵，似圆球样大。因见风，化作一个石猴。五官俱备，四肢皆全。"(吴承恩著，黄肃秋注释：《西游记》，北京：人民文学出版社，1980年，第3页。)《红楼梦》第一回也说："原来女娲氏炼石补天之时，于大荒山无稽崖炼成高经十二丈、方经二十四丈顽石三万六千五百零一块。娲皇氏只用了三万六千五百块，只单单剩了一块未用，便弃在此山青埂峰下。谁知此石自经锻炼之后，灵性已通，因见众石俱得补天，独自己无材不堪入选，遂自怨自艾，日夜悲号惭愧。"(曹雪芹、高鹗：《红楼梦》，北京：人民文学出版社，2005年，第2—3页。)无独有偶，刘再复就曾指出红楼梦中充满泛神论的色彩。刘再复：《红楼哲学笔记》，北京：生活·读书·新知三联书店，2009年，第180—184页。

皆自元始之时，有真宰焉，发挥张皇，号召位置，从无生有，忽然
而成；又或谓出王游衍，时时皆有鉴观，惠吉逆凶，冥冥实操赏罚。
此其说甚美，而无如其言之虚实，断不可证而知也。故用天演之说，
则竺乾、天方、犹太诸教宗，所谓神明创造之说皆不行。[1]

　　盘古开天辟地的神话首当其冲，亚伯拉罕三教（犹太教、基督
教、伊斯兰教）的上帝创世说无法成立，《诗经》中作为人格神的
"天"虽从无创世之功绩，也难逃厄运。[2]他断言："自达尔文出，知
人为天演中之一境，且演且进，来者方将，而教宗抟土之说，必不
可信。"[3]在严复看来，因为天演论的横空出世，各种宗教的神创宇宙
观均再难成立。这一说法，指向的是所有的人格神创造宇宙的观念
和教义。严复认为天演论推翻了犹太教和伊斯兰教的神创宇宙观，
而不直接提及基督教，不知出于何种理由。但由于犹太教、基督教、
伊斯兰教都源自上帝派遣的亚伯拉罕这一先知（故称亚伯拉罕三

1　王栻编：《严复集》，北京：中华书局，1986 年，第 1326 页。"出王游衍"语出
《诗经·大雅·生民之什》，原文为"敬天之怒，无敢戏豫。敬天之渝，无敢驱驰。
昊天曰明，及尔出王。昊天曰旦，及尔游衍"。今译为："敬畏上天的震怒，千万不敢
再嬉戏逸乐了。敬畏上天的反常，千万不敢再驱驰游猎了。上天的眼睛是明亮的，你
的出入来往，见无一不见；上天的视听是聪明的，你的游衍行乐，只无一不知。上天
是不敢欺骗的，只有敬谨修德而已。"马持盈注译：《诗经今注今译》，台北：台湾商
务印书馆，1979 年，第 457 页。竺干即印度，代指印度教；天方教是明代中国对伊斯
兰教的称谓；"犹太"可能是指犹太教。
2　严复在这里所举的盘古开天辟地的神话版本，虽与宇宙生成论一样，都有"轻清
上举，重浊下凝"的表述，但二者有着重要的不同。宇宙生成论的动力来自终极起点
（道、太极、理、气等）本身，而盘古开天辟地的神话中，混沌分离（"剖判"）的
动力却来一个人格神。正因如此，同样讲"轻清上举，重浊下凝"的盘古开天辟地
神话会成为严复批驳的对象。
3　王栻编：《严复集》，北京：中华书局，1986 年，第 1325 页。

教），三教在宇宙观、上帝观上是基本一致的，因而基督教的神创宇宙观不大可能获得豁免权，"教宗抟土之说"似乎就应理解为包含了基督教的上帝创世说。借助清末民初基督教方面的议论和批评，这一点可以看得更为清楚。晚清传教士杜步西（Hampden Coit DuBose，1845—1910）就曾批评赫胥黎"作书之意，总以不信上帝为宗旨"，将上帝"创造万物"之事"一笔抹煞"，又批评严复在案语中所说的"教宗抟土之说必不可信"。[1]

通观《天演论》全书的用词，以及案语中不断出现的中西会通和比附，可以肯定地说：在严复的思维中，天演论作为一种宇宙观，基本是一种新版的"天道""天理"。不仅严复以传统有机宇宙观来接引天演论，清末民初不少知识分子也有这样的表现。有研究指出，康有为曾以《易》理和达尔文主义相互参证，以进化论重新阐发《周易》。[2]李大钊也曾说："大易之道，太极生两仪，两仪生四象，四象生八卦。老氏之说，一生二，二生三，三生万物。是知宇宙进化之理，由浑而之画，由一而之杂，乃为一定不变之律。因之宇宙间，循此律以为生存者，其运命之嬗蜕，亦遂莫不由固定而趋于流动，由简单而趋于频繁，由迟滞而趋于迅捷，由恒久而趋于短促，此即向上之机，进化之象也。"[3]熊十力也相信达尔文主义"实合于吾《大

1　杜步西：《天道讲台》第八章，第 58 页。转引自胡卫清：《近代来华传教士与进化论》，《世界宗教研究》2001 年第 3 期。

2　施炎平：《易学现代转化的一个重要环节》，《周易研究》2008 年第 6 期。

3　中国李大钊研究会编注：《李大钊全集》（1），北京：人民出版社，2006 年，第 239 页。相关论述可参颜炳罡：《李大钊易学思想及其早期哲学》，《周易研究》2007 年第 5 期。

易》之恉"，故而他说"吾言进化，义主《大易》"。[1]总之，正是因为中国根深蒂固的有机宇宙观与天演论之间存在着诸多的类同，中国知识分子才可能迅速接受后者。

上文曾论及，晚清传教士以自然神学的框架来收纳牛顿范式的机械宇宙观，既用来论证上帝的存在，又抨击中国人对天/天道的信仰，使得中国读书人甚感愤怒。自然科学知识的匮乏，使得中国知识分子缺乏足够的能力从思想和理论层面上来反击基督教。严复引进天演论，仿佛入室操戈的反击行为。借助天演论来支持中国的有机宇宙观，中国知识分子拒绝了基督教的神创宇宙观和机械宇宙观，从而也拒绝了基督教的上帝，至少在客观上有力地还击了基督教对中国有机宇宙观（同时也是泛神论的上帝观）的抨击。我们或许可以化用魏源的名言，说这是"师夷长道以制夷"。

二、天道之蜕变

天演论的胜利却不一定是中国泛神论传统的胜利。其原因是，天演论与主流的德性宇宙秩序（天道、天理）观念存在着相当重要的区别。天演论所理解的宇宙秩序本身是没有道德属性的，它不承诺保障福善祸淫的道德秩序。这样的一个宇宙秩序，要扮演宗教信仰中的神圣存在，其实践性和可行性会大打折扣。

---

[1]　熊十力：《十力语要》，上海：上海书店，2007年，第11页。相关论述可参高瑞泉：《易理诠释与哲学创造：以熊十力为例》，《周易研究》2002年第2期；王中江：《熊十力的"本心进化论"》，《天津社会科学》2011年第2期。一篇2001年发表的论文甚至称《周易》中的宇宙生成论为"东方天演论"，也可作一个有趣的佐证。见韩连武：《东方"天演论"——世界上第一部不用文字的哲学著作》，《南都学坛》（哲学社会科学版）2001年第4期。

在中国的思想和信仰传统中长期占据主导地位的儒学，大体上认为宇宙秩序（天[1]）是善的，"对儒家弟子来说，道始终保留着道德的特征"。[1]正因如此，世俗秩序（人道）应该效法天道，顺应天道。正如汤一介所言："中国传统哲学的主流都是把论证'天人合一'（或'天人相通'、'天人不二'）或说明'天人合一'为第一要务。"[2]从德性宇宙秩序推导出世俗道德秩序，路径不一，阐释不一。天高地低暗示君尊臣卑、男尊女卑，是一种阐释方式；从天（道、理、太极）化生万物这一宇宙秩序出发，推出天（天[1]）有"好生之德"，"以生物为心"，进而推出"仁"为基本的道德价值，也是一种阐释路径。

对儒家的这种理解和设定，早年在儒学中浸润过的严复却完全不赞同。他说："吾不解造物者之必以造万物为嗜好也。"他说，如果说天道、造物主有好生之德，就应该让万物有生而无死，但事实显然不是这样。他反其道而行之，说"上天好杀"更能自圆其说，"正唯好杀，故不能不生。盖生者正所以备杀之材料"。他也并不是真的就主张"上天好杀"，这只是他用来批评"上天好生"说的一种策略，是与"上天好生"说一样的"臆测"。[3]其立场很清楚，天、天道（天[1]）无善无恶，不能以善恶来言说。换言之，宇宙、宇宙秩序（天[1]）自身没有任何道德特性。

在《进化论与伦理学》中，赫胥黎有颇为相似的论述："宇宙

1　秦家懿：《朱熹的宗教思想》，曹建波译，厦门：厦门大学出版社，2010年，第3页。

2　汤一介：《释"易，所以会天道人道者也"》，《周易研究》2002年第6期。

3　王栻编：《严复集》，北京：中华书局，1986年，第86页。

的进化可以告诉我们关于人的善和恶的倾向是怎样来的；但是宇宙进化本身不能给我们提供比我们以前所有的更好的理由，来说明我们称为善的东西比我们称为恶的东西可取。"[1]他批评一些人把宇宙秩序中的"适者生存"这一法则误解为"最优者生存"，从而赋予其一种道德的善性。他的观点正好相反，适者生存并不具备任何道德上的正当性。[2]宇宙秩序（自然秩序）也不具备惩恶扬善的功能。在动物世界，"不论是生命的快乐和痛苦，都不是按照功罪来分配的"，而人类世界一个公认的事实是，"伦理法则的破坏者经常逃脱他所应得的惩罚；邪恶就会像月桂那样盛开，而正直者就会乞食求生；父辈的罪恶就会像月桂那样盛开；在自然领域里，无意的犯罪就要和明知故犯的受到同等严厉的惩罚；千万个无辜的人们为了一个人的罪恶或无意的侵犯而受到折磨"。[3]宇宙秩序不仅不保证惩恶扬善，与之相反，许多罪恶正是宇宙过程造成的。总而言之，宇宙秩序（自然）在道德上是"漠不关心"的。[4]基于对宇宙秩序的这种理解，赫胥黎不可能把人世道德秩序建立在宇宙秩序／自然秩序之上，以他的话来说，"社会的伦理进展并不依靠模仿宇宙过程"。[5]

1　赫胥黎：《进化论与伦理学》，《进化论与伦理学》翻译组译，北京：科学出版社，1971 年，第 56 页。

2　赫胥黎：《进化论与伦理学》，《进化论与伦理学》翻译组译，北京：科学出版社，1971 年，第 57 页。

3　赫胥黎：《进化论与伦理学》，《进化论与伦理学》翻译组译，北京：科学出版社，1971 年，第 41 页。

4　赫胥黎：《进化论与伦理学》，《进化论与伦理学》翻译组译，北京：科学出版社，1971 年，第 41 页。

5　赫胥黎：《进化论与伦理学》，《进化论与伦理学》翻译组译，北京：科学出版社，1971 年，第 58 页。

严复在"翻译"赫胥黎这段内容时，还额外增加了很长一段显然针对自然神学目的论的论述，从中可见他断然否认宇宙秩序有任何道德上的善性。他说，有些研究动物的学者发现鹿肋骨柔韧，体格轻盈，听觉灵敏，四肢甚长，遂推论出造物主赋予它灵敏的警觉和轻捷的体格，是为了使它能够逃避别的动物的祸害而自我保全，于是赞叹造物主之伟大；同样是这些动物学家，他日发现狼嘴长、肺大、脖子强壮、不易疲劳，又说这是造物主赋予它强健的体魄，以使它擅长捕食而生存下来，遂又赞美造物主之伟大。他说，从人的道德观念来看，鹿为善良，狼为暴虐，帮助鹿自我保全是善行，而帮助狼捕食则是恶行。可是两者都是"造化"所为，这就像一个人右手操刀杀人，左手起死回生，此人是仁是暴，是善是恶呢？严复的答案很清楚：

> 自我观之，非仁非暴，无善无恶，彼方超乎二者之间。[1]

严复针对的无疑即是基督教的神义论（上帝的正义性）、自然神学中所包含的目的论。在一个翻译文本中，严复特意增加长达数百字的一段论辩，矛头直指晚清传教士在中国宣传了数十年的自然神学，也许可以视为一种有意的还击。

严复心目中的论辩对象，并不只是基督教的神义论，还有儒家的德性宇宙观念。针对古人认为人世道德秩序来源于宇宙秩序的观念，他反驳道：宇宙秩序（"理""天行"）本身就是罪魁祸首，无

1　王栻编：《严复集》，北京：中华书局，1986年，第1369—1370页。

法逃脱指责，又怎有权对人世行为做出公正的奖惩，还说什么"作
善降之百祥，作不善降之百殃"呢?[1]"作善降之百祥，作不善降之
百殃"出自儒家六经之一的《尚书》，意思是人如果能常常行善，天
必降福于他，人如果作恶，天必降祸于他。《尚书》中这两句话中的
"天"虽是人格化的天帝、上帝，但后世儒家以"天"指非人格化
的宇宙和宇宙秩序时，也并未否定"天"有福善祸淫的特性。因而，
对儒家来说，"天"无论是被理解为人格神，还是被理解为泛神论意
义的宇宙和宇宙秩序（天[1]），都承诺保障世俗的道德秩序，实施公
正的奖惩。严复的看法与儒家主流观念截然不同。在他看来，宇宙
和宇宙秩序（天[1]）既无所谓仁，也无所谓不仁。

> 道固无善不善可论。[2]

总之，在严复看来，宇宙和宇宙秩序（天[1]）是没有任何道德目
的和道德属性的。人们对宇宙秩序的道德性的理解，是人将世俗道
德秩序投射、强加给宇宙秩序的，是"推人意以为天意"。[3]

在严复看来，赫胥黎宇宙秩序没有道德属性的观点，与老庄的
理解是完全一致的：

> 此篇之理，与《易传》所谓"乾坤之道鼓万物，而不与圣人同
> 忧"，《老子》所谓"天地不仁"，同一理解。老子所谓"不仁"，非

---

1 王栻编：《严复集》，北京：中华书局，1986年，第1370页。
2 王栻编：《严复集》，北京：中华书局，1986年，第1078页。
3 王栻编：《严复集》，北京：中华书局，1986年，第1370页。

不仁也，出乎仁不仁之数也，而不可以仁论也。[1]

他甚至说老子"天地不仁，以万物为刍狗"这句话是"天演开宗语"，"括尽达尔文新理"。[2]严复在批注《庄子》时曾说："依乎天理，即欧西科哲学家所谓 we must live according to nature。"[3]庄子的天道被严复与 nature（自然）等同起来，两者都是宇宙秩序，都是没有道德属性的。

老庄之天道，严复自己理解的天道，与赫胥黎之宇宙过程（自然公例／自然法则），就这样被他等同起来：没有一个至上人格神的主宰和干预，万物自然生成，自动运作；万物的运行和发展变化都是自然而然的，虽有规律可循，却并无道德目的，也不承诺惩恶扬善。[4]一言以蔽之：

天者，有理而无善。[5]

虽都认为宇宙和宇宙秩序无善恶可言，三者的应对策略却是不同的。老子的"天地不仁"，确切的理解是，宇宙秩序不是我们世俗

1 王栻编：《严复集》，北京：中华书局，1986年，第1370页。
2 王栻编：《严复集》，北京：中华书局，1986年，第1077页。
3 王栻编：《严复集》，北京：中华书局，1986年，第1108页。
4 严复以老庄之宇宙观来接引天演论这一科学宇宙观，并排斥儒家的德性宇宙观，在一定意义上印证了李约瑟的判断：道家学说比儒学更有助于科学的发展。李约瑟：《中国科学技术史》（2），北京：科学出版社，上海：上海古籍出版社，1990年，第34—35页。
5 王栻编：《严复集》，北京：中华书局，1986年，第1473页。

之人所理解的那样的善，我们不能以世俗的善恶是非来判断和理解宇宙秩序。道家反对儒家表彰的圣人制礼作乐，圣人所创建的世俗道德秩序在老庄看来是背离宇宙秩序的，统治者的干预也是违背宇宙秩序的，所以老庄斥"人为"为"伪"。他们倡导自然、无为，建议人们放下世俗的是非、善恶标准，服从宇宙秩序。这种主张，与斯多葛学派的"顺应自然而生活"若合符节。

赫胥黎却对人事作为寄予厚望。他认为，宇宙过程虽自身无所谓善恶，却可以给人类造成许多痛苦和罪恶，比如弱肉强食，比如善者败而恶者胜，比如《荷马史诗》中的俄狄浦斯"心地是纯洁的"，"是事变的自然程序——宇宙过程——驱使他误杀其父而成了他母亲的丈夫，使他的人民遭难，并使他自己急速毁灭"。[1]所以，赫胥黎所理解的宇宙秩序非善非恶，也不妨理解为既善又恶。正因如此，他主张以"伦理过程"（ethical process）来矫正和对抗"宇宙过程"（cosmic process）中所造成的恶和痛苦。所谓"伦理过程"，指的是世俗道德秩序的进化和进步。世俗道德秩序的具体表现是"法律和道德训诫"，它实质上是"人们一致承认共同遵守某些相互之间的行为准则"，也就是人们之间的"共同谅解"。加上人们"对共同谅解的遵守"，以及"根据公认的规定对赏罚的分配"，这就是"正义"，就是道德秩序。[2]世俗道德秩序要保障的结果不是适者生存、强者生存，而是"伦理上最优秀的人得以

1　赫胥黎：《进化论与伦理学》，《进化论与伦理学》翻译组译，北京：科学出版社，1971年，第41页。

2　赫胥黎：《进化论与伦理学》，《进化论与伦理学》翻译组译，北京：科学出版社，1971年，第39—40页。

继续生存"。[1]把世俗道德秩序理解为人们之间的"共同谅解"，无疑就是卢梭、霍布斯、洛克等思想家所讲的"社会契约"。对于赫胥黎来说，世俗道德秩序的终极根源是内在于人的道德意志，"人是有思想的芦苇：在他的内部蕴藏着丰富的能量，只要像充满宇宙的能量那样勤奋地运用，就能影响和改变宇宙过程"，[2]赫胥黎把世俗道德秩序的终极根源追溯到人的道德意志，换言之，他假定每个人生来就具备善性或良心。对世俗道德秩序的终极保障也完全来自人类社会内部的赏罚，并无任何神圣存在来保障。

严复也认为宇宙秩序本身无所谓善恶，他相信世俗道德秩序并不来自人格神的赋予和命令，也不是对宇宙秩序的模仿和服从。他站在一个岔路口上。一条是老庄的路，主张放弃人为，完全服从宇宙秩序；另一条是赫胥黎的路，放弃从宇宙秩序寻求道德秩序的路径，转而寄望于人性之善。实际上，在这里，他既没选择老庄，也没选择赫胥黎，而选择了第三条道路——斯宾塞。

严复与老庄只是貌合神离，他并不赞同放弃人为道德秩序的创造而完全服从无善无恶的宇宙秩序。在他看来，既然宇宙秩序无所谓善恶（"天有理而无善"），宇宙秩序赋予人的"性"也无所谓善恶（"性无善无恶"）。[3]所以人世间的善恶是非标准、秩序，都不是来自天的赋予，而来自"人为"。严复特别强调，"伪"字只是"人

1　赫胥黎：《进化论与伦理学》，《进化论与伦理学》翻译组译，北京：科学出版社，1971 年，第 57 页。

2　赫胥黎：《进化论与伦理学》，《进化论与伦理学》翻译组译，北京：科学出版社，1971 年，第 59 页。

3　王栻编：《严复集》，北京：中华书局，1986 年，第 1395 页。

为"的意思，以区别于天性，它是中性的，而非负面的评价。[1]一言以蔽之，宇宙秩序（天道）无善无恶，世俗道德秩序是人为建立起来的。所以他并不主张完全服从于宇宙秩序，他是赞同人为建立世俗道德秩序的。

接下来的问题是，既然认定宇宙秩序无所谓善恶，宇宙秩序赋予人的"天性"遂无所谓善恶，而无善恶、是非分别心的人如何建立得起有善有恶的道德秩序呢？正是在这里，赫胥黎遇到了逻辑上的困难，他认定宇宙秩序无善无恶，却假定人人生而具有良心（善性、道德意志）。可是人的善性、良心是如何获得的呢？如果要坚持人人生而具有道德意志，就几乎必然以宇宙秩序有道德属性为前提。这又与推论的前提相矛盾。这是严复不愿意接受的。也正因此，严复与赫胥黎分道扬镳。他拒绝赫胥黎的原初假定——人人生而具备道德意志（良心），他批评赫胥黎把社会道德秩序归因于个人的天赋良心，有"倒果为因之病"：

　　其（指赫胥黎——引注）谓群道由人心善相感而立，则有倒果为因之病，又不可不知也。盖人之由散入群，原为安利，其始正与禽兽下生等尔，初非由感通而立也。夫既以群为安利，则天演之事，将使能群者存，不群者灭；善群者存，不善群者灭。善群者何？善相感通者是。然则善相感通之德，乃天择以后之事，非其始之即如是也。其始岂无不善相感通者？经物竞之烈，亡矣，不可见矣。赫

1　王栻编：《严复集》，北京：中华书局，1986 年，第 1396 页。

胥黎执其末以齐其本，此其言群理，所以不若斯宾塞氏之密也。[1]

　　严复选择了更具逻辑一贯性的斯宾塞。在严复所推崇的斯宾塞那里，个体的人之所以要联合起来组成群体，并不是因为个体的道德意志（"心善"）的共鸣，而是为了要达成个体利益的保障（"安利"）。这种目的并不具备任何道德上的善性。根据宇宙秩序中生存斗争的原则，要成为强者，就需能结成群体（"能群者存，不群者灭"），从而就需要群体内部的团结（"相感通"），如此就会产生群体内部的道德秩序。在这个推理过程中，作为逻辑起点的宇宙秩序虽无善无恶，宇宙秩序赋予人的天性也无善恶可言，但是为了一个无所谓善恶的"安利"的目的，人们却可以发展出道德秩序来。

　　相较于赫胥黎在逻辑上的自相矛盾，斯宾塞的这个推理的确具有更强的逻辑自洽性。如果说赫胥黎的观点近似于洛克（John Locke，1632—1704）的社会契约论（被上帝赋予了理性和尊严的人，为了保全上帝赋予的自然权利而建立社会契约），那么斯宾塞的观点则较接近霍布斯（Thomas Hobbs，1588—1679）的社会契约论（总是互相斗争的人们为了保全性命而建立社会契约）。由无善无恶的生物本能（安利、保命）出发而推导或进化出善恶是非的道德秩序，已是纯世俗的逻辑。世俗秩序是人的自我立法，而无须以善性的神圣存在（上帝/天[1]）为前提。这是世界祛魅、神圣存在被放逐之后，建立世俗道德秩序的主要路径之一。

　　严复选择斯宾塞而非赫胥黎，并非为了证明"生存斗争"本身

1　王栻编：《严复集》，北京：中华书局，1986年，第1347页。

就具备道德上的可欲性。尽管宇宙过程中可以发展出道德价值，但是生存斗争只是宇宙过程中的一个客观事实，自身在道德上是没有善恶是非可言的。鉴于严复所处的时代背景以及他的其他论述，我们可以把他所讲的"群"理解为民族国家，则生存斗争、弱肉强食是国际社会中的客观秩序，它是一种客观的宇宙过程，而不具有任何道德上的善性。严复认定宇宙秩序、国际秩序是"物竞天择，适者生存"是一个客观事实存在，这只是一个事实判断；但他并不认为这种宇宙秩序和国际秩序自身有任何可欲性、或者说是可取的，也就是说其中并不包含价值判断。但是这种无善无恶的客观秩序，却可以促使一个民族国家内部形成团结、进取的善性的道德秩序。严复引进天演论的目标之一就是要用它来引发国人积极参与国际竞争的激情和斗志。因而从天道推导出人道的逻辑架构仍在，只是天道改变了内涵，人道也相应地发生改变。"物竞天择，适者生存"的天道推导出来的是一个国群之内的精诚团结、群策群力。天演论就以这样的方式把客观存在的、无善无恶的宇宙秩序（天道）与善性的道德秩序（人道）重新连接起来，这是天演论的巨大魅力。

严复把生存斗争限定在国群之间（外竞），并不鼓励国群之内的竞争（内竞）。但这种适用范围的限定本身是脆弱的，它无法阻止人们把生存斗争的原则运用到国群之内，毕竟宇宙秩序是适用于宇宙万物的，国群又岂能例外。所以有学者批评，天演论的流行，以弱肉强食的、道德无涉的"天演之天"替代了具有道德正当性的"正义之天"，使得中国的世俗法律秩序丧失了曾长期具备的天道（正义之天）基础，形成"有法无天"的局面，也就是说人造法成为最高律令，在此之上不再具有更高的道德秩序作为基础和约束。[1]此外，天演论给予人们这样一种信心：生存竞争假以时日就可以产生可欲的、美好的结果。这容易给人造成一种启示：生存竞争本身在道德上也是可取的，从而竞争、斗争被正当化，成为一种正面价值，"天"就不再厚爱那些为正义和善良受苦的人，不再力图打消他们对正义的疑虑。

天演论之所以能作为一种宇宙观迅速为中国知识阶层所接受，是因为天演论与中国固有的有机宇宙观具有高度的相似性，还有助于中国知识分子对抗基督教的自然神学，排斥人格神的上帝。

但是，当"天道"为"天演"所替代，曾经作为神圣存在的天和天道（宇宙及其秩序）转化为自然法则之后，却丧失了道德属性、正义性，即严复所谓"天有理而无善"，这样一种科学宇宙观本身无法成为世俗道德秩序的效法对象；但天演论却很容易使得竞争（无论外竞，还是内竞）被正当化，成为一种可欲的价值。

第二节　天演论之于基督教的意义

本节将主要考察在中国语境中，基督教对天演论有怎样的回应。考察基督教方面对天演论的回应，有助于我们更清楚地看到，中国的传统有机宇宙观、基督教神创宇宙观、天演论三者之间的异同，从而可以更好地解释中国宗教与基督教在面对天演论这种科学宇宙观时的不同表现。

1　苏基朗：《有法无天？严复译〈天演论〉对20世纪初中国法律的影响》，《清华法学》2012年第5期。

一、达尔文主义与自然神学

达尔文的生物进化论与自然神学有着深厚的渊源，从某种意义上说，达尔文主义是从自然神学中破茧而出的。达尔文在剑桥大学读过神学，而当时最为流行的神学范式就是威廉·佩里（William Paley，1743—1805）的自然神学，所以他读过佩里的《基督教证据一瞥》《道德与政治哲学原理》以及《自然神学》，对自然神学的论证路径非常熟悉。为人津津乐道的是，他碰巧还住过佩里曾住过的宿舍。[1] 1859年，《物种起源》一书首次面世。在该书的论证策略和证据选择中，到处可见自然神学的影响。进化论与自然神学一样，焦点都在自然事物中呈现出来的秩序。自然神学用以证明神创论的主要证据，就是宇宙万物的复杂性、自洽性，及其与环境的适切性。以生物机体为例，自然神学从一个动物的组成器官的功能分工、和谐合作，以及一个动物与其生存环境之间的匹配出发，来论证上帝的创造和主宰。在《自然神学》一书中，佩里说：一个动物的耳朵的听觉功能，与围绕在其周围的流体（空气或水）的传播声音的特质，相互匹配；再如眼睛的复杂构造与光的匹配关系；乃至动物睡眠的习惯，与黑夜之间的匹配关系；某些动物冬眠的习性与冬天的匹配关系……总之，整个宇宙之中，事物之间存在着完美的比例（proportioning）、适配（suitableness）、对应（correspondency）关系。[2] 从这种完美的关

1　Alister McGrath, *Darwinism and the divine: Evolutionary Thought and Natural Theology*, Oxford：Wiley—Blackwell, 2011, p. 155.

2　William Paley, *Natural Theology: Or, Evidences of the Existence and Attributes of the Deity Collected from the Appearances of Nature*, Newyork：Oxford University Press, 2006, pp. 155—159.

系（秩序）中，可以见到上帝造物的意旨和它仁爱的特性。在达尔文的生物进化论中，充斥着相似的证据，举例来说："响尾蛇用它的响器，眼镜蛇膨胀它的颈部皱皮，蝮蛇在发出很响很粗糙的嘶声时把身体胀大，都是为了恐吓许多甚至对于最毒的蛇也会攻击的鸟和兽。"[1]总而言之，达尔文相信："几乎每一生物的每一器官和它的复杂生活条件都有美妙的关联。"[2]达尔文在该书中甚至还引用了佩里的论点，他说："自然选择从来不使一种生物产生对于自己害多利少的任何构造，因为自然选择完全根据各种生物的利益并且为了它们的利益而起作用。正如佩里曾经说过，没有一种器官的形成是为了给与它的所有者以苦痛和损害。"[3]

　　但达尔文最终从自然神学的思维框架中超脱出来，成为生物进化论的集大成者，而不是又一个自然神学家。达尔文和佩里一样认为动物的器官都有特定的功能和目的，都认为动物器官、习性与其生存环境之间构成一种匹配和对应关系。只是，佩里用它们来论证上帝的设计和制造，达尔文则用来论证"自然选择"。[4]在生物进化论中，同样是自然界的一些证据，适足以证明自然界的自我运转，自

1　达尔文：《物种起源》，周建人、叶笃庄、方宗熙译，北京：商务印书馆，1997年，第221页。

2　达尔文：《物种起源》，周建人、叶笃庄、方宗熙译，北京：商务印书馆，1997年，第56页。

3　达尔文：《物种起源》，周建人、叶笃庄、方宗熙译，北京：商务印书馆，1997年，第222页。

4　Alister McGrath, *Darwinism and the divine: Evolutionary Thought and Natural Theology*, Oxford：Wiley—Blackwell, 2011, p. 156; Dov Ospovat, *God and Natural election: The Darwinian Idea of Design*, Journal of the History of Biology, Vol. 13, No. 2（Autumn, 1980）, pp. 169—194.

我变异，自我发展，而无需上帝的设计和制造。即便是眼睛这么复杂的器官，也是发展、进化而来的。[1]

达尔文生物进化论中的"自然"取代了自然神学中的上帝。在达尔文的同时代，就有人批评他把自然选择当成了一种"神力"。[2]总之，在达尔文主义中，至少在生物变异、繁多物种的形成、人类的起源等问题上，上帝失去了它存在和干涉的必要性。达尔文的生物进化论对于已经流行了几个世纪的自然神学为代表的目的论证明，是个巨大的冲击。正因如此，达尔文主义为无神论者提供了一个杀伤力极大的武器，以至于1864年，有30位皇家学会会员和40位医学博士联名发表宣言反对达尔文的理论。

二、基督徒对天演论的批驳：以李杕和李春生为例

无论是在西方还是在中国，基督徒对达尔文学说总体上是排斥和抗拒的。晚清传教士极少宣扬进化论，少见的几处是1873年华蘅芳与美国传教士玛高温合译的《地学浅释》中简要介绍了拉马克和达尔文的进化论；同年，《申报》曾报道达尔文的《人类的由来及性选择》一书出版的消息；1877年《格致汇编》也曾简单涉及生物进化论。[3]但是总体而言，传教士关于进化论的介绍和论说还是极少。

上一节曾论及，严复引介天演论进入中国思想界，可能有针对

1　达尔文：《物种起源》，周建人、叶笃庄、方宗熙译，北京：商务印书馆，1997年，第197—201页。

2　达尔文：《物种起源》，周建人、叶笃庄、方宗熙译，北京：商务印书馆，1997年，第96页。

3　李难：《生物学史》，北京：海洋出版社，1990年，第336页；胡卫清：《近代来华传教士与进化论》，《世界宗教研究》2001年第3期。

自然神学的主观意图。基督教来华传教士对此做出了不少回应，主要就是以自然神学为据加以批驳和排斥。例如，由于天演论（达尔文主义、生物进化论）主张生物物种是生物为了适应环境挑战而变异形成的，也就是自然而然形成的，韦廉臣在《格物探原》一书中，处处针对"自然而成"的观点，隐约可见进化论是他努力回应的一个重要挑战。韦廉臣写作该书的时代大概在 1857 至 1864 年间，正是达尔文《物种起源》面世的时代。而达尔文的生物进化论面世之前，已经有许多个版本的进化论，它们已经对基督教的自然神学构成了挑战。[1]

晚清来华传教士对天演论的批驳，已有学者做过专门的研究[2]，此处不拟重复。笔者目力所及，有两位华人基督徒——李杕和李春生——的批驳甚为详尽而深入，却少有论及者。此处希望对他们的相关论说有所呈现，从而观察基督教自然神学、传统有机宇宙观和天演论在宇宙观上的异同，进而理解基督徒和中国主流知识分子在面对天演论时的不同态度。

李杕（1840—1911），字问渔，号大木斋主，原名李浩然，教名 Larurentius，上海川沙人。曾就读徐汇公学，与马相伯为同年、同学、同教，交往甚深，并曾受后者之托而担任震旦学院的校长一职。1856 年加入基督教圣母始胎会，1862 年加入耶稣会，1872 年任基督教司铎。1879 年创办《益闻录》，1887 年又创办《圣心报》。其著作甚多，据统计有 58 种之多，学术性较强的有《理窟》《续理窟》《新

1　迈尔：《生物学思想发展的历史》，涂长晟译，成都：四川教育出版社，1990 年，第 387—444 页。

2　胡卫清：《近代来华传教士与进化论》，《世界宗教研究》2001 年第 3 期。

经译义》《哲学提纲》《天演论驳义》等。[1]李杕对天演论的批驳集中体现在《天演论驳议》中，1906 年发表于他主编的《汇报》上，1907 年收录在李杕《哲学提纲·生理学》一书中。[2]

《天演论驳义》并非完全出自原创，也不是翻译自某一单一文本，而是从不同西方文本抽取汇集并翻译为中文而成，所以署为"辑译"。这样一种创作形式比起单纯的翻译，要更能够体现作者的意图。作者李杕对天演论流行中国高度重视，他说："赫氏书无害于中国，华人鲜克解之，唯自严君又陵译以华文，乃其毒传入中土，后生辈闻之，误为外洋新学，故纷纷购置，先睹为欢，而理之曲直、学之真伪不辨焉。职是之由，欲去其毒，不得不驳严氏之书，而赫氏原本犹其次焉者也。"[3]为此其批驳对象主要是严复的天演论，这一论辩的语境主要是中国知识界。

大体而言，李杕对天演论的驳斥可以归结为如下几个层面。

首先即是宇宙万物的起源方面，李杕驳斥元质（元气）化生万物的宇宙生成论，重申神创论。他首先简要介绍了康德、拉普拉斯等人提出的星云说："天学名家如刚德 Kant、如辣伯拉斯 Laplace，

1　关于李杕生平，参见方豪：《中国天主教史人物传》（下），北京：中华书局，1988 年，第 284—288 页；雷立柏：《论基督之大与小：1900~1950 年华人知识分子眼中的基督教》，北京：社会科学文献出版社，2000 年，第 182—196 页；孙潇：《天主教在华第一份中文期刊〈益闻录〉研究》，西北大学硕士学位论文 2011 年，第 18—32 页；执矛：《写作传教的李问渔神父》，《慈音》（上海教区徐家汇圣依纳爵公学圣母始胎会会刊）第 8 年第 90 期，1942 年 8 月，第 251—260 页。

2　李杕：《天演论驳义附》，《哲学提纲·生理学》，上海：土山湾印书馆，1907 年，第 40—62 叶。

3　李杕：《天演论驳义附》，《哲学提纲·生理学》，上海：土山湾印书馆，1907 年，第 58 叶右—58 叶左。

皆言太初只有元质，细如烟雾，弥蔓空中，不知几兆兆里，自分多段，各具一心，力能旋转，则逐渐成团，卒成混圆天象，其中有大团一，初缓转，后疾旋，疾则离心之力生，将在边之质，分遗于外，大圆即太阳，遗外之质，即水、金、地、火、木、土、天王、海王等八行星。"接着他追问道：元质从哪里得来？李杕的答案是"元质非自有之物"，因为"自有者必全有其所当有，故能卓然独立，永远常存，既如是，则不复变。盖变者非他失所有，或得所无也，失所有则其当有者不复全，得所无则其先有者未全备，二者均不合于自有之物"。换言之，宇宙元质不是自有、自立、自足的，不足以充当宇宙万物的终极起点。最后他得出结论："元质既非自有，必有生之者。生之者称造物。故有万物，必有造物无疑也。"[1]在李杕看来，构成万物的"质料"还是被动的，并非自有动力和灵慧的，"天象如日月星辰，节能运动，顾运动非质料之本力，系加之质料上者。则天象受动而后动耳。当初以动力授天象者，即是造物，故造物不得不有也。"[2]简言之，宇宙元质本身"非自有之物"，自身不能成为万物的终极起源，而必须上溯至造物主／上帝为止。而在基督教传统中，作为第一因的上帝是无始无终的，也就是说上帝如何起源不成其为问题。

　　第二，对于天演论中包含的物种变异论，李杕在多种著作中用了很大篇幅反复申斥。

1　李杕：《天演论驳义附》，《哲学提纲·生理学》，上海：土山湾印书馆，1907 年，第 41 叶右—42 叶右。

2　李杕：《天演论驳义附》，《哲学提纲·生理学》，上海：土山湾印书馆，1907 年，第 61 叶右—61 叶左。

　　李杕指出，天演之说分两派："一曰总天演（Transfomismus universalis），以元质为无始，具吸拒之力，彼此离合，千变万化，卒成今日之物。无论无生有生，无觉有灵，其所以成物，悉出元质之力。此派以施宾塞 Spencer、赫胥黎 Huxley、海格尔 Haeckel 为首倡。""达尔文别创一派 Darwinismus，尝书云：'观宇宙之大，觉良心之责，我知实有造物，天地非偶尔自成。'据是则达非徒尚形质，亦知有造物主。其天演之说，异于施氏、海氏。"[1]换言之，施宾塞、赫胥黎和海克尔的进化论可称为宇宙进化论，往往包含了康德、拉普拉斯等人提出的星云说，根本否定神创论；而达尔文的学说则是生物进化论，重点在解释物种多样化的由来，并不断然否定上帝创造世界或至少一种生物的可能性。尽管有这些分歧，但基本都相信物种多样化来自生物的变异，因而都对基督教的特创论（认为生物界的所有物种，都是由上帝分别创造的，是一成不变的，或只能在种的范围内变化，但决不能形成新种）构成挑战。正因如此，李杕对物种变异论大加驳斥。

　　他的核心理由是：无生物不能变生物，无灵魂的动物也不能变成有灵魂的人类。他说："无生变有生有觉，即俗所称'化生'，物不出于本类子种，而出于异类之物。世俗信蚁生于土、蛆生于水，皆是化生。古者东西洋皆有此说……原此说之由来，因古人格致未精，不见物之子种，遂以为无子自生。其实不然。"他列举了近代西方的诸多生物学研究成果（比如列文虎克发明显微镜、巴斯德发现微生物等）为据，来证明"人不见微虫之卵，遂以谓化生，近代显

1　李杕：《天演论驳义附》，《哲学提纲·生理学》，上海：土山湾印书馆，1907 年，第 42 叶右—42 叶左。

微镜日精，明见微虫之卵，在在都有"。[1]至于天演论中包含的猿猴进化为人的观点，李杕也从多个方面进行了驳斥，其中最重要的理由是无灵魂的动物不能生出有灵魂的人类：

> 无知之物不能生有灵之人也。人为万物之灵，知是非，辨邪正，具主权，能笑言，嗜学问。猴则异于是，骂之不答，敬之不知。人灵而猴不灵，明如观火。既如是，人必不生于猴。何也？生者，传其性也。猴无灵性，不能传灵性于人，犹之无财不可以与人，虽下愚亦知。祖猴之说，岂通论哉？[2]

在有灵魂生物与无灵魂生物之间做出严格的区分，是基督教传统从柏拉图那里借鉴来的一个重要观点，即把生物的生命力分为三级，分别是生魂、觉魂和灵魂，植物有生魂，普通动物有觉魂，唯人有灵魂。与此同时，基督教传统把人作为世界的中心，尽管人和其他万事万物一样都是上帝的造物，但是上帝造万物却是为了让它们为人类所用，因此人为万物之灵的观念根深蒂固，难以动摇。再加上特创论的影响，基督徒很难接受人类是猿猴进化而来的。

此外，针对天演论中包含的变异论，李杕批评其举证有问题。他说，学者在研究生物时分门别类，把相似的物种归置在一起，"以便讲求，非谓其同祖"，何况被划归为一类的物种之间往往也有非常

1　李杕：《天演论驳义附》，《哲学提纲·生理学》，上海：土山湾印书馆，1907 年，第 43 叶右—46 叶左。

2　李杕：《天演论驳义附》，《哲学提纲·生理学》，上海：土山湾印书馆，1907 年，第 49 叶右。

重要的差别。[1]达尔文以物种相似为据而推断它们是由同一物种演变而来，李杕抨击道："昔孔子貌似阳货。倘有见之者，谓二人乃一父所生，不亦误甚？天演家以物之相似为据，其误未尝不然。"[2]针对达尔文以地下生物化石为据来论证生物有一个由粗到精、优出于劣的进化过程，李杕反驳道："地下物固多粗于今者，然亦有精于今者。""即时地中物尽劣于今，然人之所见，唯先劣而后优耳，达氏谓优出于劣，敢问何所据而云然？"[3]

在物种变异这个问题上，李杕的立场是基督教典型的特创论："夫物自初孕以至成形，如行路然，各行其道，各至其所止。所止维何？本类是也。牛之胎变至成牛而止，人之胎变至成人而止，他物亦然。欲其出类，则万万不能。乃天演家无一出类之凭，徒托空言，哓哓其说，等之呓语可也。"[4]"既不变类，则各类当初之物，无所从生，须真宰造之而后有。"[5]

第三，针对达尔文进化论中的生存竞争说，李杕的反驳是：普通动物没有灵慧（"鸟兽无灵，安知舍丑而就妍？唯顺其觉欲而已"），植物没有移动能力（"物必易地而后竞，乃草木不能行，植

1　李杕:《天演论驳义附》,《哲学提纲·生理学》,上海：土山湾印书馆,1907年,第49叶左。

2　李杕:《天演论驳义附》,《哲学提纲·生理学》,上海：土山湾印书馆,1907年,第52叶右至左。

3　李杕:《天演论驳义附》,《哲学提纲·生理学》,上海：土山湾印书馆,1907年,第51叶右。

4　李杕:《天演论驳义附》,《哲学提纲·生理学》,上海：土山湾印书馆,1907年,第50叶右。

5　李杕:《天演论驳义附》,《哲学提纲·生理学》,上海：土山湾印书馆,1907年,第59叶左。

于肥地则肥，植于瘠地则瘠，竞乎云哉"），因此无法对环境做出反应，不会做出选择，因而不存在所谓的"物竞"。[1]

第四，作者的正面主张是当时基督教徒中最为流行的自然神学的观点。上帝分别创造万物，皆各有其目的："大造生物，各有其用，用相似，其生具性情自必相似。譬如牛马，皆所以背负也，欲其无四足可乎？禽鸟皆所以飞行也，欲其无两翼可乎？人畜皆当饮食也，欲其无肠胃可乎？"又说："按天演之说，万象分途，悉归物化，将化工之巧妙，没煞不严。然物力无知，不能审所宜而择所需，偶然而合，偶然而离，遭遇无常，成形靡定。乃天下之物，有条不紊，植物十万种，未见误生一果，蝴蝶六万种，未见误生一翼。夫一尺锦非巧妇不能制，一席馔非庖人不能调。乃万物之美妙如此，而谓无知之物自然成之，岂理也哉？"[2]这两段话中，包含了基督教自然神学的如下构成要素：各受造物均有其目的；受造物之间构成秩序和美，而这智能归因于有极高智能的上帝的创造。

1　李杕：《天演论驳义附》，《哲学提纲·生理学》，上海：土山湾印书馆，1907 年，第 49 叶右。实际上，这种批驳观点在西方早已有之，达尔文曾亲自回应过。他说："一些人反对选择这一用语，认为它含有这样的意义：被改变的动物能够进行有意识的选择；甚至极力主张植物既然没有意志作用，自然选择就不能应用于它们！照字面意思讲，没有疑问，自然选择这一用语是不确切的；然而谁曾反对过化学家所说的各种元素有选择的亲和力呢？严格地实在不能说一种酸选择了它愿意化合的那种盐基。有人说我把自然选择说成为一种动力或'神力'；然而有谁反对过一位著者说万有引力控制着行星的运行呢？每一个人都知道这种比喻的言词包含着什么意义；为了简单明了起见，这种名词几乎是必要的。还有，避免'自然'一字的拟人化是困难的；但我所谓的'自然'，只是指许多自然法则的综合作用及其产物而言，而法则则是我们所确定的各种事物的因果关系。"达尔文：《物种起源》，周建人、叶笃庄、方宗熙译，北京：商务印书馆，1997 年，第 95—96 页。
2　李杕：《天演论驳义附》，《哲学提纲·生理学》，上海：上海土山湾印书馆，1907 年，第 52 叶右。

　　最后，李杕还指责天演论会导致严重的道德后果：

　　天下人皆知善固当作、恶不可为，诚以冥冥中有主持祸福、报复功过者在，所谓造物是也。夫人独居暗室，窥视无人，亦觉十目十手之严，不敢驰心非理。唯善恶之报，在目前者少，在身后者多。大德得位，古今曾有几人？其真祐严谴，俟作古而后明。赫氏不明此理，竟敢辱骂造物。[1]

　　李杕的观点针锋相对，即认为如果不相信神圣存在（在基督教语境中即是上帝/造物主）在对人事道德做出公正的奖惩，人在独处的时候就再没有任何道德约束了。君子"慎独"无从讲起，"天知，地知，你知，我知"的道德约束也无从谈起。李杕和赫胥黎、严复一样，都认为现世的回报并不总是公正，但是他们却有不同的理解。赫胥黎和严复据此否定神圣存在（上帝）有惩恶扬善的功能，赫胥黎更有否定上帝存在的势头。而李杕所代表的基督教传统，因为坚信死后生命的存在，所以把上帝惩恶扬善的时间范围扩展到人的死后生命阶段，从而回应了对道德秩序的质疑，以维护道德秩序。
　　这正是格尔兹指出的宗教对道德秩序的保障功能。格尔兹指出，道德律例与物质奖赏、现世回报之间常常存在不协调，"在事情是什么和事情应该是什么之间存在差距，在我们认为各色人等应得和实际所得之间存在差距"。人们可能会怀疑："也许这个世界，从而这个世界上的人类生活，根本没有真正的秩序可言——不存在经验的

1　李杕：《天演论驳义附》，《哲学提纲·生理学》，上海：上海土山湾印书馆，1907年，第61叶左。

规律、情感的形态，也没有道德的一致性。"宗教的回应方式并非极力否定"君子受厄"这样的道德悖论，而是要否定"公正只是一个梦幻"，即仍然维护道德秩序是有效的。[1]简而言之，宗教使世俗世界的人们在遭遇和面临严重的不公之后，仍然相信存在公正的道德秩序，即使公正要到死后、甚至遥远的末日审判时才能兑现。对于有宗教信仰的人来说，现世的不公正现象相对不易导致根本否定福善祸恶这种基本规则，比较不易从价值上否定是非善恶的道德秩序。

接着，我们再来考察另一基督徒李春生对进化论的批驳。李春生（1838—1924），生于福建厦门船夫之家。在做钱铺伙计时结交了来店里的某英国人。1857年曾赴香港学习英文，后受聘于厦门某洋行，并自营茶叶出口。1869年移居台湾并在台种植乌龙茶获得成功，成为富商，被称为"台湾茶叶之父"。曾获清政府任命担任茶叶顾问、蚕桑局局长等。李春生自幼自学四书五经，后又学习中外史学、地理、哲学以及基督教圣经。1872年协助牧师在淡水传教。著有《主津新解》《民教冤狱解》《民教冤狱解续篇》《天演论书后》《宗教五德备考》《东西哲衡》《哲衡续论》等。作为基督徒，他主要以基督教的知识背景为据，对抗当时中国知识界流行的天演论，驳斥"物竞天择"的社会达尔文主义。[2]

在《东西哲衡》《哲衡续论》中，他使用了大量篇幅来驳斥天演论。在《天演论书后》一书中，他更以批注的方式，逐节批驳了《天

---

1 克利福德·格尔兹：《文化的解释》，纳日碧力戈等译，王铭铭校，上海：上海人民出版社，1998年，第124页。

2 李明辉、黄俊杰、黎汉基编：《李春生著作集》（附册），台北：南天书局，2004年，第215—218页；王嘉弘：《从李春生对进化主义的反驳看其在近代思想史的定位》，《东海中文学报》第19期，2007年7月。

演论》正文和严复的按语。他指出，斯宾塞和赫胥黎在晚年都已幡然悔悟，不再坚持早年的社会达尔文主义，但是经过严复所译《天演论》的传播，"赫、斯两家之说，于中国社会影响极大"。[1]他批评道：

> 若彼赫氏之创为《天演论》，命意专在谤渎道德，谋诋仁义，借期覆灭宗教神学。而其最不能相容者，犹在造物真宰，故凡言皆证万物无主，庶类是由自然递变而来；其次则诲人必竞必争，必优必胜，谓不如是，则不能存立于人间世。[2]

李春生的反驳，虽散落各节，但仍有集中的焦点，即主要针对这两个方面：一是排斥造物主（即人格神的上帝），而代之以"自然"；二是煽动生存竞争的伦理秩序。

第一，李春生最具洞察力的批评来自他对"天择"即自然选择说的批驳。他说，赫胥黎等人不信神道，不相信人格神的上帝（"神天"），并企图覆灭宗教，"天演"（evolution）应该翻译为"自然演"，"天择"（natural selection）应该翻译为"自然择"。他认为应该避免使用"天"这个词来翻译 nature，才能清晰无误，以免模棱两可，因为"天"除了指自然，还指神天、帝天、天君等人格神。[3]换言之，天演其实是"自然演"。但问题在于，"演"与"择"均是

1　李明辉、黄俊杰、黎汉基编：《李春生著作集》（第 4 册），台北：南天书局，2004年，第 4 页。

2　李明辉、黄俊杰、黎汉基编：《李春生著作集》（第 4 册），台北：南天书局，2004年，第 7 页。

3　李明辉、黄俊杰、黎汉基编：《李春生著作集》（第 4 册），台北：南天书局，2004年，第 10 页。

动词，动作的发出者应该是有意志、有行为能力的存在，自然却并
不具有这样的特征：

> 盖"演"与"择"义属动词，必借背后之有机物，然后能致其
> 为择为演。今方欲主张无神为说以诲人，奈何反欲以无五官四肢、
> 无神通感觉之自然，诬其能择能演，以启人诮，谓："是自然者，亦
> 有神乎？"不智孰甚？[1]

的确正如李春生所说，严复所翻译的《天演论》中所出现的
"天"，虽然指的是自然，却似乎又有意志，有行动的能力，"此
'天'字又仿佛具有莫大神通"。[2]换言之，《天演论》中出现的
"天"，既不像基督教中那种人格化的上帝，也不是基督教和机械宇
宙观所理解的被动存在。它并非如机械一般的死物，相反，它具有
自动能力，它有所作为。

《天演论》原文中说："是故天演之事，不独见于动、植二品中
也，实则一切民物之事，与大宇之内日局诸体，远至不可计数之恒
星……乃无一焉非天之所演也。"[3]所谓天演，在这里可以看出，指的
就是宇宙的运行、宇宙万物的发生发展。李春生敏锐地看到，这样
的"天"虽是"自然之天"，却拥有"神天之天"的能力："所谓一
切民物之事，是不但物之荣枯、人之死生，与夫吉凶祸福、废兴存

1　李明辉、黄俊杰、黎汉基编：《李春生著作集》（第4册），台北：南天书局，2004年，第11页。

2　李明辉、黄俊杰、黎汉基编：《李春生著作集》（第4册），台北：南天书局，2004年，第11页。

3　王栻编：《严复集》，北京：中华书局，1986年，第1326—1327页。

亡，靡不为此'自然'二字钳制统辖。"[1]又如，《天演论》原文中有"天命""形上之神寓之以为灵"的说法，李春生也指出，这样的"天"、这个"形上之神"有神通，让人疑即"神天之天"。[2]又如《天演论》原文中出现的"天命""帝力""天诛"等表述，也正如李春生所说，这样的自然"有神通"。[3]

总而言之，在李春生看来，如果把天理解为"自然之天"（天[2]），那么一个"非神非鬼，无五官四肢，无神通灵力"的自然没有能力"运一大宇之精微"。[4]换言之，自然之天无神通感觉，理应无法赋予万物以生机和灵性，也无法对万物加以选择，那么就只有物竞，没有天择。如果把天理解为造物之天/神天之天，那么赫胥黎所讲的"天地无主"就无法成立。[5]如果坚持认为自然就是真宰，那么天演论不过是巧立名目，以"自然"来取代"上帝"：

> 若曰：自然便是真宰。诚若然，亦不过恃其巧窃善移，弃一造物真宰，别立一自然真宰。[6]

1　李明辉、黄俊杰、黎汉基编：《李春生著作集》（第4册），台北：南天书局，2004年，第17—18页。

2　李明辉、黄俊杰、黎汉基编：《李春生著作集》（第4册），台北：南天书局，2004年，第23页。

3　李明辉、黄俊杰、黎汉基编：《李春生著作集》（第4册），台北：南天书局，2004年，第28页。

4　李明辉、黄俊杰、黎汉基编：《李春生著作集》（第4册），台北：南天书局，2004年，第17—18页。

5　李明辉、黄俊杰、黎汉基编：《李春生著作集》（第4册），台北：南天书局，2004年，第53、55页。

6　李明辉、黄俊杰、黎汉基编：《李春生著作集》（第4册），台北：南天书局，2004年，第18页。

　　"自然真宰"这个说法深中肯綮。《天演论》中的"天"，指的正是自然（宇宙及其秩序），却并非基督教教义中无法自我生成、自我运行，完全被动、必待上帝来创造和推动的自然（宇宙）。正好相反，它具有主动能力，能自我生成、自我演化，甚至自动控制，它仿佛具有神通，仿佛具有意志，它是一个活跃的、积极的，乃至有主宰能力的宇宙（天¹）。正因如此，它与基督教中的"真宰"甚为相似，李春生称之为"自然真宰"，深得其奥妙。但它不像基督教的上帝那样是一个人格神，而应理解为一个非人格神。显然，天演之"天"，与中国易学传统中的"天"（天¹）极为相似，非常接近于一个泛神论的神圣存在。尽管李春生也读过四书五经，对易学传统至少也略知一二，但是作为基督徒的他无法接受这样的一个"天"。¹因为基督教式的宇宙观（自然观），坚持真宰必须是人格神，超越于自然（宇宙）之外，凌驾于自然（宇宙）之上；也就是说，自然（宇宙）与主宰者应是截然不同的两个事物，因此他决不能接受宇宙（自然）就是上帝（真宰），上帝（真宰）就是宇宙（自然）。

　　尽管李春生极不认同把自然当作真宰，但他的"自然真宰"这

1　《天演论》中还有一些自然神论的痕迹。即认为造物主造好世界之后，就任由其按照自然法则运行，不再干预。如《天演论》正文中说："有一不易不离之理，行乎其内，有因无创，有常无奇。设宇宙必有真宰，则天演一事，即真宰之功能。唯其立之之时，后果前因，同时并具，不得于机械已开，鸿钧既转之后，而别有施设张主于其间也。"（王栻编：《严复集》，北京：中华书局，1986 年，第 1326 页。）严复在案语中也说："造物立其一本，以大力运之，而万类之所以底于如是者，咸其自己而已，无所谓创造者也。"（王栻编：《严复集》，北京：中华书局，1986 年，第 1325 页。）如此则宇宙（自然）与上帝就不是等同的，上帝仍可以保持一个人格神的形象，以及创世的故事，只是它不再临现。相信自然神学的李春生认为这也是不可接受的。（李明辉、黄俊杰、黎汉基编：《李春生著作集》（第 4 册），台北：南天书局，2004 年，第 14 页。）

一表述，却极为准确地把握住了天演论中的宇宙观，也非常准确地把握了中国的有机宇宙观和泛神论传统。在他的这一批评中，我们可以清楚地看到，《天演论》中的宇宙观和传统中国的有机宇宙观是何等的相似，以至于天演论可以被视为传统有机宇宙观的一个现代版本；同时，我们也可以清晰地看到基督教宇宙观念与这两者的根本歧异之所在，从而就更容易理解中国宗教与基督教在面对牛顿范式的机械宇宙观和天演论时迥然不同的态度。

其次，李春生批评天演论旨在教人必竞必争，必优必胜，否则就不能生存于人世间，"名曰诲人格物穷理，实则启人角逐争竞"，"诱人反道背德"。[1]前文曾论及，严复认为宇宙秩序（天道）无善恶是非可言，这也是他把老庄、赫胥黎、斯宾塞进行会通的根本立足点。但严复、赫胥黎、斯宾塞并不像老庄一样认为人类应该放弃人为的道德秩序而完全服从宇宙秩序。他们只是认为无善无恶的宇宙秩序不能成为世俗道德秩序的模范和根基。赫胥黎力图把道德秩序的基础建立在人类自身之上。而在严复和斯宾塞那里，"物竞天择，适者生存"作为一种宇宙秩序（天道）虽无道德上的正当性，却可以进化、发展出是非善恶的道德秩序（人道）。这种乐观的进步主义，虽本身和德性宇宙观念有所不同，却容易让人以为宇宙秩序仍然有向善的目的，仍然是善性的。何况严复翻译《天演论》，一个重要的用意的确在于激发国人团结自强（群），以因应国际竞争。基于时局等因素，彼时的国人记住的《天演论》只有"物竞天择，适者生存"这八个字，并赋予它一种道德价值上的可欲性和正当性，即

1　李明辉、黄俊杰、黎汉基编：《李春生著作集》（第 4 册），台北：南天书局，2004年，第 7 页。

便是对严复的误读，也是顺理成章的误读。

相较于严复苦心应对国际竞争弱肉强食的苦涩现实，作为基督徒的李春生更倾向于超越国族界线的大同世界。在他看来，大同世界的实现，必须以美好的道德秩序为前提。天演论攻击宗教，显然与此目标是南辕北辙：

> 天下事所期者，在有大同世界之一日。大同也者，舍道德则无以为；道德也者，舍宗教则无以立。今者徒恃智巧，日以侮辱宗教，谤渎天道，讵能有补于郅治，而无害于人群者乎？[1]

这里的"天道"，在李春生这里指的是基督教中上帝的话语。但这个批评未尝不适用于天演论对中国主流的德性宇宙秩序的冲击。在中国思想和信仰传统中，它指的是非人格化的宇宙秩序，也就是泛神论意义上的神圣存在。基督教的"天道"和中国传统主流的"天道"虽有诸多不同，却都是有道德属性的，都承诺保障福善祸淫的道德秩序。但天演论中的"天道"只是一种无善无恶的宇宙秩序，也不承诺保障善有善报、恶有恶报。即便如时人为"物竞天择，适者生存"赋予一种可欲的价值，天/天道"偏爱"的也只是强者，而非善者。

本 章 小 结

作为一种宇宙观的天演论与传统中国的有机宇宙观，有高度相

1　李明辉、黄俊杰、黎汉基编：《李春生著作集》（第 4 册），台北：南天书局，2004 年，第 33 页。

似之处。最为重要的是，二者都相信宇宙和万物具有自动生成、自我发展演变的能力，因而无需一个超越于宇宙的人格化的上帝来创造和推动。这种相似性使得中国知识分子非常容易接受天演论，并用以反击基督教的自然神学对中国泛神论传统的批评。

不过，天演论的胜利却无法挽救中国宗教。严复用老庄的"天道"而非儒家的"天道"来会通赫胥黎和斯宾塞的天演论，凸显出天演论所理解的宇宙及其秩序（天和天道）不再有道德属性，只有科学意义上的价值无涉的因果，以严复的话来说即"天有理而无善"。这样一个无道德属性的天或天道，虽然仍然具有主动发生、发展的能力，并对人类生活产生影响，却很难成为人道（世俗道德秩序）的模范和保障。世俗道德秩序源自人们为了保全利益的这一无善恶可言的根本冲动。天人结构仍在，但已与道德善恶无关。

通过晚清两位本土基督徒对天演论的驳斥可以看出，基督教自然神学和天演论的宇宙观的主要分歧点在于，宇宙能否自我生成、自我发展、自我运转，以及宇宙秩序是否具有道德属性，是否保障善恶果报的道德秩序。天演论认为宇宙能够自我生成和发展，无须人格化的上帝来创造和运转，因而倾向于排斥神创论，对于基督教的教义基础构成严重的挑战。这种宇宙观念上的根本分歧，使得基督教方面总体上倾向于排斥天演论。

结合前一章，我们可以做这样的总结：晚清时代的现代科学知识实际上提供了两种不同的科学宇宙观，一是牛顿范式的机械宇宙观，一是以天演论为代表的有机宇宙观。而中国宗教和基督教，因为各自的上帝观、宇宙观甚为不同，关于上帝与宇宙的关系的理解也迥然相异，从而使得中国宗教和基督教在面对这两种科学宇宙观时，做出了几乎完全相反的回应。机械宇宙观使基督教如虎添翼，却使中国宗教如临大敌；天演论对中国宗教而言宛如雪中送炭，对基督教而言则如雪上加霜。两种不同的宗教传统，在面对两种不同的科学宇宙观时，遂做出迥然不同的反应。图示如下：

图9　两种宗教与两种科学宇宙观之关系

日本近代学人井上圆了曾把世界起源学说分为两大类，一为创造说，一为开发说：

开辟之说，可一分为二：一创造说，二开发说。创造说言太初有唯一之天帝，具大自在力，布置经营，以模型之构造，作世界万物，犹之工匠之建家屋；开发说言太初混沌，物各因所包之势力而发现，遂成宇宙，犹之草木之长成。创造说以世界为有始；开发说以世界为无始。创造说以世界万物之生，出于外造；开发说以世界万物之生，出于内发。创造说立神造作，故为神人别体；开发说以物各自开成万物有，故为神人合体说。

创造论者又曰：日月星辰之俟出，春夏秋冬之代循，晴雨风雪之顺行，草木之长成，人兽之活动，皆有根源，出于他动，犹人之于钟表，卷其发条，则昼夜运行。其视世界如死物，一动一静，皆待他力，故世界之外别有一机器师司其运动，天帝是也。其说实背于世界之想象，不如开发说者之以世界为活物，不待他动，世界之开发出于体之所因，有不待外力得其真也。[1]

井上圆了所说的创造论，所指显然是亚伯拉罕三教（犹太教、基督教、伊斯兰教）的创世论，尤其是当时大行其道的基督教自然神学中的创世论。他认为，创世论（创造说）的说服力不如化生论（开发说），适足以表现出儒家文化圈对于世界起源的一种根深蒂固的看法。

1　井上圆了、川尻宝岑：《哲理微言》，游学社编译兼发行，光绪二十九年（1903），第1—3页。该书"凡例"中注明："书中关乎哲学者，多系井上圆了氏所作；其关乎社会政法者，多川尻宝岑氏所著。"所以此处引用，径以井上圆了为作者。游学社为留日学生组织的编译团队，疑即《游学译编》的编辑团队杨毓麟、杨度、黄兴、陈天华、蔡锷、陈范等人，但《哲理微言》仅注明"编译兼发行者：游学社"，该书具体由谁翻译，暂不可考。该书版权页表明，该书在日本印刷，但在上海发行"上海总发行所：明权社"，由此推测该书很可能曾在中国大陆发行过。

结　语

　　本书力图回答的中心问题是：中国宗教在晚清时代遭遇了怎样的挑战，发生了怎样的变化？换言之，在传统中国的公共生活和私人生活中曾经长期扮演重要角色的神圣存在，在晚清时代遭遇了怎样的挑战，发生了怎样的变化？

　　在中国源远流长的思想和信仰传统中占据绝对主导地位的宇宙观念是一种有机宇宙观：宇宙万物可以自然而然生成，"天"（道、理、太极、气等概念）自身内含动力和法则。无论版本有何异同，这种有机宇宙观都相信，宇宙万物可以自然而然地演化、发展并自我运转，无需外在人格神来制定和执行秩序。这样一种宇宙观是中国传统上的一个基本共识、一个共同的思维预设。

　　建立在有机宇宙观基础之上的中国宗教，可以分为多神论和泛神论这两个子系统，其信仰对象分为人格神和非人格神两类。因为人格神数量众多，我们称之为多神论（多神宗教）。中国宗教中的这些人格神是泛神论的宇宙（天^1）的产物、是万物（天^2）的构成物，它们与人一样内在于宇宙（天^2），而不能创造和主宰宇宙（天^2）。它们也可能受限于时间和空间，受制于他者，而非全智全能。所以，中国宗教中的人格神基本上都是内在神。中国宗教中的非人格神，主要就是宇宙或宇宙秩序（天^1），我们可用泛神论（泛神宗教）来描述这一类信仰。泛神论，就是把宇宙及其秩序（天^1）作为神圣存在来信仰、敬拜，认为宇宙（天^1）赋予人以生命及维持生命所需的资源，宇宙及其秩序（天^1）是万物之所以然和所当然，它可以"鉴察"人世道德状况，并作出相应的奖惩。在泛神论中，人们奉为神圣存在的只是一个生机勃勃的、可以赋予人们生命、有着稳定秩序、公正地赏善罚恶的宇宙和宇宙秩序（天^1）。"天谴灾异"中的天往往并非人格神而只是阴阳五行的法则，"皇天后土""天知地知"中的天地并非人格神，"天有好生之德"的天也非人格神，"天网恢恢，疏而不漏""天罗地网"中的天网也并非人格神，封禅典礼所祭祀的对象，也只是一个有机的宇宙，一个值得敬畏、值得感恩的"天"（"天地"）。尤其在理学笼罩之下的明清时代，泛神论是中上层社会用以安顿精神生命、构建世俗秩序的主要资源。

由于基督教的竞争和现代科学的传播等原因，中国的有机宇宙观先后遭到机械宇宙观和天演论这两种科学宇宙观的挑战。出于种种原因，晚清中国知识分子较为排斥机械宇宙观，而比较积极接受天演论，从而使传统有机宇宙观转变为天演论。

由于宇宙观基础的转变，中国宗教中的人格神和非人格神这两类神圣存在也遭遇了不同的挑战和颠覆，从而使得中国宗教在中上层社会的思想和知识世界中正当性降低，很难继续在公共生活中扮演重要角色，这对许多人的私人生活也造成了一定程度的影响。

就人格神而言。首先，像基督教的外在于、超越于宇宙的上帝那样的人格神本身即被中国根深蒂固的有机宇宙观和泛神论传统排斥，因而中国原本就缺乏超越于宇宙的人格神（超越神论）。其次，中国宗教中的人格神大都是内在神，它们是泛神论的"天"的下位神，是宇宙（天^1）的派生物、万物（天^2）的组成部分，在晚清中国遭遇基督教一神论的排斥。基督教对中国多神论体系中从属于"天"的下位神，不予接纳，一概斥为"迷信"和异端。向来作为求雨对象的龙王和玉皇大帝自然首当其冲，作为祭祀对象、护佑后人的祖宗之神也被视为迷信，其他掌管风、雨、雷、电、航运、生育、战争等事物的神祇也遭质疑。第三，内在人格神又遭到科学的排斥。科学解释力求取消神力的影响和宰制，机械宇宙观和天演论这两种科学宇宙观都排斥人格神。西来科学的威力确实可以说服许多中国读书人：风雨雷电等并无任何人格神来掌管。1898 年，12 岁的蒋梦麟进入绍兴中西学堂，就遭遇了这样一个过程："我在中西学堂里首先学到的一件不可思议的事是地圆学说。我一向认为地球是平的。后来先生又告诉我，闪电是阴电和阳电撞击的结果，并不是电神的镜子里发出来的闪光；雷的成因也相同，并非雷神击鼓所生。这简直使我目瞪口呆。从基本物理学我又学到雨是怎样形成的。巨龙在云端张口喷水成雨的观念只好放弃了。了解燃烧的原理以后，我更放弃了火神的观念。过去为我们所崇拜的神佛，像是烈日照射下的雪人，一个接着一个溶化。"[1]在现代科学知识的解释中，"电神""雷神""巨龙""火神"等内在人格神无处藏身。

　　就非人格神而言。在传统中国的公共生活和私人生活中，非人格化的神圣存在——宇宙和宇宙秩序（天^1）——具有相当高的正当

1　蒋梦麟:《西潮·新潮》，长沙：岳麓书社，2000 年，第 47 页。

性，泛神论在中上层社会占据着更为主流的地位。但在晚清时代，它也遭遇了基督教和科学宇宙观的双重挑战。首先，基督教和机械宇宙观（第一种现代科学宇宙观）视宇宙（天^2）为无生命、无自动能力、无灵慧、无神圣性的机械，如此则取消了作为万物之所以然和所当然、作为万物之主宰者的宇宙整体（天^1），因而对中国的泛神论传统构成挑战和威胁。第二，天演论（第二种现代科学宇宙观）作为一种有机宇宙观，一方面支持中国固有的有机宇宙观、帮助排斥神创宇宙观，另一方面却拒绝承认宇宙及其秩序（天^1）有任何道德上的善性。在天演论中，宇宙及其秩序（天^1）并不承诺保障"善有善报，恶有恶报"的世俗道德秩序。从传统有机宇宙观向现代有机宇宙观（特指天演论）的微妙转变，推导出来的是一种不具道德善性的"天"，它更倾向于保障"强者"而非"善者"。天演之"天"若继续作为泛神论的神圣存在来信仰，则它支持和保障的不是"善有善报，恶有恶报"的道德秩序，而是"弱肉强食"的丛林法则。一方面，这样一种"嫌贫爱富""锄弱扶强"的神圣存在，可以更好地解释自然万物和人类世界，也可能更有利于鼓励国际竞争和市场竞争，它仿佛对人们"说"：对付贫穷、苦难、侵略、压迫和剥夺的方法不是"接受"它，而是"战胜"它，把你自己锻造成强者，战胜他者，至于你采取道德还是不道德的手段，并不重要。天不再为贫弱者、失败者、受苦者提供精神慰藉，也不再力图说服那些质疑世俗道德秩序之公正性的人们：好人终有好报，恶人自有恶报，为正义和善良付出暂时的代价是值得的。

　　一方面，中国宗教的人格神的存在变得甚为可疑；另一方面，非人格神如天、天道（宇宙和宇宙秩序），又变成不具道德善性的科学公例、客观规律，在很大程度上就丧失了继续担任信仰对象的资格。当中国宗教的信仰对象遭遇这样的挑战和瓦解后，中国宗教的正当性也大幅降低，尤其是在中上层社会的公共生活中难以为继。

参 考 文 献

一、原始文献

1. 报刊

《东西洋考每月统记传》《遐迩贯珍》《教会新报》《中西闻见录》《万国公报》《小孩月报》《益闻录》《格致汇编》《觉民报》《广益丛报》《振华五日大事记》《半星期报》《东方杂志》《云南教育杂志》《通问报：耶稣教家庭新闻》《大同报》《申报》《格致汇编》《竞业旬报》《政艺通报》《选报》《浙江五日报》《集成报》《振群丛报》《格致新报》《知新报》《万国商业月报》《滇话报》《中国教会新报》《瀛寰琐纪》《亚泉杂志》《教育世界》《牖报》《画图新报》《鹭江报》《福建白话报》《江西官报》《敝帚千金》《扬子江》《浙江潮》《安徽俗话报》《杭州白话报》《六合丛谈》《利济学堂报》《新世界学报》《中西医学报》《绣像小说》《普通学报》《新民丛报》《知新报》《新世界学报》《国民日日报汇编》《神州日报》《清议报》《民报》

2. 典籍、文集、日记、回忆录、年谱、资料选编等

William Paley, *Natural Theology*：*Or*, *Evidences of the Existence and*

Attributes of the Deity Collected from the Appearances of Nature, Newyork：Oxford University Press, 2006.

Thomas H. Huxley, *Evolution and ethics and Other Essays*, London：Macmillan and CO., 1895.

班固：《汉书》（8），北京：中华书局，1962 年。

北京市社会科学院编：《今日北京·历史、名胜卷》（下卷），北京：北京燕山出版社，1991 年。

北京天文台主编：《中国古代天象记录总集》，南京：江苏科学技术出版社，1988 年。

冰心主人标点：《俞曲园书札》，上海：大中书局，1932 年。

布鲁诺：《论原因、本原与太一》，汤侠声译，北京：商务印书馆，1984 年。

蔡元培：《蔡元培全集》（1），北京：中华书局，1984 年。

曹秉仁纂：《宁波府志》（1733 年编纂），台北：成文出版社有限公司，1975 年。

曹雪芹、高鹗：《红楼梦》，北京：人民文学出版社，2005 年。

曹植著，赵幼文注：《曹植集校注》，北京：人民文学出版社，1984 年。

长白浩歌子著，刘连庚校点：《萤窗异草》，济南：齐鲁书社，1985 年。

长沙市地方志办公室编：《长沙市志》（16），长沙：湖南人民出版社，2002 年。

常林、白鹤群：《掌故北京》，北京：旅游教育出版社，2005 年。

陈鼓应注译：《老子今注今译》，北京：中华书局，2006 年。

陈鼓应、赵建伟注译：《周易今注今译》，北京：商务印书馆，2005 年。

陈立：《白虎通疏证》，吴则虞点校，北京：中华书局，1994 年。

陈文良：《北京传统文化便览》，北京：北京燕山出版社，1992 年。

陈义杰整理：《翁同龢日记》（3），北京：中华书局，1993 年。

程颢、程颐著，王孝鱼点校：《二程集》，北京：中华书局，1981 年。

达尔文：《物种起源》，周建人、叶笃庄、方宗熙译，北京：商务印书馆，1997 年。

德龄：《清宫二年记：清宫中的生活写照》，顾秋心译述，昆明：云南人民出版社，1981 年。

丁福保：《畴隐居士自传》，作者自印本，1948 年。

丁光迪主编：《诸病源候论校注》，北京：人民卫生出版社，1991 年。

董含著，致之校点：《三冈识略》，沈阳：辽宁教育出版社，2000 年。

董仲舒著，凌曙注：《春秋繁露》，北京：中华书局，1975 年。

伏尔泰：《老实人》，傅雷译，载傅雷：《傅雷译文集》（12），合肥：安徽人民出版社，1983 年。

伏胜：《尚书大传·附序录辨讹》，北京：中华书局，1985 年。

高亨：《周易大传今注》，济南：齐鲁书社，1979 年。

海文：《心灵学》，颜永京译，清光绪己丑年（1889）刻本。

贺树德编：《北京地区地震史料》，北京：紫禁城出版社，

1987 年。

合信：《全体新论》，上海：墨海书馆，1851 年。

赫胥黎：《进化论与伦理学》，《进化论与伦理学》翻译组译，北京：科学出版社，1971 年。

侯失勒：《谈天》，伟烈亚力、李善兰译，上海：商务印书馆，1930 年。

胡颂平编著：《胡适之先生年谱长编初稿》，台北：联经出版事业公司，1984 年。

胡珠生辑：《陈虬集》，杭州：浙江人民出版社，1992 年。

纪大奎：《求雨全书》，《纪慎斋先生全集》，杭州刻鹄斋藏版，清光绪戊戌（1898）孟冬刊本。

《金华市教育志》编纂委员会编：《金华市教育志》，杭州：浙江人民出版社，2009 年。

蒋梦麟：《西潮·新潮》，长沙：岳麓书社，2000 年。

康德：《宇宙发展史概论》，上海外国自然科学哲学著作编译组译，上海：上海人民出版社，1972 年。

莱布尼茨：《神义论》，朱雁冰译，北京：生活·读书·新知三联书店，2007 年。

雷大震、江诚、程曦：《医家四要》，太原：山西科学技术出版社，2012 年。

黎靖德编，王星贤点校：《朱子语类》，北京：中华书局，1986 年。

李明辉、黄俊杰、黎汉基编：《李春生著作集》（附册），台北：南天书局，2004 年。

李明辉、黄俊杰、黎汉基编：《李春生著作集》（第 4 册），台北：南天书局，2004 年。

李杕：《哲学提纲·生理学》，上海：土山湾印书馆，1907 年。

李寅：《清东陵揭秘》，北京：中国人事出版社，2001 年。

李渔叔：《墨子今注今译》，台北：台湾商务印书馆，1974 年。

刘若愚、高士奇：《明宫史、金鳌退食笔记》，北京：北京古籍出版社，1982 年。

刘向著，向宗鲁校证：《说苑校证》，北京：中华书局，1987 年。

鲁迅：《鲁迅全集》（第 3 卷），北京：人民文学出版社，2005 年。

吕调阳：《观象庐丛书》，清光绪戊寅年（1878）刻本。

马持盈注译：《诗经今注今译》，台北：台湾商务印书馆，1979 年。

马勒伯朗士：《有关神的存在和性质的对话》，陈乐民译，北京：生活·读书·新知三联书店，1998 年。

欧阳哲生编：《胡适文集》（1），北京：北京大学出版社，1998 年。

《上海宗教志》编辑委员会编：《上海宗教志》，上海：上海社会科学院出版社，2001 年。

邵雍著，郭彧整理：《邵雍集》，北京：中华书局，2010 年。

斯宾诺莎：《伦理学》，贺麟译，北京：商务印书馆，1997 年。

宋经伦：《北京风物佚闻录》，北京：中国戏剧出版社，2000 年。

宋晓明：《解密大清皇陵》，北京：中国华侨出版社，2008 年。

宋育仁：《采风记》，清光绪丁酉年（1897）刻本。

苏舆撰，钟哲点校：《春秋繁露义证》，北京：中华书局，1992 年。

孙宝瑄：《忘山庐日记》，上海：上海古籍出版社，1983 年。

孙家振：《退醒庐笔记》，上海：上海书店出版社，1997 年。

孙应祥、皮后锋编：《〈严复集〉补编》，福州：福建人民出版社，2004 年。

天下第一伤心人：《辟邪纪实》，同治辛未（1871）季夏重刻本。

王夫之：《张子正蒙注》，北京：中华书局，1975 年。

王明伦选编：《反洋教书文揭帖选》，济南：齐鲁书社，1984 年。

王铭珍：《昔日祭祀雷神的昭显庙》，载中国人民政治协商会议北京市西城区委员会文史资料委员会编：《阜景文化街——北京西城名街》，北京：中国文史出版社，1999 年。

王栻编：《严复集》，北京：中华书局，1986 年。

王友三编：《中国无神论史资料选编》（隋唐编），北京：中华书局，1988 年。

王云五主编：《清魏敏果公象枢年谱》，台北：台湾商务印书馆，1978 年。

魏源：《魏源集》，北京：中华书局，1976 年。

吴承恩著，黄肃秋注释：《西游记》，北京：人民文学出版社，1980 年。

夏东元编：《郑观应集》，上海：上海人民出版社，1982 年。

萧吉：《五行大义》，南京：江苏古籍出版社，1988 年。

熊十力：《十力语要》，上海：上海书店，2007 年。

徐一士著，徐泽昱整理：《近代笔记过眼录》，北京：中华书局，

2008 年。

徐元诰撰，王树民、沈长云点校：《国语集解》，北京：中华书局，2002 年。

许纪霖、田建业编著：《杜亚泉文存》，上海：上海教育出版社，2003 年。

许维遹撰，梁运华整理：《吕氏春秋集释》，北京：中华书局，2009 年。

玄烨：《康熙帝御制文集》，台北：台湾学生书局，1966 年。

阎启英编：《中南海探秘》，北京：西苑出版社，2009 年。

杨伯峻：《论语译注》，北京：中华书局，1980 年。

杨伯峻编著：《春秋左传注》，北京：中华书局，1990 年。

杨光先等撰，陈占山校注：《不得已·附二种》，合肥：黄山书社，2000 年。

叶梦珠撰，来新夏点校：《阅世编》，北京：中华书局，2007 年。

于敏中等编纂：《日下旧闻考》，北京：北京古籍出版社，1983 年。

于弢：《大钟寺》，北京：北京燕山出版社，2006 年。

俞樾：《春在堂全书》，清光绪九年（1883）重订本。

苑书义、孙华峰、李秉新主编：《张之洞全集》（1），石家庄：河北人民出版社，1998 年。

约翰·穆勒：《穆勒名学》，严复译，北京：商务印书馆，1981 年。

曾国荃著，梁小进整理：《曾国荃全集》（第一册），长沙：岳麓书社，2006 年。

中国第一历史档案馆编：《宣统朝上谕档》，桂林：广西师范大学出版社，1996 年。

周敦颐：《周濂溪集》，上海：商务印书馆，1936 年。

中国史学会主编：《中法战争》（第四册），上海：上海新知识出版社，1955 年。

周赟编：《理学家鬼神观念说》，北京：国家图书馆出版社，2011 年。

赵尔巽等：《清史稿》（第 43 册），北京：中华书局，1977 年。

郑观应著，辛俊玲评注：《盛世危言》，北京：华夏出版社，2002 年。

中国第一历史档案馆编：《光绪朝上谕档》，桂林：广西师范大学出版社，1996 年。

中国李大钊研究会编注：《李大钊全集》（1），北京：人民出版社，2006 年。

"中研院"近代史研究所编：《教务教案档》（咸丰十年—同治五年），"中研院"近代史研究所，1974 年。

"中研院"近代史研究所编：《教务教案档》（同治六年—同治九年），"中研院"近代史研究所，1974 年。

朱维铮、姜义华编注：《章太炎选集》，上海：上海人民出版社，1991 年。

朱熹：《朱子全书》（13），上海：上海古籍出版社、合肥：安徽教育出版社，2002 年。

邹振环：《影响中国近代社会的一百种译作》，北京：中国对外翻译出版公司，1994 年。

左宗棠：《左宗棠全集》（奏稿七），刘泱泱等校点，长沙：岳麓书社，2009 年。

3. 辞书

丁光训、金鲁贤主编：《基督教大辞典》，上海：上海辞书出版社，2010 年。

樊炳清编：《哲学辞典》，上海：商务印书馆，1926 年。

乔晓军编著：《中国美术家人名辞典》（补遗一编），西安：三秦出版社，2007 年。

彭卿云：《中国历史文化名城词典》（续编），上海：上海辞书出版社，1997 年。

张岱年主编：《孔子百科辞典》，上海：上海辞书出版社，2010 年。

季啸风主编：《中国书院辞典》，杭州：浙江教育出版社，1996 年。

《中国历史大辞典》编纂委员会编：《中国历史大辞典》，上海：上海辞书出版社，2000 年。

郑天挺、谭其骧主编：《中国历史大辞典》（1），上海：上海辞书出版社，2010 年。

庄汉新、郭居园编纂：《中国古今名人大辞典》，北京：警官教育出版社，1991 年。

二、二手文献

1. 专著、论文集

Alister McGrath, *Darwinism and the divine: Evolutionary Thought and Natural Theology*, Oxford：Wiley-Blackwell, 2011.

John B. Henderson, *The Development and Decline of Chinese Cosmology*, New York：Columbia University Press, 1984.

Julia Ching, *Mysticism and kingship in China: The heart of Chinese wisdom*, Cambridge：Cambridge University Press, 1997.

Max Weber, *From Max Weber: Essays in Sociology*, Translated by H. H. Gerth and C. Wright Mills, New York：Oxford University Press, 1946.

Michael P. Levine, *Pantheism：A Non-Theistic Concept of Deity*, Newyork：Routledge, 1994.

阿尔贝特·施韦泽：《文化哲学》，陈泽环译，上海：上海人民出版社，2008 年。

阿利斯特·E. 麦克格拉思：《科学与宗教引论》，王毅译，上海：上海人民出版社，2007 年。

艾兰、汪涛、范毓周主编：《中国古代思维模式与阴阳五行说探源》，南京：江苏古籍出版社，1998 年。

艾志端：《铁泪图：19 世纪中国对于饥馑的文化反应》，曹曦译，南京：江苏人民出版社，2011 年。

包尔丹：《宗教的七种理论》，陶飞亚、刘义、钮圣妮译，上海：上海古籍出版社，2005 年。

布朗主编：《劳特利奇哲学史》（5），高新民等译，北京：中国人民大学出版社，2009 年。

曹树基主编：《田祖有神：明清以来的自然灾害及其社会应对机制》，上海：上海交通大学出版社，2007 年。

陈登武：《从人间世到幽冥界——唐代的法制、社会与国家》，台北：五南图书出版公司，2006 年。

陈怀宇：《近代传教士论中国宗教——以慕维廉〈五教通考〉为中心》，上海：上海人民出版社，2012 年。

陈嘉明等：《现代性与后现代性》，北京：人民出版社，2001 年。

陈进国：《风水的历史人类学探索：信仰、仪式与乡土社会》，北京：中国社会科学出版社，2005 年。

陈侃理：《儒学、数术与政治：灾异的政治文化史》，北京：北京大学出版社，2015 年。

陈来：《古代宗教与伦理——儒家思想的根源》，北京：生活·读书·新知三联书店，1996 年。

陈美东：《中国古代天文学思想》，北京：中国科学技术出版社，2007 年。

陈荣捷：《现代中国的宗教趋势》，廖世德译，台北：文殊出版社，1987 年。

陈学霖：《明初的人物、史事与传说》，北京：北京大学出版社，2010 年。

瞿昙悉达：《开元占经》，北京：中央编译出版社，2006 年。

陈遵妫：《中国天文学史》，上海：上海人民出版社，1980 年。

大卫·格里芬编：《后现代科学——科学魅力的再现》，马季方译，北京：中央编译出版社，1995 年。

丁傅靖：《宋人轶事汇编》，北京：中华书局，1981 年。

董丛林：《晚清社会传闻研究》，北京：人民出版社，2007 年。

段炼：《世俗世代的意义探询：五四启蒙思想中的新道德观研究》，台北：秀威资讯科技，2012 年。

恩斯特·迈尔：《生物学思想发展的历史》，涂长晟译，成都：四川教育出版社，1990 年。

方汉奇：《中国新闻事业通史》（第一卷），北京：中国人民大学出版社，1996 年。

方豪：《中国天主教史人物传》，北京：中华书局，1988 年。

方立天：《方立天文集》（5），北京：中国人民大学出版社，2006 年。

冯契：《中国古代哲学的逻辑发展》（上册），上海：上海人民出版社，1993 年。

冯友兰：《三松堂全集》，郑州：河南人民出版社，2000 年。

弗雷泽：《金枝：巫术与宗教之研究》，徐育新等译，北京：大众文艺出版社，1998 年。

高令印：《朱熹事迹考》，上海：上海人民出版社，1987 年。

高瑞泉：《天命的没落：中国近代唯意志论思潮研究》，上海：上海人民出版社，1991 年。

高师宁：《新兴宗教初探》，北京：中国社会科学出版社，2006 年。

高寿仙：《星象·风水·运道——中国古代天地智道透析》，南宁：广西教育出版社，1995 年。

高晞：《德贞传：一个英国传教士与晚清医学近代化》，上海：复旦大学出版社，2009 年。

格雷汉姆·沃林编：《自然神论和自然宗教原著选读》，李斯、许敏译，武汉：武汉大学出版社，2007 年。

葛兆光：《中国思想史》，上海：复旦大学出版社，2004 年。

宫哲兵：《唯道论的创立——质疑中国哲学史"唯物""唯心"体系》，武汉：武汉出版社，2004 年。

郭双林：《西潮激荡下的晚清地理学》，北京：北京大学出版社，2000 年。

何光沪、许志伟主编：《对话：儒释道与基督教》，北京：社会科学文献出版社，1998 年。

胡卫清：《普遍主义的挑战：近代中国基督教教育研究，1877—1927》，上海：上海人民出版社，2000 年。

怀特：《基督教世界科学与神学论战史》，鲁旭东译，桂林：广西师范大学出版社，2006 年。

黄俊杰主编：《中国人的宇宙观》，合肥：黄山书社，2012 年。

黄一农：《社会天文学史十讲》，上海：复旦大学出版社，2004 年。

黄一农：《两头蛇：明末清初的第一代天主教徒》，上海：上海古籍出版社，2006 年。

霍伊卡：《宗教与现代科学的兴起》，丘仲辉、钱福庭、许列民译，成都：四川人民出版社，2003 年。

江晓原：《天学真原》，南京：译林出版社，2011 年。

江晓原：《星占学与传统文化》，上海：上海古籍出版社，1992 年。

江绍原：《中国礼俗迷信》，天津：渤海湾出版公司，1989 年。

金观涛、刘青峰：《观念史研究：中国现代重要政治术语的形成》，北京：法律出版社，2010 年。

金永植：《朱熹的自然哲学》，潘文国译，上海：华东师范大学出版社，2003 年。

柯林武德：《自然的观念》，吴国盛、柯映红译，北京：华夏出版社，1998 年。

柯文：《历史三调：作为事件、经历和神话的义和团》，杜继东译，南京：江苏人民出版社，2000 年。

克利福德·格尔兹：《文化的解释》，纳日碧力戈等译，王铭铭校，上海：上海人民出版社，1998 年。

孔令宏：《宋代理学与道家、道教》（上册），北京：中华书局，2006 年。

劳思光：《新编中国哲学史》，桂林：广西师范大学出版社，2005 年。

雷立柏：《论基督之大与小：1900—1950 年华人知识分子眼中的基督教》，北京：社会科学文献出版社，2000 年。

冷力、范力编著：《中国神仙大全》，沈阳：辽宁人民出版社，1990 年。

理查德·塔纳斯：《西方思想史——对形成西方世界观的各种观念的理解》，吴象婴、晏可佳、张广勇译，上海：上海社会科学院出版社，2007 年。

李杜：《中西哲学思想中的天道与上帝》，台北：联经出版事业公司，1978 年。

李石岑：《哲学概论》，上海：世界书局，1933 年。

李亦园：《宗教与神话论集》，台北：立绪文化，1998 年。

李建主编：《儒家宗教思想研究》，北京：中华书局，2003 年。

李建民：《发现古脉——中国古典医学与数术身体观》，北京：社会科学文献出版社，2007 年。

　　李建民：《生命史学——从医疗看中国历史》，上海：复旦大学出版社，2008 年。

　　李建民主编：《生命与医疗》，北京：中国大百科全书出版社，2005 年。

　　李经纬、张志斌主编：《中医学思想史》，长沙：湖南教育出版社，2004 年。

　　李难：《生物学史》，北京：海洋出版社，1990 年。

　　李天纲：《金泽：江南民间祭祀探源》，北京：生活·读书·新知三联书店，2017 年。

　　李天纲：《跨文化的诠释：经学与神学的相遇》，北京：新星出版社，2007 年。

　　李天纲：《中国礼仪之争：历史、文献和意义》，上海：上海古籍出版社，1998 年。

　　李孝悌：《清末的下层社会启蒙运动 1901—1911》，台北："中研院"近代史研究所，1998 年。

　　李约瑟：《文明的滴定：东西方的科学与社会》，张卜天译，北京：商务印书馆，2016 年。

　　李约瑟：《中国科学技术史》（2），北京：科学出版社、上海：上海古籍出版社，1990 年。

　　李约瑟：《中国科学技术史》（3），北京：科学出版社、上海：上海古籍出版社，1990 年。

　　李文海等：《中国近代十大灾荒》，上海：上海人民出版社，1994 年。

李文海、夏明方编：《天有凶年：清代灾荒与中国社会》，北京：生活·读书·新知三联书店，2007 年。

李志林：《气论与传统思维方式》，上海：学林出版社，1990 年。

梁其姿：《面对疾病：传统中国社会的医疗观念与组织》，北京：中国人民大学出版社，2012 年。

林富士编：《宗教与医疗》，台北：联经出版事业股份有限公司，2011 年。

林毓生：《中国意识的危机：五四时期激烈的反传统主义》，穆善培译，贵阳：贵州人民出版社，1988 年。

林振礼：《朱熹新探》，北京：中国广播电视出版社，2004 年。

刘泱育：《中国新闻事业史纲》，南京：南京师范大学出版社，2015 年。

刘耘华：《诠释的圆环：明末清初传教士对儒家经典的解释及其本土回应》，北京：北京大学出版社，2005 年。

刘再复：《红楼哲学笔记》，北京：生活·读书·新知三联书店，2009 年。

卢宁：《早期〈申报〉与晚清政府——近代转型视野中报纸与官吏关系的考察》，上海：上海科学技术文献出版社，2012 年。

卢央：《中国古代星占学》，北京：中国科学技术出版社，2007 年。

栾保群：《中国神谱》，天津：天津人民出版社，2009 年。

罗秉祥、赵敦华主编：《基督教与近代中西文化》，北京：北京大学出版社，2000 年。

罗素：《宗教与科学》，徐奕春、林国夫译，北京：商务印书馆，2010 年。

吕大吉：《宗教学通论新编》，北京：中国社会科学出版社，2010 年。

吕实强：《近代中国知识分子反基督教问题论文选集》，桂林：广西师范大学出版社，2011 年。

吕实强：《中国官绅反教的原因》，台北："中研院"近代史研究所，1985 年。

马伯英：《中国医学文化史》，上海：上海人民出版社，1994 年。

马伯英、高晞、洪中立：《中外医学文化交流史》，上海：文汇出版社，1993 年。

马书田：《华夏诸神》，北京：北京燕山出版社，1999 年。

马书田：《中国鬼神》，北京：团结出版社，2007 年。

麦克斯·缪勒：《宗教学导论》，陈观胜、李培莱译，上海：上海人民出版社，1989 年。

蒙培元：《人与自然——中国哲学生态观》，北京：人民出版社，2004 年。

孟德卫：《1500—1800：中西方的伟大相遇》，江文君、姚霏等译，北京：新星出版社，2007 年。

牟宗三：《中国哲学的特质》，上海：上海古籍出版社，1997 年。

明恩溥：《中国人的气质》，刘文飞、刘晓旸译，上海：上海三联书店，2007 年。

庞景仁：《马勒伯朗士的"神"的观念和朱熹的"理"的观念》，冯俊译，北京：商务印书馆，2005 年。

皮国立：《近代中医的身体观与思想转型：唐宗海与中西医汇通时代》，北京：生活·读书·新知三联书店，2008 年。

浦嘉珉：《中国与达尔文》，钟永强译，南京：江苏人民出版社，2008 年。

钱穆：《钱宾四先生全集》（11），台北：联经出版事业公司，1998 年。

钱永祥：《纵欲与虚无之上：现代情境里的政治伦理》，北京：生活·读书·新知三联书店，2002 年。

秦家懿：《朱熹的宗教思想》，曹建波译，厦门：厦门大学出版社，2010 年。

秦家懿、孔汉思：《中国宗教与基督教》，吴华译，北京：生活·读书·新知三联书店，1990 年。

秦家懿编译：《德国哲学家论中国》，北京：生活·读书·新知三联书店，1991 年。

瞿同祖：《中国法律与中国社会》，北京：中华书局，1981 年。

任继愈主编：《儒教问题争论集》，北京：宗教文化出版社，2000 年。

单纯：《宗教哲学》，北京：中国社会科学出版社，2003 年。

上海图书馆编：《近代中文第一报——〈申报〉》，上海：上海科学技术文献出版社，2013 年。

史景迁：《利玛窦的记忆之宫：当西方遇到东方》，上海：上海远东出版社，2005 年。

史华兹：《寻求富强：严复与西方》，叶凤美译，南京：江苏人民出版社，2005 年。

释圣严：《比较宗教学》，台北：台湾中华书局，1985 年。

宋会群：《中国术数文化史》，开封：河南大学出版社，1999 年。

孙尚扬：《基督教与明末儒学》，北京市：东方出版社，1994 年。

孙尚扬、钟鸣旦：《一八四〇年前的中国基督教》，北京：学苑出版社，2004 年。

孙尚扬：《利玛窦与徐光启》，北京：中国国际广播电视出版社，2009 年。

孙英刚：《神文时代：谶纬、术数与中古政治研究》，上海：上海古籍出版社，2014 年。

泰勒：《原始文化》，连树生译，桂林：广西师范大学出版社，2005 年。

汤一介：《儒道释与内在超越问题》，南昌：江西人民出版社，1991 年。

唐锡仁编著：《中国地震史话》，北京：科学出版社，1978 年。

陶飞亚、杨卫华编著：《基督教与中国社会研究入门》，上海：复旦大学出版社，2009 年。

梯利：《西方哲学史》，葛力译，北京：商务印书馆，2000 年。

佟洵：《道教与北京宫观文化》，北京：宗教文化出版社，2008 年。

窪德忠：《道教诸神》，萧坤华译，成都：四川人民出版社，1996 年。

汪晖：《现代中国思想的兴起》，北京：生活·读书·新知三联书店，2004 年。

王爱和：《中国古代宇宙观与政治文化》，金蕾译，徐峰译、校，上海：上海古籍出版社，2011 年。

王德威：《被压抑的现代性：晚清小说新论》，北京：北京大学出版社，2005 年。

王汎森：《思想是生活的一种方式：中国近代思想史的再思考》，台北：联经出版事业股份有限公司，2017 年。

王汎森：《执拗的低音：一些历史思考方式的反思》，北京：生活·读书·新知三联书店，2014 年。

王汎森：《中国近代思想与学术的系谱》，石家庄：河北教育出版社，2001 年。

王天根：《〈天演论〉传播与清末民初的社会动员》，合肥：合肥工业大学出版社，2006 年。

王文兵：《丁韪良与中国》，北京：外语教学与研究出版社，2008 年。

王永祥：《董仲舒评传》，南京：南京大学出版社，1995 年。

王育武：《中国风水文化源流》，武汉：湖北教育出版社，2008 年。

王中江：《进化主义在中国的兴起：一个新的全能式世界观》（增补版），北京：中国人民大学出版社，2010 年。

王中秀、茅子良、陈辉编著：《近现代金石书画家润例》，上海：上海画报出版社，2004 年。

威廉·拜纳姆：《19 世纪医学科学史》，曹珍芬译，上海：复旦大学出版社，2000 年。

韦伯：《学术与政治》，钱永祥等译，桂林：广西师范大学出版社，2004 年。

韦伯：《新教伦理与资本主义精神》，康乐、简美惠译，桂林：广西师范大学出版社，2007 年。

文德尔班：《哲学史教程》，罗达仁译，北京：商务印书馆，

1997 年。

吴康、周世辅：《哲学概论》，台北："国立"编译馆，1973 年。

夏东元：《郑观应传》，上海：华东师范大学出版社，1981 年。

谢和耐：《中国与基督教：中西文化的首次撞击》，耿昇译，上海：上海古籍出版社，2003 年。

谢和耐、戴密微等：《明清间耶稣会士入华与中西汇通》，耿昇译，北京：东方出版社，2011 年。

熊月之：《西学东渐与晚清社会》，上海：上海人民出版社，1994 年。

虚生上人：《风水全真道》，南京：江苏人民出版社，2010 年。

许纪霖：《启蒙如何起死回生：现代中国知识分子的思想困境》，北京：北京大学出版社，2011 年。

牙含章、王友三主编：《中国无神论史》，北京：中国社会科学出版社，1992 年。

杨庆堃：《中国社会中的宗教：宗教的现代社会功能与其历史因素之研究》，范丽珠等译，上海：上海人民出版社，2007 年。

杨儒宾：《儒家身体观》，台北："中研院"中国文哲研究所筹备处，1996 年。

杨儒宾编：《中国古代思想中的气论及身体观》，台北：巨流图书公司，1993 年。

杨鑫辉、赵莉茹主编：《中国近现代心理学史》，济南：山东教育出版社，2000 年。

尹协理主编：《中国太极八卦全书》，北京：团结出版社，1994 年。

余新忠：《清代江南的瘟疫与社会：一项医疗社会史的研究》，北京：中国人民大学出版社，2003 年。

余英时：《东汉生死观》，侯旭东等译，上海：上海古籍出版社，2005 年。

袁珂、周明编：《中国神话萃编》，成都：四川省社会科学院出版社，1985 年。

约翰·奥尔：《英国自然神论：起源和结果》，周玄毅译，武汉：武汉大学出版社，2008 年。

约翰·托兰德：《基督教并不神秘》，张继安译，吴云贵校，北京：商务印书馆，1989 年。

约翰·托兰德：《泛神论要义》，陈启伟译，北京：商务印书馆，1997 年。

约翰·希克：《宗教哲学》，何光沪译，高师宁校，北京：生活·读书·新知三联书店，1988 年。

翟志宏：《阿奎那自然神学思想研究》，北京：人民出版社，2007 年。

张爱萍：《中日古代文化源流——以神话比较研究为中心》，杭州：浙江大学出版社，2005 年。

张兵：《〈洪范〉诠释研究》，济南：齐鲁书社，2007 年。

张国刚：《从中西初识到礼仪之争：明清传教士与中西文化交流》，北京：人民出版社，2003 年。

张灏：《幽暗意识与民主传统》，北京：新星出版社，2006 年。

张怀承：《天人之变：中国传统伦理道德的近代转型》，长沙：湖南教育出版社，1998 年。

张立天：《中国哲学范畴发展史（天道篇）》，北京：中国人民大学出版社，1988 年。

张齐明：《亦术亦俗：汉魏六朝风水信仰研究》，北京：中国人民大学出版社，2011 年。

张世英：《天人之际：中西哲学的困惑与选择》，北京：人民出版社，1994 年。

张晓林：《天主实义与中国学统：文化互动与诠释》，北京：学苑出版社，2005 年。

赵洪钧：《近代中西医论争史》，合肥：安徽科学技术出版社，1989 年。

赵林：《西方宗教文化》，武汉：武汉大学出版社，2005 年。

郑小江主编：《中国神秘术大观》，南昌：百花洲文艺出版社，1993 年。

郑志明：《传统宗教的文化诠释：天地人鬼神五位一体》，台北：文津出版社，2009 年。

钟鸣旦：《杨廷筠：明末天主教儒者》，圣神研究中心译，北京：社会科学文献出版社，2002 年。

钟鸣旦：《礼仪的交织：明末清初中欧文化交流中的丧葬礼》，张佳译，上海：上海古籍出版社，2009 年。

周维权：《中国古典园林史》，北京：清华大学出版社，2008 年。

周与沉：《身体：思想与修行——以中国经典为中心的跨文化观照》，北京：中国社会科学出版社，2005 年。

朱谦之：《朱谦之文集》（3），福州：福建教育出版社，2002 年。

朱寿桐、黎湘萍主编：《近现当代传媒与澳港台文学经验》，北京：社会科学文献出版社，2012 年。

朱维铮主编：《基督教与近代文化》，上海：上海人民出版社，1994 年。

邹振环：《晚清西方地理学在中国——以 1815 至 1915 年西方地理学译著的传播与影响为中心》，上海：上海古籍出版社，2000 年。

2. 论文

Dov Ospovat, "God and Natural selection：The Darwinian Idea of Design", *Journal of the History of Biology*, Vol. 13, No. 2（Autumn, 1980）, pp. 169 –194.

E. W. Strong, "Newton and God", *Journal of the History of Ideas*, Vol. 13, No. 2（Apr., 1952）, pp. 147 – 167.

Edgar S. Brightman, "The Lisbon Earthquake：A Study in Religious Valuation." *The American Journal of Theology*（1919）, pp. 500 – 518.

Evans, L. T., "Darwin's use of the analogy between artificial and natural selection", *Journal of the History of Biology*, Vol. 17, No. 1（Spring, 1984）, pp. 113 – 140.

F. C. Copleston, "Pantheism in Spinoza and the German Idealists", *Philosophy*, Vol. 21, No. 78（Apr., 1946）, pp. 42 – 56.

G. H. R. Parkinson, "Hegel, Pantheism, and Spinoza", *Journal of the History of Ideas*, Vol. 38, No. 3（Jul. - Sep., 1977）, pp. 449 – 459.

Henderson, John B. "Ch'ing Scholars' Views of Western Astronomy." *Harvard Journal of Asiatic Studies*, vol. 46, no. 1, 1986, pp. 121 – 148.

John Dewey, "The Pantheism of Spinoza", *The Journal of Speculative*

Philosophy, Vol. 16, No. 3（July, 1882）, pp. 249 – 257.

Keneth Pomeranz, "Water to Iron, Widows to Warlords: The Handan Rain Shrine in Modern Chinese History", *Late Imperial China*, Vol. 12, No. 1, June 1991, pp. 62 – 99.

Larry Shiner, "The Concept of Secularization in Empirical Research", *Journal for the Scientific Study of Religion*, Vol. 6, No. 2 （Autumn, 1967）, pp. 207 – 220.

Mander, William, "Pantheism", *The Stanford Encyclopedia of Philosophy*（Summer 2013 Edition）, < http：//plato. stanford. edu / archives / sum2013 / entries / pantheism />.

Mark Elvin, "Who Was Responsible for the Weather? Moral Meteorology in Late Imperial China", *Osiris*, 13（1998）, pp. 213 – 237.

艾尔曼：《从前现代的格致学到现代的科学》，载刘东主编：《中国学术》第 2 辑，北京：商务印书馆，2000 年。

艾兰：《中国早期哲学思想中的本喻》，载艾兰、汪涛、范毓周主编：《中国古代思维模式与阴阳五行说探源》，南京：江苏古籍出版社，1998 年。

安德明：《天水的求雨：非常事件的象征处理》，载王铭铭、潘忠党主编：《象征与社会：中国民间文化的探讨》，天津：天津人民出版社，1997 年。

八耳俊文：《在自然神学与自然科学之间——〈六合丛谈〉的科学传道》，季忠平译，载沈国威编著：《六合丛谈：附解题·索引》，上海：上海辞书出版社，2006 年。

常人春：《西城小天坛——大光明殿》，《北京文史》2008 年第

2 期。

陈才俊:《跨文化对话:中国基督宗教史的现代化解读——以章开沅的中国基督宗教史研究为例》,《世界宗教研究》2007 年第 1 期。

陈才俊:《挑战、适应与融合:基督宗教在近代中国——章开沅先生中国基督宗教史研究》,《华中师范大学学报》(人文社会科学版) 2007 年第 2 期。

陈才俊:《全球地域化:基督宗教在华传播史的一种诠释——对章开沅"传播与植根"观念的解读》,《宗教学研究》2009 年第 1 期。

陈平原:《从科普读物到科学小说——以"飞车"为中心的考察》,《中国文化》第 13 期,1996 年。

陈庆坤:《从阴阳化生论到进化论》,载汤一介主编:《中国文化与中国哲学》,北京:生活·读书·新知三联书店,1990 年。

陈仁仁:《从启示神学到自然神学——以信仰与理性的关系为视角》,《南方论丛》2010 年第 1 期。

陈文学:《试析 1874 年日本对台湾的侵略》,《湖南大学学报》(社会科学版) 2006 第 2 期。

陈秀芬:《当病人见到鬼:试论明清医者对于"邪祟"的态度》,载林富士编:《宗教与医疗》,台北:联经出版事业股份有限公司,2011 年。

陈烨:《求雨:达斡尔人的一种民间宗教行为的人类学解说》,《黑龙江民族丛刊》1999 年第 2 期。

陈志辉、江晓原:《西学的移用与致用:从道光六年彗星见事件看乾嘉学者对四行说的态度》,《上海交通大学学报》(哲学社会科学版）2014 年第 2 期。

程伟礼：《基督教与中西文化交流》，《复旦学报》（社会科学版）1987 年第 1 期。

杜保瑞：《从朱熹鬼神观谈三教辨正问题的儒学理论建构》，《东吴哲学学报》2004 年第 10 期。

渡边欣雄：《中国风水与东亚文明：社会人类学的论点》，载王铭铭、潘忠党主编：《象征与社会：中国民间文化的探讨》，天津：天津人民出版社，1997 年。

樊静、冯立昇：《晚清天文学译著〈谈天〉版本考》，《内蒙古师范大学学报》（自然科学汉文版）2007 年第 6 期。

范艾：《地震动摇了神正论——记人类思想史之一页》，《读书》1990 年第 3 期。

范广欣：《曾国藩"礼学经世"说的宗教仪式渊源——以送痘神与求雨求晴为例》，《学术月刊》2010 年第 1 期。

冯兵：《理性与非理性之间：朱熹的鬼神观辨析》，《学术研究》2013 年第 2 期。

高换婷：《明清皇家道观大高殿》，《北京档案》2003 年第 4 期。

高瑞泉：《"天人之辩"的近代展开及其终结》，《哲学研究》2001 年第 7 期。

高瑞泉：《易理诠释与哲学创造：以熊十力为例》，《周易研究》2002 年第 2 期。

葛瑞汉：《阴阳与关联思维的本质》，载艾兰、汪涛、范毓周主编：《中国古代思维模式与阴阳五行说探源》，南京：江苏古籍出版社，1998 年。

郭沫若:《先秦天道观之进展》,《郭沫若全集·历史编》第一卷,北京:人民出版社,1982年。

郭双林:《论晚清思想界对风水的批判》,《史学月刊》1994年第3期。

韩连武:《东方"天演论"——世界上第一部不用文字的哲学著作》,《南都学坛》(哲学社会科学版) 2001年第4期。

韩琦:《传教士伟烈亚力在华的科学活动》,《自然辩证法通讯》1998年第2期。

郝平:《山西"丁戊奇荒"的人口亡失情况》,《山西大学学报》(哲学社会科学版) 2001年第6期。

郝先中:《晚清中国对西洋医学的社会认同》,《学术月刊》2005年第5期。

郝先中:《日本废除汉医对中国近代医学的影响》,《皖西学院学报》2005年第6期。

侯康明等:《1879年武都南8级大地震及其同震破裂研究》,《中国地震》2005年第3期。

何丙郁:《从〈镜花缘〉试探十九世纪初期科学知识在一般士人中的普及》,载杨翠华、黄一农编:《近代中国科技史论集》,台北:"中研院"近代史研究所、清华大学历史研究所,1991年。

何小莲:《略论晚清西医的文化穿透力》,《社会科学》2003年第3期。

胡卫清:《儒与耶:近代本色神学的最初探索》,《石河子大学学报》(哲学社会科学版) 2003年第4期。

胡卫清:《传教士教育家潘慎文的思想与活动》,《近代史研究》

1996 年第 2 期。

　　胡卫清：《近代来华传教士与进化论》，《世界宗教研究》2001 年第 3 期。

　　胡仲实：《试论盘古神话之来源及徐整对神话的加工整理》，载袁珂主编：《中国神话》（第一集），北京：中国民间文艺出版社，1987 年。

　　黄俊杰：《中国思想史中"身体观"研究的新视野》，《中国文哲研究集刊》第 20 期，2002 年。

　　黄石：《感孕说的由来》，载高洪兴、徐锦钧编：《妇女风俗考》，上海：上海文艺出版社，1991 年。

　　黄兴涛：《西方地震知识在华早期传播与中国现代地震学的兴起》，《中国人民大学学报》2008 年第 5 期。

　　黄一农：《耶稣会士对中国传统星占术数的态度》，黄一农：《社会天文学史十讲》，上海：复旦大学出版社，2004 年。

　　汲喆：《如何超越经典世俗化理论？——评宗教社会学的三种后世俗化论述》，《社会学研究》2008 年第 4 期。

　　贾庆军：《黄宗羲的魂魄说和地狱观——兼论其一元世界观》，《船山学刊》2009 年第 1 期。

　　克里斯提安娜·埃菲尔特：《1755 年里斯本大地震：论一场自然灾害的历史影响力》，景德祥译，《史学理论研究》2005 年第 2 期。

　　劳格文：《中国宗教的合理性》，范丽珠译，《法国汉学》1999 年第 4 期。

　　李恩涵：《咸丰年间反基督教的言论》，载刘小枫主编：《"道"与"言"——华夏文化与基督教文化相遇》，上海：上海三联书店，

1995 年。

李恩涵：《同治年间反基督教的言论》，载刘小枫主编：《"道"与"言"——华夏文化与基督教文化相遇》，上海：上海三联书店，1995 年。

李丰楙：《〈道藏〉所收早期道书的瘟疫观——以〈女青鬼律〉及〈洞渊神咒经〉系为主》，《中国文哲研究集刊》第 3 期，1993 年。

李霞：《老庄道论的宇宙论内涵》，《安徽大学学报》（哲学社会科学版）1996 年第 4 期。

李申：《儒教的鬼神观念和祭祀原则》，《复旦学报》（社会科学版）2007 年第 4 期。

李四龙：《略论"中国宗教"的两个思想基础》，《北京大学学报》（哲学社会科学版），2006 年第 5 期。

李艺圃：《同治帝之死》，载陈可冀主编：《清宫医案研究》，北京：中医古籍出版社，1990 年。

李镇：《同治究竟死于何病》，《文史哲》1989 年第 6 期。

梁军：《"泛神论"的"上帝"——从斯宾诺莎看西方科学和哲学中的"上帝"》，《辽东学院学报》（社会科学版）2010 年第 6 期。

梁启超：《阴阳五行说之来历》，《饮冰室合集·文集之三十六》，北京：中华书局，1989 年。

林富士：《试论〈太平经〉的疾病观念》，《"中研院"历史语言研究所集刊》第 62 本第 2 分，1993 年。

林富士：《东汉晚期的疾疫与宗教》，《"中研院"历史语言研究所集刊》第 66 本第 3 分，1995 年。

林富士：《疾病与"修道"：中国早期道士"修道"因缘考释之一》，《汉学研究》2001年第1期。

林涓：《祈雨习俗及其地域差异——以传统社会后期的江南地区为中心》，《中国历史地理论丛》2003年第3期。

刘光顺：《宇宙生成论的中西比较——以朱熹和托马斯·阿奎那为例》，《世界宗教研究》2011年第1期。

刘华杰：《〈植物学〉中的自然神学》，《自然科学史研究》2008年第2期。

刘黎明：《宋代民间求雨巫术》，《西南民族学院学报》（哲学社会科学版）2002年第12期。

刘仰东：《近代中国社会灾荒中的神崇拜现象》，《世界宗教文化》1997年第4期。

吕凌峰、石云里：《科学新闻与占星辨谬——1874年金星凌日观测活动的中文记载》，《中国科技史杂志》2009年第1期。

陆丽青：《冯特的宗教心理学思想研究》，《世界宗教研究》2008年第3期。

苗润田、陈燕：《儒学：宗教与非宗教之争——一个学术史的检讨》，载任继愈主编：《儒教问题争论集》，北京：宗教文化出版社，2000年。

莫里斯·弗里德曼：《论中国宗教的社会学研究》，金泽、李华伟主编：《宗教社会学》（第一辑），北京：社会科学文献出版社，2013年。

宋正海：《中国古代有机论自然观的现代科学价值的发现—从莱布尼茨、白晋到李约瑟》，《自然科学史研究》1987年第3期。

桑靖宇：《朱熹哲学中的天与上帝——兼评利玛窦的以耶解儒》，《武汉大学学报》（人文科学版）2011 年第 2 期。

桑靖宇：《莱布尼茨的神学理性主义及其对中国理学思想的解读》，《武汉大学学报》（人文科学版）2009 年第 6 期。

桑靖宇：《莱布尼茨、朱熹与有机论哲学——对李约瑟相关思想的分析与回应》，《武汉大学学报》（人文科学版）2013 年第 4 期。

沈洁：《反迷信与社区信仰空间的现代历程——以 1934 年苏州的求雨仪式为例》，《史林》2007 年第 2 期。

施炎平：《易学现代转化的一个重要环节》，《周易研究》2008 年第 6 期。

石力波：《是"散"还是"尽"——试论朱熹气学思想的内在矛盾》，《西北大学学报》（哲学社会科学版）2013 年第 4 期。

史华慈：《中国的世界秩序观：过去与现在》，载费正清编：《中国的世界秩序——传统中国的对外关系》，杜继东译，北京：中国社会科学出版社，2010 年。

史玉民：《清钦天监管理探赜》，《自然辩证法通讯》2002 年第 4 期。

史玉民：《清钦天监衙署位置及廊宇规模考》，《中国科技史料》2003 年第 1 期。

史箴、汪江华：《清惠陵选址史实探赜》，《建筑师》2004 年第 6 期。

苏基朗：《有法无天？严复译〈天演论〉对 20 世纪初中国法律的影响》，《清华法学》2012 年第 5 期。

孙邦华：《从〈万国公报〉看自然神学在近代中国的传播》，载卓新平、许志伟主编：《基督宗教研究》（第五辑），北京：宗教文化出版社，2002 年。

孙淑松、黄益：《灾异思想影响下的政府应对：以"丁戊奇荒"为例》，《兰州学刊》2009 年第 12 期。

孙英刚：《佛教对阴阳灾异说的化解：以地震与武周革命为中心》，《史林》2013 年第 6 期。

汤一介：《释"易，所以会天道人道者也"》，《周易研究》2002 年第 6 期。

汤哲生：《滑稽名家东方卓别林——徐卓呆评传》，刘祥安编校：《滑稽名家东方卓别林徐卓呆》南京：南京出版社，1994 年。

熊月之：《早年的章太炎与西方"格致"之学》，《史林》1986 年第 2 期。

汪江华、高伦：《清代惠陵工程选址始末》，《天津大学学报》（社会科学版）2012 年第 6 期。

汪维钧：《论现代化条件下的宗教世俗化问题》，《南京政治学院学报》2004 年第 4 期。

汪维真：《弃中择西：清人吴汝纶医学观的转变及原因分析》，《安徽史学》2006 年第 2 期。

汪维真：《吴汝纶的近世中西医认识及其对相关教育思想的影响》，《安徽省桐城派研究会成立大会暨第二届全国桐城派学术研讨会论文集》，2005 年。

王复昆：《风水理论的传统哲学框架》，载王其亨主编：《风水理论研究》，天津：天津大学出版社，1992 年。

王鸿雁：《清漪园宗教建筑初探》，《故宫博物院院刊》2005 年第

5 期。

　　王嘉弘：《从李春生对进化主义的反驳看其在近代思想史的定位》，《东海中文学报》第 19 期，2007 年 7 月。

　　王建涛：《大高玄殿的沧桑岁月（上）》，《紫禁城》2012 年第 5 期。

　　王建涛：《大高玄殿的沧桑岁月（下）》，《紫禁城》2012 年第 8 期。

　　王晖：《论中国古代宇宙起源论"星云说"》，《陕西师范大学学报》（哲学社会科学版）2004 年第 7 期。

　　王鑫宏：《20 世纪 80 年代以来"丁戊奇荒"研究综述》，《防灾科技学院学报》2009 年第 4 期。

　　王云：《明清时期山东运河区域的金龙四大王崇拜》，《民俗研究》2005 年第 2 期。

　　王泽应：《祛魅的意义与危机——马克斯·韦伯祛魅观及其影响探论》，《湖南社会科学》2009 年第 4 期。

　　王中江：《熊十力的"本心进化论"》，《天津社会科学》2011 年第 2 期。

　　吴飞：《伏尔泰与里斯本地震》，《读书》2009 年第 3 期。

　　吴幼叶、王睿、杜月英、郑俊海、姚远：《最早的高校科技学报〈利济学堂报〉及其中医传播》，《西北大学学报》（自然科学版）2007 年第 5 期。

　　吴展良：《严复〈天演论〉作意与内涵新诠》，《台大历史学报》第 24 期，1999 年 12 月。

　　吾敬东：《中国宗教：巫术与伦理或理性的对立和共存》，《南通大学学报》（社会科学版）2009 年第 6 期。

喜道人：《吴兰坡与"三茅法"：〈北京大光明殿法官吴兰坡祷雨灵应书事手卷〉初探》，《二十一世纪中国道教展望：茅山中国道教文化研讨会会议论文集》，中国道协道教文化研究所，2001 年。

许天基、罗丹：《西方汉学传统中的中国宗教研究》，《民族艺术》2012 年第 4 期。

颜炳罡：《李大钊易学思想及其早期哲学》，《周易研究》2007 年第 5 期。

阎书昌：《中国近代心理学史上的丁韪良及其〈性学举隅〉》，《心理学报》2011 年第 1 期。

颜一谦：《康德创立星云说时的科学竞争意识和方法》，《浙江大学学报》1993 年第 3 期。

徐光台：《明末清初西学对中国传统占星气的冲击与反应：以熊明遇〈则草〉与〈格致草〉为例》，纪宗安、汤开建编：《暨南史学》（第四辑），广州：暨南大学出版社，2005 年。

徐光台：《异象与常象：明万历年间西方彗星见解对士人的冲激》，《清华学报》（新竹）第 39 卷第 4 期，2009 年 12 月。

徐振韬、蒋窈窕：《殷商彗星记事考》，《自然科学史研究》1993 年第 3 期。

杨儒宾：《"性命"怎么和"天道"相贯通的——理学家对孟子核心概念的改造》，《杭州师范大学学报》（社会科学版）2010 年第 1 期。

杨国强：《"丁戊奇荒"：十九世纪后期中国的天灾与赈济》，《社会科学》2010 年第 3 期。

杨国荣：《道与中国哲学》，《云南大学学报》（社会科学版）2010 年第 6 期。

杨新成：《大高玄殿建筑群变迁考略》，《故宫博物院院刊》2012 年第 2 期。

姚兴富：《19 世纪新教传教士对太极说的批评与吸收》，《江海学刊》2005 年第 6 期。

叶春生：《日本的妖怪学》，《民俗研究》2004 年第 1 期。

余英时：《天人之际——中国古代思想的起源试探》，载陈弱水主编：《中国史新论（思想史分册）》，台北：联经出版事业股份有限公司，2012 年。

袁江洋、王克迪：《论牛顿的宇宙论思想》，《自然辩证法通讯》2001 年第 5 期。

袁文春：《论朱熹建构鬼神理论的必然性》，《史学集刊》2012 年第 4 期。

袁滢滢：《天人感应灾异观与近代灾荒救治：以“丁戊奇荒”为中心》，《聊城大学学报》（社会科学版）2009 年第 4 期。

曾广开：《社稷之神的起源与演化》，《寻根》1996 年第 1 期。

曾维加：《道教的地震观》，《社会科学研究》2010 年第 6 期。

曾志伟：《张载气化论下鬼神存在的证立——论〈二气之良能〉的辩证历程》，《东华中国文学研究》第 2 期，2003 年 6 月。

翟志宏：《阿奎那理性神学基本特征论析》，《武汉大学学报》（人文科学版）2007 年第 3 期。

张嘉凤：《“疾疫”与“相染”——以〈诸病源候论〉为中心试

论魏晋至隋唐之间医籍的疾病观》，载李建民主编：《生命与医疗》，北京：中国大百科全书出版社，2005 年。

张剑：《〈中西闻见录〉述略——兼评其对西方科技的传播》，《复旦学报》1995 年第 4 期。

张丽华：《张载的鬼神观》，《中国哲学史》2006 年第 2 期。

张汝伦：《中国哲学研究中的"范畴错误"》，《哲学研究》2010 年第 7 期。

张西平：《明清间入华传教士对灵魂论的介绍》，载卓新平主编：《宗教比较与对话》（第 4 辑），北京：宗教文化出版社，2003 年。

张志刚：《"中国无宗教论"反思》，《北京大学学报》（哲学社会科学版）2013 年第 3 期。

张泽洪：《城隍神及其信仰》，《世界宗教研究》1995 年第 1 期。

赵莉如：《有关〈心灵学〉一书的研究》，《心理学报》1983 年第 4 期。

赵林：《英国自然神论初探》，《世界哲学》2004 年第 5 期。

赵林：《休谟对自然神论和传统理性神学的批判》，《云南大学学报》2005 年第 5 期。

邹文海：《从冥律看我国的公道观念》，《东海学报》1963 年第 1 期。

郑振铎：《汤祷篇》，苑利主编：《二十世纪中国民俗学经典·神话卷》，北京：社会科学文献出版社，2002 年。

朱学忠：《董仲舒的"开阴"求雨与女性诱雨的人类学经验》，《学术月刊》1999 年第 6 期。

3. 学位论文

蔡景昌：《纪大奎天文易学研究》，高雄师范大学硕士学位论文，2012 年。

焦宁：《清及民国时期华北地区祈雨仪式——以邯郸为中心的研究》，陕西师范大学硕士学位论文，2010 年。

赖钰匀：《天道与群道——严复思想初探》，台湾大学中国文学研究所硕士学位论文，2007 年。

林健群：《晚清科幻小说研究，1904—1911》，台湾中正大学中国文学研究所硕士学位论文，1998 年。

庞玲：《〈小孩月报〉与晚清儿童观念变迁考论（1875—1881）》，华东师范大学硕士学位论文，2009 年。

孙琴：《我国最早之文学期刊——〈瀛寰琐纪〉研究》，苏州大学博士学位论文，2010 年。

孙潇：《天主教在华第一份中文期刊〈益闻录〉研究》，西北大学硕士学位论文，2011 年。

田勇：《韦廉臣在华的西学传播与传教》，首都师范大学硕士学位论文，2006 年。

汪江华：《清代惠陵建筑工程全案研究》，天津大学博士学位论文，2005 年。

文蜀陵：《清儒纪大奎及其〈观易外编〉初探》，台湾师范大学硕士学位论文，2005 年。

吴幼叶：《戊戌变法时期温州的〈利济学堂报〉》，西北大学硕士学位论文，2008 年。

张强：《中国以龙求雨习俗变迁研究》，湘潭大学硕士学位论文，

2008 年。

张硕：《花之安在华传教活动及其思想研究》，北京大学博士学位论文，2008 年。

朱新春：《莱布尼茨自然有机论研究》，中国科学技术大学博士学位论文，2010 年。

附　　录

张洪彬：宗教、科学与现代性

——祛魅故事的中国版本

来源：澎湃新闻

记者：黄晓峰

　　上海师范大学历史系副教授张洪彬最近出版了新书《祛魅：天人感应、近代科学与晚清宇宙观念的嬗变》，在书中，作者希望"从宗教思想史的角度来理解现代科学对中国宗教的冲击，核心是曾长期扮演神圣存在的角色的'天'，在现代科学的重新解释下，是否仍有资格扮演神圣存在的角色"。具体来说，作者考察了晚清基督教自然神学及其中包含的近代科学知识对传统宇宙观的挑战，进而解释传统宇宙观的祛魅和信仰传统的正当性衰弱过程。在接受澎湃新闻记者的采访时，张洪彬认为：在当今社会，世俗化程度还会继续深化，世界的祛魅会继续下去；但是，当不安定感和无能为力感加强，宗教信仰还会在那样的人群中扮演非常重要的角色。

你在第一章中花了大量篇幅论证中国宗教信仰的两个子系统：多神论和泛神论，前者我们比较好理解，但是后者似乎涵盖面很宽，中国的宗教、民间信仰非常繁杂，是否能共享泛神论的基本原则，是否过于宽泛了？比如佛教的基本教义中，对于天的神圣性就完全不在意。

张洪彬：先说明一下，多神论和一神论的区别、超越神论和泛神论的区别、有机宇宙观和机械宇宙观的区别，是我把"中国宗教"与（晚清时期的）基督宗教进行比较时的三对关键概念。

先从多神论（polytheism）说起。确实正如你所说的，"多神论"这个概念用于描述中国人的宗教信仰比较好理解，它指的是在许多中国人的思想观念中，同时存在着多个人格化的神祇。多神论是与一神论相对的概念。一神论的典型就是亚伯拉罕宗教（犹太教、基督宗教、伊斯兰教），它们均认定神是独一无二的。基于一神论的这种立场，任何把不是"神"的事物当作"神"来崇拜的都被称为"偶像崇拜"，这是很负面的字眼。自基督宗教（因为新教在中国通常被称为基督教，所以宗教学界通常用"基督宗教"来统称天主教、东正教和新教）传入中国开始，都一直有以"一神论"的立场来理解和批评中国的孔子崇拜、祖先崇拜、关公信仰等现象的情况。

这也是清初中国礼仪之争的一个焦点。在中国礼仪之争中，多明我会、方济各会等指责中国基督徒祭祖祭孔，违背了天主教一神论的基本教义；耶稣会则辩护说中国人的祭祖祭孔并不是把祖先和孔子当"神"来看待，只是一种纪念、一种情感表达而已，它是世俗的文化，而非宗教性的。其实，无论多明我会、方济各会还是耶稣会，背后都存在着鲜明的一神论的立场，耶稣会士的做法不过是一种传教策略上的妥协而已。后来多明我会、方济各会方面的观点获得了罗马教廷的认可，教廷官方结论与中国的祭祖祭孔等仪式产生了尖锐的对立，最终导致天主教被康熙帝驱逐出中国。这部分内容可参见李天纲老师的《中国礼仪之争》。晚清基督宗教卷土重来，这种一神论与多神论之间的矛盾并未消除，它仍然是教案频发的原因之一。

总之，一神论是亚伯拉罕宗教的基本立场。在这种参照下反观中国，无论是历史上还是当下，许多中国人往往都能接受多个神同时存在的现象。有人可能刚在文庙拜完孔子，出门左拐就去给观音娘娘磕头，路过土地庙的时候还顺便作个揖打个招呼。如此种种，作为中国人，我们恐怕都不陌生。这种现象经常被用来证明中国人信仰不专一，不虔诚，甚至被批评为功利，是在和神做生意。这样的指责，最初是来自基督宗教的，从源头上讲，这些指责都是基于一神论对多神论的批评。对学者来说，比起指责和批评，更重要的其实是去追问：中国人为什么那么心安理得地拜多个"神"，中国人的"神"为什么没有那么强的排他性，中国人的"神"与亚伯拉罕宗教的"神"有何区别？

确实，中国的宗教、民间信仰非常繁杂，又产生于不同的语境，但即便如此，这些宗教信仰的"神"仍有一些共同特征。大体上说，中国人所理解的人格神大多是人死后升格而成的，所以它们往往有生日、忌日等，甚至还有神界的配偶。这样一些神，当然就有了时间的起点，它们的存在晚于宇宙（世界）的存在，它们也就不太可能是基督宗教意义上的"创世者"。它们受限于时间、空间，所以它们不可能是全知、全能的。反之，创世神话是基督宗教的第一块奠基石。圣经旧约《创世记》中的"神"创造世界的方法是"说"，而不是像盘古开天辟地那样要用一把斧头劈开先前就存在的一团混沌。比较通行的解释是，"说"这个动作保证了"神"不依赖于他者就可以创造出世界，它不在任何意义上受限于他者，也惟有如此才能保证它是"全智全能"的。因为它不受限于他者，它也就不会被时间、空间或者其他人或神所蒙蔽，它雄踞于世界之上，它与世界的关系是超越的，这就是所谓"超越神论"的意义之所在。与超越神论并列的概念有内在神论和泛神论。所谓内在神论，指的是"神"虽然可以雄踞人类之上，却仍内在于世界之中，它们受限于时间、空间或其他事物，他们是有限的存在。我们很容易判断，中国语境中的孔子、祖先、关公，甚至开天辟地的盘古都属于内在神论的范围。内在神论意味着，这些神都不是先在于世界的，相反，这些神其实来源于世界，不是神创造世界，而是世界创造神。可以说，中国没有亚伯拉罕宗教那种意义上的创世神话，中国人很难想象一个先在于世界、超越于世界、仅仅凭借话语就创造了世界的"神"。前辈学者劳思光也曾经指出过，"古代中国之'神'，根本无超越世界上之意义"。

正如另一位前辈学人钱新祖所说，中国没有创世神话，是因为中国人相信宇宙的起源，"不是靠着宇宙存在之外的任何外力，而认为宇宙是自我创生的，是 self-created and self-creating"。想知道世界万物从何而来，是人类无法抑制的冲动之一，中国人恐怕并不例外。盘古开天辟地的神话虽然流传广，但是经不起知识阶层的追问；中国文化尤其是在知识阶层中，对世界万物起源更为主流的答案其实是宇宙化生论，或称宇宙生成论。在中国的宇宙化生论中，这个扮演万物之源的事物有"天""道""理""太极"等称谓。在老子那里，道"先天地生"，为"天地之始"，为"万物之母"；董仲舒说"天者，万物之祖，万物非天不生"；朱熹说"太极非是别有一物，即阴阳而在阴阳，即五行而在五行，即万物而在万物，只是一个理而已。因其极至，故名曰太极"。无论叫什么，这个万物之源大体都是非人格化的，它指的大体都是一种法则、秩序、力量，笼统地说，往往就是那个整体意义上的宇宙或宇宙秩序；它不仅生成万物，还主宰万物的发展变化。因为它是万物的终极源头，所以它是最为神圣的；由于它是非人格化的，同时又大体等同于整体意义上的、抽象意义上的宇宙，所以我使用了"泛神论"（pantheism）这个现成的概念来描述它。所谓泛神论，在欧洲思想史上以布鲁诺、斯宾诺莎、托兰德为代表，其核心内容一般有两点：以整体意义上的宇宙为至上神，因此其至上神是非人格化的；反对超越神论，不承认神创论，神渗透于万物之中，须臾不离。不消说，把"泛神论"这个源于西方语境的概念用来描述中国的现象，一定会有不那么吻合的情况，但大体而言，在最具辨识意义的两点特征上，它是适用的。这一概念的引入，并不是我一个人的独异想法。不仅托兰德曾称孔子是泛神论者，前辈学者秦家懿在对朱熹的经典研究中也曾指出，朱熹"力图避免神人同形同性论，同时又容许有一个创造者即在世界中的一种力量和意图在指引宇宙中的创造力"，那个主宰者就是"有点泛神论意味"的天。用晚清知识分子屡屡使用的表述来说，泛神论的内核就是"天即上帝，上帝即天"。（顺便说一下，秦家懿教授上过教会学校，做过修女，对基督宗教的神学有相当深入的理解，另一方面她又关怀儒家思想，在北美的一流大学教授哲学、宗教学和东亚研究，这种跨文化和跨学科的视野让她的研究极具启发意义，她的思想史研究似乎有点被低估了。）

总之，引进"泛神论"这个概念来描述和分析传统中国知识分子所理解的至上神"天"（以及道、理、太极、天地之心等概念），主要就是为了强调它不是人格化的神，也不是超越于宇宙的，它是排斥神创论的，它所匹配的宇宙观念是一个自身包含动力和秩序的宇宙。从一到万物的变化，中国人往往把它比拟为"生育"这样一个生物现象，所以这种宇宙观念被称为有机宇宙观。无论儒家还是道家，这种宇宙观都是他们比较稳定的、不言自明的基础预设。

至于你讲到泛神论能否涵盖佛教的问题，我的看法是这样的。正统的佛学的理解的确是不在乎"天"的神圣性的，但是佛教中国化之后，某些方面变得很厉害，在许多对佛教义理了解不深的人来说，佛教的罗汉、菩萨等等与道教、儒家所理解的诸多神祇也没什么本质区别，它们同样从属于至上神"天"。所以我在书中第 24 页中界定"中国宗教"这个概念时，特别强调它包括"原始宗教、儒教、道教以及被本土化了的佛教的一部分"，也就是说中国语境中使用的"泛神论"是不能涵盖与印度佛学有密切关系的佛教传统的。此外，佛教分支极多，是个让人望而生畏的庞然大物，我对它的了解连皮毛都算不上，所以我尽量避免论及，只有必须要处理的文献涉及佛教，我才会略作分析。

你在本书讨论的主题为，"传统中国人对天、天道以及形形色色的人格神的信仰在晚清时代遭遇了怎样的挑战，发生了怎样的变化？"从讨论的内容看，这个挑战主要或者几乎全部来自西方基督教文化及其带来的西方科学技术，除此之外，在晚清还有其他维度的

挑战吗?

张洪彬: 传统中国人对天、天道以及形形色色的人格神的信仰在晚清时代发生的变化,肯定不能仅仅归因于西方基督宗教的自然神学及其带来的现代科学技术。在书中第 2 页的注释中,我引用了席纳尔关于"世俗化"的经典界定,它包含了 6 个要点,马克斯·韦伯意义上的"世界的祛魅"只是其中一个方面。《祛魅》这本书只是从思想史层面处理了"世界的祛魅"这一个方面。我在历史文献中发现了基督宗教的自然神学及其带来的现代科学技术这样两种主要的因素,因而主要考察并讨论了这两种因素的挑战和冲击。这两种因素虽然不是全部,但肯定也是非常重要的因素,因为无论是基督宗教还是自然科学,它们带来的都不只是具体的、细枝末节的知识和技术,还有系统性的宇宙观(世界观)。

人类的行为以及社会的变动,往往并不是单一因素可以充分解释的。我相信,这种大规模的思想变动,还需要从其他层面上进一步考察和解释。比如全球化造成的多元文化之间的冲突,可能会导致某些文化传统中的某些组成部分被放弃而另一些被保存下来。再比如工业化和城市化带来社会组织模式的变化,新的社会组织模式主要依赖于陌生人之间的分工合作,它与传统熟人社会中以亲缘、地缘或共同神祇为主要联系纽带有很大的不同,它是一种凝聚力更小但规模更大的社会组织模式,人际交往大多数是浅表性的、专业性的而非深层次的、多面向的。借用滕尼斯的说法,传统社会是"共同体",而现代社会只是个交易和交往的"社会",系统性、深层次的共享文化不再那么重要。实际上,不同的思想观念及知识系统的竞争,自洽性、确定性(或可重复性)固然是导致胜负的重要因素，但历史语境中的某些相关因素往往也会影响人们对思想观念和知识系统的取舍。举例来说，基督宗教的神创论及其宇宙观等思想观念在明末清初也曾有较为系统的输入，但那时的基督宗教以及西方文化在中国人心目中未必代表什么繁荣富强，其传播范围也仅限于极少数上层精英，所以其影响不能算是惊天动地；但到了晚清民国，遭遇坚船利炮、条约口岸、声光化电等西方事物的挑战，西方的科学技术、经济生产、政治组织、世界观念乃至宗教文化，都会被一些人当作西方繁荣富强的原因，在这种压力下，西方的思想观念和知识系统的说服力和吸引力自然要强得多；再加上这些观念和知识在晚清民国是通过大众传媒传播的，其影响范围与明末清初已不可同日而语。再如，若不是因为救亡图存的压力，《天演论》作为一个文字古奥的文本，不可能吸引、"说服"那么多信从者。

　　总之，即便是思想观念之间的竞争和嬗替，也不只是思想观念之间的事，思想观念之外的其他因素也会发挥很重要甚至更重要的影响。正因如此，思想史需要处理的并不只是思想观念之间的关系，还需要处理思想观念与外在语境的关系。理想的思想史研究当然是内外兼修的，兼顾内在理路和外在语境。不过，理想之所以叫理想，就是因为它很难实现。我在书中并未浓墨重彩处理这些外在语境，只是偶尔提及，可以算作这项研究的一个缺陷。在可见的未来，我未必能补足这些缺陷，这与我的知识背景、个人禀赋、性格特征以及价值取向有关系。在片面的深刻与肤浅的全面之间，我宁愿追求前者。与其全方位覆盖议题，我更希望把本来就不充沛的知识和精力用于理清思想观念之间的关系。我相信，某些不言自明的思维预设对我们的思想和行为的影响比我们意识到的可能大得多。例如，对于很多中国人来说，因长期受宇宙化生论的影响，根本无法理解亚伯拉罕宗教的创世神话，更无法理解一个神怎么可能是全知全能全善的——从某种意义上说，我不过也就是有所了解，同样也难以接受。这就是观念的力量。

你从天、地、人三个方面，彗星、求雨、地震、风水、疾疫、灵魂这六个领域讨论传统中国宗教在晚清受到的挑战，这六个领域你选择的依据是什么？在我感觉中，风水和灵魂问题相比其他四个似乎更私人化，而不是像彗星、求雨这类与政治合法性关系更密切？

张洪彬：首先，历史学的思维方式，是比较具体的，即便是讨论比较宏观的问题，也往往需要落实到具体的人物、具体的事件和具体的文献上，所以我要把世界的祛魅这样一个宏观的问题落实到某些具体方面上来考察。其次，无论是生活经验告诉我们的，还是文献呈现出来的，都存在着一个从个别事物的理解变化到整体世界观的变化这样一个过程，因此也要从具体的方面入手考察。

天、地、人三才是传统世界观的一个基本分类方法。关于天、地、人，都有许多具体方面可以考察。就天来说，关于宇宙结构、星体构成、风雨雷电以及日蚀、月蚀、彗星、流星、荧惑守心、五星聚顶等等天文现象的认知，都值得细致考察；就地来说，关于地的形状，关于"中央之国"是否在世界的中央，关于"四海"之外是什么，对种种动植物的认知，对风水、地震海啸等的理解，其实都能具体而微地反映出宇宙观（世界观）的变迁；就人来说，关于身体结构、骨骼、血液、脉象、面相、伤痛、精神疾病、睡梦、记忆与失忆，如此种种不一而足，都存在知识的更新，都值得细细考察。最终，我选择彗星和求雨这两个现象来反映天空认知的变迁，选择地震和风水来反映地上事物的认知更新，选择疾疫和灵魂（尤其是鬼魂）来分别反映肉身理解和灵魂观念的变迁。在诸多现象中选择这几个，一是因为其中四个与灾异等传统观念有关，有较强的戏剧性，产生的文献较多；二是风水观念尤能反映人与宇宙、自然的关系，而灵魂本身就是宗教学研究的核心问题。其实在选择这些考察对象的时候，我没有太考虑私人性或公共性的问题。

因为你提出了这个问题，我想借此机会补充说明一下。彗星、求雨、地震、疾疫这四者跟灾异观念密切相关，所以往往是许多人的共享经验和共享知识，还常常跟公共政治和集体行动挂钩；而风水、灵魂与灾异观念的关系没那么密切，所以不太容易转化为共享经验和集体行动。但是，关于以上六者的相关知识和理解，在传统中国虽然有历史变迁，但是为前现代的许多中国人所共享，所以它们具有较强的公共性。比如，风水术虽然派系众多，但仍然是公共性的知识，而且涉及阳宅和阴宅的选址，即便是高规格的王朝礼制（比如同治帝陵的选址）也在使用这一套知识；而灵魂观念涉及如何理解死后生命、如何处理丧葬和祭祀等问题，也具有广泛的共享性，所以也不能算很"私人"。

在你的讨论中，西方传教士对中国求雨、地震等解释框架的批评，更像基督教士对异端、异教的指责，而不是科学对宗教迷信的批评，虽然他们也会用到一些他们当时掌握的西方的科学技术知识。这些争论，在彼时的情境下，是否更多系于对中国人习俗与心理习惯的观察，虽然当时传教士的解释科学含量更高。

张洪彬：是的，基督宗教对中国信仰系统的批评，一方面是一神论对多神论的批评，另一方面是超越神论对泛神论的批评，批评

的理由都是偶像崇拜，把不是神的事物当作神来崇拜，其实就是
"正统"对"异教""异端"的批评。

　　这里有一个既简单又重要的问题需要提出来引起注意。包含近
代科学在内的西学传入中国，基督宗教的传教士是第一批传播者。
如果我们把所有宗教都归为"迷信"，并与"科学"做二元对立的
理解，那么我们就没法解释那些冒着巨大风险千里迢迢来到中国，
以把所有中国人都变成基督徒当作毕生使命的传教士，为什么还要
向中国人传播科学知识。那样，岂不是科学传播得越多，就越不可
能让中国人成为基督徒吗？所以，基督宗教的传教士所理解的宗教
与科学的关系就不太可能是二元对立的。从《格物探原》等晚清文
献中可以清晰地看到，17 至 19 世纪在欧洲非常流行的"自然神学"，
在晚清传教士中也是一个很普遍的解释框架。它能较好地把科学放
置在基督宗教的信仰之下，宗教和科学不是并立的关系。用他们常
用的比喻来说，你对"钟表"了解得越多（科学），就越了解和接
近"钟表匠"（宗教）。所以他们的批评，既是基督宗教对异端异教
的批评，也是"科学"对"迷信"的批评，只是说那种科学是牛顿
范式的科学，背后是以钟表为喻体的机械宇宙观。

　　不同于有机宇宙观中居于核心的是生物学意义上的"生育"，机
械宇宙观中居于核心的是"设计"和"制造"。在基督宗教的自然
神学中，只有钟表匠（神）是神圣的，作为被造物的钟表（宇宙）
是不神圣的。但是，对于中国知识分子来说，这可能就构成冒犯。
因为受传统的泛神论和有机宇宙观影响，中国知识分子"以天为上
帝"，"天"（宇宙）本身就是最为神圣的，而今被认为不过是基督
宗教的神所造的器皿，并无神圣性可言，他们当然不开心。我在书

中第 253 页引用的宋育仁的那段话，特别能体现出中国知识分子这种愤懑之情。（最先看到那段话是在张灏先生的名篇《中国近代思想史的转型时代》中，宋的沉痛和愤懑让我极受震动，这是我整个选题的重要肇因。）宋育仁说，在"西学"的评判下，"天为无物，地与诸星同为地球，俱由引力相引。则天尊地卑之说为诬，肇造天地之主可信，乾坤不成两大，阴阳无分贵贱，日月星不为三光，五星不配五行，七曜显于不伦，上祀诬为无理，六经皆虚言，圣人为妄作"。从这段话可以看到基督宗教带来的自然神学和机械宇宙观给某些中国知识分子构成的心理压力。我在书中第五章里讨论的主要就是这种超越神论与泛神论的分歧，也是机械宇宙观与有机宇宙观的分歧，也可以说是神创论与宇宙化生论的分歧。在第六章中我又考察了中国知识分子利用天演论来对抗这种压力，反映的仍是这种分歧。

你在第一章曾辨析了"天"的三层含义，也引用了程颐的话来说明泛神论视角的天："又曰：'天与上帝之说如何？'曰：'以形体言之谓之天，以主宰谓之帝，以功用谓之鬼神，以妙用谓之神，以性情谓之乾。'"我们知道传统中国宗教语境下天的神圣性也比较模糊或弥散，那么，晚清所受的冲击是不是达到了韦伯所说"祛魅"的程度？

张洪彬：翻检晚清文献，西方科学知识的传播还是相当广泛的，数量大、时间长，再加上新技术的现身说法，"赛先生"的地位越来越尊崇，终于升格为"赛菩萨"。这些科学知识的影响，对于那些生活在通商口岸及周边、受过系统新式教育的读书人甚至有留洋经历的人，是很系统的，足以构成世界观刷新的效果。当然，对于那些地处僻远、难以接触到西学新知的人来说，科学知识的接受可能并不那么系统，也难以构成世界观刷新的效果。此外，这个世界观祛魅的过程，不能说在晚清已经完成了，只能说是呈现出了比较完整的面貌。我们看到民国时期乃至当下，以反迷信为主题的科普工作一直在开展中，祛魅是一个持续至今并将继续进行的过程。在韦伯那里，祛魅是在西方文化中已持续数千年之久的过程，只是说在近五百年中，因为科学的大发展，这个祛魅过程表现得尤其迅猛。

接下来，我要稍微补充一下对"祛魅"这个核心概念的看法，从而来判定近代中国的这个思想变迁是否可以理解为韦伯意义上的祛魅。韦伯的祛魅，其内核是"理性化和合理化"，他说，"我们知道或者说相信，在原则上，并没有任何神秘的、不可测知的力量在发挥作用"，"我们再也不必像相信有神灵存在的野人那样，以魔法支配神灵或向神灵祈求"。神秘的、不可测知的力量，以及相应的向神灵祈求（狭义的宗教）或支配（巫术）的观念和实践就是被祛除的对象。神秘的、不可测知的力量，不仅限于人格化的神灵，类似阴阳、五行、八卦这样的非人格化的法则，在前现代的思想和信仰世界中也扮演了重要的角色，例如在风水信仰中就几乎看不到人格神的踪影。正因如此，在这项研究中我必须采用"泛神论""非人格神""天道信仰""宇宙秩序"等概念来表述这部分内容。

"理性化和合理化"在绝大多数人看来，自然是值得欢迎的进步。但正如许多学者指出的，祛魅这个命题还是一个"减损"故事，也就是说，学者们很关注这个祛魅过程遗失了哪些弥足珍贵的事物。韦伯在那篇著名的演讲《学术作为一种志业》中说，"谁还相信天文学、生物学、物理学或化学上的知识，能在世界的意义这个问题上，对我们有所启发？谁还相信自然科学能够指点迷津，告诉我们要循哪一条路才能找到它的踪迹？其实，照这些自然科学的倾向，一旦它们真要涉及这些问题，那么有所谓世界的'意义'存在这个信念，将会被它们从根铲除"，"自然科学家总是倾向于从根底上窒息这样的信念，即相信存在着世界的'意义'这种东西"。有类似的看法的人还有很多。当代美国哲学家大卫·格里芬说："过去一百多年来，有一个被广泛接受的假设：科学必然和一种'祛魅'的世界观联盟，其中没有宗教意义和道德价值。"显然，他认为"宗教意义和道德价值"是在祛魅过程中遗失了的事物。查尔斯·泰勒在《世俗时代》中说，在前现代的"迷魅的世界"，"意义是在我们之外，在与我们接触之前它就已经在那里了"，换言之，意义对于人类来说是客观的；而在祛魅之后世界中，"我们的思想、感情与灵性热忱的唯一处所，就是我们称之为心灵的地方；宇宙之中仅有的心灵，也只是人类的心灵；而心灵是有界限的，因此这些思想和感情等等，也都处于心灵界限之内"，意义必然是从我们的心灵投射出去的，简言之，意义丧失了客观性，其强制性被削弱。回到中国语境的祛魅故事中，我们可以看到不少敏锐的心灵对世界祛魅的哀惋，宋育仁愤慨"天尊地卑之说为诬"，吕调阳则试图把现代天文学与阴阳五行等"圣人之理"捏合在一起。

　　总之，有很多人认为世界观的祛魅会导致意义的丧失或削弱、伦理道德的客观基础被拔除等问题，因此努力限定科学的适用范围，或证明鬼神之真实存在，或证明即便不存在鬼神但仍存在着独立自存的精神、意义。他们这种对抗祛魅的动机和努力，被学界称为"复魅"（reenchantment）。根据我正在进行的一项研究的初步发现，中国现代思想史上有相当多知识分子在做这样的努力，虽然很多都显得迂阔怪诡，从学理上很难说是成功的，但因回应了许多人的心理需求，却产生了不小的影响，代表了相当大一部分人的心声。他们的哀惋和努力可以帮助我们更准确地评估，在祛魅这个明显的进步过程中，现代人到底遗失了什么。

你在最后两章对中国的有机宇宙观和机械宇宙观进行了比较，从宗教、巫术、科学之间复杂的关系看，各自生长的空间都存在。有时我们会有一些策略性的做法，比如书中所引用的胡适对于求雨仪式的批评，在他的科学知识不够用时，会强行解释，有点不由自主地切换到类似天人感应的巫术思维。从大的层面来说，中国宗教可能更关注的是宇宙生成论，而不是本体论，在这个意义上，该怎么思考天、天道的神圣性和祛魅问题？

张洪彬：首先，我认为少年胡适对"求雨灵验"的幼稚解释不能算是巫术思维，还是很典型的科学思维，因为他的因果关系不是以神秘的"感应"（即弗雷泽所谓的"交感巫术"）为基础的，而是建立在"空气扰动"这个物理关联层面上的。

其次，关于科学与宗教（此处使用的广义的"宗教"概念包含巫术在内）之间的关系，有很多不同的看法。有的认为二者处理的是不同层面的问题，所以并不矛盾；有的认为科学解释的领地越来越大的话，宗教的领地会越来越狭窄。我自己的看法很纠结。总体上，在世界观问题上，我会偏向于后者；但是宗教信仰和精神价值另有根基，另有功能，比如宗教心理学指出的信仰主体的心理需求，宗教社会学揭示的宗教信仰的社群凝聚功能。所以，其结果是，即便科学在解释世界的问题上会占领越来越大的舞台空间，但宗教信仰和精神价值也仍然会顽强存续。国内外宗教学界最近三十年的一个热点话题，就是解释宗教、类宗教现象的全球性复兴这一现象何以发生。也许是我本人对科学信心太强的原因，我相信世俗化程度还会继续深化，世界的祛魅会继续下去；但是，当不安定感和无能为力感加强，宗教信仰还会在那样的人群中扮演非常重要的角色。文化人类学家格尔兹在其名篇《作为文化体系的宗教》中说，大多数宗教信仰都至少有三种功能，世界观解释、道德维系和情感慰藉。借用这种观点来说，现代科学接管了第一个功能，对后两者则弃而不顾。换言之，"求真"的问题获得了更佳的替代性方案，"向善"的问题却不仅没有获得更好的保障，反而遭到了削弱。与韦伯同时代的王国维感慨"可爱者不可信，可信者不可爱"，表达的也是这样的纠结吧？即便在当下，这种纠结恐怕也不稀见，否则祛魅这个百年前的老命题不可能到今天还能引起世界范围内的广泛兴趣，以至于我到今天还能蹭上韦伯的热度。往大里说，它是现代性的悖论，是人类尚未脱困的陷阱。许多学者竭力探究这个不可逆转的减损故事到底遗失了什么，就是为了找到能完全补足的替代品。如果真能找到，这个陷阱就算跳出来了。

我想，解铃还须系铃人，真正能够构成复魅的基础的，恐怕还是得寄望于科学的发展能提供一种新世界观。这也是许多人对量子力学的"不确定性原理"抱持高度期望的原因之所在，他们相信"不确定性原理"能够从基础上摧毁现代科学引以为豪的"确定的因果关系"（常常被理解为决定论）和"实证主义"（对精神、鬼神等形上事物的无视乃至否定）。必须要承认，我可怜的智商理解不了量子力学这么复杂的知识，所以我对此缺乏判断能力；不过从一些评述来看，量子力学能否扮演这样一个角色，仍然存疑。

第三，正如你所说，中国宗教可能更关注的是宇宙生成论，而不是本体论，在这个意义上思考天、天道的神圣性和祛魅问题，我想应特别关注"天道"与"天演"之间的连续性。先前从事易学研究的一些学者已经注意到了易学中的"变易"与天演论中的"演化"之间的亲近性。我在书中第六章第一节做的也是这个工作，我试图证明天演论在晚清知识分子眼中是一种新版的有机宇宙观，因其与旧有的有机宇宙观甚为相似，能够缓冲机械宇宙观给中国知识分子构成的心理压力，所以特别容易被接受。另外还有一个猜想没有来得及展开论证，即"天道"与"客观规律"的连续性，现代中国对"客观规律"有那么强的执念，与此恐不无关系。

《祛魅》这本书遭遇过（以及预期还会遭遇）哪些质疑和批评？可否借此机会做个回应？

张洪彬：这本书初稿完成于 2014 年，在答辩、参会、投稿、申请资助等过程中遭遇过很多质疑和挑战，很多师友和同行出于善意提出了他们的意见和建议。我想借此机会感谢他们。

有人批评我对基督宗教的历史变迁了解不够系统，有人批评我把基督宗教的宇宙观等同于机械宇宙观有以偏概全的问题。我的回应是：基督宗教与佛教一样是分支极为复杂的庞然大物，对任何人来说要充分了解都是极为困难的事，我承认我对自然神学和机械宇宙观之外的基督宗教史了解很不够，若将来有机会能更系统地了解，当为幸事，但是在我所处理的晚清这一语境中，我还是有信心说，自然神学以及机械宇宙观在基督宗教中是主导性的。

有人批评我把"宗教""泛神论"这种典型的西方概念用来描

述中国自身脉络中的文化现象，认为有凿枘不入的问题。我的回应是：史学界比较倾向于用历史中自然产生的原生概念来指称和表述，认为用外来概念或生造概念去描述旧有现象易于造成郢书燕说的问题，即很容易把新概念包含的内容投射、强加给历史，从而扭曲历史的真相和本义。我承认这样的方法论是正确的，但是问题在于，历史发展中有许多纷繁复杂的名相变迁，若拣择其一来涵盖所有，就像要在一堆杯子中选择一个装下其余所有杯子，很不容易做到，也许找个盆子来装这些杯子会更方便，也就是说另择他者或新造概念来涵盖，反而不易造成混乱。其次，在一个全球化已经发生并且再也没法回到过去的时代，外来词汇和概念已经深刻改变了我们的语言和思维，若出于民族主义、文化本位主义等原因排斥外来概念，既无必要也不可能。第三，在现代学术中，比较是不可或缺的基本方法之一，坚信"只知其一，一无所知"的现代宗教学尤应如此。欧美的全球化比我们早得多，他们的很多观察和思考是以宽广的跨文化比较为基础的，现代宗教学就是全球化结出来的果实。这又跟我本人比较喜欢阅读汉学著作有关，汉学家的外在视角和跨文化背景，固然难免郢书燕说的陷阱，却更容易发现我们自己习焉不察的某些问题。第四，横向比较的确易于造成不恰当的比附或扭曲，但若对概念的不匹配有清醒的意识并在使用过程中明确界定，这种概念的引介和使用仍是可能的。第五，这些新概念背后包含着西方学界一些卓越头脑的深刻洞见，对我们的解释和论证是可以构成正向助力的。第六，所有的概念引入或生造，都不过是为了说服读者的方便法门，若结果适得其反，或者能找到更好的方法来说服读者，不那么妥帖的概念当然可以舍弃。最后，这样做还有一个根本性的理由，我相信人性具有基本的共通性，人的欲求具有相当程度的普泛性和恒定性，正因如此，人类要回答的大问题可能永远都是某一些，虽然不同文化、不同时代的人给出的答案各有不同。中国人再怎么特殊，也还是人类的一分子嘛。钱锺书所谓"东海西海，心理攸同"，我想就是这个意思吧。

我相信还将面临更多质疑和批评，我真诚地欢迎质疑和批评，但仅限于学术上的。正如我在书的后记中所说的，我们天然就是自我中心的，借助他人的眼光，也许可以让我们或多或少地克服这一天然陷阱，借此改善我们对自己、对世界的认知。

（在笔谈过程中获得了沈洁、邓军、邢婷婷、于海兵的帮助和建议，谨致谢忱。祁鸿儒对本文亦有贡献。）

（原文见 https：//m. thepaper. cn/newsDetail_ forward_ 17014461）

专访｜张洪彬：晚清时期的"祛魅"，
传统中国社会的"梦醒时分"

来源：新京报

记者：刘亚光

社会科学中的学术概念逐渐进入日常生活，早已不是一个罕见的现象，比如最近两年的"内卷"，又比如"祛魅"——尽管在日常语境的使用中，这些词语经常都和原意有着较大的出入。近日，我们专访了《祛魅》一书的作者张洪彬，与他聊了聊相关概念的演变。

作为社会学家马克斯·韦伯提出的重要概念，"祛魅"原本用于形容人们不断把宗教世界观及伦理中带有巫术、迷信性质的知识和伦理从生活实践中去除的过程。世界的祛魅，也是马克斯·韦伯对现代化进程作出的重要判断。

在迈入"现代"的过程中，"祛魅"过程在不同的国家都有其表现。在历史学者张洪彬看来，中国的这一过程尤其明显地体现在晚清时期。在一系列外部冲击，尤其是在基督教传教士传播的科学知识的影响下，中国人对自然现象的传统认知模式逐渐松动乃至颠覆，曾经带有宗教色彩的信仰被科学化的认识取代。我们就此采访了张洪彬，围绕他的新著《祛魅》，共同聊一聊中国思想"祛魅"过程中的天人感应、近代科学与晚清宇宙观念的嬗变。

晚清时期，在外来思想的冲击下，中国人看待自然的观念都面临巨大的转折。在《祛魅》中，张洪彬全面梳理了这一时期人们思想中具体有关彗星、求雨、地震、风水、灵魂、疾病等多个观念的转变过程。如一些学者所指出的，宇宙观的背后，往往联系着价值观和政治伦理。

比如书中提到的一个人们比较熟知的例子，中国传统主流的一种看待灵魂的观念是"气化灵魂观"，即将灵魂理解为一种"气"的凝聚。这种观念并未否定人死后作为气的灵魂有消散的可能，这乍看之下仅仅是一种对自然的迷信式理解，但却有重要的伦理后果——如果灵魂会消散，那么"人死如灯灭"，"来世"的缺席否定了死后生命的长期存在，进而影响到祖宗祭拜、丧葬礼仪乃至孝道的维系。这也成为气化灵魂观始终需要处理的难题。从这个意义上讲，"祛魅"的意义并不仅仅是人们看待自然的方式变了，而是"天变，道亦变"。

在中国思想观念的"祛魅"过程中，韦廉臣、合信等基督教传教士对西方科学知识的传播起到了十分关键的作用。不过，传教士们传播科学知识的终极诉求，也是传播知识背后的自然神学观念。西方的自然神学自古希腊时期的柏拉图、亚里士多德等人发端，经历了奥古斯丁、托马斯·阿奎那、加尔文等众多思想家的完善，18—19世纪的威廉·佩里等人更是为其发展出了较为人所熟知的框架。自然神学主张万物为上帝所造，同时也各有目的。它承认宇宙运转符合上帝的意旨，而这种意旨也体现在自然科学理性之中。因此，自然神学也被看作是基督教用以调和科学与宗教关系的重要尝试。

然而，晚清时期的中国人即使能接纳西方的科学知识，对于这套自然神学却是很难认同。自然神学所代表的宇宙观是一种机械的宇宙观——认为宇宙间的万物都如上帝创设的钟表内部的复杂组件，各有目的，以极为精妙的方式相互配合运行。这与"祛魅"前的中国人看待宇宙的态度迥然不同。张洪彬认为，中国传统思想有着明显的"多神论"与"泛神论"特征，这与机械宇宙观中存在的上帝这唯一的"人格神"设定相抵牾，此外，当时中国人的宇宙观基本是一种"有机宇宙观"，即认为"天"的运行自有其内在的动力和规律，无须另假借超越于天的一个神圣存在。

巧合的是，中国传统思想与机械宇宙观的疏离、与有机宇宙观的亲近，有意无意地也成为晚清的一些知识分子译介西方思想的桥梁，严复译《天演论》即是其中的重要案例。众所周知，《天演论》背后的思想在西方屡遭排斥，然而在当时的中国却极有市场。胡适在《四十自述》中曾如此描绘过《天演论》的火爆：……不上几年，便风行全国，竟成中学生的读物。人们通常会将这种现象视作国门大开后中国屡次战败后的应激反应，《祛魅》则相较于该领域早先的一些研究，较为创新地解释了《天演论》流行的"内因"：天演论宇宙观与中国传统的有机宇宙观有着高度的契合。比如，二者都强调万物起源于某一非人格神的起点，同时有其内在运行的动力。

在接受专访时，张洪彬特别提及该研究与小时候在乡村接触相面术、算命术、风水术等类"迷信"活动的经历有关。按照学者杨庆堃的区分，与基督教这类"制度性宗教"相对，中国的民间宗教具有"分散性宗教"的特点，它或许没有系统的象征和独立的崇拜仪式，但却"紧密地渗透进一种或多种世俗制度中，成为世俗制度的观念、仪式和结构的一部分"。经历了"祛魅"后的现代世界，科学世界观逐步成为人们理解世界不言自明的前提，但这并不意味着宗教失去了自身的价值。站在今天的视角，回顾这段晚清时期"祛魅"历史的意义，或许也能让我们避免以一种线性进步的辉格史观简单否定中国人对自然之"魅"的信仰，而是对其生发演变的思想脉络形成"同情之理解"。

此外，作为这项研究的亮点，《祛魅》对严复翻译《天演论》的再探讨也丰富了我们对晚清时期西方思想传播的认识。以进化论作为思想蓝本的《天演论》，给彼时国人留下的最为深刻的印象即是"物竞天择，适者生存"这八个字——时至今日，这可能也是不少人对其的认知。然而，严复眼中的宇宙虽无善无恶，在价值上中立，但"物竞天择，适者生存"的法则却有可能进化出道德秩序，世界的运行之道也并非是完全弱肉强食的"拳头逻辑"。不过，出于严峻的时局，时人对其的简化与误读也算是情理之中。通过对这种思想"误读"的重溯，我们也能从中看到某些烛照当下的知识关怀。

传统中国"祛魅"的进程可以上溯至明末清初

新京报：你的书名"祛魅"近似于韦伯的概念，即指"神圣存在"在晚清中国人（主要在上层社会）的公共生活中销声匿迹的过程，同时，宇宙观的"祛魅"也带来政治观念的变革。这个"祛魅"的过程大致开始于什么时候？

张洪彬：诚如你所言，宇宙观的"祛魅"也带来政治观念的变革，张灏从政治秩序的危机追溯到价值取向的危机，也正有这个用心。我原来的主标题是"天变，道亦变"，计划不仅写宇宙观的变化

（"天变"），也要写世俗政治正当性的转移（"道亦变"）。但最后完成的书稿讨论后者较少，也就严复那一部分涉及一些。关于世俗政治正当性的转移，许纪霖老师发表了几篇论文深入讨论。关于世俗道德根基的转移，我的同门段炼的《世俗时代的意义探询》（上海人民出版社，2015 年）已有很好的研究。思想史的研究处理的主要不是人物、时间、地点明确的"事件"，而是潜移默化的"观念"，所以要说一个准确的时间起点，是不太可行的。我在这项研究中发现，以近代科学为主的"西学"是晚清宇宙观祛魅的重要因素，我的考察的起点设在了 1833 年，这一年，来华传教士郭实腊在广州创办了中文期刊《东西洋每月统记传》，成为晚清西学东渐的一个标志。当然，这个时间节点的设定，只是为求方便而已，一个期刊办出来，不可能马上就产生多大的影响。更何况，1833 年前也不是没有西学东渐，所以我的博士后导师李天纲在书序中指出，这项研究可以进一步上溯到明末清初。

新京报：你刚刚提到了本书试图关注的是"天变，道亦变"的问题，学者许纪霖曾在《世俗化与超越世界的解体》一文中指出，现代性的发生和世俗化的开展，从思想史的角度来看，即是宇宙观的变化。晚清时期"宇宙观"的剧变与人们的政治观念、日常生活观念之间的剧变有怎样具体的联系？

张洪彬：在写作过程中，我也曾努力把思想观念落实到行动、实践、仪式、事件、制度层面上去，这在二三四章中可以看出；我也曾试图去查询清代钦天监档案，希望看到钦天监意见在晚清政治决策中的地位变化，但很遗憾，钦天监档案可能在民国时期已经佚失，以至于钦天监的办公地点在哪里都有不同看法。同样基于这一考虑，我曾想过要从思想史层面入手去研究 1916 年袁世凯祭天典礼，出于怎样的理由来举行这个仪式，有怎样的争议和批评，但由于史料搜集不顺利，这项计划搁浅了。现在只能猜测说，1912 年建立的新政权不再自称受命于天，虽然原因很复杂，但宇宙观的祛魅、"天"的神圣性衰弱，恐怕也是一个深层次的原因。这方面还有很大的探索空间，但将来有没有很有说服力的研究出来，还是得看史料的发掘状况，再加上政治哲学、法哲学方面的阐释。国内方兴未艾的历史政治学、历史法学的阐释路径虽然有很多新意和启发性，但在举证方面往往并不让人满意，说服力不够，所以常被批评为过度诠释。总之，虽然很多思想史学者都在努力把思想观念与行动、事件、制度等联系起来理解，但这个难度很大，平衡得好、做得成功的似乎不算太多。我这项研究在这方面也还有很大提升空间，第五六章尤其如此。

新京报：中国传统思想的泛神论特征，一个很重要的方面即是中国哲学的核心概念"天"的非人格化。不过我们知道，在殷商时代，"天"还是具有某些人格神特征的，只不过后来经历了一系列的去人格化进程，在"天"的非人格化过程中，比较重要的几个节点时期是什么？

张洪彬：这个题目涉及先秦思想史，我没有研究，我对这个领域的了解仅限于阅读学界的一些研究成果，这里只能就阅读谈谈粗略的印象。天的人格化特征逐渐稀薄，非人格化特征逐渐浓厚，这应该是一个整体的发展趋势。孔子虽然说"天何言哉？四时行焉，百物生焉，天何言哉？"但其非人格化色彩还不算非常清晰，因为还有别的表述又表明他把天当人格神理解。

一般认为，阴阳五行学说的兴起和广泛传播，是"天"的非人格化过程中的一个重要节点。邹衍不仅认定万物由木、火、土、金、水五种元素组成，而且五行之间还存在着生克关系，这种生克关系是天地万物变易的规则和秩序，世俗政治也不例外。由于邹衍的著作已经佚失，我们只能根据只言片语猜到这个程度。但到汉代，董仲舒等人把阴阳五行学说和儒学整合到一起，补上了孔孟在宇宙观方面的短板，非人格化的"天"就在上层思想中占据了比较主流的位置。佛教输入，道教兴起，对天的非人格化有怎样的影响，我还缺乏了解。宋代理学兴起，把"天"解释为非人格化的"太极""二气五行之理"，就已经是自觉的做法了。宋明以下的知识界，总体上还是笼罩在理学的思想世界中，直至清代尤其是晚清的西学东渐。

"顺境从儒，逆境崇道"
"信"与"不信"之间可以有无数个刻度

新京报：在本书的第三章"地之祛魅"中，我们也可以看到熟悉的中国古代"灾异论"。在祛魅前的宇宙观下，自然灾害和政治正当性之间有着密切的连接。似乎君主只有行仁政，才能平灾害、得民心。不过，有学者比如陈侃理也在专著《儒学、数术与政治》中提出，中国古代的灾异论原本希望成为一种道德上的制约，但最终却常为权力所驱使，你会怎么看这个问题？

张洪彬：确实，萧公权、黄一农、陈侃理等都曾申说，灾异论本是为限制君权准备的，但在实践层面，却常常被帝王用来问罪臣属。我在书中第 124 页分析康熙帝在面对地震时的反应，也可以证实这一点。

但事情还有另一面。灾异论的另一面是皇权天授，天是政治正当性的来源。无论帝王是否相信这一套框架，无论他有多么不想受到限制和约束，但凡他想要"天"的加持，他就得至少假装接受这个框架。虽然他可能会耍很多花招，把自己的责任给甩出去，但其理由、借口都是在这个框架之内的，做自我辩护也得在这个框架内找理由。公然蔑视和对抗这个框架的帝王，中国历史上并不多见。

更何况，要有效地对抗一个被广为接受的思维框架，仅凭主观意志的对抗是不够的，往往还得有说服力更强的替代品。佛教进入中国之后，其宇宙观对君权天授是有挑战的，但佛教对世俗政治秩序满不在乎，并不是一个很好的替代品。宋代儒学复兴之后，君权天授重获巩固。直到西学东渐，近代的科学宇宙观提供了一个更有说服力的替代性解释，才从根本上瓦解了君权天授的基础，这也是我在这本书中试图论证的。不过，因为这本书的侧重点在"天变"，"道亦变"未能充分展开，所以并没有花很多篇幅直接讨论政治正当性的转移。

新京报：中国的地方宗教中，祭拜的神常常很多样，也没有很严格的体系，甚至相互之间的祭拜也并不互斥。这可以说是宗教信仰的兼容并包，但你在书中提到，鲁迅等人也批评这种现象是属于没有真正的"信"，认为中国人顺境时信儒家而逆境时信道家。你会怎么评价这些观点？

张洪彬：多神论的宗教信仰，各种神祇之间往往存在着分工，比如财神只管你发财挣钱，月老负责帮你找对象，观音菩萨负责给你送子，所以对于信仰者来说，为什么信了财神就要排斥月老和观音呢？因为一个人同时信这些不同的神，就说他不是真的信，说他不虔诚，这恐怕有点不合情理。近代读书人在批评这些现象时，往往是以某些很虔诚的基督徒作为参照的，但他可能没看到那些不怎么虔诚的基督徒。其实任何一种信仰都是这样，信仰的虔诚程度不是只有 0 和 100%，中间可以有无数个刻度。传统中国人顺境时信儒家而逆境时信道家，我觉得这个也无可厚非。因为人本来就是个很容易被环境影响的存在，在事事顺利的时候，往往过于自信，以至于自以为可以一呼百应；到许多事情都不顺利的时候，可能会怀疑全世界都在针对我。相对于儒教的用世心切，道家的思想观念确实更像是为失败者提供的，更接近通常意义上的宗教，帮助人们缓解沮丧、悔恨、愧疚、自责、痛苦等负面情绪，接受失败、挫折和损失。我想，任何人群都需要应对生活中的挫折、失败和损失，而且有些损失是不可挽回的，有些遭遇是不可避免的。比如像地震、海啸、空难等灾难一旦发生，遇难者家属做任何努力都无法挽回那个悲伤的结果，唯一可以做的就是想办法缓和负面情绪，接受那个悲伤的结果。在这过程中，若有什么思想或仪式能帮助他们更好地缓和负面情绪，接受那个悲伤的结局，它们难道不是有用的生存资源吗？道家思想、佛教思想时常对人说"你想要的但得不到的，其实没那么重要"，"你害怕却不得不面对的事情，其实没那么可怕"，常常教人"放手"和"躺平"，充满"负能量"却一直有市场，我想原因正在于此。

　　新京报：在"求雨"一节，你借助晚清时期地方的一些案例，描绘了不同的群体对待求雨信仰的态度。站在不同的立场上，政治精英、士人群体似乎更看重祈雨者的道德品性和态度，而下层民众

更为看重神祇的灵验与否。从这个案例出发，晚清时期不同阶层的人们对待宗教，以及对待"祛魅"的态度有怎样的差异？

张洪彬：精英文化与大众文化之间虽然可能是同一个系统，但也会有分层。即便是在传统中国，虽然都信仰"天"，但在精英阶层，"天"的非人格化色彩就要更浓厚一些，"天道""天理"挂在嘴上的时间肯定要多一些；而民间社会，挂在嘴上更多的恐怕是"老天爷"。某些地方神祇其实往往是因为"灵验"而被地方推荐给朝廷认可，但朝廷之所以认可的理由却往往是它对民众有"恩德"，知识阶层也往往喜欢去评判神灵的道德与否，但在自己的日常生活中，对"灵验"的需求恐怕并不稍逊。在晚清时期，因为阅读能力的差异，知识阶层是接受西方近代科学的先行者，因此宇宙观的祛魅在知识阶层中是领先于下层民众的。义和团运动中，拳民以肉身和巫术对抗洋枪洋炮的惨烈情状，给知识分子造成巨大的冲击，震惊、惋惜、哀怜、尴尬，在新式知识分子中是比较普遍的感受。李孝悌《清末的下层社会启蒙运动：1901—1911》（河北教育出版社2001 年 11 月）的研究指出，义和团运动后，很快就有一波针对下层民众的启蒙运动，许多知识分子通过创办白话报、演讲、演戏等方式，去向下层民众灌输新知识尤其是近代科学知识，其中很多都是针对民间的宗教信仰。

但下层社会的世界观转变，不可能像知识阶层那么迅速、那么普遍。下层民众往往缺乏系统性的阅读和思考，对知识自洽性的要求没有知识阶层那么高，对知识之间的竞争和嬗替也不会那么敏感，他们的思想观念与传统时代的连续性要强于知识阶层。知识阶层与下层民众之间的这种落差，容易转化为知识阶层对下层社会的"迷信"的反感和排斥。到后来，与知识阶层关系更密切的政治权力深入乡村，这种反感和排斥容易升级为干涉和压制。

现代科学的普及受到多方面影响，自然神学不是决定性因素

新京报： 你在书中探讨了机械宇宙观和有机宇宙观在晚清中国的不同境遇。基督教在中国传播科学的过程中，也同时是在传播一种自然神学的观念。你提到学者刘华杰曾经评价过传教士韦廉臣译《植物学》一书中的自然神学，他给予了自然神学极高的科学史评价，并强调价值理性在当代科学发展中的价值。你如何看待自然神学的这种价值？

张洪彬： Natural history 在中国翻译为博物学、自然史、自然志，它"是与自然哲学相对的知识类型，着眼于个别事物的具体描述，不追究事物背后的原因"。（吴国盛：《自然史还是博物学？》，《读书》2016 年第 1 期）在达尔文主义兴起之前的欧洲博物学传统，与自然神学有很多重叠。晚清来华传教士传播的自然科学知识，主要也在这种博物学和自然神学的双重影响之下，许多译作既是"自然科学"作品又是"神学"作品。刘华杰教授在《〈植物学〉中的自然神学》（《自然科学史研究》2008 年第 2 期）一文中对此有很好的分析。该文旨在反思科学史中长期存在的"辉格史学"的倾向，即努力在历史中打捞那些符合今天的"科学"标准的知识，把它们与历史处境割裂开来，结果使得那些知识变得难以理解。在中国近代史学界也有类似的追求，即尽可能避免把我们的价值取向投射到历史中去，虽然那不可能完全做到。

刘华杰教授在文中还进一步质疑了把科学作"去价值化"理

解的主流倾向。他认为，坚持科学是"纯客观的""价值中立的"，可能"导致工具理性与价值理性在科学探索的全过程中彻底分离，科学的航船失去了指引、目标，科学工作者不再关注本来内在于课题的伦理问题"。正是在这种意义上，他说"科学与自然神学捆绑，是近代科学的一个突出特点，当今的科学发展未必一定要与自然神学再次捆绑，但它终究离不开某些价值理性的介入"。我想他的用心在这里，倒未必是说自然神学本身还有什么现代价值。对"科学是价值中立的"这一现代观念的质疑和反思，是第二次世界大战后西方学术界的一个热点，但迄今似乎并未成功扭转"科学是价值中立的"这一信念，恐怕还需要很长久的努力，才能完成这种转向。

新京报：承接上一个问题，我们知道，中国的知识分子对机械宇宙观很拒斥，同时也很难接受自然神学，但却很能接受与有机宇宙观亲近的"天演论"，尤其是在救亡危机的阴影之中，这种选择显得更为迫切。这种对自然神学的远离，是否在一定程度上影响了中国科学精神早期的发展？

张洪彬：许多研究指出，基督宗教在欧洲的历史上确曾推动过自然科学的发展。张卜天教授这些年翻译了很多这方面的书，颇可参考。李约瑟就曾指出，源自巴比伦和希伯来的自然法传统，为基督教神学所继承，启发了诸多基督教背景的科学家去寻找"上帝赋予自然的法则"，促成了牛顿范式的机械宇宙观的形成，进而对现代科学的兴起发挥了相当重要的作用。与此相对的，是传统中国几乎完全没有产生过机械宇宙观，而一直秉承有机宇宙观，不相信自然秩序是由一个理性的立法者规定的，从而也就"不认为可以通过观察、实验、假说和数学推理等方法来破解或重新表述"。因此有机宇宙观并不鼓励数量化的观察和解释，也不能促进把宇宙、自然当作机械来看待的思维方式。（李约瑟：《文明的滴定》，张卜天译，商务印书馆，2016 年，第 280 页）再如，霍伊卡就认为基督教的教义赋予了人管理万物的权利，这能促进以"拷问自然""征服自然"为能事的近代科学的发展。（霍伊卡：《宗教与现代科学的兴起》，钱福庭等译，四川人民出版社，1991 年，第 81 页）反之，中国有把自然（宇宙、天）当神圣存在来信仰和崇拜的传统，这并不有利于去探索和拷问。

　　但是，就算基督教以及自然神学对科学的发展发生过重要助力可以作为定论来接受，也不意味着，其他文明要发展科学，就必须从引进基督教和自然神学开始。因为近代科学在欧洲的兴起，有非常复杂的原因，这些宗教因素未必就是决定性的。中国对近代科学的兴趣，既不出于宗教热忱的推动，也不是因为穷究真相的理性精神，而主要是出于救亡图存的压力。这是我们把"科学"与"坚船利炮"连起来看的原因，也是我们把"科学"与"技术"连起来读的原因之一。有许多学者批评，对科学的这种过于应用化的理解太过急功近利，很容易导致对基础理论研究的忽视，欲速则不达。我同意这些批评，但我会稍微乐观一点，因为历史中充满偶然因素，有太多事与愿违、初衷失败而副产品成功的案例，某些起初根本不起眼的因素，在后来可能成为最重要原因，主导了事情的发展方向和结果的发生。就以自然神学为例，以证明造物主存在的自然神学，最终却启发了达尔文主义的提出，后者成为基督教一百多年来最重要的敌人之一。

崇拜"弱肉强食",根源并不在于误读了严复

新京报:你提到,严复当时翻译进化论,选择的是赫胥黎的《进化论与伦理学》,而非达尔文的《物种起源》,结合时局和严复个人来说,这种选择有什么样的背景?由于与中国传统有机宇宙观的相似性,严复译《天演论》迅速被国人接受,我们知道当时许多中国知识分子传播源自西方的思想,都会采用中国传统概念为接引,比如康有为、李大钊等。那么严复翻译《天演论》,多大程度上是一种主动与传统中国宇宙观的"比附"?

张洪彬:严复引介进化论,选择的是赫胥黎的《进化论与伦理学》,而非达尔文的《物种起源》,史华慈、汪晖、王中江、浦嘉珉等人都已有很多分析。结合前人的研究和我自己的揣摩,我想一个重要的原因是他想要引介给国人的不是一种纯粹的自然科学学说,而是一种新的宇宙观念和社会思想。达尔文的《物种起源》是严谨的生物学著作,不太涉及人类社会,而且部头很大,有许多非常细致的生物学知识的举证,对于严复这样的一个非专业读者来说恐怕也会觉得繁琐。相较而言,斯宾塞和赫胥黎所理解的进化论都不仅限于生物进化论这个方面,他们都把达尔文主义和星云说结合起来,泛化为一种宇宙进化论,人类社会自不例外。在斯宾塞和赫胥黎之间,严复可能更倾心前者(参见《祛魅》第273页),但赫胥黎的《进化论与伦理学》篇幅较小,通俗易懂,有助于严复向国民传播"物竞天择,适者生存"的声音。严复的这种用心,还有一个证据:为了更好地向中国读者传达他自己的想法,他不惜扭曲和增删赫胥黎的原文,这还不够,他还加了很多按语来作导读。所以有学者讲,

严复这哪是翻译，这就是改写，甚至是创作。

《天演论》迅速风靡中国知识界，我想主要还是因为"物竞天择，适者生存"这个口号对甲午战败后的晚清知识界的刺激，这是很多学界前辈都已经一再申述的。作为补充，我在书中试图证明，《天演论》与中国传统有机宇宙观很相似，所以被作为一种有"科学"加持的加强版的有机宇宙观来接受。这种相似性，学界关于易学的研究已经注意到，我只是把它放置到一个更大的框架中来理解，并落实到严复的文本上。此外，我还提出了一个猜想，即《天演论》有助于晚清知识分子缓解自然神学和机械宇宙观给他们造成的压力，只是由于史料较为欠缺，这个猜想还需要有更强有力的证据来支撑。

翻译这个行为本身，就是用既有的、可以理解的概念和词语去"接引"外来的概念和表述，即便是另造新词去接引外来概念，也是如此。佛教入华初期的"格义"现象，就是如此。只有当外来知识了解得比较充分了之后，人们才会更清晰地意识到译名与原文之间的区别何在。所以晚清读书人用中学观念去理解西学，那是情理之中的事情。某些外来观念因为和我们既有的思想观念更为接近，所以更易被我们理解和接受，这也是顺理成章的事情。所以，无论是称之为"比附"还是"接引"还是"格义"，都未必是有意的歪曲，大多数时候只是误解。在很大程度上，这只是人的认知结构的陷阱。

新京报：你提到，严复的翻译，其本意并不完全是希望宣传"物竞天择，适者生存"，而是有自己的道德追求，即虽然这八个字是宇宙的秩序，但却并不否认其中可以生出道德。可见《天演论》的传播在当时背景下经历了误读，这种误读有哪几方面原因？

张洪彬：严复《天演论》中的宇宙观是价值中立的，是无善无恶的。在严复看来，"物竞天择，适者生存"是一个客观存在的自然法则，也是近代国际关系的一个现状。因此，中国人要变得富强起来，才能避免亡国灭种被淘汰的命运。这是一种现实主义的逻辑。

但这不是说严复在价值取向上赞同弱肉强食，因为他不可能接受一个理想的社会是只论拳头大小的。正因如此，人类社会的相处之道，必须得有一些理想主义的思想观念以及组织原则来调节。这些理想主义的思想观念就是道德规范、法律法规。问题在于，这些有善有恶的道德原则是哪里来的呢？严复的出发点不再是天有善性、人性有良知，而是人们需要保障个体利益（"安利"），需要和平相处，而不是永远的相互杀伐。为了达成这个目的，人们需要建立一些规则，保障人的和平相处，防止无止境的相互杀伐。这些原则，可能包含尊重他人的自由，尊重他人的财产，不可无故伤害他人等；在国际关系中，可能就包含尊重领土主权完整等国际法原则。道德观念背后是理想主义的，和现实主义逻辑是不重叠的。严复希望激发国人参与国家与国家之间的竞争（"外竞"）的斗志，但在国内，他主张的却是国民的团结（"合群"），因为团结的国民才能产生国群的强大合力。但对于他的读者来说，这条界线并不那么难以跨越。不要忘记，即便是严复自己也还翻译了亚当·斯密的《国富论》，这本书对市场竞争是揄扬有加的，虽然仅限有序的、有规则的竞争。

现实主义不可爱，理想主义不可行，现实和理想的落差，是触目惊心的，我想这才是"误读"的根本原因吧。国际法背后的理想主义信念，没有暴力的加持，常常形同具文。所以 20 世纪两次世界大战结束时，很多知识分子对国际联盟、联合国的建立抱以极高的期待，他们希望建立一个可以结束"国际无政府状态"的"世界政府"，国际法原则能够获得暴力加持，获得更大的约束力。可惜，这样的理想到今天，仍然没有实现的可能。我们今天所处的世界，与严复的时代没有本质的区别，所以还有很多人把弱肉强食的丛林法则奉为圭臬，把"物竞天择，适者生存"挂在嘴上，崇拜强人。这更多是糟糕的现实教导出来的，不只是因为"误读"了严复，毕竟，很多人根本就没读过《天演论》。

"祛魅"之下的"复魅"暗流

新京报：2021 年，国内翻译引进了彼得·沃森的《虚无时代》，沃森提到，许多人认为比起以前，21 世纪应该是一个宗教信仰相对于科学更加隐退的世纪，但现实情况可能比这个更复杂，宗教信仰依然在很多领域为人所需。尼采的"上帝之死"之外，还有"上帝回来了"的潮流一直存在。研究完"祛魅"之后，对于中国乃至世界范围内的"复魅"现象，你有什么自己的观察？它是否是一股一直存在于"祛魅"进程下的思想暗流？

张洪彬：我最近也在读这本书。世俗化理论认为科学和理性越发达，宗教信仰就会越衰弱。但 1990 年代，美国学者彼得·伯格等人开始正视这样的事实：在科学最为发达的美国社会，宗教生活相当活跃；在很多科学进步很大的社会，宗教信仰反倒比原来更丰富多彩。如何解释这些现象，成为宗教社会学界的一个热点。比如有些人认为，虽然现代社会科学和技术更发达了，很多原来做不到的事情现在可以做到了，许多原来不诉诸鬼神就无法解释的现象现在可以获得世俗的解释了，但现代社会人口流动性更大，人们的意义之网反倒没有原来那么结实了；人生轨迹更宽广了，生活节奏更快了，不可控因素、不可逆的损失、逃避不了的厄运可能不仅没有减少反而更多了。形形色色的宗教信仰有助于安顿人们动荡不安、焦虑不堪的心灵。简言之，疲惫的现代心灵很需要它，这应该是宗教信仰继续发展的一个原因。

复魅的冲动，是伴随祛魅进程一起发展的，可以被看作是长期被遮蔽的"暗流"。就我的观察，从晚清开始就有不少知识分子或宗教界人士，试图从各个角度来证明，宗教信仰在现代社会仍然有存在的价值，宗教信仰与科学并不矛盾，有的还要试图证明鬼神是真实存在的，精神是可以独立于物质而存在的，灵魂（精神）在肉身死亡之后仍可继续存在的。如此等等，不一而足。他们的思考，未必能说服我们，但也许可以照进我们自己的思维盲区，丰富我们对宗教信仰与现代社会的关系的理解。

新京报：在此前的采访中你曾提及，在阅读学者张灏的著作《中国近代思想史的转型时代》时，其中记述的有关宋育仁面对"天"之变的"愤慨"之情，让你产生了某种"震动"，也引导你选择这个题目进行研究。可否展开讲讲这个选题的缘由？

张洪彬：2011 年秋季学期，我上导师许纪霖老师的一门课，研读《现代中国思想的核心观念》（许纪霖、宋宏编，上海人民出版社，2011 年）这本论文集。这本书中收录了现代思想史研究领域的一些名家名作，其中第一个单元的主题是"时代、公理与进化"，收录的六篇论文大体都是讨论清末民初的世界观演变的。其中第一篇是张灏的《中国近代思想史的转型时代》，这篇论纲性质的论文讨论

了 1895 至 1925 年间这三十年的思想转型。张灏认为，近代中国面临
的不只是救亡图存这个层面上的政治秩序危机，还有"文化取向的
危机"，也就是"构成文化思想核心的基本宇宙观与价值观"的动
摇。他摘引了宋育仁的一段话来说明西学进入中国之后给晚清读书
人造成的巨大压力。宋育仁的这段话给我很大冲击和震动。他的愤
懑是独一份的，还是当时的普遍情绪？到底哪些科学知识或者说科
学的哪些方面让他（们）感到不开心？近代科学知识是不是让他
（们）觉得鬼神、先祖都无处藏身了？我查找资料，熬了几个通宵，
写了一篇约摸两万字的论文，很粗糙，一直没有发表，但最终成为
了《祛魅》一书第二三四章的雏形。我的博士论文选题原本是打算
用新文化运动时期的一些期刊，来考察当时知识界对现代社会的想
象和理解，看他们憧憬的现代社会是怎样的。这是根据导师的建议、
受查尔斯·泰勒《现代性中的社会想象》（李尚远译，商周出版社，
2008 年）一书启发而选的题目。我到 2012 年 4 月初提交的开题报告
还是这个题目，原始文献都已经搜集得差不多了，但读资料提不起
兴致，一直拖延。相反，宇宙观的变化这个题目明显更能让我兴奋
起来。这种兴奋感，很大程度上来源于我自己的经历。小时候在乡
村见识过传统丧葬礼仪、关亡术、相面术、算命术、风水术等被归
为"迷信"的东西，神神秘秘、偷偷摸摸的样子让小孩子既恐惧又
好奇。后来读书多点儿才知道，这些"迷信"在古代中国不只是底
层"愚民"的专有物，即便是顶级精英也是这样看待世界的。我当
然就想知道，这些原本可以登大雅之堂的思维和行动方式是怎么变
得这么尴尬的。学界一般认为和近代科学发展有关，所以我买过很
多研究科学与"宗教"（以及"巫术""迷信"）的关系的书。最

后，获得导师鼓励，放弃原选题，把清末民初的宇宙观变化作为博士论文选题，到 4 月 20 日左右提交了新的研究计划，题目是"天变，道亦变：清末民初宇宙想象的转变"。这个临时拼凑的研究计划很粗糙，题目太大，边界不明晰，拟使用的原始文献和理论资源都仍然模糊不清，可行性并不高，冒了很大风险。唯一的好处是，我真感兴趣。事实证明，选一个能够让自己兴奋起来的研究题目是至关重要的，对自己真感兴趣的事情，为它熬多少夜，白多少发，跑多少路，求多少人，都是开心的。新发现一个证据可以证明自己的猜想，多推进一小步，都会兴奋得难以入眠；发现一条证据与预判相抵触，需要做出解释或者调整预判，都足以让人苦心焦虑，辗转反侧。整个写作过程，我都是在失眠、咖啡、失眠的循环中度过的，还非常热衷于和别人讲我发现的有趣的资料、故事或学理。一言以蔽之，过度兴奋。博士论文写完，头发白了很多。但，从不后悔。我在高校任教后，多次语重心长地向学生说：人生中最重要的事情是去做自己真正感兴趣的事情，因为真正感兴趣的事情会给你快乐，你才会不计成本地付出，遇到困难才更容易挺过去，更容易取得成绩。

新京报：《祛魅》研究的主题很宏大，你提到，本书收到过不少师友的批评和建议。如果让你回看这项研究，觉得有哪些论题可以进一步完善？

张洪彬：这个选题，对于博士论文来说，确实有点大，所以当年开题的时候，有老师笑言我可以做十年，还好在写作过程中不断缩小范围，聚焦于某些具体的观念和文献，终于如期完成。但一本书的篇幅要处理这么宏大的议题，论证定然不会非常致密。

而且中国近代思想史研究，需要的知识背景古今中西都有，对于一个初出茅庐的年轻人来说也很有难度，所以在涉及中国古代史和西方史方面的知识，我只能依靠既有研究做一些不算深入的了解。虽然后来还有很长时间的修改，但遇到了知识和能力的瓶颈，未能获得实质性的提升。比如，第二三四章各节的第一部分，主要利用已有研究做背景介绍，虽然做了很长时间的修改，但仍嫌笼统，时间线还是不够清晰；对借用的外来概念、命题在西方的思想史脉络，缺乏系统的掌握，比如泛神论和自然神学在西方的兴起和衰落，自然神学与达尔文主义的嬗替关系，我了解得不够系统、不够深入，所以讲达尔文主义与自然神学的关系那一部分，我只写了一页。还有，在写第二三四章的时候，我有意识地拓展考察范围，不局限在极少数精英，并竭力落实到行动、仪式、实践和制度层面，但到第五六章中，因为史料发掘遇到障碍，这样的方法论未能坚持下去，这也会削弱论证的强度和案例的代表性。将来若有发现，应加以补充和完善。

（访谈过程中获得刘华杰、张卜天、唐小兵、王宏超、邓军、于海兵诸位师友的帮助，谨致谢忱！）

（原文见 https：//www. bjnews. com. cn/detail/164861241114884. html）

索　引

后　记

　　本书作为我的第一本学术著作，记录了我在十余年的学习过程中的一点进步。而这一点进步，首先要归功于许纪霖老师。自2006年进入华东师范大学起，我都在许师的启迪、鼓励和宽容下成长。他极为注意去发现和呵护学生的兴趣，不断用现实关怀、理论框架、知识资源去沃灌学生的向学热情，鼓励学生把个人的经验、关怀转化为学术问题来做系统的研究。在他的指导下，学术研究成为理解自我、理解社会、塑造自我、贡献社会的一种方式。能跟随这样的老师读书问学，一心思索那些最不实用却最有益的问题，是一种非常幸运的人生际遇。

　　在学术成长的道路上，杨国强教授、刘擎教授于我嘉惠实多，我参与了他们的几门课，杨老师的精审和透辟、刘老师的清晰和犀利，时常使我深受震动。在论文写作、答辩和修改过程中，我还获得了许多前辈学者的指导和鼓励，他们是加拿大不列颠哥伦比亚大学的Timothy Cheek（齐慕实）教授、Timothy Brook（卜正民）教授、丘惠芬教授，复旦大学的李天纲教授，上海交通大学的江晓原教授，厦门大学的朱菁教授，清华大学的吴国盛教授，东海大学的俞懿娴教授，华东师范大学的刘昶教授，上海社会科学院的周武研究员，天津大学的汪江华教授，在此一并致谢。特别要感谢李天纲老师，他不仅在论文答辩过程中给我很多鼓励，还慨允我跟他从事博士后研究，为我提供许多学术研习的机会，又在百忙之中抽出时间为本书作序，李老师奖掖后进的热情令人感动。

这项研究在 2011 年获得华东师范大学博士研究生学术新人奖的资助（XRZZ2011014），2012 年获得国家留学基金的资助。书稿在 2014 年通过博士学位论文答辩，2016 年获评上海市优秀博士学位论文，2017 年获得国家社科基金后期资助项目（17FZS065）的立项资助。书稿的一些章节曾抽出来参加过学术会议，并陆续发表在《周易研究》《天津社会科学》《史林》《民俗研究》《探索与争鸣》《自然辩证法研究》《复旦学报》《学术月刊》《世界宗教研究》等刊物上，并被中国人民大学复印报刊资料、《高等学校文科学术文摘》等转载，感谢姜颖、张克宾、王贞、叶斌、王加华、叶祝弟、阮凯、陈文彬、姜佑福、周奇、李建欣、袁朝晖、柴英、刘江、邹国慰等编辑老师和匿名评审专家的成全。不仅如此，在选题、撰写、参会、投稿、评奖、立项的全过程中，张卜天、宋宏、瞿骏、唐小兵、成庆、邓军、于海兵等数十位学者给过我鼓励或批评，其中大多数还是匿名的。上海古籍出版社的吴长青、顾莉丹、余念姿等编辑老师在国家社科基金后期资助项目申请和图书的编辑出版过程中，提供了很大帮助。

总之，这本书的背后凝聚着许多师友和同行的善意和智慧。我们的心智被困在自己的肉身之中，我们的肉身被困在特定的时空之中，我们天然是以自我为中心的；虽然我们不可能接受别人的所有看法，也注定无法成为别人，但是借助他人的视角，我们的心智可以稍稍越出肉身的拘囿，可以暂时脱出时空的困扼，更清晰地"看"到我们身处其中的广阔世界。在我看来，同行评议制度更重要的功能是学者相互成全。正因如此，对同行的建议和批评，我常怀感激之情。

最后，我要感谢我的家人张道国、代华英、朱珠、张馨月，谢谢他们的宽容和接济，让我可以保持历史学这么奢侈的爱好。

2021 年 11 月于上海七宝

再 版 后 记

　　拙著《祛魅：天人感应、近代科学与晚清宇宙观念的嬗变》于2021年12月初版，实际于2022年2月上市，2022年8月重印。现出版社决定重新排版，另行设计封面，出一个精装版，我也趁此机会做了一些订正和增补，并新增了一个索引和两篇访谈。小书之所以能这么快再版，得益于不少媒体或机构的宣传，如澎湃新闻、新京报、燕京书评、新浪读书、腾讯华文好书、搜狐网、百道网、中国历史研究网、上海古籍出版社、上海世纪出版集团、上观新闻、四川大学老子研究院、苏州慢书房、河南天一文化、《中国出版传媒商报》《中华读书报》《探索与争鸣》《史林》《上海文学》《基督时报》等，诸多认识的或未曾谋面的师友也做了许多推广工作，李天纲、黄晓峰、刘亚光、张明扬、唐小兵、李礼、倪湛舸、林国华、肖清和、褚国锋、纪建勋、朱生坚、王宏超、施恬逸、许涛、张长征、吴长青、顾莉丹、余念姿等助力尤多，谨此深表感谢。不少读者也以种种方式给予鼓励或批评，在此一并感谢。

　　小书顺利出版并引起关注，可能是我最近几年少有的幸事之一，也是支撑我在沮丧、失意中继续坚持的重要力量。在这几年中，我的人生中最为重大的变故就是父亲张道国的病故。父亲人生中的最后几年深受慢阻肺的折磨，不断进出医院，但在 2023 年春节前后还安然挺过了新冠病毒的重击，我们都以为他身体的抵抗力仍可以支撑他相当长一段时间，谁知 2023 年 2 月 15 日晚上他病情突然加重，血氧值迅速下降，不到半小时就撒手人寰。身在外地的我和妹妹都没来得及为他送别。匆匆办完丧事，我带着母亲回到上海生活，丧亲之痛才开始啃啮一家人的心，回忆、梦境都反复地提醒父亲的存在与逝去。这让我更深刻地体会到，把死亡视作生命的绝对终结，把现实世界当作唯一的真实存在，对于亲属来说是一件多么粗暴的事情，对于每一天都在走向死亡的所有人来说，又是一个多么令人沮丧的答案。世界的祛魅虽然由来已久，但的确是在最近数百年才加速发展的，科学世界观的兴起也是在最近两百年才得以确立其霸权地位的。所以，现代科学对宗教信仰、道德价值和生命意义的挑战，确是具有时代意义的现代问题，复魅的冲动也是现代思想史上的突出现象。

在国际环境恶化、经济增长放缓的当下，谋生将变得更为困难，意义和精神力量的缺失将成为更多人面临的问题，在绝望和虚无中寻求意义也将成为更多人的人生功课。这样的时代境遇或许能促使我们重新去认识宗教信仰与科学及现代性的关系。

2023 年 6 月于上海七宝